JN439122

한국교회사아카데미 논총 1

한국교회사아카데미 논총 1

2016년 12월 18일 인쇄
2016년 12월 31일 발행

발행인 | 전진욱
발행처 | 한국순교복자성직수도회 순교영성연구소 부설 한국교회사아카데미
지은이 | 김영익 이권형 홍화선 유영홍 홍성언 김용준 홍현자
주소 | 서울 용산구 이촌로 80-8 새남터 성당 내
전화 | 02-716-1791
홈페이지 | http://www.brotherhood.or.kr

만든곳 | 흐름출판사

ISBN 979-11-5522-123-5 93230

값 25,000원

※ 출판승인: 천주교 전주교구 No. 2016-7

한국교회사 아카데미 논총 1

2016년 12월

한국순교복자성직수도회 순교영성연구소 부설
한국교회사아카데미

발간사

한국순교복자성직수도회 순교영성연구소 부설 한국교회사아카데미는 2014년 3월 3일 문을 열었습니다. 한국순교복자성직수도회는 박해시대 이 땅에서 하느님을 증거 한 성인과 복자를 비롯한 신앙 선조들의 영성을 밝히고 이를 실천하기 위해 창설된 수도회로 알려져 왔습니다. 이에 수도회가 순교자의 정신을 일깨우고 이어 가기 위해서 한국교회사아카데미를 개설하고 운영해 주신 데 대하여 먼저 깊은 감사를 드립니다. 우리는 이 아카데미를 통해서 한국 교회사에 관한 대학원 과정에 준하는 학습과 연구의 기회를 누릴 수 있었기 때문입니다. 돌이켜 보건대, 박해시대 순교자들은 하느님과 인간에 대한 믿음과 소망과 사랑을 가지고 이 땅에 새로운 질서를 만들려 했던 분들이었습니다. 또한 신앙의 자유를 획득한 다음 한국 천주교회가 걸어온 역사 과정도 그 순교자들의 정신을 계승한 것이었습니다. 우리는 아카데미에서의 배움을 통해 이러한 사실을 더욱 확실히 알 수 있었습니다. 그리고 우리 자신이 한국 교회사의 진정한 주역임을 거듭 확인하게 되었습니다. 이러한 확인은 한국교회사아카데미에서의 강의를 수강해서 얻은 소중한 결과의 하나라고 생각합니다.

한국교회사아카데미의 강의가 계속되는 과정에서 수강생들은 자신의 졸업논문을 준비하고 토론해 왔습니다. 또한 우리들은 한국 교회사의 각 분야에서 많은 업적을 가지고 계신 여러 교수님들의 지도를 직접 받을 수 있었고, 교수님들은 수강생들의 논문이 일정한 수준에 이를 때까지 지도와 편달을 아끼지 않으셨습니다. 수강생의 글들을 직접 지도하여 주신 강석진 신부님을 비롯하여 김영수, 김정신, 노길명, 서종태, 원재연, 조광 교수님 등 여러 스승께 깊은 감사를 드립니다.

이제 우리는 한국교회사아카데미를 수료하며 제출한 졸업논문의 일부를 모아서 『한국교회사아카데미 논총』 제1집을 간행하고자 합니다. 이번에 발행되는 논총 제1집은 한국교회사아카데미 제1기 동기생들이 밤늦게까지 연구한 성과물의 일부를 담고 있습니다. 물론 이 글들에는 부족한 점이 남아 있으리라 생각됩니다. 논총에 기고한 저희들은 계속 이를 보완해 나갈 것을 약속드립니다. 또한 이번의 논총 제1집에는 동기생들의 열정과 수고가 담긴 연구논문들을 모두 다 수록하지 못했습니다. 이분들의 글들도 제2집 이하 계속해서 발행될 논총에 수록해 가고자 합니다.

이 논총이 한국순교복자성직수도회 순교영성연구소 부설 한국교회사아카데미에 수학하는 모든 이에게 새로운 동기를 부여하는 계기가 되었으면 하는 바람입니다. 또한 우리 논총에 각 분야에서 창의적으로 연구한 논문들이 끊임없이 이어지기를 바랍니다. 동시에 이 논총이 한국교회사아카데미의 틀 안에서 지속적인 소그룹 모임의 연구 발표와 토론의 주춧돌로 활용되기를 기대해 봅니다. 『한국교회사아카데미 논총』이 한국 교회사 내지 한국사의 연구 발전에도 도움이 될 수 있도록 우리 아카데미 수강생들도 계속 노력하겠습니다. 한국 교회사 연구자 여러분들의 지도편달과 참여를 기대합니다.

2016년 12월

한국교회사아카데미 1기 동기회장 **유 영 흥** 배상

축사

다사다난했던 한 해가 저물고 있습니다. 겨울바람이 날을 세워 세밑 세상을 훑치고 지나갑니다. 엄동설한, 추위를 뚫고 찾아온 반가운 손님처럼 한국교회사아카데미의 교수님과 수강생에게 더없이 기쁜 소식 하나를 전하게 되었습니다. 그것은 2014년 한국 교회사 분야의 전문 지식인을 양성하고 순교자들의 신앙과 삶에 관한 심도 깊은 연구를 목적으로 처음 개설된, 저희 한국교회사아카데미 1기생 분들의 수료 논문 7편을 모아 『한국교회사아카데미 논총』을 펴내게 되었다는 것입니다.

아카데미의 기초를 놓는데 가장 큰 수고를 해 주신 1기생 분들의 면면을 보면, 이분들은 정년에 이르기까지 교회사 연구와는 무관하게 각기 다른 사회적 역할과 교회 안에서의 봉사활동에 전념해 오셨습니다. 새로운 학문에 대한 탐구를 시작하기에는 조금 늦었다고 생각할 수도 있었지만, 하느님을 향한 사랑과 교회를 위한 학문적 봉사에 마음을 모아 저희 한국교회사아카데미에 참여하였고, 2년간의 교과과정을 충실히 이수하였습니다. 1기생이 학습한 과목을 보면, 한국 교회사 개설, 한국 교회사 입문, 박해시대 교회사, 근현대 교회사를 비롯하여 교회사 사료 강독, 한국 교회 예술사, 사회 역사 분석방법론에 이르기까지 실로 방대한 분야의 주제들이었습니다. 정년에 이른 나이에 이 모든 교육과정을 이수하는 것도 결코 쉽지는 않았을 것입니다. 그럼에도 이분들은 단지 교육과정을 이수하는 데에 그치지 않고, 아카데미를 통해 익힌 학문적 기초 위에서 각기 관심 있는 주제에 대한 연구 논문 집필에 전력을 기울였습니다. 이러한 노력의 결실로 오늘 이렇게 논문

집을 출간하게 된 것입니다.

논문집의 출간은 저희 한국교회사아카데미의 초석을 더욱 견고히 다지고, 앞으로 교회사 분야에 관심을 갖고 연구하고자 하는 후학들에게 신선한 자극이 될 것입니다. 나아가 한국 교회 안에 가장 중요한 자산이라 할 수 있는 순교자 현양과 순교신심을 통한 교회의 새로운 복음화에 기여할 것이라고 봅니다. 그리고 무엇보다 논문을 완성하고 책이 출간되기까지 모든 지식과 열정을 쏟으셨던 분들 개개인이 학문을 통해 하느님께로 향한 자신들의 신앙의 창문을 더욱 활짝 열어가는 계기가 되었을 것입니다.

하지만 여기에 덧붙여 한 가지 더 바라는 바가 있습니다. 여러분이 이 책의 출간으로 주어진 사명을 다 이루었다고 생각할 것이 아니라, 교회사 아카데미와의 지속적인 학문적 유대 안에서 다양한 연구 작업을 심화해 나감으로써 새로운 도약의 기회로 삼기를 진심으로 바랍니다. 여러분의 지속적인 노력과 열정이 교회사 연구에 새로이 관심을 갖게 될 후학들에게, 한국 교회의 역사 안에서 활동하시는 하느님의 섭리를 깨닫고, 선조들의 신앙과 삶의 모범을 본받으며, 이를 교회 안에 더욱 확장시켜 나가는 데에 밑거름이 되어 주리라 믿기 때문입니다.

참으로 뜻깊은 이날, 다시 한번 이 논문집을 펴내기까지 수고를 아끼지 않으신 1기 수료생 여러분들과 교수님들, 출판사 관계자 분들께 감사의 인사를 드립니다. 또한 이러한 작업을 통해 하느님의 영광이 이 세상 안에서 더욱 찬란히 빛나기를 기도합니다.

2016년 12월

한국교회사아카데미 학장 **백 남 일** 요셉 신부

한국교회사아카데미논총 1 2016년 12월

한국순교복자성직수도회 순교영성연구소 부설
한 국 교 회 사 아 카 데 미

유관검의 천주교 신앙과 그 특성

1. 머리말
2. 유관검의 가계와 천주교 입교
3. 유관검의 교회활동
4. 유관검의 순교 여부
5. 맺음말

1. 머리말

초기 한국 천주교회 시절, 호남 천주교회는 유항검(柳恒儉, 아우구스티노, 1756~1801)에 의하여 도입되었다. 주지하다시피 유항검은 이승훈(李承薰, 베드로, 1756~1801)으로부터 신부로 임명되었고[1] 그가 소유한 거대한 토지와 부[2]를 바탕으로 '초남이의 신앙 공동체'[3]를 형성하였다. 유항검의 호남 교회는 서울 교회와 밀접한 관계를 맺고 활발히 교류하였으며, 당시의 교회 지도자들과 교분을 두텁게 쌓는 한편 한국 천주교회 최초의 사제인 주문모(周文謨, 야고보, 1752~1801)를 극진히 모시기도 했다. 이렇듯 호남 교회의 중심에는 유항검이 있었고, 유항검을 보필한 또 한 사람의 중요한 인물이 있었으니 그가 동생 유관검(柳觀儉, 1768~1801)이다. 형 유항검은 신부로서의 역할과 내적인 교회 업무를, 동생 유관검은 대외적인 교회 업무를 담당하였다. 유관검은 천주교 박해(1801) 때 신문 과정에서 교회의 활동이 드러나게 되면서

1 조광 역주, 『역주 사학징의』 I, 한국순교자현양위원회, 2001, 231쪽(이하 『사학징의』라고 칭함)에는 권일신 · 홍낙민; 이상식 역주, 『추안급국안』 74, 흐름출판사, 2014, 288쪽(이하 『추안급국안』이라고 칭함)에는 홍낙민 · 권일신; 「이승훈의 첫째 서한」, 『교회사연구』 제8집, 173쪽에는 "10명에게 미사를 드릴 권한을 주었습니다. … 나(이승훈)는 1786년에 가서야 처음으로 그것이 독성죄임을 알았습니다. 그것은 봄 무렵에 한 사람에 의해서였는데, 그(유항검)는 사제로 임명되자…"에서 유항검을 밝히고 있다. 한편 샤를르 달레, 안응렬 · 최석우 역주, 『한국천주교회사』 상, 한국교회사연구소, 2000, 323쪽(이하 달레라 칭함)에서는 "권일신은 주교로, 이승훈 · 이존창 · 유항검 · 최창현, 그밖에 여러 사람이 신부로 선발되었다."라고 나온다. 이로 미루어 보아 유항검이 신부로 임명된 것은 확실하다고 할 수 있다.

2 김진소, 『천주교 전주교구사』 I, 천주교 전주교구, 1998, 95쪽. 김진소는 유항검의 토지가 줄잡아 15,000마지기(9,900,000㎡)가 된다고 말한다.

3 유항검의 생가인 전라북도 완주군 이서면 초남신기길 128-5 마을 입구에는 "호남 천주교 발상지"(1784)라는 초석이 서 있고, 안내판에는 "조선 천주교 최초 마을"이라고 쓰여 있다. 또 "주문모 야고보 신부 첫 미사 봉헌", "유항검 아우구스티노 생가 터"라는 현수탑이 만들어져 있다.

서양 선교사 초빙 계획의 전모, 서양 큰 배 청원과 일장판결[大船請來一場判決]의 소위 팔자흉언(八字凶言)[4]으로 인한 박해의 새로운 국면을 맞게 되는 장본인으로 지목된다.

전주교구를 중심으로 유항검에 대한 연구는 체계적으로 잘 진척되어 있으나, 유관검의 연구는 미진하거나 단편적이다. 이유는 그가 배교자라는 이유에서이다. 한국 천주교회에서 배교자에게는 매우 가혹하다. 순교의 결과인 용덕(勇德)[5]을 지나치게 중시하다 보니 한 개인의 신앙 증언, 신 · 망 · 애의 완덕을 지향하는 숭고한 삶은 소홀히 취급되는 경향이 있었다. 유관검은 한국 천주교회의 희생양이라고 할 수 있다. 배교의 이면에는 순교가 있고, 순교자를 현양하기 위해서는 배교자를 징치하는 것이 효과적이기 때문일 것이다.

본 논문에서는 유관검에 대한 신앙의 삶을 재조명해 보고자 한다. 그의 교회활동을 살펴보고, 그 활동 속에서 나타난 교우관계, 신심, 초기 한국 천주교회의 끈질긴 생명력과 서양 선교사 영입, 서양 큰 배 청원과 일장판결 문제, 그리고 비결신행(祕訣信行) 등을 언급해 보겠다. 그리고 이를 근거로 하여 유관검의 배교 여부를 판단해 보고자 한다. 유관검은 그동안 신비에 쌓여 있다가 자료가 계속 발굴되고, 시복현양사업이 진척되면서 단편적으로나마 일면들을 알아볼 수 있게 되었다.[6] 그러면서 유관검에 대한 진면목이 속속 드러나면서 그에 대

4 이기경 편, 『벽위편』, 한국교회사연구소, 1978, 429쪽. 玉堂聯名箚子, "至於八字凶言 尤是通天地亘古今 所未聞 所未有之大變怪也"

5 최석우, 「다블뤼 주교의 『한국 순교자 약전』에 대한 검토」, 『한국 교회사의 탐구 Ⅲ』(최석우 신부 수품 50주년 기념), 한국교회사연구소, 2000, 324쪽.

6 유관검에 대한 1차 자료로는 『사학징의』(한국교회사연구소 자료 제7집); 조광 역주, 『역주 사학징의』 Ⅰ; 이상식 역주, 『추안급국안』; 이기경 편, 『벽위편』(한국교회사연구소 자료 제9집); 이만채 편, 김시준 역주, 『벽위편』, 2차 자료로는 앙투안 다블뤼, 유소연 역,

한 재조명의 필요성이 대두되고 있다. 여기서는 다만 유관검을 있는 그대로 평가해 보고자 하는 데에서 출발하였다. 자료가 또 발굴되고, 재해석이 더 필요할 것이므로 이후에도 계속 보완할 것이다.

2. 유관검의 가계와 천주교 입교

1) 유관검의 가계

유관검의 가계를 알기 위해서 그의 형인 유항검의 가계를 먼저 알아야 한다. 왜냐하면 유관검은 유항검의 이복동생이기 때문이다. 형 유항검은 1756년 아버지 유동근(柳東根)과 어머니 안동 권씨(安東權氏) 사이에서 전주부 이서면 초남리(현 완주군 이서면 남계리 초남)에서 태어났다. 유동근은 부인 권씨가 사망하자 같은 남인인 기계 유씨(杞溪兪氏) 단성공파(丹城公派)의 후손인 유언도(兪彦度)의 딸 유소사(兪召史)와 재혼하여 유관검을 낳았다.[7] 유관검의 외가는 충북 청양군 운곡면(忠北 靑陽郡 雲谷面)이다.

유항검은 진주 유씨(晋州柳氏) 소재공파(素齋公派, 柳順善, 弘文館 副提學)의 8대손이며, 그의 가문은 여러 대에 걸쳐 벼슬을 한 명문가 집안이었다. 그러나 5대조인 유시모(柳時摸, 종9품의 무관직인 副司勇)를 끝으

『조선 주요 순교자 약전』, 내포교회사연구소; 달레, 안응렬 · 최석우 역주, 『한국천주교회사』; 김진소, 『천주교 전주교구사』 등이 있고, 기타 자료로는 한국천주교주교회의 · 시복시성주교특별위원회, 『'하느님의 종' 윤지충 바오로와 동료 123위』(시복 자료집 제3집) 등이 있으며, 이중에서 가장 많이 인용한 자료는 조광 역주, 『역주 사학징의』 I ; 이상식 역주, 『추안급국안』이다.

7 김진소, 앞의 책, 93쪽.

로 벼슬이 끊겼다.[8] 유항검의 어머니 권씨 부인은 남인 권철신(權哲身, 암브로시오, 1736~1801)과 일가 사이가 된다. 따라서 유항검 · 관검 집안은 물론 외가도 모두 남인에 속하였다.

유항검 · 관검의 가계표

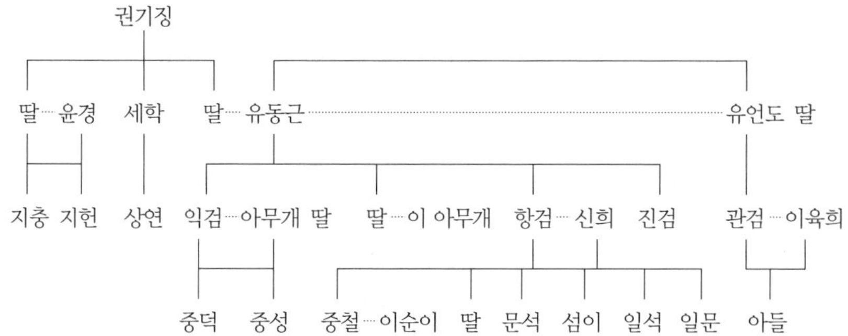

위 가계표를 보면 유항검의 형제는 4남 1녀고, 유관검의 아들은 이름이 전해지지 않음을 알 수 있다. 「이순이의 초남이 일기 남매」에 이렇게 나온다. "여기 우리 시삼촌 숙모(유관검의 아내 李六喜를 말함)께서는 무매독자(無妹獨子)을 두었다가…"[9] 분명히 외아들이 있음을 알 수

8 김진소, 앞의 책, 92쪽.

9 한국천주교주교회의 시복 시성 주교 특별위원회, 『'하느님의 종' 윤지충 바오로와 동료 123위』(시복 자료집 제3집), 2006, 403쪽.(이하 『시복 자료집』이라 칭함) 유관검의 아들이 '유중성(柳重誠, 마태오, ?~1802)'이라고 주장하는 쪽도 있다. 그 근거로 「이순이의 두 번째 서한: 두 언니들께」를 들고 있다. 거기에 이렇게 나온다. "여기에 시아주머니(유관검의 아내 이육희)께서 그분께서 얻은 외아들과 함께 계십니다. 그분들은 우리와 함께 하느님을 위해 목숨 바치기를 원하여 똑같은 형벌을 당하셨고, 또 같이 갇히셨는데…"라고 하는 곳을 든다. 그러나 같은 편지의 다른 부분에서는 "시어머니와 시아주머니와 그리고 저와 함께 서울에 있던 사촌 시동생(유중성)은 저와 한 마음, 한 생각이라 그 때문에 신문을 받고 고문을 당했으며 갇혔으니…"라고 하여 분명히 유중성을 명기하고 있다. 실제로 「누갈다 초남이 일기 남매」에는 "우리 시삼촌 숙모(이육희)께서는 무매독자를 두었다가 이제 우리와 한가지로 치명하려 하여 같이 수형(受刑)하고 같이 갇혔으되"라고 하여 '외아들이 함께 있다.'는 것이 아니라 '외아들을 둔 시아주머니가 함께 옥에 있다.'는 사실을 말하고

있는데 실명되었다. 아마 아버지가 배교자라는 것 때문에 연좌되었을 것이라고 생각된다.

유항검의 외할아버지 권기징(權沂徵)은 첫째 딸을 윤지충(尹持忠, 바오로, 1759~1791)의 아버지 윤경(尹憬)과 둘째 딸을 유항검의 아버지 유동근과 혼인시켰다. 권기징은 권상연(權尙然, 야고보, 1750~1791)의 할아버지가 된다. 따라서 유항검과 윤지충은 이종사촌이 되고, 권상연의 아버지와 유항검의 어머니가 형제간이므로 권상연은 외사촌간이 된다.

윤지충과 정약용(丁若鏞, 요한, 1762~1836)은 외사촌이 되고, 황사영(黃嗣永, 알렉시오, 1775~1801)이 정약용의 형인 정약현(丁若鉉)의 딸과 혼인하였으므로 조카사위가 된다. 따라서 정약전(丁若銓, 1758~1816) · 정약종(丁若鍾, 아우구스티노, 1760~1801)은 물론 황사영과도 인척관계를 맺고 있다. 이승훈은 정약용의 매형(妹兄)이 되고, 이가환(李家煥, 1742~1801)은 이승훈의 외숙(外叔)이다. 권철신은 유항검의 며느리 이순이(李順伊, 루갈다, 1782~1802)의 외숙이다. 따라서 유관검에게는 한국 천주교회의 초기 지도자들과 대부분 친족관계를 맺고 있는 것이다. 유관검이 서울에서 광범위하게 교회활동을 할 수 있었던 이유도 바로 이런 관계망이 있었기 때문에 가능한 것이었다. 유항검이 천주교를 알기 위하여 권철신 집안을 찾은 것도, 거기에서 권일신(權日身, 프란치스코 사베리오, 1751~1792)에게 교리를 배운 것도 우연이 아닌 것이다.

유관검의 가계에서 주목할 수 있는 것은 바로 외가가 충청도라는

있다. 실제로 다블뤼 주교의 『조선 순교사 비망기』에는 '유중성은 유항검의 형 유익검의 아들'로 기록하고 있으며, 유중성의 결안에도 '자신은 두 숙부인 유항검 · 유관검의 조카, 즉 장형 유익검의 아들'로 나온다.(『사학징의』 권1, 각도정법죄인질, 전라도) 『시복 자료집』, 221쪽 각주28과 351쪽 각주24를 참고로 작성함.

데 있다. 충청도 하면 이존창(李存昌, 루도비코 곤자가, 1752~1801)을 들 수 있고, 주문모 신부의 피신 때 교회의 중심지의 역할을 한 강완숙(姜完淑, 골롬바, 1760~1801)의 고향이 충청도이다. 유관검이 이존창과 강완숙을 긴밀하게 교우할 수 있었던 것도 이런 지연의 작용이 있었다고 할 수 있다. 외가인 청양은 일찍부터 천주교가 들어간 것으로 보여진다. 김풍헌(金風憲, 토마스, ?~1801), 이도기(李道起, 바오로, 1743~1798)[10]가 청양 사람이라는 데서 유추할 수 있다. 무오(戊午, 1798) · 기미(己未, 1799)년 사이에 천주교 신자들이 가장 많은 충청도 일대에 자주 박해가 일어났고, 희생자도 100여 명에 이르렀다.[11] 김풍헌과 이도기는 이 박해 때 희생되었다. 이 시기는 주문모 신부를 체포하기 위하여 총동원령이 내려진 때였다. 정조는 충청병사 정충달(鄭忠達)에게 주문모 신부의 초상화까지 보여 주면서 체포할 것을 지시하였다.[12] 김풍헌과 이도기의 신심으로 보아 청양 일대는 일찍부터 천주교가 들어왔고 꽤 성행했으리라고 보아진다.

유관검은 스스로 유업(儒業)에 종사했다고 말한다. "저는 본래 유업에 종사했는데, 청주(清州) 노라리(老羅里)에 사는 민도(閔燾)가 문장에 능하다는 명성이 있음을 익히 들었습니다. 경술년(1790) 봄에 과거를 보려고 상경하다가, 여관에서 민도를 만났습니다."[13]에서 알 수 있는 것과 같이 유업은 유학을 공부함으로써 결국은 벼슬길에 나아가려고 하는 조선의 선비를 말한다. 유관검이 유업에 전념한 것도 과거를 보기

10 김풍헌과 이도기에 관해서는, 달레, 안응렬 · 최석우 역주, 『한국천주교회사』 상, 한국교회사연구소, 2000, 397~410쪽 참조.

11 달레, 앞의 책, 397쪽 각주12 참조.

12 이만채 편찬, 김시준 역주, 『벽위편』, 새한인쇄사, 1984, 222쪽.

13 『사학징의』, 유관검 신문기록, 인정신문, 4쪽.

위한 것으로 볼 수 있다. 유관검의 집안은 오랫동안 벼슬길이 끊겨 있었다. 그래서 달레는 유항검을 '그리 높지 않은 양반'[14]이라고 소개한다. 조선의 양반은 과거시험에 합격하여 벼슬하는 것이 최고의 목표였고, 그럼으로 해서 중앙 정계에 발을 들여놓을 수 있었다. 그러나 유항검 집안은 5대조 할아버지를 끝으로 벼슬이 끊겼다. 당대에 와서야 유항검의 형 유익검(柳益儉, 1751~1786)이 1783년 생원시에 합격하였다. 그러나 유익검은 36세로 일찍 죽고 만다. 그리하여 유항검이 장자가 되고 형의 유산도 물려받게 된다. 유항검도 과거시험에 도전하였지만 뜻을 이루지 못한다.

당시 남인은 정권에 소외되어 있었다. 또한 유항검이 살고 있는 전라도는 정여립(鄭汝立, 1546~1589)의 기축옥사 사건 이후 반역향[15]으로 낙인찍히고 벼슬길에 차별 대우를 받게 된다. 이러한 환경을 유항검이 모를 리가 없었다. 그가 과거를 보려고 한 것은 관계에 진출할 욕심이 있어서가 아니고, 과거 급제를 통하여 자기가 살고 있는 향촌에서 양반으로서의 확고한 위치와 높은 지도력을 인정받기 위함이었다.[16] 이런 집안의 유지를 계승하여 유관검도 유업에 종사하였을 것이다. 그러면 민도를 과거시험 길에 만났다고 했는데, 초면이었을까 구면이었을까? 민도가 문장에 능하다는 명성을 익히 들어 알고 있었다는 데에서, 대면하지는 않았지만 그의 실력을 이미 들어 알고 있었다는 것을 의미한다. 청주는 외가와 가까운 지역이기 때문에 외가를 통해서 그런 이야기를 들었을 것으로 추정할 수 있다. 유관검이 서울과 충청도에 많은 인맥을

14 달레, 앞의 책, 313쪽.

15 이이화, 『한국사 이야기』 15, 한길사, 2002. 167쪽.

16 이화여자대학교 사학과 연구실, 화에드워드 와그너, 「사회완충제로서의 과거」, 『조선 신분사 연구』, 법문사, 1987, 131쪽; 김진소, 앞의 책, 96쪽, 각주207에서 재인용.

쌓을 수 있었던 원인도 본가와 외가의 혈연과 지연으로 가능했다고 볼 수 있다.

2) 유관검의 천주교 입교

유관검이 세례를 받고 천주교 신자가 된 기록은 없다. 또한 세례명도 전해지지 않는다. 그가 천주교 신자로서 서울 포도청까지 이송되어 신문을 받고 역적으로 몰려 피를 흘렸지만 그 많은 신문록에도 세례명이 기재되어 있지 않다. 보통은 사호(邪號)라고 하여 한자식 세례명이 기록되어 있는 것을 볼 수 있다.

유관검의 신문기록을 보면 최초로 천주교를 접했다고 하는 대목이 나온다.

> 경술년(1790) 봄에 과거를 보려고 상경하다가, 여관에서 민도를 만났습니다. 여러 날 상종하여 정이 상당히 깊어진 다음에 몇 권의 책자를 볼 수 있게 되었는데, 그 가르침은 '천주를 공경하고 인간을 사랑하라.'는 것을 종지(宗旨)로 삼았습니다. 이는 배우기가 쉬웠고, 길이 가깝고 또한 빠른 까닭에, 책자를 소매에 넣고 돌아와 자연히 홀리게 되었습니다.[17]

그러나 위의 진술은 변명에 불과하다는 것을 알 수 있다. 과거시험을 보러 가는 사람들이 어떻게 나라에서 금지하는 사서(邪書)를 지닐 수 있느냐는 것과, 며칠 사이에 천주교의 종지를 이해할 수 있었다는 것도 납득할 수 없다. 이는 사실 관계를 감추기 위한 변명임이 분명하다. 그것은 그 다음의 진술에서 짐작할 수 있다.

17 『사학징의』, 유관검 신문기록, 인정신문, 74쪽.

사학(邪學)을 함께 한 사람[同學人]으로는, 제가 신해년(1791) 이후 그 형벌과 재앙을 두려워하여, 차라리 홀로 지내더라고 무리를 지어 지내기를 바라지 않았던 까닭에, 비록 집안의 사람이라도 애초부터 가르쳐 준 바가 없습니다. 뿐만 아니라 설혹 한두 명 함께 공부한 자가 있다고 하더라도, '자기가 바라지 않는 바를 다른 사람에게 베풀지 말라.'고 하였으니, 저는 이미 이러한 액을 당했으나 또한 어찌 차마 다른 사람에게 해를 끼칠 수 있겠습니까? 비록 매 맞아 죽어도 다시 고할 것이 없습니다. 검토하여 조처해 주십시오.[18]

신해년은 윤지충과 권상연의 진산사건이 일어난 해이므로, 이미 순교한 윤지충을 민도처럼 들먹거렸다가는 친구 윤지헌은 물론 최초의 교우촌인 저구리의 신앙 공동체가 위험할 수 있고, 윤지충이 천주교를 전수받은 고종사촌 정약전 · 정약용까지 다칠 수가 있으므로 이를 보호하기 위한 진술로 이미 사망한 민도에게서 천주교를 배웠다는 역정보를 흘린 것이라고 할 수 있다. 유관검은 천주교를 믿는 것만으로도 죽을 수 있다는 것을 윤지충과 권상연의 순교로 이미 체득한 신앙인이다. 그는 순교를 각오하고 복음 선포를 하였으며, 교회 발전을 위하여 불철주야 노력하였다. 위의 진술처럼 집안사람이라도 가르쳐 주지 않았다는 말은 체포 상황을 벗어나기 위한 변명인 것이다. 그러면 유관검은 언제 입교하였을까? 그것은 형 유항검의 입교를 통해서 짐작할 수 있다.

조선 남쪽에 있는 전라도의 천주교회를 튼튼한 기초 위에 세운 영광도 권일신 사베리오에게 돌아가게 되었으니, 그것은 유항검을 입교시킴으로써 이룩되었다. 유항검은 아우구스티노 본명으로 영세하였다. 유항검 아

18 김진소, 앞의 책, 75쪽.

우구수티노는 그리 높지 않은 양반 계급에 속한 사람이었으나, … 그는 새 종교에 대한 말을 듣고, 또 그 교를 신봉하는 유명한 사람들의 평판에 끌려, 자신이 직접 연구해 보려고 권씨 집안을 찾아갔다.[19]

양반이며 대단히 부유한 집안의 후손이었던 유항검은 전라도 수부에서 멀지 않은 초남이라는 마을에서 살고 있었다. 조선에 천주교가 들어온 초기에 그 소문에 귀가 번쩍 뜨여 능력 있는 사람에게 천주교를 알아보려고 그는 자기 집에서 거의 500여 리 떨어진 양근의 권씨 집안을 찾아갔는데, 그 집안은 당시 학문과 덕행으로 명성이 자자하였다. 천주교 주요 교리에 대해 듣자마자 그의 곧은 심성은 진리의 빛을 받아들여 즉시 교회를 신봉하기 시작하였고, 자기 집으로 돌아와 많은 집안사람들에게 교회를 알려 입교시켰다. 그는 자기 고을에서 존경을 받고 영향력을 끼쳤던 인물이었기에 벗과 지인들에게 신앙을 전파하였고, 확실히 그 고을 교우 공동체의 토대가 되었다.[20]

유항검은 권씨 형제에게 천주교를 알고는 권일신을 대부로 이승훈에게 아우구스티노라는 세례명으로 세례를 받았다. 그리고 '진리의 빛을 받아들여 즉시 교회를 신봉하였고, 먼저 가족들을 입교시켰다.' 이때 유관검도 세례를 받았을 것으로 추측할 수 있다. 특히 멀지 않은 진산에는 윤지충이 살고 있었으므로 그에게서도 교리교육을 받았다.

그 다음 윤지충에게서도 그 경문(종지로 삼은 '천주를 공경하고 인간을 사랑하라'를 말함)을 볼 수 있었습니다. 그러나 윤지충이 사형을 당하던 때, 책자를 함께 전라 감영에 바쳤습니다. 이에 그 학문을 버리지 않다가, 그 후 조금씩 학습했습니다. 그 책은 본래 여러 질이 없고 두세 권에 불과

19 달레, 앞의 책, 313~314쪽.
20 앙투안 다블뤼, 유소연 역, 『조선 주요 순교자 약전』, 내포교회사연구소, 2014, 228쪽.

하여, 이를 외우고 익힘에도 스스로 어려움이 없었던 까닭에, 책자를 다시 빌려 보지 않았습니다.[21]

윤지충은 1784년에 서울에서 천주교 서적을 얻어 와서 동생 윤지헌에게 교리를 가르쳤다.[22] 윤지충에 대한 소문을 듣고 다수의 사람들이 그의 주변으로 모여들었다. 무장(茂長)의 최여겸(崔汝謙, 마티아, 1762~1801), 홍주(洪州)의 한덕운(韓德運, 1748~1802), 고산(高山)의 양언주(梁彦柱), 무안(務安)의 고시윤(高時允, 바오로) 등이다. 그러나 드러나지 않은 사람들이 훨씬 많을 것이다. 유관검도 이런 사람들과 더불어 윤지충으로부터 교리를 익혔음이 분명하다. 이러한 윤지충을 사람들은 존경하며 주교(主敎)[23]라고 불렀다.

그러면 유관검은 어떤 책을, 어떻게 구해 읽었을까? 유관검이 읽었다고 진술한 책은 『서학범(西學凡)』이다.

> 천주당을 세운다는 것과 과거를 시행하고 인재를 뽑는다는 일은, 과연 주일에 첨례(瞻禮)를 지키는 규약에서 일찍이 『서학범』이라는 이름의 책을 보니, 그 중에 문과(文科), 도과(道科), 의과(醫科), 이과(理科)에 관한 설이 있었고, 각 과마다 각각 그 선생이 있어 인재를 교육하여 공학(公學)에 올리고, 그 재주의 여부를 보아서 조정에 그를 올리면 재능에 따라 벼슬을 준다고 되어 있었습니다.[24]

21 『사학징의』, 유관검 신문기록, 인정신문, 74~75쪽.

22 『사학징의』 권2, 이환송질, 지헌, 포청소. …矣兄持忠 甲辰年分 自京始得邪書而來 勸矣身從學是乎矣…. 『시복 자료집』, 276쪽에서 재인용.

23 『사학징의』, 호남밀계 윤지헌 조, 汝矣兄持忠伏法之後 凡爲此學者 皆以汝矣兄謂節死 而尊之如主教 則汝矣家卽邪學家主人也

24 『사학징의』, 유관검 신문기록, 인정신문, 재신문, 88~89쪽. 『서학범』에 대한 자세한 사항은 『사학징의』 88~89쪽의 각주62 · 63을 참조하기 바람.

유관검은 『서학범』에서 유럽의 인재 선발제도에 대해 매우 호감을 가진 듯하다. 벼슬길이 어려워진 현실에서 인재를 교육하고, 재능에 따라 사람을 뽑아 쓰는 선발제도는 그에게는 가장 이상적인 국가의 모습으로 보였을 것이다. 그래서 유관검은 서양에 대한 막연한 기대감이 있었다.

> 큰 배[大舶]가 마땅히 서양으로부터 올 것인데, 그 인물의 풍채와 태도는 우리나라보다 월등히 뛰어나다. 그리고 보물과 재화를 많이 실어 와 조선의 재물을 사용하지 않고 천주당을 지을 것이며, 불고악(不鼓樂), 거중기(擧重機), 천리비거(千里飛車)를 그 가운데에 설치할 것이다. 교우들이 크게 모여 교리를 가르치고 사학을 강론하며[設法講學], 과거시험을 설치하여 인재를 취하고, 기술을 살펴서 의관(醫官)을 뽑을 것이다. 이는 어찌 성교(聖敎)를 널리 펼치고자 하는 사람이 바라던 일대 기회가 아니겠는가?[25]

유관검은 이러한 서양 국가들이 이상향으로 보여졌음은 부인할 수 없다. 그가 천주교를 받아들인 것도 바로 서양의 이러한 모습을 동경했기 때문일 것이다. 천주교를 통해서 뛰어난 서양 문물을 받아들이고, 천주교가 성행하며 서양의 과거제도로 인재를 선발하여 꽉 막힌 조선을 개혁하는 것은 비단 유관검의 한 사람뿐만은 아니었다. 그러나 그것은 막연한 기대감이었다. 서양에 대한 직접적인 정보를 획득하지 못하고 중국을 통한 서책만으로도 정보 획득은 한계가 있었던 것이다. 중국에서도 서양에 대한 정보가 어둡기는 마찬가지였다. 명의 예부상서(禮部尙書) 서광계(徐光啓, 바오로, 1562~1633)가 올린 「변학소고(辯學疏考)」를 보면 서양이 얼마나 미화되어 있는가를 알 수 있다.

25 『사학징의』, 이우집 신문기록, 인정신문, 83~84쪽.

서양에서 온 여러 신하들이 전한바 천주교는 참으로 왕이 백성을 교화하는 데도 도움이 되고 유학의 학술에도 도움이 되며, 불교를 바르게 구하는 것이옵니다. 서양 인근 30여 국이 모두 이 종교를 봉행한 지 지금까지 천수백 년이 되었는데, 크고 작은 나라들이 서로 구휼(救恤)하며, 귀족이나 서민들이 서로 평안하며, 국경도 수비하지 않으며, 나라 임금도 성(姓)이 없으며, 전국을 통하여 남을 속이고 거짓말하는 사람이 없으며, 예로부터 음란함과 도적질하는 풍속이 없고, 길에 떨어진 물건도 줍지 않으며, 밤에 대문도 닫지 않고, 도덕적으로 패역한 일을 하거나 반란을 일으키는 그런 일도 없을 뿐만 아니라 그런 사람도 없습니다.[26]

유관검도 이와 비슷한 내용을 이야기하고 있다. 유관검에게 신문관은 되묻다.

너(유관검)의 말대로라면 이 학문을 하면 나라가 부강해지고 해마다 풍년이 들고, 나라가 평안하여 길에 떨어진 물건마저 주워 가지지 않고, 노인은 짐을 지거니 이지 않아도 된다고 한다. 그러나 당당한 유학도 아직 이와 같이 된 적이 없다. 너는 일찍이 유학을 배우지 않고, 도리어 사학의 무리한 이론을 가지고 세상을 변혁시키고자 생각했다. 이는 진실로 국가를 위하고 이 백성을 위하는 일이겠는가?[27]

동화 속에서나 나옴직한 이상 국가의 모습이 중국에서나 조선에서 진보적인 지식인들에게 각인된 원인은 무엇일까? 서광계는 서양 선교사들을 도와 한역 서학서의 저술과 간행에 헌신한 것은 물론, 스스로도 『벽망(闢妄)』을 비롯한 많은 서학서를 번역하였다. 특히 판토하(Didace

26 하성래, 「황사영의 교회활동과 순교에 관한 연구」, 『교회사연구 제13집』, 한국교회사연구소, 1998, 112쪽.

27 『사학징의』, 유관검 인정신문, 재신문, 79쪽.

de Pantoja, 龐迪我, 1571~1618)를 도와 『칠극(七克)』을 간행하기도 하였다.[28] 이러한 한역 서학서들이 조선으로 도입되어 익히게 되었고, 이를 독서한 조선 지식인들은 그 내용을 그대로 믿을 수밖에 없었을 것이다. 유관검도 이러한 영향으로 서광계와 비슷한 서양 사고관을 가지고 있었던 것이다. 서양 선교사들도 천주교 선교의 목적상 어쩔 수 없이 서구의 가톨릭 국가의 모습을 미화했다고는 하지만, 당시 세계의 중심국이라는 자부심을 가지고 있었던 중국도 세계를 보는 안목이 우물 안 개구리 식이었다. 조선은 더 말할 필요도 없는 것이다. 서양을 보는 관점의 한계였다.

유관검이 말한 『서학범』 외에 또 어떤 서학서로 교리를 익혔을까? 주지하다시피 제일 많이 읽힌 책이 마테오 리치(Matteo Ricci, 利瑪竇, 1552~1610)의 『천주실의(天主實義)』, 판토하의 『칠극』이고, 또 유항검이 읽고 가성직제도의 모순을 발견했다고 하나 확실하지 않은 『성교절요(聖教切要)』[29]이다. 그리고 『성경직해(聖經直解)』와 『성경광익(聖經廣益)』을 최창현(崔昌顯, 요한, 1754~1801)이 재편찬한 『성경직해광익(聖經直解廣益)』은 첨례서와 피정서로 필독서였다. 우상숭배 금지와 조상제사에 관련된 내용이 수록된 『삼산논학기(三山論學記)』·『성세추요(盛世芻蕘)』·『교요서론(教要序論)』[30] 등도 이미 도입되어 읽히고 있었다.[31]

28 『가톨릭대사전』, http://info.catholic.or.kr/dictionary

29 「이승훈의 첫째 서한」, 『교회사연구 제8집』(이승훈 연구 특집호), 173쪽의 각주8.

30 최기복, 「천주교회의 유교제례 금령과 다산의 상제례관」, 『교회사연구』(제39집), 한국교회사연구소, 2012, 15쪽.

31 서학서와 한역 서학서에 관해서는 김진소, 『천주교 전주교구사』 62~77쪽; 배현숙, 「조선에 전래된 천주교 서적」, 『한국 천주교회창설 200주년 기념 한국 교회사 논문집』 1, 한국교회사연구소, 1984, 4~8쪽 참조.

그러면 유관검은 어떻게, 누구로부터 서학서를 구해 읽었을까?

> 천주교 서적의 수는 거의 백 권에 가깝다. 혹 사기도 하고 빌리기도 하였을 것이니, 모두 어느 곳에서 어떤 사람들에게서 나왔는가? … 천주교 서적은 윤지충, 이존창, 최창현의 집에서 빌렸으며, 윤유일이나 권일신, 권상연, 민도 등에게서 베껴 오기도 했습니다.[32]

> 문서 중에는 너의 집에서 베껴낸 책들이 서울과 지방에 널리 퍼졌다. 뿐만 아니라 유항검 형제가 숨겼던 책 대부분이 바로 네 물건이었다.[33]

앞 문서에는 책을 빌리거나 베껴 온 사람은 윤지충, 이존창, 최창현(崔昌顯, 요한, 1754~1801), 윤유일(尹有一, 바오로, 1760~1795), 권일신, 권상연, 민도라고 진술한다. 모두 순교한 사람들이다. 다음의 신문은 유관검의 교리책이 대부분 윤지헌에게서 왔다고 말한다. 아무튼 유관검이 읽었던 교리책은 윤지충 · 지헌 형제를 비롯한 충청, 서울을 망라했음을 알 수 있다. 그리하여 백여 권에 가까운 서학서로 교리를 읽혔으며, 형과 윤지충을 비롯한 경향 각지의 선배 신자들에게 교리문답을 나누었을 것이다. 그럼으로 해서 윤지충과 더불어 강론[34]을 할 수 있었으며, 가성직제도의 모순을 형과 함께 밝혀내기도 했을 정도로 해박한 교리 지식을 소유하고 있었다.

그럼 이러한 사람들로부터 어떻게 빌렸을까? 윤지헌(尹持憲, 프란치스코, 1764~1801)은 '약 파는 일'[35]을 하면서 약상자에 교리책을 숨겨

32 『사학징의』, 한국교회사연구소, 456~457쪽. 書册之數殆近百卷 或買或借之間皆 出於何處何人…. 持忠存昌昌顯之家或謄來於 有一日身尙然閔灊等處是遣

33 『추안급국안』, 윤지헌 재심문 기록, 250쪽.

34 『추안급국안』, 유관검 심문 기록, 286쪽.

전달했다고 진술한다. 아무튼 비밀리에 빌려 보거나 베끼고, 유관검의 말처럼 책 전체를 암송하는 방법으로 교리를 익혔다.

3. 유관검의 교회활동

유관검의 교회활동은 광범위하고, 교회생활은 깊이가 있었다. 주지하다시피 유관검은 형을 대신하여 교회의 대외활동을 담당하고 있었다. 사실 유항검은 과묵하고 신중하면서도 결단력이 있었다. 가성직제도의 모순을 발견하여 이를 정지시킨 것이나, 본인의 가치관을 천주교 신앙으로 바꾸고 실천한 점은 당시의 지도자 중에서도 몇 명이 되지 않았다. 그러나 남아 있는 그에 대한 자료는 빈약하기 짝이 없다.

> 유항검의 일생은 신비스럽기만 하다. 그와 그의 가족이 남긴 역사는 엄청난데 그가 남긴 말은 읽을거리가 적으니 말이다. 그가 대역죄인이라는 죄목에 비해 심문 기록마저 짧다. 그나마 정약용이 말하기를 유항검의 법정 진술은 "혹독한 고문으로 억지 진술을 한 것"이라고 한다. 유항검이 남긴 것은 없다. 땅끝을 모르는 광활한 토지도 빼앗긴 들이 되었다. 공권력은 그가 살던 집터마저 죄인의 땅이라고 하여 흔적을 지웠다. 살아남은 가족은 노모와 큰형수와 권씨 집안으로 출가하였으나, 서류부가(婿留婦家) 중이던 큰딸뿐이었다.[36]

35 『사학징의』, 윤지헌 인정신문, 재신문, 82쪽.

36 김진소, 「한국 순교신앙의 고향 전라도」, 9쪽.(광주가톨릭대학평생교육원, '수도자 아카데미' 강의, "복자 유항검 가족의 일상의 영성: 초남이와 거제도의 특별한 이야기", 2015.09.22. 이하 「김진소 강의」라 칭함)

노모는 권상연의 고모이고, 윤지충의 이모인 권씨 부인을 말하고, 큰형수는 유익검의 부인을 말한다. 유익검은 5대째 벼슬이 끊긴 집안에서 생원시에 합격한 가장 촉망받는 아들이었으나 일찍 죽고 만다. 서류부가 중이던 큰딸은 결혼하였으므로 살아남았다. 서류부가란 남자가 혼인 후 일정 기간 처가에 살다가 집으로 돌아가는 의례를 말하는 것으로 이때 큰딸은 아직 시댁으로 가지 않고 준비 중에 있었다. 현실은 냉혹한 것이었다. 서류부가 중인 남편으로부터 박해를 당한 것이다. "그 당시 갓 결혼했던 딸은, 이런 경우에 종종 그렇듯이, 남편에게서 버림받는 위협 속에 놓여 있었으니…"[37]

그러나 다행스럽게도 동생 유관검의 신문기록이 남아 있었기 때문에 초기 한국 천주교회의 상황과 호남 교회의 사정을 미루어 알 수 있다. 정약용이 말한 '혹독한 고문으로 억지 진술을 한 것'이라는 지적에 우리는 유의해야 한다. 유관검의 법정 진술을 살펴보면 신문받고, 곤장 30대 맞고 재신문받고 하는 과정이 되풀이된다. 그 과정이 올라갈수록 그의 진술도 차이가 나는 것을 살필 수 있다. 특히 그의 극구 부인에도 불구하고 '일장판결'은 광풍의 회오리바람으로 변한다. 당시의 가장 무서운 형벌은 역적이었다. 피고가 역적 혐의가 있으면 모든 변호와 동정이 사라진다. 그를 변호하거나 동정했다가는 모역동참죄(謀逆同參罪)로 치죄를 받기 때문이다.

하여튼 유항검을 대신하여 유관검은 신자들을 만나거나 방문하고 교리 하는 것을 주도적으로 하였다. 그 증거로 이우집의 증언이 뒷받침해 준다.

37 『시복 자료집』, 393쪽.

> 저는 유관검의 꼬임에 빠졌고, 유관검의 시여(施與)를 탐하여 잘못 사학에 들어갔습니다. … 유관검은 매양 저를 만나면, 번번이 사학을 힘써 배우도록 권면하였고, 또한 베낀 책자로 자주 토론했습니다. 정사(1797)년 동짓달에 마침 유관검의 집에 갔는데, 그가 외진 곳에 새로이 사랑채를 만들어 오직 천주학을 같이 하는 사람을 여기에서 영접한다고 했습니다. 저와 그 두 조카가 두 사람이 함께 그곳에 앉아 있었는데…[38]

유관검의 선교 대상자는 형의 집에 문전성시를 이루는 손님들이었다. 형 유항검은 집주인과 신부로서의 역할을 했을 것이고, 동생 유관검은 손님을 맞이하고, 신부의 미사 집전을 보좌하는 역할을 하였을 것이다. 이우집의 진술처럼 외진 곳에 사랑채를 마련하여 신자들을 영접했다는 데서 미루어 짐작할 수 있다. 그곳은 미사성제 장소이고, 신자들의 면담 장소이며 교리실이라고 여겨진다. 그 사랑채에 조카들이 함께 있었다고 했는데, 두 조카는 틀림없이 복사 역할을 하였을 것이다. 그러면 두 조카는 누구일까? 유관검의 조카는 큰형 유익검에게 중덕(重德)과 중성(重誠, 마태오, ?~1802) 두 형제가 있다. 큰형 유익검이 36세로 사망하자 유항검이 실질적인 장자가 되는데, 그의 슬하에는 4남 2녀를 두고 있다. 장남이 이순이와 결혼하여 동정부부로 산 유중철(柳重哲, 요한, 1779~1801)이고, 아래로 큰딸이 있는데 1801년 당시에는 서류부가 중이었기 때문에 살아남았다. 둘째 아들이 유문석(柳文碩, 요한, 1784~1801), 둘째 딸 유섬이(柳暹伊, 1793~1863), 1801년 당시 6살인 셋째 유일석(柳日碩), 3살 유일문(柳日文)이다. 유섬이는 경상도 거제부로, 유일석은 전라도 나주목 흑산도로, 유일문은 전라도 강진현 신지도에 관노로 보내졌다. 유섬이는 거제부에서 관노로 살다가 1863년 71세

38 『사학징의』, 이우집 신문기록, 인정신문, 83쪽.

의 나이로 죽었는데, 그녀의 묘표가 2014년에 발견되어 화제가 된 바 있다.[39] 유관검의 아들도 한 명 있는데 그 아들에 대한 언급은 어디에도

39 『가톨릭 신문』, 2014.5.25, 3면. 유섬이의 일생이 밝혀진 것은 거제 부사를 지낸 하겸락(河兼洛, 1825~1904)의 『사헌유집(思軒遺集)』 제3권에 수록된 '게재지(揭載紙): 祭文・告由文 祭巨濟柳處子文'에 의해서 밝혀졌다. 그 내용은 아래와 같다.(2014년 교회사 아카데미 강의 때 조광 교수 제공)

유섬이(柳暹伊) 「수절론」

· 작성자: 하겸락(河兼洛, 1825~1904, 거제 부사) 『사헌유집(思軒遺集)』 券之三

· 게재지(揭載紙): 祭文・告由文 祭巨濟柳處子文

거제부에는 71세 난 유처녀가 있었다. 정조 시대에 사학을 엄금하면서 범한 자는 반드시 사형에 처하고 그 자녀들을 노비로 삼았는데, 조정의 유명한 신하들도 범촉되어 환난을 당했다. 유(柳) 여인이 어느 집안 사람인지는 알지 못하나, 듣건대 유명 가문의 후예라고 한다. 그 아버지가 사학죄(邪學罪)를 범하여, 그 딸이 관비로 차정되었다. 나이 7세 때에 거제읍의 노파가 그를 수양딸로 삼아서 바느질을 가르쳤다. 유 여인은 평생 다른 사람과 말이나 웃음을 같이 하지 않았다. 그의 행적은 자세하지 않으며 집 밖으로 나가지도 않았다. 날마다 오로지 바느질만 하니 관청에서 일하는 아전이나 관노들이 그를 감히 관비로 대우하지 못했다. 13~4세가 되어 그에게 장가를 들고자 하는 사람이 있었다. 유 여인은 말하기를 "나는 사대부 집안의 혈육으로 참혹하고 지독한 화를 당하여 지금은 거제부의 관비로 되어 있습니다. 내가 만일 지아비를 맞는다면 관노일 터이니, 아들을 낳으면 관노가 되고 딸을 낳으면 관비가 될 것입니다. 이를 내가 어찌 차마 할 수 있겠습니까! 또다시 다른 사람에게 시집가라고 하여 내 귀를 더럽힌다면 나는 반드시 죽음으로 이 일을 알릴 것입니다."라고 했다. 그는 수양어미를 받들며 그 뜻을 따랐고, 그의 수양어미도 유 여인을 자기가 나은 딸처럼 사랑하고 아꼈다. 유 여인의 나이가 16~7세가 되니 수양어미에게 말했다. "내 나이가 점점 먹어 가니 강제로 폭행을 당할까 두렵습니다. 남자의 손이 한번 내 몸에 가해지면, 그 욕을 보게 됨이 클 것입니다. 흙과 돌을 가지고 집 한 채를 견고하게 지어서 음식이 드나드는 구멍을 내고, 집 안에 대소변을 볼 수 있는 곳을 두며, 남쪽을 향하여 자그마한 창호 하나를 내어서 바느질하기에 편하도록 해 주십시오."라고 했다. 수양어미가 그 말대로 하니 유 여인은 이로써 나이가 40여 세가 될 때까지 스스로 지켜 나갔다. 그 후에야 비로소 일반인처럼 거처하니, 거제부의 아전이나 관노 같은 사람들이 그가 수절하고 있음을 모두 알고 그를 더럽히려는 마음을 감히 갖지 못하였으며 사람들은 그를 '유처녀'라고 불렀다. 계해년(1863) 7월에 내 직책이 바뀌어 돌아가려 할 때, 형방 아전이 아뢰기를 유처녀가 71세의 나이로 죽었다고 했다. 나랏법에는 죄를 범하여 노비가 된 사람들이 죽으면 시체를 검시하여 순영(巡營)에 보고하도록 되어 있었다. "아아! 천지 만물은 음양의 이치를 가지고 있다. 애닯도다, 유처녀여! 외로운 여성으로 짝도 없구나. 그 몸을 순결히 하여 71세에 세상을 떠나니 그의 결백한 정절과 원한 맺힌 기운은 드높은 하늘에 통했다. 만일 유처녀가 남자의 몸으로 태어났더라면 임금을 받들어 충성함이 해와 달을 꿰뚫었으며, 정성된 마음은 쇠붙이와 돌덩이도 뚫었으리라. 아쉽도다. 참화를 당한 집안에서 여자의 몸으로 태어났지만 그 정절이 거상(居喪)하여 차마 사라질까 한다." 부사는 아전을 보내서 그 장례에 무엇이 갖추어지지 않았는지를 물었다. 아전이 말하기를

없다. 이로 미루어 보아 외딴집에 함께 있었던 두 조카는 유중성과 유문석일 가능성이 농후하다. 이 둘의 나이가 비슷하고 신심이 두터웠기 때문이다. 장남 중철은 결혼한 사람이므로 이들과 함께 있었다고는 볼 수 없을 것이다. 중철 · 문석 · 중성은 2014년 복자품에 올랐다.

다음으로 유관검의 선교 대상은 형의 거대한 토지를 배경으로 한 관계인들일 것이다. 그 중에는 소작인도 있었을 것이고, 마름들도 있었을 것이다.

> 유관검 형제는 하물며 엄청난 경제력[萬金之富]을 가지고, 재산을 풀어서 슬기롭지도 않고 어리석지도 않은 자[靡哲不愚]들을 불러들여 권유하여 수삼(數三)의 고을들이 반쯤이나 이적금수(夷狄禽獸)가 되었습니다. 내장이 흉도와 서로 연결되고, 숨결이 서울과 직통했습니다. 이에 이국(異國)의 사람과 더불어 재물을 공유하고 정성을 바쳐서, 집안이 교를 믿었으니 그 죄 됨은 이미 법에서 벗어나지 못합니다.[40]

여기에서 유의해서 살펴볼 것은 '재산을 풀어서[施財]'라는 대목이다. 이 뜻은 재물을 가난한 사람들에게 베풀었다는 것이다. 이것은 가난한 사람들에게 먹을 것을 주고 굶주리는 사람들을 위해 곳간 문을 열었다는 의미이다. 유항검이 이렇게 변한 데는 권철신의 영향이라고 정약용은 증언하고 있다.

"관을 짤 나무와 시신을 염할 포목을 갖추지 못했습니다." 하였다. 나는 곧 이를 마련해주고 아전을 시켜서 후상하여 장례를 지내게 하였다. 또한 관아의 장교를 매장지로 보내어 반드시 물기가 없고, 묘의 옆에 있는 바위 면에 '七十一歲柳處女之墓'라는 아홉 글자를 특별히 세워서 표를 삼으라고 하였다.

40 『사학징의』, 유관검 · 윤지헌 공동신문기록, 죄인 유관검, 인정신문; 윤지헌, 인정신문, 재신문, 97~98쪽.

정약용은 「권철신묘지명(權哲身墓誌銘)」에서 권철신이 이렇게 살았다고 적고 있다. 당시 학문은 담론(談論)에 빠져 이기(理氣)가 어떻고 성정(性情)이 어떻고 하며 말놀이만 할 뿐 실천은 소홀히 하고 있었다. 그러나 권철신의 학문은 한결같이 실천적인 효제충신(孝悌忠信)을 으뜸으로 삼았다. 가정에서는 오직 어버이에게 순종하여 어버이의 뜻에 맞도록 행동하고, 친구와 형제를 한 몸처럼 아끼는 데 힘썼다. 아들과 조카들이 집안에 가득하였지만 마치 친형제처럼 화합하였다. 집에서 부리는 노복(奴僕)도 서로 함께 사용하고 저장한 곡식이나 재물도 함께 사용하여 내 것 네 것 구별이 조금도 없었다. 진귀한 음식이 생기면 비록 그 양이 적더라도 아랫사람들에게까지 고르게 나누어 먹었다. 권철신의 행동이 이러하자 내로라는 양반들이 그의 행동을 사표로 삼고자 아들들을 그의 문하에 보내어 배우도록 하였다.[41]

유항검은 권철신의 집에서 이러한 광경을 직접 체험함으로써 몸소 체득한 것이다. 그리고 세례를 받고 귀향하여 예수님의 계명을 몸소 실천하는 권철신을 따른 것이다. 그는 이제 권세와 부와 명예의 종살이에서 해방되어 자유인이 된 것이다. 유항검의 이러한 신 · 망 · 애 완덕의 삶은 장남 유중철과 이순이의 동정부부를 탄생시켰고, 장남과 며느리에게 재산권을 분재(分財)해 주었다. 이순이는 그녀의 편지에서 이렇게 적고 있다.

우리(유충철 · 이순이)의 만남은 두 사람의 소원을 천주께서 윤허하신 특별한 은총이라 피차에 감사함이 죽기로써 보은이라. 둘이서 언약하기를, 가산과 소업(所業)을 상속받는 날이 되면, 서너 쪽으로 나누어서 가난한 이를 구제하고, 계씨(季氏)에게 후히 주어 양친을 부탁하고, 세상이 펴이거든 각각 떠나 살자 하고, 피차 상약(相約)을 저버리지 말자 했다.[42]

41 「김진소 강의」, 5쪽.

이러한 동정부부나 분재는 가장인 유항검의 허락이 있었기에 가능한 일이었다. 조선의 법으로는 자식들이 마음대로 분재를 할 수 없었기 때문이다. 유항검은 이 땅에 하느님 나라를 건설하고 있었던 것이다. 그는 조선 천주교 최초의 마을인 초남이를 신앙 공동체로 만들었다.

유관검은 형으로 가족주의를 초월한 신앙 공동체의 가치를 체득하여 이를 구체화하고 실천하는 데 앞장섰다. 이우집에게도 시여(施與)를 한 것도 모두 이런 정신의 발로였다. 유항검은 신부였고, 유관검은 형의 조력자였다. 도움을 받은 수많은 사람들은 두 형제에게 감복되어 천주교를 믿게 되고, 이들에게 유관검은 교리를 가르치고 면담하여 민중의 맺혀 있는 마음을 해원(解冤)시켜 주었다. 그리하여 '수삼'의 고을에 천주교 신자들이 절반 이상이 되었다. "지금 허다하게 체포된 자는 너의 인척이나 가객(家客)이 아니면, 모두 노비들이거나 소작인들이다. 그 무리는 거의 몇 개 군에 걸쳐서 성행했다."[43] 인척이나 가객, 노비, 소작인들이 바로 유관검의 선교 대상들이었다. 또한 "농부나 나무꾼, 남녀나 양반·천인을 논하지 않고…",[44] "어리석은 사람이나 지혜로운 사람, 귀한 사람이나 천한 사람을 가리지 않고 힘써 모두 권유하여…"[45]에서처럼 신분의 높고 낮음을 구별하지 않는 그의 평등관을 엿볼 수 있다. 그는 사람 대접 받는 살맛 나는 세상을 만들고 싶어 하였다. 이미 신분을 초월하고 있음을 알 수 있는 것이다. 유관검은 천주교 신앙으로 이 땅에 하느님 나라 건설, 즉 이상향을 실현하기를 희원하였다. 이런 생각은 그뿐만 아니라 유항검 집안 전체의 생각이었다. 이순

42 「이순이 루갈다가 두 언니에게 보낸 서한」, 『시복 자료집』, 399쪽.

43 『사학징의』, 유관검 신문기록, 죄인 유관검, 인정신문, 재신문, 79쪽.

44 위의 책, 79쪽.

45 위의 책, 80쪽.

이 루갈다의 분재 염원도 바로 이상향 실현의 발로였다. 이들은 '이 학문을 하면 나라가 부강해지고 해마다 풍년이 들고, 나라가 평안해진다.'고 여겼다. 이상적인 종교 국가를 꿈꾸고 있었던 것이다. 유관검은 이러한 이상 사회를 그리며 수삼의 고을을 다니면서 사람들을 입교시킨 것이다.

유관검의 교회활동에서 주목할 것은 주문모 신부와의 관계이다. 주지하다시피 주문모 신부는 1794년 우여곡절 끝에 입국하였고, 반년도 못 되어 신분이 탄로나 수배령이 내려져 피신하는 몸이 되었다. 서양 선교사의 영입이나 서양 큰 배 청원은 모두 주문모 신부와 연관이 되어 있었다. 특히 1795년 유항검의 초청으로 전주를 방문한 것은 유관검에게는 특별한 경험이었다. 그는 이존창과 함께 신부를 수행하였다. 또한 주문모 신부로부터 망원경[魔鏡]과 '요망한 족자[魔簇]'를 선물받기도 하였다. "제(유관검)가 그(주문모)를 스승의 예로 대하고 신부로서 존경하니 과연 이 물건을 서로 증정하였습니다."[46] 유관검은 주문모 신부를 최대의 존경으로 예우를 하고 있었다. 그것은 유관검뿐만 아니라 조선 천주교회 전체가 똑같았다. "신부는 천주를 대신하여 교리를 설교하니, 임금이나 어버이의 명은 오히려 어길 수 있으나, 신부의 명은 결단코 어길 수 없다."[47]고 하였다. 하느님의 대리자로서의 신부의 역할을 꿰뚫은 것이다. 그리고 수배당하고 있는 주문모 신부를 영광으로 피신시키려는 계획을 수립하기도 했다. 그러나 이러한 피신 계획은 대질신문 때는 부인한다.

유관검과 주문모 신부와의 관계는 서양 큰 배 청원 계획으로 더욱

46 앞의 책, 78쪽.

47 『사학징의』, 이우집 신문기록, 인정신문, 84쪽.

밀착된다. 서양 큰 배 청원은 주문모 신부의 주도로 이루어졌다.

> 대개 주문모는 생각하기를 "조선에는 천주학을 하는 사람은 한미한 집안에서 많이 일어났고, 조정에는 믿고 의지할 만한 사람이 전혀 없다. 지금 만약 큰 배를 맞아들인다면 나라의 금령은 틀림없이 이완되지 않을 리 없고, 우리의 도(道)는 널리 선양될 수 있을 것이다."라고 했습니다.
>
> 또한 주문모는 이르기를 "중국의 서양 선비들 가운데 문장이 뛰어나고 학식이 있는 사람이 큰 배에 함께 타면 언어가 통할 수 있다. 또한 큰 배를 보낼 때에 서국(西國)의 임금이 반드시 우리나라에 편지를 보내어, '비록 수만 리 밖에 있다고 하더라도 항상 귀국의 명성을 사모하였는데, 귀국은 성교(聖敎)가 없는 까닭에 우리나라의 문학에 독실한 사람을 보내니, 반드시 모름지기 가르침을 크게 행하여 홀로 고립되지 않기를 바랍니다.'라고 말했다."고 했습니다.[48]

유관검은 형과 함께 서양 큰 배 청원에 연명(連名)하였다. 윤지헌의 문초에서는 자신도 연명자라고 실토하나 유관검은 윤지헌을 거명하지 않는다. 아마도 윤지헌을 보호하기 위한 것이라고 보여진다. 주문모 신부의 서양 큰 배 청원의 중심지는 전라도였다. 그것은 아마도 전라도 사목 방문으로 확인된 유항검의 신실함과 경제력이 크게 작용하였을 것이라는 생각이다. 실제로 유관검은 돈 삼백 냥을 빌려 주기도 하였고, 북경 밀사로 윤지헌이 천거한 황심(黃沁, 토마스, 1756~1801)을 주문모 신부에게 추천해 주었다.

서양 큰 배 청원 이래로 유관검은 서울을 빈번하게 내왕하였다. 이것은 형 유항검의 뜻이기도 하였다.

48 『사학징의』, 유관검 신문기록, 죄인 유관검, 인정신문, 재신문, 94~95쪽.

> 지난 을묘년(1785) 봄에 비로소 신부가 나와 계동(桂洞)에 있다는 말을 듣고 과연 제 아우 유관검을 보내서 오도록 청하여 4~5일을 머물게 하면서 조용히 강학하고 토론했는데, 양근에 사는 윤가(尹哥)가 돌아가면서 데리고 갔습니다. 그 후에는 제 아우로 하여금 자주 가서 보도록 했고, 또 서찰로 빈번하게 소식을 전했습니다.[49]

유관검의 서울 나들이는 공적인 임무인 교회의 업무였지만 그곳에서 교회 지도자들을 만나면서 그들과 교분을 쌓을 수 있는 기회가 되었음은 물론, 주문모 신부의 사목활동과 신부를 보좌하는 주변 인물들의 봉사직을 통해서 교회의 운용 방법을 익히는 계기가 되었다. 유관검은 교회 운용의 전문가였다. "만약 신부가 아니라면 7성사를 거행할 수가 없고, 성사가 행해지지 않는다면 교회의 일이 세워지지 않는 까닭에, 반드시 교무(敎務)를 주관하는 한 사람을 영입한 연후에야 이 교(敎)를 행할 수 있다."[50] 교회는 필히 사제가 있어야 하고, 그 사제를 중심으로 교회가 운용되어야 함을 말한 것이다. 가성직제도가 중지된 이래 사제를 영입하는 일은 조선 천주교회의 가장 시급한 문제였다.

유관검이 사귄 교우들은 서울과 충청 · 전라도를 망라하고 있었다. 이가환 · 이승훈 · 홍낙민(洪樂敏, 루카, 1740~1801) · 권일신 · 최창현 · 김범우(金範禹, 토마스, ?~1786) · 정약종 · 최인길(崔仁吉, 마티아, 1764~1795) · 최필공(崔必恭, 토마스, 1745~1801) · 윤유일 · 황사영 · 현계흠(玄啓欽, 1762~1801) · 이존창 · 강완숙 · 민도 · 홍익만(洪翼萬, 안토니오, ?~1802) · 이희영(李喜英, 루카, 1756~1801) · 정광수(鄭光受, 바르나바, ?~

49 『사학징의』, 이환송질, 항검, 포청소. 한국교회사연구소, 229쪽. 去乙卯年春 始聞神父出在桂洞 果送矣弟觀儉 仍爲請來 留置四五日 從容講討矣 楊根居尹哥旋爲率去是白乎於 其後則使矣弟種種往見 亦以書札頻頻通信是如乎.

50 『사학징의』, 유관검 신문기록, 죄인 유관검, 인정신문, 재신문, 92~93쪽.

1801)·손인원(孫仁遠)·최해두(崔海斗)·이현(李鉉, 아우구스티노, ?~1801)·홍문갑(洪文甲)·윤지충·윤지헌·이우집(李宇集, 1761~1801) 등이다.

"이가환·이승훈·홍낙민 등이 얼키설키 밀접하게 결탁했다. 은밀히 서양 사람을 맞이해 오기 위해 세웠던 계획의 경우, 이가환은 은 50냥을 냈고, 윤유일은 은 20냥을 냈습니다."[51] 유관검이 세 사람과 접촉한 것은 서양 선교사 영입과의 관련 때문이었다. 특히 이가환이 천주교 신자였느냐 아니냐를 떠나서, 윤유일이 서양 선교사와 서양의 큰 배를 요청한 일에는 이가환이 깊이 개입되었을 가능성이 매우 크다고 보고 있다.[52] 박해자들은 채제공(蔡濟恭, 1720~1799)을 비롯한 이가환·이승훈·홍낙민과 같은 신서파(信西派)들을 제거하기 위하여 수단 방법을 가리고 않고 있었다. "청컨대, 괴수 이가환의 머리를 장안의 거리에 달아서 난리의 근본을 끊게 하시고…"[53] 그러나 정조가 생존해 있는 동안은 보호를 받을 수 있었다. 유관검은 형과 더불어 서양 선교사 영입과 서양 큰 배 청원에 깊이 개입하게 되면서 이가환 등과 얼키설키 밀접한 관계를 맺게 되었다.

"주문모가 전라도로 내려갈 때 서울에 있던 사학 괴수인 최인길·최창현·최필공·최인철과 시골에 있던 사학도인 윤유일·이존창 등은 한마음으로 따라갔다."[54] 유관검은 이 사람들과 6~7일을 함께 생활하면서 깊이 있는 교감을 나누었을 것이다.

51 『추안급국안』, 유관검 판결문, 290쪽.

52 고을희, 「정조대(正祖代) 서양 선교사와 양박(洋舶) 영입 시도」, 『교회사연구』(제25집), 한국교회사연구소, 2005, 296쪽.

53 이만채, 앞의 책, 221쪽.

54 『사학징의』, 사형죄인 문서철, 권상문, 228쪽.

유관검의 교우관계에서 특별한 것은 교우들과 혈당(血黨)을 맺은 것이다. 혈당은 '피로써 맺은 패거리', '함께 죽기로 결의한 벗[死友]'을 말한다.[55] 유관검과 혈당을 맺은 사람들은 이승훈 · 황사영 · 정약종 · 김범우 · 손인원 · 최해두 · 정광수 · 이현 · 홍문갑 등이다.[56] 그가 교우관계가 광범위하고 끈끈하게 맺어졌다는 증명이기도 하다.

윤지헌 · 이우집은 유관검과는 흉금을 털어놓는 사이였다. 알다시피 윤지헌은 윤지충의 동생으로 윤지충이 1791년에 순교하자 폐족(廢族)된 가솔들을 이끌고 고산현 운동면(高山縣 雲東面, 지금 완주군 운주면 저구리)으로 이주하였다. 그는 그곳에 한국 천주교회 최초의 교우촌인 '저구리 교우촌'을 만들었다. 유관검과 윤지헌은 이종사촌 사이면서 동지였다. "윤관검과 윤지헌은 몸은 둘이나 생각은 같아서 차이가 없습니다."[57]

이우집은 유관검과 사돈 사이다. "암꿩과 수꿩이 서로 화답하듯이 숱하게 이야기를 주고받았습니다."[58] 그런데 숱하게 주고받은 이야기가 화근의 원인이 되고 말았다. 이우집은 가난한 선비로 유업에 전념하고 있었다. 유관검은 이우집에게 물질적인 도움을 주면서 그를 입교시키기 위해 공을 들였다. 그 과정에서 이우집에게 여러 가지 교회의 상황을 이야기해 주었는데, 체포되어서는 이를 모두 발설하고 만 것이다. 그 중에서 유관검에게 들었다고 하면서 말한 '서양 큰 배 청원과 일장판결[大舶請來 一場判決]', 그리고 비결신행(祕訣信行)은 박해의 일

55 『사학징의』, 사형죄인 문서철, 홍익만, 201쪽. 당인(黨人)이라고도 표현하고 있다. 혈당은 같은 책 203 · 211 · 218쪽에도 나온다.

56 위의 책, 201쪽.

57 『추안급국안』, 유관검, 윤지헌 재신문 기록, 270쪽.

58 『추안급국안』, 이우집 판결문, 296쪽.

대 회오리바람을 일으키고 유항검 · 관검 형제와 가족들, 윤지헌과 그의 가족들, 이우집은 물론 김유산(金有山, 토마스, 1760~1801)까지 역적으로 몰려 죽거나 귀양 가고 만다.[59] 일장판결은 전쟁을 말하는 것인데, 유관검이 말한 일장판결과 이우집이 들은 일장판결은 다르다는 것이 재판 과정에 드러났다. 유관검이 말한 일장판결은 전쟁을 의미하는 것이 아니고 "이 천주학이 행해지거나 행해지지 못하는 것은 여기에서 결정될 수 있다.[一番判決]"[60] 즉 일장판결이 아니고 일번판결이라는 의미였다고 말한다. 이우집이 진술한 일장판결은 박해자들이 이용한 정황이 다분하다. 또한 이우집이 말한 유관검의 비결신행은 유관검이 천주교 신자로서 우상숭배에 해당하는 비결신행은 평생 구두로도 언급하지 않았다고 부인한다.

이우집에 의해 발설된 서양 큰 배 청원과 일장판결, '임금이나 어버이의 명은 오히려 어길 만하다'와 '윤지충의 무덤 위에 천주당을 짓는다.' 등의 이적행위와 패륜행위로 인하여 '난을 불러일으키는 계책[招亂之計]'과 '화를 즐거이 여기는 마음[樂禍之心]'[61]으로 몰아 반역죄로 치죄당한다.

유관검의 신심은 뛰어나다. 유관검은 "천주교의 핵심 가르침[宗旨]은 '다른 사람을 사랑하기를 자기와 같이 하라.[愛人如己]'"[62]였다고 고백한

59 유관검의 대박청래 일장판결, 비결신행은 『교회사 연구』(제13집, "선교의 자유와 '대박청래' 문제")의 차기진, 「朝鮮後期 천주교 신자들의 聖職者迎入과 洋舶請來에 대한 연구」; 하성래, 「黃嗣永의 敎會活動과 殉敎에 대한 硏究」; 방상근, 「황사영 〈帛書〉의 분석적 이해」; 윤민구, 「조선 신자들의 大舶請來運動에 대한 海外의 인식」, "종합토론", 『교회사 연구』(제25집); 고을희, 「정조대(正朝代) 서양 선교사와 양박(洋舶) 영입 시도」를 참조할 것.

60 『사학징의』, 이우집 · 유관검 대질신문기록, 죄인 이우집, 인정신문; 유관검, 인정신문, 대질신문, 91쪽.

61 『사학징의』, 유관검 신문기록, 죄인 유관검, 인정신문, 재신문, 87쪽.

62 위의 책, 80쪽.

다. 이제까지 어떤 사람도 하지 못한 예수님의 가장 큰 계명인 '하느님 사랑, 이웃 사랑'을 천주교의 종지로 말한 것이다. 종전의 진술들과는 차원이 다르다. 윤지충을 비롯한 순교자들이나 1801년 박해 때의 신자들의 고백은 호교론의 비중이 높다. 내가 옳다고 생각하는 나의 종교를 방어하기 위해서는 호교론이 방어 논리였던 것이다. 그러나 유관검에 와서는 그 호교론을 뛰어넘는다. 천주교의 '가장 큰 계명' 즉 예수님의 핵심 가르침을 꿰뚫고 있는 것이다.

> …그 가르침은 '천주를 공경하고 사람을 사랑하라[尊天主愛人物]'는 것을 핵심 주장으로 삼았습니다. 그것은 배우기도 매우 쉽고, 그 과정도 가깝고 빠른 까닭에 책을 소매 속에 넣고 돌아왔고 자연히 홀리게 되었습니다.[63]

유관검은 천주교 신앙을 '고질병'[64]이라고 고백한다. 도저히 고칠 수 없는 병, 고질병이 유관검의 신심인 것이다. 또한 그의 평등관은 경이적이다. 천주교의 종지를 신앙의 신념으로 삼은 그는 이웃 사랑 실천을 최대의 목표로 삼았다. "어리석거나 지혜롭거나 귀하거나 천하거나 가리지 않고 매우 권유하여…"[65] 이런 평등 신앙관은 불평등한 조선 봉건사회에서 천주교 신앙으로 등장한 새로운 인간관이었다. 유관검은 이러한 새로운 인간관으로 무장하여 선교활동을 하였고 이를 토대로 형과 함께 거대한 신앙 공동체를 건설하는 데 이바지하였다.

또한 유관검의 천주교 신앙은 조선의 충효 윤리와도 배치되지 않았다. 박해자들은 유관검을 신문하면서 천주교를 '무부무군(無父無君)'이

63 『사학징의』, 유관검 신문기록, 죄인 유관검, 인정신문, 74쪽.

64 『사학징의』, 유관검 신문기록, 죄인 유관검, 인정신문, 재신문, 76쪽.

65 위의 책, 80쪽. 不分愚智貴賤 務盡勸諭

니 '멸륜패상(滅倫敗常)'으로 몰아갔지만, 유관검은 천주교는 '임금을 섬기고 정성을 다함[事君盡誠]'[66]이라고 말하며 종교와 국가 간의 관계를 긍정적으로 설정하였다. 그는 임금을 섬기는 도리를 다하는 백성이면서 신앙인임을 증언하고 있는 것이다.

4. 유관검의 순교 여부

유관검을 배교자, 그것도 '비겁한 배교자'로 낙인을 찍은 사람은 달레이다. 달레는 이렇게 쓰고 있다.

> 그(유항검)의 형제들 중의 하나인 유관검은 그보다 훨씬 더 비겁하였다. 그는 고문에 굴복하였을 뿐만 아니라 관원들이 그에게 요구하는 모든 밀고를 하고, 그에게 묻는 것 이상의 것을 알려 줄 용의가 있음을 나타냈다. 감사는 그렇게 좋은 기회를 살려 이 불행한 사람의 겁을 이용할 것을 잊지 않았다. 감사는 그에게 그 온 집의 절망적인 상태를 눈앞에 그려 보임과 동시에, 그가 아는 모든 것을 솔직히 고백하는 것이 죽음을 모면하는 방법이 될 뿐 아니라 조정의 호의를 얻어 높은 관직에 오를 수 있는 길이 되리라는 희망을 그에게 불어넣어 주었다. 유관검은 겁과 야심으로 눈이 어두워 쉽사리 함정에 빠져들었다. 그는 우선 자기의 모든 책을 불사르고 아는 교우들의 명단을 길게 적어 놓았다. 그 명단은 이내 활용되었다. 며칠 사이에 전주, 금산, 고산, 영광, 무장, 김제, 그 밖의 고을들을 포졸들의 무리가 샅샅이 뒤져, 2백 명 이상이 옥에 갇혀 무서운 고문을 당하였다고 그때의 수기에 적혀 있다.[67]

66 앞의 책, 80쪽.

67 달레, 앞의 책, 527~528쪽.

유관겸은 이제까지 살펴보았듯이 비겁한 배교자가 아니다. 그는 신앙을 증거 하였고, 교우들을 밀고하지 않았으며, 지독한 고문을 받으면서도 이미 사망한 사람들을 발설하였을지언정 현존하는 교우들을 보호하기 위하여 몸부림친 흔적을 곳곳에 엿볼 수 있다. 더구나 전라도 신자 200명의 밀고설은 더욱 황당하다. 달레가 증거로 들고 있는 '수기'는 황사영의 「백서」[68]를 말하고 있지만, 그 「백서」에는 이렇게 적혀 있을 뿐이다.

> 전라도는 신해년 이후 십 년간 박해가 없어 교우들이 많아졌다. 4월 초에 전주 유항검 아우구스티노, 고산 윤지헌 프란치스코 등 이백 여 사람들이 체포되었다. 생각건대 김제의 가난한 선비 한정흠, 전주 평민 최여겸 두 사람만 굳세게 항거하다 참수 치명하고 나머지 사람들은 굴복하였다.[69]

이러한 체포도 전주 관아 자체의 정보에 의해서 체포한 것이 아니고, 좌우 포도청에서 보낸 비밀 공문에 의거하여 체포한 것이다. 서울에서의 신자 신문 과정에서 얻은 정보를 전주로 보낸 것이다. 그러므로 유관검이 200명을 밀고하였다는 달레의 주장은 거짓이라고 할 수 있다.

왜 달레는 이러한 실수를 범하였을까? 그것은 원전(原典)인 다블뤼(M.N.A. Daveluy, 安敦伊, 1818~1866) 주교의 『조선 주요 순교자 약전(Notices des Principaux Martyrs de Corée)』을 토대로 하여 『한국천주교회사』를 펴냈기 때문이다. 거기에는 다음과 같이 기록되어 있다.

68 달레, 앞의 책, 528쪽, 각주4.

69 황사영, 「백서」, 176~177행. 全羅道辛亥以後 十年無寃 敎友頗多 四月初 全州柳奧斯定 高山尹方濟各等 二百餘人被捕 惟金堤貧士 姓韓的 及全州常人姓崔 字汝謙者 兩人剛毅 斬首致命 餘皆被屈.

유항검의 동생 유강검[70]은 배교 후에 참수되었다. 우리는 그를 여기에 (『조선 주요 순교자 약전』) 포함시키지 않으나, 그렇기는 해도 그는 어쩌면 선종을 했을 것이다. … 그러나 우리는 그들의 전기와 각자의 결말에 대해 웬만큼 구체적으로 알지 못하므로…[71]

다블뤼 주교는 유관검을 '유강검'으로 오기할 정도로 정보가 부족하였다. 다블뤼 주교는 이를 시인하고 있는 것이다. 이를 토대로 달레는 『한국천주교회사』를 저술하였고, 유관검에 대하여 '비겁한 배교자'라고 낙인을 찍은 것이다. 그리고 그의 비겁한 배교에 의하여 전라도 신자 200명이 체포되었다고 쓰고 있다.

다블뤼 주교는 1856년 제4대 조선대목구장 베르뇌(Simeon Francois Berneux, 張敬一, 1814~1866) 주교의 요청으로 한국순교자전을 작성하게 되는데, 1847년 10월 15일에 교황청 예부성성(지금의 시성성)에 제출한 최양업(崔良業, 토마스, 1821～1861) 신부와 메스트르(Joseph Ambroise Maistre, 李, 1808~1857) 신부의 역본 82명의 『기해 · 병오박해 순교자들의 행적』을 검토한 뒤 1857년에 교황청에서 조사를 시작하라는 지시를 한국 천주교회에 전달하였다. 그런데 이것이 한국에서는 시복 수속을 위한 순교자 명단을 새로 제출하라는 것으로 잘못 전해졌고, 이에 다블뤼 주교는 서둘러 1785~1846년 순교자 360명 중 210명을 선정하여 작성하기에 이른다. 1년 만에 작성되었다고 한다.[72] 그리고 여기에 "1801년의 '양근 순교자'와 서소문 밖에서 순교한 '무명 궁녀들', '전주 초남리의 유씨 가족' 등은 그 이름과 약전을 파악하기 어려우므로 각각 한데

70 유관검을 '유강검'으로 잘못 표기하였다.

71 앙투안 다블뤼, 앞의 책, 230쪽.

72 최석우, 앞의 책, 114~115쪽.

묶어서…"[73]라고 쓰고 있다. 그리고 다블뤼 주교는 1835년 이전의 초기 순교자 85명 중 임희영(任喜永), 황사영, 유관검 등 3명을 추천에서 제외하였다.[74] 또한 다블뤼 주교는 전주 초남리 유씨 가족 중에서 "유항검과 그의 아들 중철, 문석, 며느리 이유희(이순이)의 전기만을 수록하였다. 그리고 그 아우인 유관검은 배교자임을 분명히 하였고, 나머지 유항검의 아내 신희(申喜, ?~1802), 한두 명의 제수, 한두 명의 조카 등 3~5명의 순교자가 있다고 하였다."[75] 다블뤼 주교는 그 후로도 자료 수집을 계속하였으며, 1859년 1월부터는 「보유편」 120쪽을 추가하는 작업에 착수하였다. 그 과정에서 황사영의 「백서」가 수록된 이기경(李基慶, 1756~1819)의 『벽위편』을 발견하였고, 이순이와 이경도의 옥중 서간이 발견되었으며, 목격 증언을 수집하기 위해 3개월 간 아주 먼 지방에까지 여행하였다.[76] 그러나 아주 먼 지방이 전주는 아닌 것 같다. 전주에 갔다면 위와 같은 불확실한 사실을 쓰지 않았을 것이기 때문이다. 갔더라도 60여 년이 흐른 후였다.

그 후의 한국 교회사 연구자들도 달레의 범위를 벗어나지 못하였다.

> 유관검은 비록 표면상으로는 그의 형과 함께 순교하였지만, 그는 첫 번 전라 감사 앞에서나 서울 의금부에서 신문을 당할 때 배교를 드러나게 선언했을 뿐만 아니라 성교회에 크게 해로운 허망무근한 사실을 횡설수설로 거짓 고백하여 박해를 더욱 확대시키고 치열하게 하였던 장본인이다. 그러고도 그는 조금도 회오의 빛이 없이 살아나가기에만 급급했다가 사건이 너무 중대하여 국가에 대한 반역이란 죄목으로 육시의 극형을

73 최석우, 앞의 책, 118쪽.

74 최석우, 앞의 책, 119쪽.

75 최석우, 앞의 책, 120쪽.

76 최석우, 앞의 책, 115~116쪽; 달레, 『한국천주교회사』 하, 300쪽 참조.

당하였다. 애석한 일이지만 그분의 죽음은 순교가 아닌 것으로 정평이 있고…[77]

유홍렬도 이렇게 표현하고 있다. "유관검은 고된 형에 못 이기어 … 이에 따라 관헌은 그 지방의 교우 2백 명 이상을 손쉽게 잡아 가두고…"[78]

그러다가 근래에 들어와서는 관점이 달라지기 시작한다.

전국에서는 3월(음)부터 박해가 시작되었는데 … 유관검, 윤지헌, 이우집 등이 체포되어 3월 28일(음)부터 전주 감영에서 문초를 받았고, 김유산은 유관검의 자백으로 붙잡혀 4월 26일(음) 문초를 받았다. 또한 이들의 자백으로 전주 · 금산 · 고산 · 영광 · 무장 · 김제 등 여러 고을에서 200여 명 이상의 신자들이 체포되어 문초를 받았다.[79]

유관검 일인에서 '이들의 자백'으로 바뀐다.

『시복 자료집』에서는 다음과 같이 쓰고 있다. "『사학징의』 내용을 보면, 유관검이 윤지헌 · 이우집을 고발한 사실만을 알 수 있다."[80] 전라감사 김달순의 비밀 보고서[全羅監司金達淳密啓]의 제1차 비밀 보고서 처음 부분을 보면 유관검이 전라도 신자들을 밀고했다는 달레의 설이 거짓임을 앞에서 언급하였다.

그러나 아직도 그 범죄의 흔적을 얻지 못하다가, 좌우 포도청에서 보낸

77 김구정, 『한국 순교 사화』 2, 가톨릭출판사, 1976, 199쪽.
78 유홍렬, 『한국천주교회사』 상, 가톨릭출판사, 1991, 158쪽.
79 이장우 · 최선혜 · 조현범, 『한국천주교회사』 2, 분도출판사, 2010, 45~46쪽.
80 『시복 자료집』, 213쪽, 각주19.

비밀 공문에 근거하여 유항검을 체포했습니다. 들은 바에 의하면 체포할 때에 사당에 빈 독(櫝)만 있었고, 헐어 빠진 상자에 담긴 신주가 먼지 더미에 놓여 있었다고 합니다.

그러므로 그가 사학도(邪學徒)의 우두머리임을 비로소 깨닫고, 친밀하게 출입하던 무리를 한편으로 샅샅이 찾아내어 체포했습니다. 위에 적은 유관검을 먼저 잡아온 다음 … 신문했습니다.[81]

주지하다시피 유항검 · 관검 형제는 진산사건 때 전라 감영에 체포되어 사학서(邪學書)를 바치고, 회개한다고 말하면서 석방되었다. 1801년 1월 10일(음) 대왕대비(大王大妃) 정순왕후(貞純王后) 김씨(金氏)에 의하여 내려진 '척사윤음(斥邪綸音)'의 시발로 신유박해가 시작되면서 전주에서도 유항검 등의 천주교 신자들에 대한 염탐을 하였다고 보고하고 있다. 그러나 겉으로 나타나는 행동을 발견하지 못하였으므로 체포하지 못하다가 좌우 포도청의 비밀 공문에 의거 체포하게 된다는 것이 명시되어 있음을 본다. 이때가 1801년 3월 28일이다. 2개월여가 지난 뒤였다. 이러한 것으로 봐서 유항검 · 관검 형제의 체포는 서울에서부터 내려온 것으로 갑자기 체포된 것이다. 유관검만 붙잡힌 것이 아니라 '친밀하게 출입하던 무리를 한편으로 샅샅이 찾아내어 체포'한 것이다. 이것은 서울로부터 내려온 체포자 명단에 의해서 전라도 신자들이 샅샅이 체포되었음을 적고 있다. 따라서 유관검의 밀고로 전라도 신자들 200명 이상이 체포되었다는 달레의 주장은 잘못된 것이며, 유관검은 '비겁한 배교자'가 아니라는 사실이 증명된다.

그동안 한국 교회의 창설 주역들 중 일부는 다블뤼 주교가 작성한 「조

81 『사학징의』, 제1차 비밀 보고서, 72쪽.

선 순교자 역사 비망기」와 다른 고본(稿本)들, 그리고 선교사들의 서한에 의거하여 조선을 직접 방문하지 않았던 달레 신부가 1874년에 집필한 『한국천주교회사』 등의 사료에서 '배교자' 등으로 규정되거나 순교자 명단에 포함되지 못한 이후, 이들과 같은 입장을 견지해 온 일부 한국 교회사가들의 부정적 태도 표명 때문에 시복시성 추진 대상에서 제외되고 있었다.[82]

유관검이 이렇게 철저히 배제되고 있는 사이에 유항검을 비롯한 초기 한국 천주교회 순교자들의 시복 절차가 꾸준히 진행되어 2014년 8월, 교종 프란치스코의 한국 방문으로 윤지충을 비롯한 124위의 복자가 탄생하게 되었다. 그중에는 형 유항검, 조카 유중철 · 유문석 · 유중성, 조카 며느리 이순이 등 5명이 한집안에서 복자로 배출되었다. 또한 친구 윤지헌도 역시 영광된 자리에 올랐다. 오직 유관검만 제외된 것이다.

유관검의 흔적은 찾아볼 수 없다. 전주 승암산(306m)의 유항검 가족 합장묘에도 유관검의 부인 이육희는 같이 합장되었지만, 유관검은 빠졌다. 배교자로서 철저히 버림받은 것이다.

그러나 조선 신자들이 교황에게 보내는 신미년(1811) 서한에서는 유관검을 순교자로 기록하고 있다.[83] 또 조카 유중성은 숙부 유관검이 순교하였다고 증언한다. "서교는 곧 집안에서 전해져 온 학문이고, 두 숙부(유항검 · 유관검)가 영광스럽게 죽었으니[二叔榮死], 다만 그들을 따라서 한가지로 죽기를 바랄 뿐이다. 다시 무슨 말을 하겠는가."[84]

82 심상태, 「순교의 교의 신학적 고찰: 한국 교회 박해와 순교의 새로운 이해」, 『순교의 신학적 고찰』, 도서출판 형제애, 2003, 264~265쪽.

83 차기진, 앞의 책, 각주165.

84 『사학징의』, 부각도정법죄인질, 전라도 전주, 한국교회사연구소, 171쪽. 重誠(恒儉侄)

유중성은 작은아버지 유관검이 '영광스러운 죽음'을 하였다고 말하여 순교하였음을 진술하고 있다. 이는 가족의 증언이므로 참되다고 할 수 있다. 다블뤼 주교의 애매한 표현 "그렇기는 해도 그(유관검)는 어쩌면 선종했을 것이다."라가 아니라 "그는 선종했다."라고 정정함이 옳을 것이라고 본다. 무서운 고문 속에서도 교회의 비밀을 함구하며 버티는 유관검의 모습은 경이롭다. "비록 매를 맞아 죽어도 다시 고할 것이 없습니다."[85], "비록 만번 죽어도 진실로 따로 고할 만한 일이 없습니다."[86] 나에게 사학은 고질병이라고 고백한 그의 장렬한 최후의 모습이다.

한국 천주교회의 강점은 '자발적으로 받아들였다는 것'과 '극심한 박해를 받았다.'[87]라는 것이다. 자발성은 수용의 동기 유발이 강했다는 것이며, 극심한 박해는 오히려 성장의 탄력성을 받았다는 것을 역동적으로 말해 주고 있다. 테르툴리아누스(Tertullianus)의 "순교자들의 피는 그리스도인의 씨앗이다."라는 말처럼 한 세기에 걸친 천주교 박해는 수많은 순교자를 낳았고, 더 강해졌으며 들불처럼 번져 나갔다. 순교자들의 신앙에 대한 자부심과 확신성, 그리고 복음적 삶이 바로 한국 천주교회의 기준이 되었다. 순교자들은 천국의 삶을 누리고 있다. 순교자들의 현양 사업은 우리 자신들을 위한 것이다. 우리들이 순교 자체에만 머무른다면 우리 종교만의 국한되는 잔치가 되고 말 것이다. 왜 기꺼이 목숨을 내놓을 수 있었는가, 그 시대를 살아가는 시대정신에

結案招 西敎乃是家傳之學 而二叔榮死 只欲顧從一死而已 復夫何言 云云(以上 辛酉十二月 正法), 『시복 자료집』, 411쪽.

85 『사학징의』, 유관검 신문기록, 유관검, 인정신문, 74쪽.

86 『사학징의』, 유관검 신문기록, 죄인 유관검, 인정신문, 재신문, 79쪽.

87 노길명, 『한국의 종교운동』, 고려대학교출판부, 2005. 63~64쪽.

어떻게 부응하면서 대처시켜 나갔는가를 배워야 한다.

> 박해시대의 복음은 "하느님 법은 휘지 않는다."였다. 하느님 법은 공평하다고 생각했던 것이다. 그래서 황일광(黃日光, 시몬, 1756~1801)은 "나의 신분에도 불구하고 사람들이 너무 점잖게 대해 주니, 천당은 이 세상에 하나 있고, 후세에 하나가 있음이 분명하다."고 말하였다. 우리 신앙 선조들은 이러한 복음으로 무장되어 기꺼이 순교할 수 있었다. 이러한 복음정신은 우리 문화 속에 심어 놓아야 한다.[88]

신자들의 복음정신이 바로 오늘을 사는 우리 교회의 가르침이다. 현재를 살아가는 우리 한국 천주교회는 외적 성장에만 치중하고 있지 않는가 하는 반성부터 하면서 복음을 받아들이고 실천하는 내적 성장으로 회귀해야 한다.

5. 맺음말

유관검은 평범한 신앙인이 아니었다. 그는 당시 사회의 모순과 치열하게 싸웠던 사람이고 종교를 통해서 새로운 세상을 꿈꾼 구도자였다. 그는 서양 큰 배 청원을 통하여 서양 선교사들을 초빙함으로써 종교의 자유를 획득하고, 서양 과학을 통하여 조선 중흥을 도모하려고 한 선각자였다. 또한 종교를 통하여 신분제의 질곡을 개선하려는 평등주의자이고 혁신주의자였다.

유관검은 1791년 진산사건의 당사자인 윤지충과 권상현의 순교를

88 조광, 2014년 1학기, '한국 교회사 아카데미' 강의에서.

직접 목격함으로써 그의 종착지가 어디라는 것도 이미 예견하고 있었다. 그는 순교를 이미 각오하고 있었다. 당시 사람들은 천주교 신앙은 목숨과도 맞바꿀 수 있다는 것을 잘 알고 있었다. 그가 비록 고문에 못 이겨 배교한다고 말했을지라도 그것은 순간적인 일이고 일시적인 것으로 봐야 할 것이다. 순교자들 역시도 인간이기 때문이다.

조선의 학문 풍토는 제자백가(諸子百家)가 나올 수 없었다. 조선은 사상이나 학문의 중립 지대가 허용되거나 존재할 수가 없었던 것이다. 오로지 성리학이었고 부정하면 사문난적(斯文亂賊)으로 단죄를 받았다. 그래서 흑과 백이 명백하였고, 다른 선택의 여지가 없었다. 그래서 인지 이분적인 사고가 지배하게 된다. 순교와 배교도 마찬가지이다. 피를 흘리고 죽으면 순교이고, 살아나오면 배교였다. 그들의 인격 · 사상 · 시대적 배경, 그리고 이제까지의 삶은 제외시키고 결과만 본다. 순교인가 배교인가?

당시의 천주교를 믿었거나 관심을 가지고 있었던 사람들은 분명히 사회 개혁적인 성향을 가지고 있었다. 유관검도 그 중의 한 사람이었다. 유관검은 분명히 조선의 사회적 모순을 서학을 통해서 개혁하고자 했던 선각사상을 가지고 있었다. 이러한 개혁사상은 당시의 시대정신이었다. 조선 후기에는 조선의 봉건적 질서가 무너져 가고 있었다. 어떻게든 기울어져 가는 조선을 개혁하고자 했던 조선의 지식인들은 중국을 통해 보유론으로 무장한 서학이 눈에 들어왔고 과감히 수용하였다. 유관검도 그런 사람 중의 하나였다. 그는 천주교를 믿다가 순교하는 사람들을 똑똑히 봤고, 한역 서학서와 주문모 신부와 부연사 일행을 수행한 밀사들을 통하여 중국을 비롯한 서양의 문물을 접하였으며, 조선에서의 종교의 자유를 얻기 위해서는 서양 큰 배가 필요하다고 보았다. 그렇게 하여 서양 큰 배 청원에 적극적으로 나서게 되었다.

그가 말했다는 일장판결은 집권자들에 의하여 부풀린 것으로 여겨진다. 그는 외세의 힘을 빌려 무력으로 국가를 전복하려는 외세의존주의자나 혁명주의자가 아니었다. 더구나 비결신행을 신봉하는 우상숭배주의자도 아니었었다. 다만 소박하게 서양을 인식하였고, 서양의 종교국가를 이상국으로 생각한 종교국가 신봉자였고 순수주의자였다.

유관검은 달레가 말한 것처럼 비겁한 신앙인은 아니다. 200명의 밀고설도 과장되었다. 유관검은 한국 천주교회 초기 가성직제도의 모순을 밝혀내기도 할 정도로 교리 지식이 해박한 신자였고, 교회 운용의 전문가였으며, 또한 집안에 전용 신앙 집회소를 만들어 선교할 정도로 열심한 신앙인이었다.

다만 유관검은 천주교를 받아들임에 있어서 신앙의 내면성보다는 그 확장성에 더 큰 관심을 가졌다는 데에 문제가 있었다고 보인다. 즉 서양의 이상적인 천주교 국가 모델을 성리학의 조선 땅에 이식하려는 과도한 생각을 가지고 있었다는 점이다. 한역 서학서를 통하여 천주교를 받아들인 당시의 신앙 선조들의 생각도 비슷한 것이었다. 그들은 서양 큰 배를 청원하여 서도(西道)는 물론 서기(西器)까지 얻으려고 하였다. 그러나 서구는 이때 이미 제국주의로 접어들었고, 중국은 전래논쟁으로 천주교를 박해하고 있었다. 내부의 확장이 없는 외세의 개입은 한계가 있다는 것은 이미 역사를 통하여 증명된 사실이다. 외세는 결코 천사가 될 수 없다는 진리이다.

참고문헌

1. 단행본

· 김구정, 『한국 순교 사화』 2, 가톨릭출판사, 1976.

· 김정숙, 『한국천주교 여성사』, 한국교회사연구소, 2015.

· 김진소, 『천주교 전주교구사』 I , 도서출판 빅벨, 1998.

· 발터 카스퍼 추기경 외, 『순교의 신학적 고찰』, 도서출판 형제애, 2013.

· 샤를르 달레, 안응렬 · 최석우 역주, 『한국천주교회사』 상, 한국교회사연구소, 2000.

· 심상태, 『새 세기의 한국 교회와 신학』, 바오로딸, 2005.

· 앙투안 다블뤼, 유소연 역, 『조선 주요 순교자 약전』, 내포교회사연구소, 2014.

· 유홍렬, 『한국천주교회사』 상, 가톨릭출판사, 1991.

· 이기경, 『벽위편』(영인본), 한국교회사연구소, 1978.

· 이만채 편찬, 김시준 역주, 『천주교 전교 박해사(벽위편)』, 새한인쇄사, 1984.

· 이상식 역주, 『추안급국안』 74, 흐름출판사, 2014.

· 이이화, 『한국사 이야기』 15, 한길사, 2002.

· 이장우 · 최선혜 · 조현범, 『한국천주교회사』 2, 분도출판사, 2010.

· 조광 역주, 『사학징의』 I , 한국순교자현양위원회, 2001.

· 한국교회사연구소, 『교회사 연구』 8집, 1992.

· 한국교회사연구소, 『사학징의』, 불함문화사, 1977.

· 한국교회사연구소, 『한국 가톨릭 대사전』, 1998.

· 한국교회사연구소, 『교회사 연구』 13집, 1998.

· 한국천주교주교회의 시복 시성 주교 특별위원회, 『'하느님의 종' 윤지충 바오로와 동료 123위』(시복 자료집 제3집), 2006.

2. 논문

· 고을희, 「정조대(正祖代) 서양 선교사와 양박(洋舶) 영입 시도」, 『교회사 연구』 제25집, 2005.
· 김진소, 「한국 순교신앙의 고향 전라도」(광주가톨릭대학평생교육원, '수도자 아카데미', "복자 유항검 가족의 일상의 영성: 초남이와 거제도의 특별한 이야기", 2015.09.22.)
· 방상근, 「황사영 「백서」의 분석적 이해」, 『교회사 연구』 제13집, 1998.
· 심상태, 「순교의 교의 신학적 고찰: 한국 교회 박해와 순교의 새로운 이해」, 발터 카스퍼 추기경 외, 『순교의 신학적 고찰』, 도서출판 형제애, 2013.
· 윤민구, 「조선 신자들의 대박청래운동에 대한 해외의 인식」, 『교회사 연구』 제13집, 1998.
· 조광, 「신유교난과 이승훈」, 『교회사연구』 제8집, 한국교회사연구소, 1992.
· 차기진, 「조선후기 천주교 신자들의 성직자영입과 양박청래에 대한 연구」, 『교회사 연구』 제13집, 1998.
· 최기복, 「천주교회의 유교제례 금령과 다산의 상제례관」, 『교회사 연구』 제39집, 한국교회사연구소, 2012.
· 최석우, 「다블뤼 주교의 『한국 순교자 약전』에 대한 검토」, 『한국 교회사의 탐구 Ⅲ』(최석우 신부 수품 50주년 기념), 한국교회사연구소, 2000.
· 하성래, 「황사영의 교회활동과 순교에 대한 연구」, 『교회사 연구』 제13집, 1998.
· 황사영, 「백서」

3. 서간

· 「구베아 주교의 셋째 서한」, 『교회사 연구』 제8집 〈이승훈(베드로) 연구 특집호〉, 1992, 〈구베아 주교가 중국 사천 교구장 생 마르틴(Saint-Martin)에게 보낸 편지〉
· 「유항검이 이승훈에게 보낸 편지」, 『교회사 연구』 8집, 1992.
· 윤민구, 「조선 신자들의 大舶請來運動에 대한 海外의 인식」, 『교회사 연구』 13집, 1998, 〈길랭 신부가 1790년 부모에게 보낸 편지〉

·「이승훈이 북당의 선교사들에게 보낸 둘째 편지」, 『교회사 연구』 8집, 1992.

·「이승훈이 북당의 선교사들에게 보낸 첫째 편지」, 『교회사 연구』 8집, 1992.

4. 신문 · 인터넷

·『가톨릭대사전』, www.catholic.co.kr/goodnews

·『조선왕조실록』

·『평화신문』, 2011.02.11.

황사영 처자 유배설화의 문화사적 가치와 의미

1. 머리말
2. 황사영의 순교와 일족의 유배
3. 황사영 처자 유배설화와 전승 양상
4. 황사영 처자 유배설화의 문화사적 가치와 의미
5. 맺음말

1. 머리말

황사영이 대역부도죄로 능지처사되자 그 일족(一族)[1]도 연좌되어 유배를 가야 했다. 그 후 100여 년이 지나 제주 본당 신부가 추자도에서 황사영의 후손을 만나 거처를 마련해 주었다는 개인 사목 기록이 있었지만 이들에 대한 후속 조사는 이루어지지 않았다. 이로부터 60여 년이 지난 1973년 한 교회사가 황사영의 후손으로부터 족보와 편지 두 장을 확인하고, 황사영 처자의 묘까지 확인하였다며 교회 언론매체에 알림으로써 이야기는 다시 시작되었다. 이후 이 이야기는 사실과 설화 사이를 넘나들며, 현재 황사영의 처는 순교자의 반열에 올랐고 황사영 처자의 묘는 성지와 사적지가 되었다.

많은 순례자들이 이곳을 찾고 있다. 그렇다면 이 처자에 대한 역사적 사실은 사실대로 알리고, 설화는 그 가치를 문화사적으로 접근하여 알릴 필요성이 제기되고 있다. 이는 교회가 선도적으로 해야 할 일이라고 생각된다. 만에 하나 설화를 역사적 사실로 호도하거나 방관 내지는 동조했다면 바로잡아야 할 것이다.

설화[2]는 '개인의 창작물이 아니라 민족적 집단의 공동생활 속에서 공동의 의식에 의하여 자연발생적으로 형성된 문자 기술 이전의 구전문학으로, 일정한 구조를 가진 꾸며낸 이야기'이다.[3] 설화는 역사적

1 '一族'은 一家나 家族의 의미를 포괄하고 있고, 대역부도죄라는 죄목과 백 · 숙부와 노비까지 연좌되는 법 취지 등 광범위한 개념을 적용하여 이 용어를 사용하기로 한다. -『신유박해 자료집』Ⅲ에서도 이 용어로 표기한 바 있음.(조광 편저, 변주승 역, 한국순교자현양위원회, 1999, 166~168쪽, '의금부에서 황사영 일족 처벌 요청', '형조에서 황사영 일족 처벌 요청' 등)

2 '설화'는 신화, 전설, 민담으로 분류 구분하고 있다. 장덕순 외, 『구비문학 개설』, 일조각, 2006, 39쪽.

사실을 바탕으로 구성되기도 하고, 자신의 사실성 · 진실성을 보강하기 위해 역사와 결합되기도 하기 때문에 역사와 관련이 깊다. 역사적 사실이 설화가 될 경우, 역사는 사실이 그대로 후대에 전승될 것을 생각하고 기술되기 때문에 수용자의 기대나 보상, 문학적 굴절이나 윤색이 용납되지 않는다. 그러나 설화는 어느 한 사실이 전승집단의 의식에 의해 구성된다. 그렇기 때문에 설화는 수용자의 사상, 감정, 기대, 보상이 문학적으로 형상화되어 나타난다.[4] 이처럼 역사와 설화의 차이는 문학적 요소가 개입되었느냐의 문제이다. 설화는 한 역사의 사실에서부터 시작한다. 다만 그 역사적 사실에 허구적 사실을 문학적 형상화로 부양하여 수용자의 기대에 부응하는 것이 설화이다. '전쟁이 일어나 많은 사람이 죽고 엄청난 재산의 피해가 있었다고 할 때 그 실상을 기록하는 것은 역사의 몫이라면, 전쟁 중에 아들을 잃은 어머니가 있고 그 어머니의 마음이 얼마나 아프겠는가를 기록하는 것은 문학의 영역'[5] 이라고 할 수 있다

한국 천주교는 1784년 이벽 · 이승훈 등의 주도로 신앙 공동체가 창설된 이래 230여 년의 역사 중 100여 년은 박해로 얼룩진 역사였다. 박해의 역사는 수많은 순교자의 목숨을 앗아간 피와 한(恨)의 역사였다. 박해는 신앙 공동체에 엄청난 타격을 주었지만 각지로 피신해 간 신자들로 인하여 천주교 신앙은 전국으로 확산되는 계기가 되었고 공동체는 더욱 결속되었다. 박해기가 지난 후 신자들은 순교자들의 숭고한 순교정신을 본받고자 순교자들의 순교 터와 유해가 묻혀 있는 무덤

3 최운식, 『한국 서사의 전통과 설화문학』, 민속원, 2006, 11쪽.

4 최운식, 위의 책, 96쪽.

5 김종회, 「'정신적 대부' 작가 이병주」, 『뉴욕 중앙일보』, 2015.10.16. 미주판 17면.

을 소중한 순교영성이 깃든 성지로 받들어 참배하였다. 나아가 오늘날에는 순교자들의 자취가 서려 있는 교우촌, 순교자들의 생가 터까지 신앙의 표징으로 삼아 성지의 외연은 더욱 확대되어 갔다.

한국 천주교의 성지는 전국 곳곳에 산재되어 많은 신자들이 성지순례를 하고 있다. 현재 한국의 성지는 111곳으로,[6] 많게는 264곳까지 소개되고 있다.[7] 지금 이 순간에도 곳곳에서 경쟁적으로 성지 개발은 진행되고 있고, 앞으로도 더 많이 생겨날 것이다.

『한국가톨릭대사전』에 의하면, "그리스도교의 성지(聖地)는 팔레스티나만이 성지로 불리기 때문에 이곳을 제외하면 고유한 의미의 성지는 한국은 물론 어디에도 없다. 그러므로 한국에서 성지로 불리는 곳들은 성지가 아닌 성역(聖域)으로 불릴 수 있는 장소들이다. 따라서 한국교회에는 성역으로 불릴 만한 곳은 순교자와 관련된 곳밖에 없다. 그것도 순교지나 순교자의 묘소 정도에 국한되어야 하기 때문에 이러한 장소들만 성역으로 부르고 나머지 장소는 '교회 사적지(史蹟地)'로 불러야 한다."라고 서술하고 있다.[8] 최석우 신부는 "'성역'은 순교자와 관련된 순교 터나 순교자의 무덤으로 제한하고, 순교자의 탄생지나 거주지, 신앙 · 순교 · 수도생활 등의 요람지, 교우촌 및 본당, 신학당 터, 성모 기념지 등은 교회 사적지로 분류되어야 한다."고 주장한다.[9]

6 한국천주교주교회의 국내이주사목위원회 성지순례사목소위원회 편찬, 『한국 천주교 성지순례』, 한국천주교중앙협의회, 2014(수정판).

7 오영환 · 박정자, 『순교의 맥을 찾아서(한국 천주교의 성지와 사적지)』, 가톨릭출판사, 2009에서는 264곳, 가톨릭 인터넷 「goodnews」에서는 179곳, 『가족이 함께 가는 성지순례』, 가톨릭출판사, 2011에서는 125곳을 소개하고 있다.

8 『한국가톨릭대사전』 8, 한국교회사연구소, 2001, 4788쪽, '성지'

9 최석우, 「성지의 개념」, 『한국 교회사의 탐구』 1, 한국교회사연구소, 1982, 249~251쪽. - 최석우 신부에 따르면, 1956년 새남터에 기념탑을 세웠는데 거기에 '치명 터' 즉 '순교 터'라는 의미로 〈가톨릭 殉教聖址〉라고 표기하였고 이어 절두산도 '聖址'라 불렀다고 한다.

한국의 성지[10] 조성은 순교자의 순교 터나 그가 묻힌 곳이 아닌 순교자가 스쳐간 곳도 성지로 개발되고 있다. 더욱이 순교자가 아닌 가족의 무덤까지 성지나 순례지로 확대시키고 있다. 거기에 검증된 역사적 사료에 의한 것이 아니고 구비전승되어 내려오는 설화에 바탕을 둔 성지도 있음을 알 수 있다. 이러한 성지의 개발은 성지의 거룩한 의미를 퇴색시키고 나아가 성지순례를 행하는 신자의 신심행위에도 지장을 주지 않을까 우려되고 있다.

이러한 문제 제기와 함께 제주 지역의 성지순례 중(2015.1.27~1.30) '대정성지(정난주의 묘)'와 추자도의 '황경한의 묘'가 어떻게 성지순례지가 되었는지 궁금증에서 시작하여 황사영의 순교와 그 일족의 유배, 특히 그의 처 정명련과 아들 황경한의 유배, 그리고 그 이후에 형성된 설화에 대하여 살펴보는 계기가 되었다.

그동안 황사영에 대한 연구는 여러 관점에서 많이 연구되어 왔다.[11]

그러던 것이 한글 전용화로 '성지'가 한글로만 표기되면서부터 어느 사이 '聖址'가 '聖地'로 둔갑하였다고 한다. 뿐만 아니라 순교 기념지도 아닌 단순한 사적지까지 '聖地'가 되어 버렸다고 한다. 최석우, 위의 책, 248~249쪽 참조.

10 『천주교 용어집』, 주교회의 천주교용어위원회 편찬, 2015년 개정판에 의하면, ① 성지[聖地, (라)Terra Sancta, (영)Holy Land]: 거룩한 땅, 종교의 발상지. 그리스도교의 발상지로서 성지는 예수 그리스도께서 생활하시고 돌아가셨다가 부활하신 땅인 팔레스티나를 가리키며, 성경의 사건들과 연관된 장소를 일컫기도 한다. ② 성지[聖址, (라)sanctuarium, (영)sanctuary]: 성모 마리아, 성인, 순교자 등과 관련하여 교회사적으로 중요한 가치가 있는 유적지라고 정의한다. 따라서 이 글에서 일반적으로 한국에서 불리는 '聖地'의 개념을 '聖址' 의미로 제한하고자 한다.

11 조광, 「황사영 백서의 사회사상적 배경」, 『사총』 21 · 22, 고려대 역사학연구소, 1977; 하성래, 「황사영의 교회활동과 순교에 대한 연구」; 방상근, 「황사영 백서의 분석적 이해」, 『교회사연구』 13, 한국교회사연구소, 1998; 황사영 · 김영수 역, 『황사영 백서』, 성황석두루가서원, 1998; 원재연, 「황사영 백서의 인권론적 고찰」, 『법사학연구』 25, 한국법사학회, 2002; 김진소, 「신유박해 당시 서양 선박 청원의 특성」; 박광용, 「황사영 백서 사건에 관한 조선왕조의 반응」; 변주승, 「신유박해의 정치적 배경에 관한 연구」; 이영춘, 「황사영 백서 사건에 관한 역사신학적 관찰」; 정두희, 「황사영 백서의 사료적 특징」; 최완기, 「황사영 백서 작성의 사상적 배경」; 허동현, 「황사영 백서 사건에 관한 근현대사회의 평가」, 『신유

그러나 대부분 황사영의 「백서」와 관련된 연구였고, 그의 가족과 처자의 유배 이후에 대한 체계적인 연구는 찾아볼 수 없었다. 다만 신문 · 잡지, 연속 간행물이나 단행본 등을 통하여 단편적으로 소개되었을 뿐이다.

본고에서는 '대정(정난주 묘)성지'와 '황경한의 묘'를 중심으로 발생한 설화의 형성 과정을 살펴보고자 한다. 이 과정에서 어느 부분이 역사이고 설화인지 그 흐름과 변천 과정을 파악하여 역사와 설화 사이의 관계성에 대하여 생각해 보고, 아울러 황사영 처자의 유배설화가 오늘날 우리에게 문화사적으로 어떠한 가치와 의미를 부여하고 있는지 살펴보고자 한다.

2. 황사영의 순교와 일족의 유배

『제2차 바티칸공의회 문헌』에 의하면, "인간이 종교 자유의 권리를 가지고 있음을 선언한다. 이 자유는 모든 인간이 개인이나 사회단체의 강제, 온갖 인간 권력의 강제에서 벗어나는 데 있다."라고 명시하고 있다.[12] 이는 종교의 자유는 어떤 권력에 의해서도 좌우될 수 없다는 것을 천명하고 있다. 이어 동 문헌에서는 "종교 실천은 본질상 그 무엇

박해와 황사영 백서 사건』, 한국순교자현양위원회, 2003; 여진천, 「황사영 백서의 원본과 이본에 관한 연구」, 서강대 대학원 박사학위 논문, 2006; 이장우, 「황사영과 조선후기 사회변화」, 『교회사연구』 31, 한국교회사연구소, 2008; 김태영, 「황사영의 의식 전환과 천주교적 세계관 - 백서 작성 배경과 관련하여」, 『지역과역사』 25, 서울부경역사연구소, 2009; 한국천주교주교회의 시복시성주교특별위원회, 『황사영의 신앙과 영성』(한국천주교회 시복시성 추진 심포지엄 자료집), 한국천주교주교회의, 2013.

12 한국천주교주교회의, 「종교 자유에 관한 선언 〈인간 존엄성〉」(1965.12.7.), 『제2차 바티칸공의회 문헌』(개정판), 한국천주교중앙협의회, 2014, 650~652쪽.

보다도 인간이 직접 하느님을 향해 살아가는 자발적이고 자유로운 내적 행위이므로, 이러한 행위는 단순히 인간의 권력으로 명령하거나 금지할 수 없다."라고 부연하고 있다. 개인적인 종교 행위는 지극히 개인의 자유의사에 의한 표현 행위이므로 어떠한 외적인 요인으로도 침해받을 수 없다는 것이다.

그러나 인간의 기본권 중의 하나인 종교의 자유는 조선시대 전제군주제하에서는 허락되지 않았다. 오직 성리학적 사고와 그 체제만이 가능하였다. 오랫동안 동양 문화권에 있었던 조선 사회에 이질적인 서양 문화를 받아들인다는 것은 문화적 충돌과 혼란이 불가피한 것이었다. 이 충돌은 천주교에 대한 대박해로 이어졌다.

1784년 천주교 신앙 공동체가 창설된 이후 신자수는 1794년 무렵에는 4천여 명으로, 1800년 무렵에는 1만여 명으로 크게 늘어났다.[13] 이때에 정조가 사망하고 11세의 어린 순조가 즉위하자 대왕대비 김씨가 수렴청정하면서 1801년 천주교에 대한 금교령이 공식적으로 선포[14]되었다. 이른바 신유박해의 서막이었다.

1) 황사영의 순교

황사영(黃嗣永, 1775~1801)은 신유박해의 한가운데 서 있었던 인물이다. 그는 달레가 『한국천주교회사』에[15] 수십여 쪽에 걸쳐 소개할 정도로 한국 교회사에 비중 있는 인물이기도 하다. 그는 정조 14년(1790)

13 이장우, 『한국천주교회사』 2, 한국교회사연구소, 2010, 15쪽.

14 조광 역주, 『역주 사학징의』 1, 한국순교자현양위원회, 2001, 61쪽 〈대왕대비의 하교〉에 의하면, "1801년 1월 10일 대왕대비가 지시하기를, '邪學을 엄금하여 逆律로 다스리고, 五家作統의 법을 보완하여 밝히도록 하라'고 했다."

15 샤를르 달레, 안응렬 · 최석우 역주, 『한국천주교회사』 상, 1979, 557~587쪽.

16세 나이로 진사시에 합격할 정도로 천재성을 보인 장래가 보장된 인물이었다. 그럼에도 그는 조선의 통치 이념인 성리학을 버리고 정부에서 사학으로 규정한 서학을 선택하였다. 당시 서학은 서양의 학문을 넘어 천주교라는 종교로 자리매김되어 있었다. 목숨을 내놓아야 하고 가족까지도 연좌되어 멸족을 감수하여야 하는 위험한 선택이었다. 그럼에도 불구하고 그는 천주교를 신앙으로 받아들여 세속에서 자멸의 길을 자초하였다. 안락한 가정과 보장된 입신양명의 위치에 있었음에도 무엇이 그를 천주교라는 종교로 이끌었을까.

먼저, 그리스도가 진정한 보화임을 알았기 때문이었다.

> 순교자들과 그리스도인 공동체는 예수님을 따를 것인가 아니면 세상을 따를 것인가 중에서 하나를 선택해야만 했습니다. … 그리스도에게서 그들을 멀어지게 할 수 있는 그 어떤 것도, 즉 재산과 땅, 특권과 명예 등 모든 것을 포기하고자 했습니다. 그들은 오직 그리스도 한 분만이 그들의 진정한 보화임을 알았기 때문입니다.[16]

프란치스코 교황의 이 강론과 같이 그는 세속을 버리고 최우선으로 그리스도를 모셨기에 자신을 봉헌하고 세상을 구할 수 있다는 신념이 있었다.

다음은 세상을 구하는 것은 복음과 같은 좋은 약으로 치유할 수 있다고 믿었기 때문이었다. 그는 1790년 진사시에 합격한 후 그해 정약용의 맏형인 정약현의 큰딸 정명련과 혼인하였다. 이어 처고모부인 이승훈으로부터 교리서를 얻어다 보고 천주교 신앙을 받아들였다. 이

16 프란치스코 교황 강론, 「윤지충 바오로와 동료 순교자 123위 시복미사」, 2014.8.16. 광화문광장.

후 황사영은 과거를 포기하고 정약종, 홍낙민 등과 함께 토론하면서 신앙을 키워 나갔고, 1794년 주문모 신부가 입국한 직후 최인길의 집에서 주문모 신부로부터 알렉시오라는 이름으로 세례를 받았다.

> 제가 서양의 천주학을 한 지는 11년이나 됩니다. 처음 배웠던 다음 해에 조정의 금지령이 매우 엄중하여, 친척이나 친구들 중 배교하지 않은 사람이 없었습니다. 그러나 백번을 생각해도 결국 이것만이 '세상을 구제할 수 있는 좋은 약'이었기 때문에 성심껏 해 왔습니다.[17]

황사영은 천주교를 '세상을 구제하는 좋은 약[救世之良藥]'이라고 했다. 그는 이론과 이상을 중요시하는 성리학에 회의를 느끼고 도탄에 빠진 정부를 구하는 길은 성리학이 아닌 천주교의 신앙뿐이라는 신념을 갖고 있었다. 황사영은 과거시험을 보기 위해 상주에서 올라온 유생 이복운을 찾아가 서양학 17책을 내어놓으며 "서양으로부터 온 학문이 있다. 이를 집안에서 행하면 집안이 화목할 수 있고, 국가에서 행하면 나라를 교화할 수 있다."라고[18] 서양학을 함께 공부하자고 말한 맥락도 천주교를 '구세의 양약'으로 인식하였기에 가능한 권유였다.

18 · 19세기 조선 사회는 성리학을 국가 이념으로 하는 조선 사회에서 개혁을 강하게 주장하는 일군의 학자들은 개혁의 방향과 방법을 모색하려 하였고, 사회적 소외 계층인 중인과 하층민들은 서양의 평등주의에 관심을 가지고 있었다.[19] 황사영도 정부의 혁신과 평등을 원하

17 전주대학교 한국고전학연구소, 『추안급국안』 75, 흐름출판사, 2014, 269쪽(1801.10.10. 황사영 심문기록). 이하 『추안』이라 칭한다.

18 하성래, 앞의 책, 1998, 86~87쪽 인용.

19 손흥철, 「조선후기 천주교 수용과 학술사적 의미 고찰」, 『다산학』 9, 서울다산학술문화재단, 2006, 41쪽.

며 궁박하게 살아가는 민초들의 의식을 잘 알고 있었다. 그러기에 그는 서울과 지방을 오가며 양반 귀족, 중인, 천민, 장애인 등 신분이나 남녀 노소를 가리지 않고 친교를 맺어 인간 평등사상을 몸소 실천하였다.[20]

신유박해의 여파로 주문모 신부와 천주교 지도자가 거의 모두 순교하자, 황사영은 살아남은 자신이 교회의 보존과 재건을 위하여 할 수 있는 일은 그간의 사건을 근거로 하여 위기에 빠진 조선 교회의 실상을 중국의 구베아 주교에게 알려 신앙을 지키는 것이었다. 곧 「백서(帛書)」를 집필하는 것이었다. 그 내용에서 문제가 된 부분은 '도득황지(圖得皇旨)', '내복감호(內服監護)', '대박청래(大舶請來)'라 불리는 방안 제시였다. 이는 삼조흉언(三條凶言)이라 하여 황사영을 역모로 규정한 주된 사건의 내용이었다.[21]

'도득황지'는 교황이 청의 황제에게 친서를 보내어 조선으로 하여금 서양 선교사를 받아들이게 하자는 것이었다. 이는 청과 서양의 내정간섭을 자초하는 내용으로 오해될 소지가 있으나, 황사영은 "만약 주님을 섬기는 중국과 서양 여러 나라 사람들이 마음을 합하여 온 힘을 다하여 도모한다면 어찌 재앙을 복으로 바꿀 수 없겠으며 이 손바닥만 한 땅을 구원해 살리지 못하겠습니까."라고 호소한 내용을 보면 조선이 불안하고 어지러운 지경에 처해 있어 이를 구하는 길은 오직 중국과 서양 선교사라고 판단한 것이다. 당시 사대관계에 있었던 조선과 청과의 관계를 염두에 둔 것이었다.

그리고 '내복감호'는 청으로 하여금 내복[22]을 명하여 안주와 평양

20 황사영과 교류했던 인물들은 127명으로 그중 양반 26명 20.5%, 중인 25명 19.7%, 상민 12명 9.4%, 천인 64명 50.4%로 나타나고 있다. 이장우, 앞의 책, 2010, 56~57쪽.

21 하성래, 앞의 책, 115쪽.

22 ① 內服: 왕성 사방 천리 이내의 땅[王畿以內的地方]을 말한다. 조선은 당시 外服의

사이에 무안사(撫按司)를 설치하여 친왕(親王, 황제의 아들이나 형제)으로 하여금 조선을 보호 감독하게 하고 조선 왕을 부마국으로 삼자는 것이었다. 황사영은 몽고의 외침에 불안해하는 청국을 염두에 두고 물산이 풍부한 조선과 교류하면 신부의 왕래가 쉬워지고 신자들은 중국에 들어가 세례를 받을 수 있을 것으로 기대한 것이었다. 아울러 청과 조선이 내복관계가 되면 조선의 간신배들을 밀어내어 왕권도 회복될 것이라 믿었다.

마지막으로 '대박청래'는 서양 군함 수백 척에 무기와 군사 5~6만 명을 태워 국왕에게 글을 보내어 한 사람의 선교사를 받아들이도록 하자는 제안이었다. 이 방안은 목적이 아무리 좋다 하더라도 수단이 정당하지 못하면 올바르지 않다는 그리스도교 윤리 대원칙에 어긋난다고 생각할 수도 있겠지만 대박청래 논의는 1790년부터 선교사 영입 운동과 함께 계속 모색되어 왔고, 1796년 주문모 신부의 지시로 성직자와 서양 선박의 파견을 요청하는 서한을 작성하여 북경에 밀사를 보냈던 연장선상의 방안이었다. 황사영의 의도는 왕조의 부정이나 국가의 전복에 있었던 것은 아니었다. 다만 당시의 정치적인 모순을 해결함으로써 신앙의 자유를 얻으려는 입장이었다.[23]

그러나 황사영은 교황청과 중국의 시대 흐름을 잘 읽지 못한 것 같다. 당시 교황청과 중국은 조상 제사와 공자 공경의식 등의 의례

상태에 있었으므로 內服 즉, 천자가 사는 도성의 관할이 될 경우 천자로 인해 왕의 국내적 권한은 줄어드나 제후들 중에서는 그 위상을 높일 수 있다. 황사영 · 김영수 역, 앞의 책, 98쪽, 각주73. ② 內服: 중국 고대에 황제가 다스리는 이외의 지역인 五服(甸服, 侯服, 綏服, 要服, 荒服)을 말하는 것으로, 제후국에 해당한다. 내복이란 식민지국이 되는 것이 아닌, 자주권을 인정한 제후국이다. 종래 중국은 조선을 대등한 제후국으로 인정하기보다는 자주권은 인정하였지만 그보다는 동쪽 오랑캐의 나라[東夷]로 인정하고 있었다. 하성래, 앞의 글, 130쪽.

23 이장우, 앞의 책, 2010, 60 · 73~74쪽.

논쟁으로 적대관계에 있었으며 천주교 포교도 전면 금지된 상태였다.[24] 황사영은 그러한 자세한 사실을 모르고 교황의 영향력이 중국에 미치는 영역이라고 생각한 듯하다. 이는 당시 교회 지도층의 정보 부족과 세계 인식의 한계였다.

그는 1801년 9월 29일 배론에서 체포되어 「백서」가 발각되자 뜻을 이루지 못하고 같은 해 11월 15일 대역부도죄로 서소문 밖에서 능지처사[25]되었다. 그의 나이 26세 때였다.

"순교는 신앙의 진리에 대한 최상의 증거이며, 순교자는 자신과 사랑으로 결합된 그리스도, 돌아가시고 부활하신 그리스도를 증언한다."라고 가르치고 있다.[26] 황사영은 이러한 순교영성[27]에 합당한 삶을 살았다. 그는 혹독한 박해 속에서도 신앙을 지키고 하느님의 사랑을 증거하고자 목숨을 기꺼이 내어놓았다. 무능한 정부와 효용가치를 잃어가는 성리학의 지배 이념 아래에서 세상을 구제할 수 있는 길은 천주교

24 최기복, 「천주교회의 유교제례 금령과 다산의 상제례관」, 『교회사연구』 39, 한국교회사연구소, 2013, 341~347쪽 참조.

25 陵遲處死(=陵遲處斬): 대역죄인에게 가해지던 극형. 일단 죽인 후에 다시 머리, 왼팔, 오른팔, 왼다리, 오른다리, 몸통의 순서대로 여섯 개로 토막을 내서 각지에 돌려 보이는 형벌. 고려 공민왕 때부터 이 형벌을 집행한 기사가 보이기 시작한다. 연산군 · 광해군 때에 성행했으며, 인조 때에 엄금했으나 실제로는 폐지되지 않다가 1894년 갑오경장 때에 이르러 폐지되었다. 조광 역주, 앞의 책, 2001, 135~136쪽, 각주124.

26 한국천주교주교회의 교리교육위원회, 『가톨릭교회 교리서』 2473항, 한국천주교중앙협의회, 2001, 875쪽.

27 '순교영성'이란 순교자가 박해라는 매개체 앞에서 죽음의 결과를 예상하면서도 자신이 믿는 신앙의 가치에 따라 신망애를 통해 하느님의 사랑을 증거 하는 것으로 정의 내릴 수 있다. 또한 순교영성은 벗을 살리기 위해 자신의 생명을 내어놓은 예수 그리스도의 모범을 일상 안에서 구체적으로 실천하는 삶이다. 그러므로 순교영성의 가치는 단지 순교자가 죽음 앞에서 보여 준 외적 태도만이 아니라, 순교자가 기꺼이 순교를 결심하도록 이끌어 준 신망애를 통해 드러나는 하느님의 사랑을 확인하는 데 있다. 강석진, 「19세기 조선 교회 순교자들의 삶과 영성」, 『한국 순교자 시성 · 시복 순교자 연구』(교회사 2014 심포지엄 자료집), 한국교회사연구소, 2014, 102쪽.

라는 良藥(하느님의 사랑인 복음)이라며 사회를 개혁하고자 끊임없이 저항했으며, 인간의 존귀함과 하느님 앞에 모든 인간은 평등하다는 가르침을 몸소 실천하였다. 죽음 직전까지도 도탄에 빠진 민초들과 무참히 죽어 가는 신자들의 생명을 살리고자 같은 신앙을 가지고 있는 중국 주교와 서양 국가에 호소하는 등 최선의 노력을 다했다. 그는 깊은 신앙심으로 희망을 버리지 않았고 하느님의 사랑을 증거 하려 했다. 즉, 그는 향주삼덕을 실천하는 삶을 살았으며, '하느님과 네 이웃을 너 자신처럼 사랑하라'(마태 22,37-39)는 예수 그리스도의 사랑의 삶을 살았다. 그래서 우리는 그를 연민하고 있는 것이다.

2) 황사영 일족의 유배

황사영의 죽음은 이미 예견된 일이었다. 추국 심문 보고서에 '죄인 황사영의 경우, 도망쳤을 때의 절차와 흉악한 편지의 내용에 대해서는, 스스로 분명 죽을 것이라는 것을 알고는 낱낱이 사실을 털어놓았습니다.'라는[28] 내용과 「백서」에 '일찍이 듣건대 순교자의 피는 우리 성교의 씨앗이 된다고 하였습니다.'[29]라는 내용이 그 증거라 할 수 있다.

황사영이 순교한 후 가족은 연좌제가 적용되면서 모두 관비가 되어 유배를 가야 했다. 조선시대 형률은 기본적으로 명나라 법전인 『대명률(大明律)』에 의해 법을 집행하였다. 이에 의하면 모반대역죄인의 가족은 연좌제를 적용하여[30] 아버지와 아들은 16세 이상이면 모두 교수

28 전주대 고전연구소, 앞의 책, 310쪽.

29 '曾聞致命之血 爲斯敎之種' 황사영 · 김영수 역, 앞의 책, 87 · 284쪽. 이 말은 테르툴리아노(Tertullianus, 155?~230/240?) 교부의 말을 인용한 것이다. 그는 "아무리 잔혹한 박해로 신자들을 죽이더라도 신자들은 더욱 늘어날 것이라고 하면서, '그리스도인들의 피는 씨앗이다'(semen est sanguis christianorum!)"라는 말을 남겼다.(『한국가톨릭대사전』, 8646~8648쪽)

형에 처하고, 15세 이하의 자녀, 모, 처첩, 조손, 형제자매와 그리고 아들의 처첩은 모두 관비로 보내며, 백 · 숙부와 형제의 아들은 호적에 있든 없든 간에 모두 3천 리 먼 곳으로 유배를 보냈다.[31]

모 이윤혜(李允惠)는 친정아버지가 이승훈의 인척이며 이가환의 생질인 이학규의 조부였고, 친정어머니 해남 윤씨는 윤두서의 증손녀였다. 처 정명련(鄭命蓮)은 다산 정약용의 큰형인 정약현의 장녀로 약현의 부인 이씨는 이벽의 손위 누이였다. 이러한 조선의 명문가 양반 가족들은 하루아침에 관비로 전락되어 가장 무거운 형벌을 받고 가장 멀고 열악한 절해고도로 유배를 떠나는 신세가 되었다.

황사영의 일족 즉, 모 이윤혜, 처 정명련, 자 황경한, 숙부 황석필 등 4명과 그의 남종 돌이 · 육손, 여종 판례 · 고음련 · 복덕, 여종의 남편 박삼취 등 6명의 유배 기록은 『사학징의』,[32] 『승정원일기』와 『일성

30 『大明律』, 卷第十八. 但共謨者不分首從皆陵遲處死 父子年十六以上皆絞 十五以下及母女妻妾祖孫兄弟姉妹 若子之妻妾給付功臣之家爲奴 … 伯叔父兄弟之子 不限籍之同異 皆流三千里安置. 하성래, 「거제로 유배된 유항검의 딸 섬이의 삶」, 『교회와 역사』 467, 한국교회사연구소, 2014.4월호, 27쪽; 고사경 외 엮음, 박철주 역주, 『역주 대명률직해』, 민속원, 2014, 400~402쪽 참조.

31 유배형은 형벌의 근간이 되었던 五刑(笞 · 杖 · 徒 · 流 · 死) 가운데 사형 버금가는 가혹한 형벌로, 죄인을 특정 지역으로 보내 특별한 사면이 없는 한 그곳에서 종신토록 살아야 했다. 유배지 定配는 죄인의 거주지 기준으로 2천 리(20식 밖), 2천500백 리(25식 밖), 3천 리(30식 밖) 등 3등급이 있었는데, 1식(息)은 30리로 3천 리 유배형은 실제로 900리쯤 되는 거리였다. 유배지 가운데서 가장 가혹한 곳은 변방이나 외딴 섬으로 보내는 절도정배로 제주도, 거제도, 흑산도, 추자도 등이 이에 해당되었다. 김경숙, 「조선시대 유배길」, 『역사비평』 67, 역사문제연구소, 2004, 264~265쪽.

32 『사학징의』 6~7, 65 · 191~192쪽.

○ 1801.11.5. 전옥서 보고서(전옥서 발송→형조 접수), "의금부 죄인 황사영을 '매우 흉악하고 극도로 악독하며, 나라에 모반한 죄[窮凶極惡 大逆不道罪]'로 당일 서소문 밖에서 능지처참하고…"

○ 1801.11.6. 좌포도청과 우포도청 공문(포도청 발송→형조 접수), "사학부도 죄인 황사영의 삼촌[叔父]인 황석필과 악역노 돌이, 육손, 婢 판례, 고음련, 복덕, 婢夫 박삼취 등 7명은 추국소의 분부에 근거하여 이송하니 법에 따라 처리하라."

○ 1801.11.7. 의금부 보고(의금부 발송→대왕대비에게 보고), "한성부의 보고서와 한성부

록』[33]에서 찾아볼 수 있다. 이 기록의 내용으로 보아 그 가족들은 황사영이 체포되기 전에 포도청에 체포되어 수감되어 있던 중 황사영이 1801년 11월 5일(양, 12.10) 능지처사되자 동년 11월 7일 유배형 선고와 가산 일체가 몰수된 후, 황사영의 모 이윤혜와 처 정명련, 자 황경한은 동년 11월 8일 유배지에 압송되고, 숙부와 노비들은 동년 12월 19일 국청의 분부에 의해 정배를 보낸 것으로 보인다. 당대의 천재 황사영의 가문은 이렇게 풍비박산되고 말았다.

서부의 관계 자료[成冊]를 받아 보니, 대역부도 죄인 황사영의 연좌죄인들을 조사해 잡아냈다고 합니다. 그의 어미 이윤혜는 경상도 거제부에, 처 정명련은 전라도 제주목 대정현에 모두 연좌시켜 관비로 삼으십시오. 아들 황경한은 두 살로서 사형당할 나이에 이르지 않았습니다. 형률에 따라서 교수형을 면제시켜서 전라도 영암군 추자도에 관노로 삼으십시오. 그리고 이 죄인들이 한성부에 수감되어 있으니, 형조에게 명하여 각기 유배지로 압송하게 함이 어떻겠습니까." 하니 지시하기를 "허가한다."고 했다.
○ 1801.11.8. 형조가 보고하기를(형조→대왕대비에게 보고), "의금부의 보고서에 근거하여 대역부도 죄인 황사영의 어미 이윤혜 등의 사건(위의 기록에 있다)에 관한 명령이 내렸습니다. 이들 죄인들이 지금 의금부에 수감되어 있으니, 저희 형조에서 잡아다가 각기 유배지로 압송함이 어떻겠습니까."라고 하니, 지시하기를 "알았다."고 했다.
○ [형조 집행 명단] 황사영 연좌인 유배자 명단[嗣永叔與奴婢及婢夫發配秩] ① 황석필: 황사영의 숙부이다. 慶興에 정배하다. ② 奴 육손: 甲山의 관노로 영원히 귀속시킨다. ③ 奴 돌이: 三水의 관노로 영원히 귀속시킨다. ④ 婢女 판례: 謂原의 관비로 영원히 귀속시킨다. ⑤ 婢女 고음련: 丹城의 관비로 영원히 귀속시킨다. 1802년 2월에 죽었다. ⑥ 婢女 복덕: 興陽의 관비로 영원히 귀속시킨다.[이상 황사영의 노비이다.] ⑦ 박삼취: 황사영의 婢夫이다. 居昌에 정배한다. 위의 사람들은 황사영이 체포되기 전에 포도청에 아울러 체포되었다. 1801년 11월 6일 본 형조에 이송되어 왔고, 12월 19일에 국청의 분부로 정배를 보냈다.
- 조광 역주, 앞의 책, 2001, 68 · 136 · 273~275쪽 참조.

33 『승정원 일기』 98권 23상쪽; 『일성록』 30책 570~571쪽.
○ 1801.11.7. (동부승지) 홍희운이 형조의 말로 아뢰기를(형조→대왕대비에게 보고), "의금부의 啓辭로 인하여 대역부도 죄인 황사영의 가산을 몰수하는 일에 대해 명령을 내리셨습니다. 죄인 황사영의 노비 등은 한성부에서 帳籍을 자세히 참고토록 하고, 또한 五部 및 각 해당 道에 통지하여 일일이 찾아내고 成冊을 마련하여 보고토록 한 다음, 전례에 의거하여 화명을 공천하여 영구히 속하게 하려는 뜻을 감히 아룁니다." 하니, 전교하기를 "알았다." 하였다.
- 조광 편저, 변주승 역, 앞의 책, 166~167쪽 인용.

3. 황사영 처자 유배설화와 전승 양상

황사영이 순교하고 그 일족들은 경흥(함경도 두만강 국경 변방), 갑산(함경도 개마고원 산간오지), 삼수(함경도 압록강 지류 산간오지), 위원(평안도 압록강 중류 산간벽지), 단성(경상도 지금의 산청 산간지역), 흥양(전라도 지금의 고흥 지역 변방), 거창(경상도 산간오지) 등 전국 3천 리 밖으로 뿔뿔이 흩어져 다시는 만날 수 없는 길로 유배를 떠났다. 그리고 그의 가족들, 모는 거제도로, 처는 제주도로, 두 살배기 아들은 추자도 등 당시로서는 서로 접촉하거나 연락할 수 없는 상태인 절해고도로 각각 유배를 떠났다.

유배 이후 이야기는 역사와 설화를 넘나들며 여기서부터 시작된다. 황사영의 숙부나 노비에 대하여 전승되는 이야기는 없다. 거제도로 유배를 간 그의 어머니에 대한 전승도 전해지지 않는다. 구비전승자들은 다른 가족들보다 자연히 양반집 규수에서 관비로 급전직하한 28세의 청상과부에 관심을 가졌을 것이고, 거기에 두 살배기 젖먹이까지 딸려 있으니 이야기의 초점은 황사영의 처자에게 맞춰졌을 것이다.

1) 설화의 배경으로서 유배지의 환경과 생활상

서사의 시 · 공간적 배경은 인물이나 사건에 직 · 간접적으로 영향을 미치고 전체적인 분위기와 흐름에 중요한 요소로 작용할 수 있다. 따라서 설화의 형성과 전승을 이해하기 위해서는 배경을 둘러싼 유배지의 주위 환경과 유배인들의 생활상에 대해 먼저 인지할 필요가 있다. 이 설화의 공간적 배경은 제주도와 추자도이다. 유배인은 현실 세계에서 내쳐진 사람들로 유배를 간다는 것은 곧 절망이었고 죽음이었다. 그들의 미래는 죽음 외에는 달리 선택의 여지가 없었다. 절망감과 함께 그들을 괴롭힌 것은 열악한 주위 환경이었다. 제주도는 조선시대 최악의 유배지로 260여 명이 넘는 유배인들이 다녀간 곳이다.[34] 제주도는 화산지대로 토양은 물론 먹는 물조차 부족하여 빗물을 받아 마셔야 하는 척박하고 열악한 지역이었다. 왕족이었던 이건도 '가장 두려운 것이 조밥과 뱀, 파도 소리와 질병이며 나라가 정한 감옥으로 사람이 견딜 수 없는 곳'[35]이라 할 정도였다. 정명련과 동 시대 사람인 조정철은 "토양이 푸석하고 건조하여 식물이 착근하지 않는 척박한 땅이 즐비하다."[36]라고 전한다. 추사 김정희도 온갖 질병과 풍토병으로 시달리고 있음을 호소하고 있다.[37] 이처럼 이곳의 주위 환경은 최악이었다. 그러나 정명련은 열악한 환경보다 더 참기 어려운 것은 인간임을 포기해야 하는 박탈감과 인간의 기본권인 자유의 상실이었다.

조선왕조에서 관비는 지방 관청의 허드렛일을 했는데 가장 보편적인

34 김유리, 「규창 이건 〈제주풍토기〉의 교육적 의미」, 『국학연구』 20, 2012, 438쪽.

35 "가장 괴로운 것은 조밥이고, 가장 두려운 것은 뱀이며, 가장 슬픈 것은 파도 소리다. 더구나 서울과 고향의 소식은 꿈속에서밖에 들을 길이 없다. 질병이 있을 때는 단지 죽기를 기다릴 뿐이요, 침과 약으로 치료할 방도가 없다. 이곳은 실로 나라가 정한 감옥이니 사람이 견딜 수 없는 곳이다." 양진건 엮음, 「이건 〈제주풍토기〉」, 『제주유배문학자료집』 1, 제주대학교출판부, 2008; 김유리, 위의 글, 440쪽 재인용.
- 이건(李健, 1614~1662)은 할아버지가 선조이고, 아버지는 선조의 일곱 번째 아들 인성군 이공이다. 인성군은 역모에 연루되어 유배지에서 사약을 받고 죽고, 이건은 연좌되어 제주에서 8년 동안 유배생활을 했다.

36 "바다 속 토양이라 푸석하고 건조하여, 밭갈이 안 깊으면 제때에 일찍 자라지 않누나. 곡식을 심고서도 우마로 밟게 하니, 척박한 땅 곳곳마다 비로 쓴 듯 평평하네.[海中壤土自浮燥 耕不爲深時不早 播穀仍敎牛馬踏 磽田處處平如掃]" 박동욱, 「조정철의 〈탐라잡영〉 연구」, 『동양한문학연구』 32, 동양한문학회, 2011, 252~253쪽.
- 조정철(趙貞喆, 1751~1831)은 조선시대 최장기 유배인으로 29년의 유배 중 27년을 제주에서 지냈다.

37 "이 죄인은 지금까지 목숨을 부지하고 있으나… 온갖 질병이 침범해 오므로 눈과 귀와 코와 혀가 아프지 않은 데가 없습니다. 하지만 의원도 없고 약도 없으므로, 오직 그대로 내버려둘 뿐입니다." 유홍준, 『완당평전』 1, 학고재, 2002, 363쪽.

일은 '방지기'였다. 방지기란 중앙에서 파견되어 잠시 다녀가는 하급 관원이나 군관들과 동거하면서 그 일상생활에서 편의를 제공해 주던 존재였다. 이렇게 관비는 지방관의 명령에 따라 뭇 남성의 객고를 풀어 주는 노리개가 되어야 했다. 당당한 양반집 규수로 지내던 여성들도 하루아침에 방지기가 되어 지방 현지의 위안부로 전락해 갔다.[38]

정명련에게 내려진 관비라는 신분은 죽음보다 더한 최악의 형벌이었다. 제주에서도 대정현은 가장 열악한 지역으로 최악의 유배지였다. 정명련에게는 지리적 여건보다 더 힘들게 하였던 것은 인간의 존엄성을 상실한 것과 자유를 잃은 것이었다. 하루아침에 사대부의 규수에서 관비로 전락한 그녀의 치욕과 모멸감은 말할 수 없었다. 어린 아들 생각에 목숨을 버릴 수도 없었을 것이다. 그녀는 그래도 살아야 했다. 혹시 남편이 생각했던 새 세상이 올 수도 있는 것이 아닌가. 아들과 만날지도 모를 일이다. 어떻게든 현실에 적응하여야 했다. 그래도 실낱 같은 희망을 끌어안고 끝까지 삶을 지탱해 준 것은 신앙이 있었기에 가능했을 것이다.

그녀의 삶 못지않게 젖먹이 아들의 환경도 마찬가지였을 것이다. 지리적이나 모든 여건상 제주도보다 작은 섬이기에 더 열악했을 것은 분명하다. 그래서 전승자들은 그 아이가 유배지 추자도에 도착하기는 하였는지, 누구에게 인계되어 누가 키웠는지, 어떻게 살아왔는지에 대하여 궁금해한다. 그러나 그에 대한 기록은 발견되지 않고 있다. 이야기만 있을 뿐이다.

우선 황경한의 유배지 도착 여부이다. 관찬 사료인 『사학징의』, 『승정원일기』와 『일성록』 등에서, 형조에서 유배지까지 압송(押送)한다는

38 조광, 「박해 때 귀양 간 여성 신도들」, 『경향잡지』 2001.7월호, 72~75쪽.

기록[39]으로 보아 나졸이 추자도까지 인계[40]했을 것으로 보인다.

황사영의 가산 일체는 적몰(籍沒)되어, 유배길의 비용 조달이나 어떠한 협조도 받을 수 없었다. 친인척이나 친지들도 대역부도죄로 능지처참된 황사영의 가족에게 감히 어느 누구도 도움을 줄 수는 없었을 것이다. 정명련의 친정인 정씨 집안도 1801년 2월 26일 숙부인 정약종과 고모부인 이승훈이 참수되고, 숙부 정약용과 정약전도 유배를 떠난 상태였다. 부친인 정약현은 생명은 부지하고 있었지만 조정의 감시와 멸문지화를 당한 상황에서 출가외인을 돌볼 처지는 아니었다. 일반 사족이 이런즉 천민으로 전락된 그들은 더 비참한 길을 갔을 것이다. 이러한 천민을 압송관이 제대로 호송이나 하였을까. 압송 책임자는 두 살배기 젖먹이인 까닭에 보수주인(保授主人)에게 인계했을 터인데 누구에게 맡겨졌을까. 이러한 의문과 상상이 가설로 시작하여 설화가 형성되었을 것이다.

어린 경한이가 추자도에 도착하여 누군가의 도움으로 성장하였을 것이다. 경한이는 어떠한 환경에서 생활을 하였을까. 먼저 추자도의 환경에 대한 역사적 기록을 살펴보자. "섬이 작고 모래와 자갈이 쌓여 농사를 지을 수 없는 불모지로 인구수가 적고 피폐한 백성으로 별장 설치를 중지하라."[41]고 한 기록으로 보아 추자도는 농사를 지을 수 없어

39 『사학징의』, 6~7쪽; 『승정원일기』 98권, 23상~24하쪽; 『일성록』 30책, 570~571쪽.

40 "관직이 없는 일반 사족은 형조에서 관할하여 역졸이 담당했다. 역졸 1명이 유배길 전체를 책임지는 것이 아니라 일정 지역까지 압송한 후 다음 지역 역졸에게 넘겨주는 릴레이 방식으로 압송하여 죄인을 유배지로 인계했다. 이때 죄인은 말이나 식량을 마련해야 하기 때문에 재력이 부족할 경우 말을 구하지 못해 걸어가야 했고, 식사도 제대로 하지 못하는 등 매우 고통스러운 유배길이 기다리고 있었다." 김경숙, 앞의 책, 266쪽.

41 "본 섬은 지형이 협소하고 모래와 자갈이 쌓여서 본래 농사를 지을 수 없기 때문에 섬 백성들이 고기잡이로 생업을 삼으니 살아가기가 매우 어렵습니다. 지금 만약 鎭將을 설치해 다른 섬들처럼 크고 작은 공역에 응하게 한다면 인원수가 적고 피폐한 백성들이

생계조차 어려운 척박한 곳으로 묘사되고 있다. 이러한 곳, "작은 섬 추자도에 많은 유배자들이 몰려와 주민 폐해가 많으니 다른 곳으로 분산 정배하라."[42]고 한 기록도 있다. 실제 경종 3년(1723)부터 정조 19년(1795)까지 24명이 유배된 것으로 집계되어 이중 영조대에 12명, 정조대에 11명으로 영 · 정조 시대에 집중적으로 증가하였다.[43] 당시 전라감사의 보고에서도 백성의 열악한 생활상을 볼 수 있다. 불과 282호에 지나지 않는 백성은 여건이 열악한데도 세금과 유배자의 뒷바라지에 지쳐 있음을 알 수 있다.[44]

추자도의 환경이 이처럼 열악한 관계로 유배자의 삶도 이와 같았다. 이곳의 삶의 흔적을 가사체의 문학작품에서도 확인할 수 있다. 이진유(1669~1730)의 유배가사인 『속사미인곡』에 보면, "추자도에 도착하니 스산하고 황량한 모습에 단지 수십여 채의 집만 보일 뿐, 띠 마루는 바람에 날리고 집안은 물이 떨어져 마른 곳이 전혀 없는 칙칙한 모습이다. 좁은 방은 온갖 벌레가 득실거리고, 갯물에 절인 배추가 상찬"[45]이

지탱해서 보전할 수 없고 館舍와 녹봉도 區劃할 길이 없을 것" 『일성록』, 정조 3년, 1779.10.15. [楸子島에 別將을 설치하는 문제는 그만두라고 명하였다].

42 "추자도는 조그만 땅인데, 유배된 수효가 많아서 주민들에게 끼치는 폐단이 적지 않을 것이다. 추자도와 가까운 섬이나 혹은 추자도와 가까운 육지의 지형을 道臣으로 하여금 살펴본 다음 편리에 따라 분산시켜 정배하도록 하라." 『조선왕조실록』, 정조 6년, 1782.8.23.

43 최성환, 「조선 후기 추자도 유배인의 추이와 생활양상」, 『도서문화』 37, 목포대학교 도서문화연구원, 2011, 160~161쪽.

44 "전라감사 李在學의 이 장계를 살펴보니 '추자도는 外樣에 처해 있으며 육지에서 거리가 5백여 리나 되고 상 · 하도로 나뉘어 있습니다. 너비는 모두 20여 리에 지나지 않는데 그곳에 있는 밭 42결(結) 84부(負)와 논 4결 44부는 모두 성균관에서 세를 거두는 땅입니다. 거주하는 백성은 2백 82호인데 일정한 생업이 있는 무리가 아니며 배를 집 삼아 바다에서 물일을 업으로 삼아 살아가며 1년의 양식과 땔감을 순풍을 기다려 사들이고 농사도 많지 않고 곡식 생산도 적습니다." 『비변사등록』, 정조 10년, 1786.6.29.

45 석기(石磯)에 ᄇᆡ를 ᄆᆡ고 島中의 드러가니/ 촌낙이 쇼조(蕭條)ᄒᆞ야 수십호어가로다 풍우ᄅᆞᆯ 무릅쓰고 蝸室을 ᄎᆞᄌᆞ드니/ 모ᄌᆞ(茅茨)ᄂᆞᆫ 다ᄂᆞᆯ니고 듁창의 無紙ᄒᆞᆫ대

라고 노래한다. 판서까지 지낸 고위 관료의 유배생활의 모습이다. 또한 경한이와 비슷한 시기에 유배생활을 한 안조원(1765~?)은 『만언사』에서, “누비바지는 사계절을 입어 굴뚝 막는 덕석과 같고, 허기져 눈은 들어가고 정신까지 혼미하다. 보수주인의 눈치가 보여 보리 동냥으로 끼니에 보태려 하니, 아이들이 ‘귀양다리’라고 손가락질하며 놀리고 있다.”[46]라고 읊고 있다.

이들의 유배생활은 성인이 된 뒤에 겪는 삶의 모습이다. 이조판서와 대전별감까지 지낸 사람에게도 이런 환경이니 어린 경한이는 어떠했을까. 모든 것이 부족하고 조악한 절해고도 추자도의 환경이다. 그는 보수주인을 부모로 알고, 그 섬이 고향이며, 바깥세상을 모르고 고기를 잡는 어부의 삶이었기에 행복했을까. 그는 일생 동안 머슴보다 못한 천한 노비로 살면서 보수주인에게 피나는 노동력을 제공하고도 겨우 목숨만을 유지할 수 있는 최소한의 음식, 초라하고 조악한 먹을거리만을 제공받았을 것이다.

샹샹옥누(床床屋漏)ᄂᆞᆫ ᄆᆞ른대 젼혀 업다/ 말만ᄒᆞᆫ 좁은 방의 조슬(蚤蝨)도 만흘시고…
갯믈의 저린 ᄇᆡᄎᆞ 샹찬으로 올나시니/ 어와 이景像은 生來의 처엄보내…”
○ 이진유는 부제학과 이조판서까지 지낸 사대부 출신으로 당파에 휘말려 1725년부터 1727년까지 3년 동안 추자도에 정배되어 위리안치된다. 황경한보다 70~80년 앞선 시기이다. 남정희, 「‘속사미인곡’에 나타난 유배체험과 연군의식 고찰」, 『한국고전연구』 29, 한국고전연구학회, 2014, 220~221쪽.

46 “여름날 긴긴날의 ᄇᆡ곱파 어려워라/ 의복을 도라보니 ᄒᆞᆫ숨이 절노난다
남방염쳔 ᄶᅵᄂᆞᆫ날의 ᄉᆡᆨ지못ᄒᆞᆫ 누비바지/ ᄯᆞᆷ이ᄇᆡ고 ᄶᅵ오르니 굴둑막은 덕셕인가
허긔져 눈깊흐니 뒤쏙뒤 거의로다/ 졍신이 아득ᄒᆞ니 운무의 ᄊᆡ혓ᄂᆞᆫ듯…
여기ᄉᆞ람 일ᄅᆞᆯᄇᆡ와 고기나ᄶᅵ ᄂᆞ무ᄇᆡ기/ ᄌᆞ리치기 신ᄉᆞᆷ기와 보리동냥 하여ᄃᆞ가
주인쥬식 보ᄐᆡ는ᄃᆡ ᄒᆞᆫ군ᄃᆡᄂᆞᆫ 무ᄉᆞᆷ일로/ ᄒᆞ로이틀 몃ᄂᆞᆯ되되 공한ᄇᆞᆸ믄 먹으려노…
쳘업ᄂᆞᆫ 어린아ᄒᆡ 소ᄀᆞᆺ흔 졈은게집/ 손ᄀᆞ락질 가ᄅᆞ치며 긔향다리 온다ᄒᆞ니…
○ 안조원은 경한과 비슷한 시기에 유배생활을 겪은 인물이다. 그는 중인 출신으로 대전별감으로 있던 중 개인적인 비리로 정배된 특이한 경우이다. 염은열, 「자기 위안을 위한 이야기로 본 〈만언사〉의 특징과 의미」, 『문학치료연구』 19, 한국문학치료학회, 2011, 20~26쪽.

2) 황사영 처자의 유배설화의 형성과 변천

1801년 겨울 황사영이 비참하게 순교하자, 이어 그 처자도 제주도 대정현과 추자도로 유배를 떠났다. 그 후 100여 년이 흐른 1908년에 제주 본당 2대 라크루(Lacrouts, 具瑪瑟) 신부가 추자도에서 황사영의 후손인 손자와 증손자, 즉 황경한의 아들과 손자를 만나면서 이야기가 시작된다.

> [a] …지난해 6월에 추자도에서 황 알렉시오의 손자들과 증손자들을 방문하는 기쁨을 누렸다. … 나는 순교자의 후손들, 즉 세 살 때 추자도로 유배된 아이들과 손자를 다시 찾는 무한한 기쁨을 누린 것이다. 신앙 때문에 그토록 고통을 참아 받은 한 집안을 불행하게 그대로 놔둘 수 있을 것인가?
>
> -1909.10.5. 라크루 신부가 프랑스 샤르즈뵈프 신부에게 보낸 서한 중[47]

> [b] …작년에 샤르즈뵈프 신부는 1801년에 순교한 황사영의 증손자들의 비참한 상황을 프랑스에 알렸습니다. 선교회는 그들에게 480프랑을 보내 주었습니다. 그래서 집을 한 채 샀고 기회가 닿는 대로 나머지 돈으로 그들에게 밭도 사 줄 예정입니다. 사영의 손자는 제주로 귀양 온 자기 할머니가 자기 아버지(황경한)에게 쓴 편지를 제게 건네주겠다고 약속했습니다. 당시 그의 아버지는 세 살이었고 추자도 근방에 살고 있었으며 황씨 집안은 그의 후손입니다.
>
> -1910.7.17. 라크루 신부의 1910년 연말 보고서 중[48]

47 제주선교100주년기념사업추진위원회, 『제주 천주교 100년사』, 제주교구, 2001, 44~45쪽.

48 제주선교100주년기념사업추진위원회, 『초기 본당 성직자들의 서한』 1, 제주복음전래100년사 자료집 제3집, 한국교회사연구소, 1997, 253~255쪽.

라크루 신부는 전교차 추자도를 왕래하던 중 황경한의 아들과 손자를 만나 전후 사정을 전해 듣고 곧 프랑스에 있는 샤르즈뵈프 신부[49]에게 서한을 보내 순교자 황사영의 아들 경한과 그 후손들의 비참한 생활을 하고 있다고 알린다.[a] 이 서한을 받은 프랑스선교회는 성금 480프랑을 라크루 신부에게 보내주게 되고, 라크루 신부는 경한의 손자에게 집을 사 주고 앞으로 농토도 사 줄 예정으로 있다고 보고한다. 그리고 사영의 손자는 할머니(정명련)가 아버지(경한)에게 보낸 편지를 건네주겠다는 약속을 했다고 쓰고 있다.[b][50]

1801년 황사영 처자의 유배 사실과 1908년 라크루 신부가 황경한의 아들과 손자를 만났다는 서한(1909)과 보고서(1910)는 역사적 기록으로 남아 있다. 그 이후에 관해서는 발견된 자료는 없다. 그러던 중 60여 년이 지난 1970년대에 와서 대구의 교회사가 김구정(金九鼎, 이냐시오, 1898~1984)이 황사영의 후손을 만나면서부터 이야기는 다시 시작된다.

라크루 신부 이후 황사영 처자의 유배 이후 이야기는 신뢰할 만한 기록으로 남아 있는 것은 없다. 다만 김구정과 같은 몇몇 증언자의 진술과 단편적으로 보도된 내용이 있을 뿐이다. 이처럼 황사영 처자에 관련된 이야기는 아직 설화로서 구조화되지 않았다. 다만 단편적인 이야기가 파편적으로 전개되고 있을 뿐이다.

이야기는 1973년 김구정의 신문 연재로 비롯된다. 이 이야기의 실체

49 샤르즈뵈프(Chargeboeuf, 宋德望, 1867~1920): 1890년 파리외방전교회에서 사제서품을 받음과 동시 한국 선교사로 임명되어 1891~1899년까지 원산본당, 용산 예수성심학교 교장 등을 역임하고, 파리로 귀국하여 1900~1912년간 파리외방전교회 교수로 재직하고 다시 한국에 입국하여 1913~1920년간 목포 본당, 대구 성 유스티노신학교 교장으로 재직하였다.

50 라크루 신부로부터 편지를 받은 샤르즈뵈프 신부는 이 사실을 리옹에서 발간되는 전교지 『미션 가톨릭(Les Missions Catholiques)』에 소개해 후원자들로부터 성금을 모아 보낸 것이다. 제주선교 100주년 기념사업추진위원회, 앞의 책, 44쪽.

를 파악하기 위해서는 지금까지 알려진 파편적인 내용을 연대별로 재구성하여 전승 양상 곧 이야기의 흐름과 변천 과정을 살펴볼 필요가 있다.

〈표 1〉 황사영 처자 유배설화의 전승 양상

no	연도	필자	기고지	내용
①	1973	김구정	『가톨릭 시보』	· 정부인 부고 편지와 무덤 소재 쪽지, 가첩 확인. · 무덤 관리인 만나 무덤 소재지와 정부인 전승 들음. · 추자도에서 후손 만남.
②	1976	김구정	『한국순교사화』 1	· 정난주는 뱃사공 · 나졸에게 패물을 주고, 경헌을 추자도 바위틈에 내려놓음.
③	1977	김병준 신부	『교회와 역사』 25	· 정난주 마리아는 시녀와 아들, 궤짝을 싣고 오던 중 뱃사공 · 나졸에 패물을 주고 아들을 추자도 언덕배기에 내려놓음. · 오씨 부인이 소에 풀을 뜯기던 중 울음소리 듣고 데려옴. · 정 마리아를 '서울아줌마', '서울할머니'로 불렀고, 그녀가 66세에 사망하여 추자도에 부고를 보냈다는 구전을 들음.
④	1985	이충우	『천주학이 무어길래』	· 충남 목천 족보: 아들 경헌 1명 등재, 묘는 성가산에 있음. · 장흥 판공윤파 족보: 아들 병진, 경헌 2명 등재.
⑤	1985	조광	『가톨릭대사전』	· 경한은 나이가 어려 죽음을 면하여 추자도에 정배되었다가 하추자도 예초리에서 성장하였음.
⑥	1986	오기선 신부	『주간종교』	· 황경헌은 성장하여 건섭, 태섭 2명의 아들을 두었음.
⑦	1988	오기선 신부	『순교자의 얼을 찾아서』 하	· 억울하게 죽은 아버지의 사연을 적은 쪽지와 함께 경헌을 바위 위에 내려놓음.

⑧	1994	전세권	『경향잡지』 (9월)	· 경헌을 예초리 황새바위 갈대밭에 내려놓음.
⑨	1996	주평국	『하늘에서 땅끝까지』	· 경헌을 추자도 언덕 위에 내려놓아 오씨 어부가 구함.
⑩	1999	편집부	『경향잡지』 (12월)	· 정 마리아가 머물던 고을 유지 김석구의 집에서는 그녀를 침모로 일하게 하고 별채까지 마련해 줌.
⑪	2000	차기진	『사목』 254	· 관비를 담당하던 김씨 집안에서 정 마리아에게 어린 아들을 맡겨 점차 자유로운 생활을 하였고, 비밀리에 기도생활을 함.
⑫	2001	조광	『경향잡지』 (7월)	· 당시 관비는 뭇 남성의 노리개가 되어야 했음.
⑬	2005	조광	『경향잡지』 (5월)	· 당시 지방 관아로 보내진 관비는 창녀처럼 지냄.
⑭	2006	차기진	『가톨릭대사전』	· 명련이 아들을 추자도 예초리 바위 위에 놓아 오씨 집안사람에게 발견되어 성장하였고, 명련은 1838년 사망함.
⑮	2008	김만선	『유배』	· 오씨 아내는 발견 당시 동정에서 나온 부모 이름과 사연이 적힌 쪽지를 보관해 오다 1965년 오씨네 집 화재로 소실됨.
⑯	2011	김훈	소설 『흑산』	· 명련이 사공에게 돈을 주어 배를 추자도에 들르게 해서 서낭당 언덕에 내려놓고 감.
⑰	2013	현임종	『속, 보고 듣고 느낀 대로』	· 김서연을 만나 '서울할머니'의 묘를 관리한다는 얘기를 듣고 김병준 신부에게 알림(최석우 신부 조사에 착수). · 정난주는 임신 만삭으로 풍랑으로 조산하고, 경헌을 족보와 함께 바위 위에 놓아 어부 오씨가 발견하여 머슴으로 데리고 살아 후에 삼 형제를 낳았음.
⑱	2014	홍순일	『도서문화』	· 예초리 오상선은 바닷가 벼랑에서 아기를 발견함. 입고 있던 배내옷에는 이름이 적혀 있었음.

⑲	2014	양승진	『아시아 투데이』	· 오씨 부인은 출산하지도 않았는데 젖이 나왔음. · 몇 해 전 정난주 묘가 합장묘로 추정하여 부장품을 확인하려 했으나 가족의 반대로 손을 대지 못함.

＊구체적인 내용은 '부록 1'을 참조할 것.

〈표 1〉의 내용과 같이 이야기의 흐름과 변천 과정을 살펴보면, 황사영 처자의 유배설화는 김구정에 의해 시작되어 김병준 신부에 이르러 확대되었다. 그 이후는 부분적으로 약간의 변화를 가져오고 있어 설화는 아직 구조적으로 서사화되지 못하고 계속 진행되고 있음을 알 수 있다.

3) 설화와 역사 사이

설화는 전승집단 의식에 따라 다양하게 변화하고 확산되어 전승된다. 따라서 설화는 가변성 · 민중성 · 전승성 · 공감성 · 확산성 · 교정성 · 다각성 등의 특징을 가지고 있다.[51] 위의 황사영 처자에 대한 유배 이야기에 대해서도 다양한 변천 과정을 거치고 있다. 이야기로서의 구조적 모순과 문제점은 역사가 아닌 설화임을 말해 주기도 한다. 이상과 같은 이야기를 종합하여 정리한다면 다음과 같은 모순과 문제점으로 귀결될 수 있을 것이다.

첫째는, 김구정이 확인했다는 부고 편지의 실체이다. 부고 편지에 대한 언급은 두 곳에 등장한다. 라크루 신부의 1909년 7월 17일자 연말 보고서에서 "(황)사영의 손자는 '제주로 귀양 온 자기 할머니(정명련)가 아버지(황경한)에게 쓴 편지'를 제게 건네주겠다고 약속했습니다."라는

51 임재해, 「설화의 사료적 성격과 새 역사학으로서 설화연구」, 『역사민속학』 12호, 한국역사민속학회, 2001, 248쪽.

언급과 김구정이 1973년 7월 22일자 『가톨릭시보』에서 언급한 내용이다.

[a] 그가 보여 준 고문헌은 두 장인데 한 장은 1838년에 제주도에 살던 김해 김씨 상집(尙集=相集)의 친필 부고 편지였었다. 그 내용은 서울에서 거기로 귀양 와서 살다가 그해 2월 1일에 별세한 정씨 부인이 부고를 그 즉시로 추자도 황씨 가문으로 보냈으나 아무런 응답이 없어서 다시 이 편지를 보낸다고 썼다. 그 편지를 받을 사람의 이름은 추자도 황우중(우重)이라 했는데 이분이 경헌의 둘째 손자인 것이 황씨네 가첩에서 밝혀지고 또한 위에 말한 것과 같이 우리 동네로 이사해 온 황찬수(贊壽) 씨의 三촌이었었다.

–『가톨릭시보』 875호, 1973.7.22. 4면.

[b] 추자도 예초리에 귀양살이하는 황 서방 본댁에 삼가 드림
己亥 정월 23일 대정 서정리 주인 金相集 두 번째 쓴 서장

종전에 뵈온 바 없사오나 소식 종종 들어 아옵더니 근래에 소식 듣지 못하오니 매우 딱하옵니다. 추위가 심한 요즈음 기체후 어떠하온지 알고자 하옵니다.

이곳 어른의 대부인 정씨가 불행하여 지난해 2월 초하루 묘시에 별세하신고로 장례를 잘 지냈사옵고, 부고 편지를 진작에 보냈사옵니다. 그러나 지금껏 회답이 없어서 의아하옵던 차에 추자 사람이 서방 편에 듣자와 안부를 알았사옵니다. 그러나 부고가 전해지지 않은 듯하오니 세상사 가이없사옵니다.

이곳 주인 도리에 차마 박절하옵기로 제사와 명절 차례를 다 지내오니 그리 아옵소서. 마침 인편이 있기에 다시 자상한 편지를 하오니 그리 아시기 바라오며, 회답을 인편에 즉시 전하옵소서. 말씀은 한이 없사오나 총총히 줄여서 올립니다.

–「성 김대건 신부 제주표착기념관」 전시, '정난주 부고 편지'(사본) 번역문(의역)

라크루 신부가 황경한의 아들로부터 받기로 했다는 편지는 그 후

편지에 대한 기록이 없으므로 그 내용에 대해서는 알지 못한다. 김구정이 확인한 편지[a]가 유일하다. 그 내용을 「제주표착기념관」에서도 볼 수 있다.[b][52] 부고 편지가 추가로 발견된 것이 없다면, 위 두 편지는 같은 편지의 내용일 것이다. 그런데 각각의 편지에서 보면 [a]는 작성 연대가 1838년, 발신인 金尙集,[53] 수신인 황우重으로 되어 있고, [b]는 己亥, 金相集, '귀양살이하는 황 서방'으로 되어 있다. [a]에서 1838년을 간지(干支)로 '戊戌'이라 썼을 터인데 1839년 己亥와 戊戌은 시각적으로 많은 차이가 있으며, 발신인 한자 이름도 같은 편지임에도 각각 상이하고(尙集은 족보에 나오는 이름이고, 相集은 편지에 쓰인 이름이다), 수신인 황우중은 등장하지도 않는다. 황경한의 아들은 라크루 신부에게 '제주로 귀양 온 자기 할머니(정명련)가 아버지(황경한)에게 쓴 편지'라고 언급한 바 있다.

짚고 넘어가야 할 것은 현임종은 그의 책 『속, 보고 듣고, 느낀대로』(2013)에서 '대정골에 유배 온 정난주는 죽을 때까지 추자도에 두고 온 아기에 대하여 말한 바 없고, 어떻게 되었는지 알려고도 하지 않았다'라고 쓰고 있다. 현임종은 당시 제주교구 평신도사도직협의회 회장으로 묘지 관리를 맡고 있었다는 김서연(당시 축산진흥원장)과 식사 자리를 같이 하던 중 우연히 그로부터 '서울할머니'라고 부르는 분의 묘를 관리하고 있다는 얘기를 듣고 김병준 신부에게 알렸던 인물이다.[54] 그런데

52 『제주천주교 100년사』(2001) 각주19에 의하면 이 편지의 사본이 제주교구청에 소장되었다고 한다. 이 교구청의 사본이 「제주표착기념관」(2006.11.1.개관)에도 전시된 것으로 보인다.

53 '상집(尙集=相集)'에서 괄호 속 '=相集'은 '尙集'과 동일인임을 나타내기 위해 김구정이 임의로 표기한 것으로 보인다.

54 현임종은 김서연으로부터 '서울할머니'에 대한 구전과 묘 벌초를 대대로 해 오고 있다는 사실을 듣고 모슬포성당 김병준 신부에게 연락했다고 회고하고 있다. 그러나 김구정은

그는 정난주 생전에 추자도나 황경한에 대한 언급은 전혀 없었다고 증언하고 있다. 그렇다면 부고 편지와 묘지 소재지 쪽지는 무엇인가.

더욱 알 수 없는 것은 '편지 원본들은 누가 소장하고 있는지 찾을 길이 없다'[55]는 것이다. 이 편지는 교회 역사상 중요한 단서가 되는 자료인데도 김구정이나 교회 관계자들은 사진 등의 방법으로 자료를 보관하지도 않았다. 그들은 한국 교회사를 오랫동안 연구하고 관심을 가져온 분들이다.

둘째는, 김구정이 확인했다는 순 한글 쪽지와 정명련 무덤의 실체이다. 이 쪽지 역시 누가 소장하고 있는지 알 수 없다. 사본조차도 전해지지 않고 있다. 김구정의 설명만이 유일하다.

> 그리고 또 한 장은 같은 글씨의 쪽지였는데 순 한글로 썼다. 거기에는 제주도 정씨 부인 무덤 소재지(濟州 大精邑 門外 墓○峰)가 동쪽 아래편 수양관 한굴밭(田)이라고 기록하고 그 무덤을 간수할 자기 손자들 영수(永秀) 영호(永好) 종손 영학(鶴) 영관(寬)이라 기록하였다.
>
> -『가톨릭시보』 875호, 1973.7.22. 4면.

부고 편지와 동일한 글씨체의 순 한글 쪽지라면 김상집이 쓴 것으로 편지와 함께 동봉한 것이다. 그런데 편지의 내용에는 묘에 대한 언급은 어디에도 나타나지 않고 있다. 현임종에 의하면 70년대 중반 추자도 방문 시 후손들은 대정골 정난주 할머니의 무덤이 있었는지조차 몰랐다고 확인하였는데, 현재 추자도에 거주하고 있는 황인수는 편지의 수

정씨 부인의 묘를 찾기 위해 김병준 신부에게 의뢰하였는데 얼마 후에 김해 김씨 문중의 나이 많은 노인을 만나 물어보니 자기 문중 사람인 현직 남제주군수 형제가 그 무덤을 간수하고 있다는 사실을 알려 주었다고 진술하고 있다.

55 제주선교 100주년 기념사업회, 2001, 48쪽, 각주19 참조.

신인으로 되어 있다는 황우중의 손자이고 쪽지를 보관하고 있었다는 대구 황찬수가 당숙이 된다. 한집안의 가풍과 전승은 어렵지 않게 친척 간에는 공유하게 된다. 더욱이 작은 섬에서는 더 가까웠을 것이다.

2014년 『아시아투데이』 기자가 추자도 현지 취재 시 '몇 해 전 정난주의 묘가 합장묘라고 추정한 나머지 부장품을 확인하려고 했으나 집안의 반대로 손을 대지 않았다'는 진술(전 추자도 특보 이태재)에서 몇 해 전이라 함은 최근의 일로 왜 이제 그런 풍문이 떠돌아다닐까. 어느 집안에서 부장품을 확인하려 했고, 집안의 반대는 어느 쪽의 집안인가. 이제 와서 묘의 부장품을 확인하려 했다 함은 묘의 실체에 의문을 품은 것은 아닌지 모를 일이다.

김병준 신부는 『교회와 역사』에서 '시녀의 무덤도 정 마리아 묘소 가까이 있었으나 무연고 묘지라 하여 3년 전에 이장한 것으로 보아 두 분이 남몰래 신앙만을 보존한 것으로 보여진다.'라고 쓰고 있다. 관비의 신분에 시녀를 둔다는 것은 있을 수 없는 일이고, 그 묘가 시녀의 묘라는 것을 어떻게 확인할 수 있었는지도 의문이다.

셋째는, 정명련과 김상집에 대한 구전의 실체이다. 이 전승은 김구정이 『가톨릭시보』에 연재함으로써 시작된다.

> [a] 그 묘소를 1세기 동안 간수해 왔고 부친 생존 시 '우리 김해 김씨 세보에는 없으나 유배된 귀부인이시며 우리 의척이니 성묘를 잘하고 대대로 보호하라'는 구전이 있다고 말씀하셨다.[56]

> [b] 상집의 부친 錫九는 尙集과 尙協 두 아들을 낳았을 때 소실을 얻게 되어 그들의 어머니 되는 부인은 행방불명이 되고 서모 밑에 두 아이가

56 김구정, 『가톨릭시보』 876호, 가톨릭시보사, 1973.7.29. 4면.

매우 천대를 받았다 한다. 정씨 부인은 이를 알고 상집을 데려다 길렀는데 그는 총명하고 장래성이 있어 보였다. 그가 커 현감의 신임을 얻어 고문격이 되어 부유해지자 대정읍의 위인격으로 행세하였다 한다. 상집은 정씨 부인의 가문과 인격과 교양에 감화되어 양모로 시봉하여 잘 모셨고 별세 시에도 상주 노릇을 지극정성으로 하였다.[57]

[c] 정 마리아 일행은 동헌 뒷집에 살고 있는 원님의 고문격이었던 김석구 집으로 넘겨져 그의 어린 아들 김상집(8세)을 보살피게 했다. 별명으로 '서울아줌마', 후에 '서울할머니'라 하였으며 외로울 것이라 하여 가축들 모이도 마련해 드리고 바느질과 예의범절을 지도케 하였다. 자손들에게는 외척으로 할머니 되시는 분이니 대대로 돌보라고 타일렀다고 한다. … 정 마리아는 이 집에서 50여 년간 생존하였다고 전해지며 귀양 때 가지고 왔던 궤짝이 1947~1948년경까지 있었으나 제주도 4 · 3사건 당시 없어졌다 … 귀양 때 데리고 온 시녀의 무덤도 가까이 있었는데 무연고 묘로 3년 전에 이장했다.[58]

[a]는 김구정이 묘지 관리인 김서연(당시 남제주군수)으로부터 가첩 초본과 함께 받은 편지의 내용이다. 비교적 짧게 김상집의 전승을 말한 내용이다. [b]는 '정씨 부인 별세 때까지 극력 시봉하고 한굴밭에 진중히 안장해서 자손 대대로 그 묘소를 간수하라고 전한 김석구 집안에 대한 것으로 주로 김상집에 대한 전승 내용이다. 이 전승은 김구정이 1973년 6월 10일 제주 답사 시에 알게 된 내용이라고 한다. [c]는 김병준 신부는 그 후 『교회와 역사』 25에서 김구정의 기술과는 약간 다르게 구체적이고 확대된 내용으로 변화한다. 김구정은 정명련이 김상집을 데려다 키워 대정의 유지로 성장시켰다는 내용이고, 김 신부는 부친인

57 김구정, 『가톨릭시보』 879호, 가톨릭시보사, 1973.8.26. 4면.
58 김병준, 『교회와 역사』, 1977(10월호), 2쪽.

김석구가 고문격으로 있으면서 정명련을 집으로 데려와 어린 아들 김상집(8세)을 보살펴 가정교사 역할 같은 일을 맡겼다는 내용이다. 이어 김 신부는 정명련을 서울아줌마(할머니), 침모와 예절 교사로 등장시키고 있고, 더 나아가 정명련이 귀양 때 가지고 왔던 궤짝과 시녀까지도 등장시키고 있다.

김구정과 김 신부는 같은 역할을 하면서 묘지 관리인들과 후손들 면담 과정에서 같이 들은 내용일 터인데도 서로 차이가 있다. 김구정에서 김 신부로 오면서 김상집의 전승을 토대로 한 기술이겠지만 너무 구체적으로 확장되었다. 정 마리아가 귀양 때 가지고 왔다는 궤짝이 최근까지 있었다는 것과 시녀를 대동하고 귀양 왔다는 것 등은 너무 비약한 것 같다. 당시의 관비라는 신분과 수천 리 보행과 뱃길을 연상한다면 상상조차 할 수 없는 일이다. 만일 김상집의 집에 궤짝과 시녀가 있었던 것이 사실이라면 정명련이 아니라 타인(다른 관비나 관기 등)일 가능성이 짙은 것이다.

「제주교구 선교 100주년」을 맞이하여 『경향잡지』(1999.12)에서 특집으로 편성된 기사에서는 '정 마리아가 머물던 이 고을 유지 김석구 집에서는 그녀를 침모로 일하게 하고 불편 없이 생활하도록 별채까지 만들어 주었다'라고 쓰고 있다. 또한 차기진도 『사목』(2000.3)에서 김석구 집안을 '관비를 담당하던 관리 김씨 집안에서 마리아의 성품을 높이 사서 어린 아들을 맡겼다'라고 김석구가 고을 유지가 아닌 대정의 관리가 되어 있다.

정명련은 대역부도 죄인에 연좌된 관비이고, 조정에서 전국에 '오가작통법'을 시행하여 대대적으로 색출하여 참수하는 천주교 신자이다. 신앙이 전파되지 못하도록 타인과의 접촉을 엄격히 제한했던 당시를 생각하면 김상집의 집에 자유로이 출입하거나 안주한다는 것은 어려운 일이다.

당시 기록에 보면, 1781년(정조5) 박천형이 제주시재어사로 선임되자, 비변사에서 박천형에게 내린 사목(事目)에서 '제주 삼읍에는 역적의 자녀로 노비가 된 자가 많아 그들의 소요가 염려되므로 노비끼리의 상통, 육지인과의 교섭을 엄금하도록 조치'하고 있다.[59] 실제로 대정현은 18세기 후반 1,700여 호에 8,500여 명의 백성이 거주하고 있었고, 그 중 공노비가 1,298명(奴 562, 婢 736)으로 15%를 점유하고 있다. 이 중에 관노비는 39명(奴 23, 婢 16)이었다.[60] 위 사목 내용과 같이 범죄자와 그에 연좌되어 노비가 된 사람이 많다는 것을 보여 주고 있다. 조정에서는 이들의 우범을 염려하여 엄격히 규제하고 있다. 그 후 20년이 지난 1801년 이후에는 천주교인들의 대대적인 소탕으로 유배인을 가혹하게 통제[61]하고 있었다. 이후 1811년에도 사학을 금지한 지가 여러 해가 되어 해이해질 염려가 있으니 더욱 엄격하게 다스리라는 임금의

59 ○ 비변사에서 제주어사가 가지고 갈 사목을 올리다
"세 고을 안에 역적의 지속(支屬)들로서 연좌되어 노비가 되어 있는 자들과 안치 · 도배된 부류들이 각처에 산재해 있어 실로 허술한 우려가 있다는 것에 대해 다시 그에 대한 과조(科條)를 신명(申明)시키고 나서 특별히 조절하여 일각도 마음대로 떠날 수 없게 하며, 보수주인 이외에는 서로 통하지 못하게 한다. 각 포구의 선로에 이르러서도 일체 금방(禁防)하여 육지인과 죄인이 교섭하여 서로 통하는 폐단이 없게 한다. 만일 이런 사실이 현발될 경우에는 모두 보수주인과 함께 형률에 의거하여 엄격히 단죄한다." 『정조실록』, 45집 247면 (1781.6.17.).

60 김동전, 「18세기 후반 제주 지역 공노비의 존재 양태」, 『역사민속학』 24, 한국역사민속학회, 2007, 202~211쪽 참고.

61 1801년에 유배된 사람들은 대왕대비 김씨의 명에 따라 각 지방 고을에 1명씩 보내어 상호 연결을 사전에 차단하고자 했다. 그리고 신도들은 유배지에서 다른 유배자들이나 주민들과도 격리되도록 해야 한다고 명했다. 이와 같은 방법으로 정부 당국에서는 천주교의 유포를 최대한 막아 보려고 했다. 1801년 박해 때에는 천주교 사건에 관계된 유배자를 관리하기 위한 규정을 특별히 만들기도 하였다. 이 규정에는 유배자를 특별한 곳에 구류를 해 두고 담장 밖에는 한 발짝도 나가지 못하게 해야 한다고 했다. 그리고 외부인뿐만 아니라 보수주인댁 집안사람과의 접촉도 최소화해야 한다고 했다. 조광, 「유배지에서의 생활」, 『경향잡지』, 한국천주교주교회의, 2001(10월호), 75쪽.

지시가 있었다.[62] 이러한 시점에서 천주교도인 그녀가 유지라고 하는 김석구 사가에 거처를 정하고 안주한다는 것은 불가능한 일이다. 그 구전이 사실이라면 정명련이 아닌 타 유배자일 가능성도 배제할 수 없는 것이다.

넷째는, 김구정과 현임종의 추자도 방문 내용이다. 김구정은 1973년 6월에 추자도를 방문하여 황경한의 후손 문중에서 보관해 오던 예장(禮狀) 두 통(장남, 차남)을 확인하였고, 추자도에는 寅壽, 寅浩 형제가 모친과 함께 경헌의 옛집에서 살고 있다고 전한다. 그러나 현임종의 책에는 '집은 불타서 없어졌고, 황경한은 아들 삼 형제를 두었다'라고 쓰고 있고, 김만선은 그의 책에서도 '1965년도에 집 화재로 소실되었다'[63]한다. 『아시아투데이』 취재 기사에서도 '45년 전 집이 화재로 불에 탔다'(역산하면 1968년이 됨)라고 쓰고 있다. 김구정만이 옛집을 확인하였다고 한다.

다섯째는, 황사영의 아들에 대한 실체이다. 관찬 사료에는 아들의 이름이 황경한(黃景漢)으로 하나뿐이다. 그러나 창원 황씨 족보[64]에는

62 "사학을 금지함이 각별히 엄격했고, 시행한 지 여러 해가 되었다. 과연 법이 오래되면, 해이해질 염려가 있다. 이에 수원부의 장계에 근거하여 더욱 엄격하게 금지하고 더욱 힘써 살피는 방안에 관한 일을 팔도와 삼도에 분부하라." 조광 역주, 변주승 역, 앞의 책, 275쪽.

63 김만선, 『유배』, 웅진씽크빅, 2008, 258쪽.

64 ○ 昌原 黃氏 檜山公派 族譜 [하성래 교수] 하성래, 앞의 글, 1998, 79쪽.

	①	②	③	④	⑤	⑥
· 嗣永 -	秉眞 -	鶴烈 -	祐漢 -	元益 -	寅範 -	允煥
	敬憲					

○ 昌原 黃氏 判尹公派 族譜 [양주 장흥 부곡(가마골)] 이충우, 앞의 책, 1985, 126쪽.

	①	②	③	④	⑤
· 嗣永 -	秉眞 -	鶴烈 -	祐漢 -	元益	- 寅錫/寅泰/寅範 외 3명
		壽烈 -	學祐 -	福益	- 光麟
	敬憲 -	建燮 -	周賢 -	軫益/奎益	
		泰燮 -	周弼 -	箕益	- 兵衛

형제가 있는 것으로 등재되어 있다. 충남 목천 족보[65]는 형제가 등재된 족보에서 황경헌만 따로 분리하여 작성한 것으로 보인다. 이 족보의 후손인 황대성[箕益]은 증조 황경헌이 추자섬에 있는 것을 알고 목천에 사는 교우들이 가서 업어다 키웠으며 묘소도 목천 성가산에 있다고 한다. 장남이 나타나는 족보의 후손들은 황사영의 모친이 혈육을 잇기 위해 장남을 노비에게 맡겨 대를 이었다고 한다. 만약 아들이 하나였다 하더라도 동갑의 노비 아들을 대신 보내고 실제 아들은 안전한 곳으로 숨겨 키웠을 수도 있다는 것이다.

내륙의 족보와는 달리 추자도의 족보[66]는 사영의 아들이 혼자 등재되어 있으나 그 후손들의 이름은 각각 상이하게 등재되어 있다. 추자도의 또 다른 가계는 김구정이 추자도 방문 조사 시, 후손으로부터 확인하였다고 하는 혼수 예장[67]에 기록된 가계이다. 황경헌은 황정환으로

65 ○ 昌原 黃氏 判尹公派 族譜 [충남 목천 성가산] 이충우, 앞의 책, 1985, 124쪽.

	①		②		③		④		⑤
·嗣永	- 景憲	-	建燮	-	周賢	-	軫益/奎益		
			泰燮	-	周弼	-	箕益(大成)	-	兵衛

66 ○ 黃景憲의 家系 (가첩) [추자도 1] 김구정, 앞의 글(879호), 1973.8.26. 4면.

	①		②		③		④		⑤
·嗣永	- 秉眞	-	甫玉	-	우량	-	贊乭		
			本玉				贊壽(世益, 대구 신암동)		
							贊植		
					우重	-	元益		
					(仲)		富益	-	利正/寅喆
							俊植	-	寅壽/寅浩
					鶴柱				(모친과 추자 옛집 거주)
					鶴淳				
					鶴千				

67 ○ 黃正煥의 두 아들 혼수 禮狀 [추자도 2] 김구정, 위의 글, 4면.

·장남 夢龍 : 혼주 蒼完 黃正煥(1858년 작성)

·차남 夢仁 : 혼주 昌原 黃夢龍(1865년 작성)

·蒼完은 昌原으로 잘 모르고 쓴 듯함. 黃正煥은 황경헌이 추자도 생존 시에 쓰던 관명인 듯함. 예장 작성 연도로 보아 경헌은 차남 결혼까지 6~7년 사이에 사망한 듯함.

되어 있고, 두 아들 이름도 몽룡과 몽인이다. 김구정이 처음으로 만났던 대구의 후손 황찬수가 가지고 왔던 가첩에 두 아들 이름은 보옥, 본옥으로 등재되었던 것 같다.

이를 종합하여 살펴보면, 첫째는 내륙의 가계로 후손들의 이름과 항렬이 거의 일관되게 나타나고 있고, 내륙이 아닌 추자도의 가계는 후손들의 이름이 내륙의 가첩과는 전혀 다른 이름으로 나타나고 있다. 둘째는 장남이 나타나 형제로 올라 있는 경우와 외아들 황경한만이 등재되어 있는 경우이다. 이런 부분들을 어떻게 보아야 할 것인가.

우선 장남 秉眞의 가계와 차남 景憲의 가계가 그 후대에서도 항렬자가 각각 상이하게 나타나고 있다. 당시 양반가에서는 엄격하게 항렬자를 고수하던 때에 항렬을 따르지 않고 있다. 후세인들이 병진의 손자 때에 이르러 가승과 산도본을 가지고 수원 감영에 탄원서를 제출하여 가마골의 130만 평에 달하는 산소를 찾았다는 전승이 있다고 하였다. 혹여 다른 목적으로 인위적, 작위적으로 형제가 된 것은 아닌지 살펴볼 필요도 있을 것 같다. 충남 목천 족보는 가마골의 형제가 있는 족보에서 후손들이 목천으로 이동하면서 독립적으로 분리 사용한 것으로 추측된다.

그리고 내륙의 장남이 있는 경우 혈육을 잇기 위해 노비의 자식을 대신 보냈다거나, 노비와 함께 도주케 하여 숨겨 키웠다거나 하는 전승과 목천 족보와 같이 추자도에서 업어다 키웠다는 전승 등을 어떻게 생각하여야 할 것인가. 내륙의 경우에는 창원 황씨 대종회가 있는 곳으로 기존 족보를 참고한다거나 종친들끼리 상호 연락을 취할 수 있어 항렬 등 족보 정리에 유리했을 것이다. 족보의 발간 간격은 대부분 31~40년으로 한 세대 이상의 간격으로 발간하고 있는 점으로 미루어 보아,[68] 해당 족보도 수십 년 후에 발간되었을 것이다.

호적대장은 식년(式年)[69] 즉 매 3년마다 엄격하게 작성되었다.[70] 초본 작성 시에는 대장에 기입되지 않은 3세 미만의 남녀 출생과 사망까지도 기록되었다고도 한다. 장남이 있었다면 3세 이상으로 족보에 등재되었을 것이다. 더욱 경한은 황사영이 결혼 후 10여 년 만에 얻은 귀한 자식이다. 당연히 호적에 올렸을 것이고 장남이 있다는 소문이 장안에 파다했을 터인데 대역죄인으로 서슬 푸른 관청의 눈을 피할 수 있는 상황은 아니었을 것이다. 노비의 자식을 대신 유배를 보냈다는 것도 황사영의 체포 명령으로 경비가 삼엄했을 것인데 관청의 감시망을 피할 수는 없었을 것이다. 그리고 후손들이 경한을 추자도에서 업어다 키웠다는 전승은 해상교통이 열악한 작은 섬에서 주민, 보수주인, 관리의 눈을 피해 일반 백성이 이동시킨다는 것은 불가능한 일이었다.

추자도 족보는 내륙과는 멀리 떨어진 절해고도의 작은 섬 추자도의 가첩이다. 내륙의 항렬과는 전혀 무관하다. 보수주인과 어린 황경한이 황씨 가문의 족보에 정보나 상식이 전혀 없었으므로 흔하게 부를 수 있는 몽룡, 몽인으로 작명하였을 수도 있다. 황정환이라는 이름도 대역부도 죄인의 아들임을 알리고 싶지 않아 보수주인이 그렇게 개명해 줄 수도 있다. 그런데 몽룡과 몽인이라는 이름이 존재하고 있는데 굳이

68 『한국민족문화대백과사전』, 한국정신문화연구원, 1991; http://encykorea.aks.ac.kr 역사 · 문화 용어 해설 '족보' 참조.

69 式年: 子, 卯, 午, 酉의 干支가 들어 있는 해. 3년마다 한 번씩 돌아오는데, 이해에 과거를 실시하거나 호적을 조사하였다.

70 "호구조사가 시작되면 戶首, 즉 家主들은 자신이 소유한 가옥 내에 기거하는 혈연관계(친인척)와 지배예속인(노비 · 고공)을 조사해 戶口單子를 작성한 뒤 이를 面에 제출했다. 면에서는 가주들이 제출한 이전 式年 호적과 대조 확인하고 작통한 뒤 戶籍中草를 작성했다. … 面 단위 작업이 끝나면 호구단자와 호적중초는 邑으로 올려졌고, 읍에서는 면 단위로 작업물을 수합해 호적을 완성했다. 호적은 3벌을 작성해 2벌은 한성부와 감영에 각각 상송하고 나머지 1벌은 읍에서 보관하여 … 참고자료로 활용했다." 장경준, 「조선후기 호적작성과 활용을 통해 본 戶」, 『역사민속학』 48, 한국역사민속학회, 2015, 227쪽.

甫玉과 本玉이라는 여자 이름을 가첩에 올렸을까 하는 의구심이 든다. 대구 황찬수가 제공한 가첩과 추자도 후손들이 가지고 있는 가계(혼수 예장에 의한)는 같은 추자도 후손인데도 서로 다른 가계 체계를 지니고 있다는 것이 된다. 족보는 과연 사료로서 믿을 만한 것인가를 생각하게 된다.

또한, 황경한의 실체를 알 수 없다. 景漢이 왜 景憲이 됐는지도 모른다. 막연히 구전 과정에서 와전되었다거나 또는 아명이라고 하고, 족보상 이름이라고들 한다. 많은 족보에서 이름 옆에 字 · 號 · 兒名 · 舊名 · 改名 사실 등이 기재되는데 이 족보에는 없는 것인지, 아직 못 찾았는지 모른다. 내륙의 족보도 추자도의 족보도 어느 것 하나 확실하거나 신빙성이 있는 것이 없어 보인다.

여섯째는, 황경한의 추자도 입도(入島)에 대한 구전의 실체이다. 황경한이 유배 과정과 추자섬에 입도하는 장면은 극적이고 감동적이다. 이는 이야기의 주류를 이루고 있다. 황경한의 입도 이야기가 처음으로 등장하는 것은 김구정으로부터 시작된다. 이어 김병준 신부에 이르러 오씨 부인 등장, 소 풀 먹이기, 아기 울음소리, 저고리 동정, 두 집안 금혼 등 이야기의 내용이 구체화된다. 오기선 신부는 거기에 사연을 적은 쪽지가 등장하고 두 아들까지 두었다며 더 구체화시켰다. 그 이후 여러 필자를 통하여 약간씩 변형되어 안내 책자, 회고록, 소설 등을 통해 독자에게 소개되고 있다.

이 이야기의 핵심은 몇 가지로 요약된다. 뱃사공 · 나졸의 매수 방법, 경한이의 죽음 보고, 경한이의 입도 장소, 경한이 발견자 및 발견 당시 상황, 경한이의 성장 내용 등이다. 뱃사공과 나졸의 매수는 패물, 뇌물, 돈, 술과 명련의 간절한 애원이 있었고, 경한이의 거짓 죽음 보고는 급증 수장, 죽어 수장, 별 수식어 없이 그냥 수장했다고 보고해 달라는 것이었다. 경한이를 추자도에 내려놓은 구체적 장소로는 바위틈, 바위 위, 절벽 바위 위, 언덕배기, 황새바위 갈대밭, 서낭당이 등장한다. 경한이가 휴대했던 것은 족보, 돔방에우(배내옷), 동정(부모와 아이 이름이 적힘), 쪽지(동정 안에 부모와 아이 이름, 사연이 적힌 쪽지)가 등장한다. 발견자는 뱃사공 오씨, 어부 오씨, 예초리 사람 오상선, 뱃사공 오씨 아내(부인), 오씨 부부로 소개되고 소에 풀을 뜯기던 중 아이 울음소리를 듣고 집으로 데려와 키웠다는 것으로 기술되고 있다. 이후 아이를 도사리(머슴)와 어부로 키워 슬하에 형제(또는 삼 형제)를 두어 이후 오씨와 황씨의 집안 간에는 결혼을 하지 않는다는 이야기로 요약된다.[71]

이 이야기에서 발견자가 왜 오씨만 등장하는 것일까. 同福 吳氏의 재신공파 21세손인 吳重德(1721~1797)이 해남에서 추자도로 낙향하여 예초리에 정착하며 일가를 이루며 살았다고 한다.[72] 경한을 발견했다는 오씨는 바로 동복 오씨 입도조의 제3대 오상선이라고 한다.[73] 예초리 일대에 오씨가 집성촌을 이루며 살았기 때문에 경한이의 이야기가 더해지면서 두 집안의 기적 같은 인연이 혼인 기피 현상까지 진전되어 형성되었을 것이다. 오씨 집안의 이야기와 경한이의 입도 이야기를 견주어 보면, 오씨가 바로 보수주인일 가능성도 생각할 수 있을 것이다.

이야기의 흐름을 보면 전승자의 감정에 따라 조금씩 다르고 다양하게 변형되어 전달되고 있다. 목격한 사람은 없는데 문학적 상상력이 동원되어 독자에게 그럴듯하게 다가온다. 전승해 가면서 집단적 상상

71 〈표 1〉 및 '부록 1' 참조.

72 추자사랑: http://cafe.naver.com/jc0093/118 참조.

73 홍순일, 앞의 책, 155쪽.

력이 더해져 변형되고 확장되어 가는 전형적인 설화의 특징을 지니고 있다.

필자가 2015년 현지답사 시에 경한을 내려놓았다고 하는 바위를 멀지 않은 거리에서 조망한 적이 있었다. 그곳은 일반 성인이라도 접근하기 어려운 경사가 급한 험지였고, 하물며 몸집이 크고 우둔한 소가 접근한다는 것은 불가능했으며, 거친 파도 소리로 지근에서 대화조차 하기 힘들 정도로 소음이 심해 아기의 울음소리가 들린다는 것은 상상조차 할 수 없는 장소였다. 그렇지만 우리는 그 이야기를 믿거나 또는 믿고 싶어진다. 이러한 감정을 유발하는 것이 설화이고 문학의 힘이기 때문이다.

> 이 사건을 배경으로 하여 우리 교회에는 하나의 전설이 만들어졌다. 곧 황사영의 처와 아들은 전남 강진에서 배를 타고 제주도로 유배 가게 되었다 한다. … 아들의 운명을 알고 있었던 어머니 정명련은 유배를 가던 도중에 뱃사공을 매수하여 추자도 바위 위에 어린 아들을 내려놓고 홀로 떠났다 한다. 그 아들은 착한 섬사람에게 거두어져 살아났다는 것이 전설의 줄거리다. 그러나 이는 사실과 다르며, 황경한은 애초부터 추자도에 유배형을 받았다. 이 애절한 전설은 정명련의 마음을 읽어낸 후 후대의 신자들이 만든 이야기였다.[74]

위의 내용으로 이야기의 실체는 정리되었다. 그러나 우리들은 정명련의 모정과 두 살배기 젖먹이의 애틋한 사랑과 연민에 대한 설화는 잊을 수가 없다.

일곱째는, 정명련의 이명(異名)과 세례명의 실체이다. 이야기의 변천

74 조광, 「자식 사랑을 밟고 간 순교자들」, 『경향잡지』 2005.5월, 65~66쪽.

과정을 살펴보면, 정명련의 이름이 '정씨 부인' 등에서 어느 순간에 '정난주'로 바뀌고 '마리아'라는 세례명이 등장한다. 관찬 자료에는 정명련(丁命連)이라는 이름이 유일하다. 이름이 바뀌고 세례명이 부여된 기록은 어디에도 찾을 수 없다.

〈표 2〉 정명련의 이명·세례명 변천 과정

no	연도	필자	기고지	정명련의 호칭
①	1973	김구정	『가톨릭시보』	· '부인 정씨', '정 부인', '정씨 부인'
②	1976	김구정	『한국순교사화』 1	· '난주'
③	1977	김병준 신부	『교회와 역사』 25	· '부인 정 마리아(丁蘭珠)'
④	1988	오기선 신부	『순교자의 얼을 찾아서』 하	· '정 마리아 란주(蘭珠)'
⑤	1994	김창열 주교	'대정성지 순교자 현양 대회' 강론	· '정난주 마리아', · '피 흘리지 않은 순교자(백색 순교자)'[75]

그렇다면 '정난주 마리아'라는 이름이 어떻게 나오게 되었는지 변화 과정에서 실마리를 찾아보자. 김구정과 김병준 신부에 의해 무덤의 소재가 알려지고 그들에 의해 이름과 세례명이 부여되었다. 이는 아마도 정약현의 족보에서 기인한 것 같다. 정약현은 이벽의 누이 경주 이씨 이부만(李溥萬, 1750~1780)과 결혼하여 4남매를 두었고, 사별 후 둘째 부인 의성 김씨 김주의(金柱義)로부터 7남매를 두었다. 정약현과 경주 이씨 사이의 둘째 딸이 정명련이고, 넷째 딸이 정난수(丁蘭洙)

75 "제주교구 김창열 주교는 대정성지 순교자 현양대회에서 '신앙의 탓으로 이 고장에 유배된 유일한 증거자인 정난주 마리아 님을 순교자라 말씀드리는 것에 놀라지 마십시오. 왜냐하면 우리 보편 교회도 피 흘려 순교하지 않은 이들 중에서 어떤 분들은 순교자로 공경하고 있기 때문입니다'라는 강론이 있었다. 현재 정명련은 '정난주 마리아'라는 이름으로 '백색 순교자'로 공경하여 대정성지로 단장되었다." 이충우, 『피어라 순교의 꽃』, 분도출판사, 2006, 417쪽.

마리아이다. 정난수의 남편은 홍재영(洪梓榮, 홍낙민의 아들이며 홍봉주의 아버지) 프로타시오이다.[76] 이를 토대로 여동생 '난수'에서 '난주'라는 이름을 얻은 것으로 보인다. 한자 이름은 동생 이름에서 '蘭'을 차용하고, 정명련의 신앙과 모성애가 구슬처럼 빛나고 아름답다는 의미에서 '珠' 자를 쓴 것으로 추측된다. 세례에 대해서는 황사영이 전교를 위해 수많은 사람들과 접촉하였고 10여 년간 내조를 하였으며 친정이 천주교 집안이었던 점으로 보아 충분히 세례는 받았을 것으로 보인다. 또한 달레의 기록에서도 "그가(주문모 신부) 서울에서는 정약종 아우구스티노와 황사영 알렉산델과 홍익만 안또니오 집에 몇 번 갔다."[77]라는 내용으로 보아 정명련은 주문모 신부로부터 당연히 세례를 받았을 것으로 예상된다. 그러나 어느 기록에도 보이지 않아 안타까울 따름이다. 신앙심이 남다르게 깊었을 그녀에게 세례명이 있었음을 전제로 동생과 같은 세례명을 부여했을 것으로 보인다. 예수님의 고통을 몸소 체험하고 지난한 삶을 산 '성모 마리아'와 그녀의 삶이 오버랩되기도 한다.

여덟째는, 라크루 신부의 후손에 대한 후원 후 기록은 과연 없는 것인가? 라크루 신부는 추자도에서 황경한의 아들과 손자를 만나 그들의 어려운 처지를 듣고 프랑스 외방선교회에 알려 성금 480프랑을 모금 받아 집 한 채를 사 주었고, 나머지 돈으로 밭도 사 줄 예정이라고 했다. 그때 경한의 아들은 귀양 온 할머니가 아버지에게 보낸 편지를 신부께 건네주겠다고 약속했다고 한다. 지금까지 황경한의 아들로부

76 남양주, 『다산문화연구소』: http://cafe.naver.com/nyjculture 참조.

父 丁若鉉 ┬ 母 李溥萬(이벽의 누이)

丁震興(早卒) - 丁命連(黃嗣永) - 丁女(洪永觀) - 丁蘭洙(마리아)(洪梓榮 프로타시오)

77 샤를르 달레, 앞의 책, 389쪽.

터 편지를 받았다는 기록은 확인되지 않고 있다. 의문이 드는 것은 공적인 후원금을 사용했다면 분명히 그들이 황사영의 후손이라는 근거가 있었을 것이고 그 근거를 분명히 기록하고 보관했을 것이다. 그 당시 신부의 서한집 일부를[78] 보면 전교 시에 일어났던 상황을 자세히 기록한 것이 그 증거라 할 수 있다. 핵심이 되는 근거는 경한의 아들이 건네주겠다고 약속한 편지였을 것이고, 더 중요한 근거는 정명련에 대한 이야기를 파악하는 것이 우선이었을 것이다. 신부는 서한에서 황사영에 대한 달레의 교회사를 언급하면서 황사영의 순교를 설명하며 그의 후손을 만난 것을 형언할 수 없는 무한한 기쁨을 누렸다고 했다. 그와 같은 순교자를 10여 년간 내조했고 그로 말미암아 종신토록 노비로 유배 온 것을 생각하면 더 애처로웠을 것이고 순교자적 신앙심을 가지고 살았을 그녀였다. 멀리 있지 않고 같은 제주교구 내 영역에 있고 사망한 지도 70여 년밖에 되지 않았다면 그녀의 삶을 어렵지 않게 조사할 수 있었다. 후원 후 후손에 대한 기록이 과연 없는 것인지 아직 못 찾고 있는지 알 수 없다.

추자도 가첩에서 보면, 편지를 주겠다고 약속한 아들은 '몽룡(보옥)'이었을 것이고 당시 아들과 같이 있었던 손자는 '우중'이었을 것이다. 김상집의 부고 편지 수신인이 우중이었기 때문이다. 우중은 김구정에게 편지를 제보한 황찬수의 작은아버지이기도 하다. 우중은 세 아들을 두었는데 첫째는 사망하고 둘째 아들의 후손이 이정, 인철이고, 셋째 아들의 후손이 인수, 인호이다. 그들 두 집안이 추자에 살고 있는데, 김구정이 추자도를 방문 확인 당시 인수, 인호가 모친을 모시며 옛날 구옥에서 살고 있었다고 했다. 그 모친은 우중의 며느리가 된다. 우중

78 제주복음전래 100년사 자료집 제3집, 앞의 책, 31~37 · 219~223 · 253~255쪽.

은 라크루 신부를 직접 만났던 당사자였으므로 그가 사 준 집에 대해 누구보다도 잘 알고 있어 며느리나 그의 손자인 네 형제들에게 구전이라도 전해 주었을 것이다. 김구정이 이를 확인했다는 기록은 없다.

그런데 현임종은 다른 진술을 하고 있다. 그는 명련의 묘지를 관리하고 있다는 내용을 관리인 김서연으로부터 우연히 식사 자리에서 듣고 김병준 신부와 최석우 신부에게 알렸던 장본인이다. 현임종이 추자도 방문 시 확인한 바에 의하면, 그들은 황사영의 후손이라는 것을 꿈에도 생각하지 못했고, 황씨 대종회와도 전혀 연결되지 못한 채 살아오고 있었다고 한다. 그들은 천주교가 무엇인지 알지도 못했고, 어느 날 갑자기 후손이라는 것도 대정골에 할머니의 무덤이 있다는 것도 비로소 알게 되었다고 한다. 누구보다도 잘 알고 있었을 그들이 전혀 모르고 있었다는 사실을 어떻게 보아야 할 것인가. 라크루 신부가 만났다는 후손들은 과연 누구인가. 성당에서 집을 사 줬다는 소문은 작은 섬에서는 모두가 다 알았을 것인데도 정작 그 당사자들만 모르고 있었다. 라크루 신부의 호의를 받았다는 후손은 누구인가. 또 다른 후손이 또 있다는 것인가. 아직 풀리지 않은 숙제이다.

이와 같은 비교에서 보면 신뢰성이 많이 떨어지고 있다. 결정적인 자료를 확보할 때까지는 역사적 사실로 보기보다는 아직은 설화로 간직하여야 할 것 같다.

4. 황사영 처자 유배설화의 문화사적 가치와 의미

설화는 역사의 한 사실에서 시작한다. 역사적 사실이 아니더라도 자연물 등의 현상에서 신비함이나 장엄함에서도 시작하기도 한다. 전승자들은 역사나 한 현상에서 실마리를 찾아 자기의 감정을 더하여 확대 재생산해 눈덩이처럼 불려 나간다. 하나의 이야기에 문학적인 의미를 부여한다면 파급효과는 더 커질 것이다. 그래서 설화는 항상 생물처럼 변화하고, 민중 속에서 서로 공감하면서 확산된다. 그 과정에서 필요에 따라 교정되고 다양하게 변천되어 전승되는 특성을 지니고 있다. 우리 민중들은 그런 이야기에 매료되고 울고 웃는다. 우리 역사에서 正史만 있다면 너무 건조하고 삭막할 것이다. 그 뒤안길에 사람이 숨 쉬고 웃고 떠들어 대는 희로애락이 있다면 우리는 또 하나의 삶의 의미를 찾아가면서 흥미 있게 살아갈 것이다. 우리에게 『삼국사기』만 있다면 역사의 현상과 흐름만 알 뿐이다. 우리는 『삼국유사』가 있으므로 당대의 문화와 예술, 삶, 신앙 등 인간의 미시사를 앎으로써 삶이 풍성해질 수 있다. 그래서 설화는 문화사이고 사회사이고 정신사이고 지역사이고 가족사이기도 하다. 인간 행위의 모든 것을 포괄하는 삶의 역사이고 넓은 의미의 역사이다. 그러기에 설화는 우리의 모든 것이 축적된 소중한 문화유산이 되는 것이다.

설화와 역사의 경계는 하나의 얇은 벽(壁)과 같아서 작은 실마리가 풀려 증거력을 확보할 때 그 벽은 허물어져 설화는 하나의 역사로 편입되게 된다. 최근의 예를 들어보자. 유항검(柳恒儉, 1756~1801)이 능지처사되자(황사영보다 48일 전) 그 가족들은 연좌되어 16세 이상이었던 아들 중철과 문석이 교수형에 처해지고, 부인 신희를 비롯하여 그 가족들은 관비로 유배 판결을 받았다. 그중 6세 아들 일석은 흑산도 관노로, 3세 아들 일문은 강진 신지도 관노로, 9세 딸 섬이는 거제부 관비로 유배되었다. 호남 최고의 재산가였고 호남의 사도라 불렸던 그였고, 온 가족이 처형되어 집안이 멸문되었는데도 그 후 그들에 관한 기록은 전혀 발견되지 않았었다. 2014년 하성래는 우연히 거제도호부사를 지낸 하겸락(河兼洛, 1825~1904)의 『사헌유집(思軒遺集)』의 해제를 집필하다 유섬이(柳暹伊, 1793~1863)에 대한 기록을 발견하였다. 얼마 후 현지답사로 거제면 외간리 안골에서 '柳處子墓'라고 새긴 비석을 발견하는 쾌거를 이루었다.[79] 유섬이의 이야기는 사실과 다르게 변형되어 그 고장에서 설화로 전해 오고 있었다.[80] 이번에 개인 문집과 비석을 발견함으로써 유섬이의 유배설화는 구체적인 역사 기록으로 남게 되었다.

이처럼 정명련과 황경한의 경우에도, 라크루 신부의 기록물이나, 대정현의 관노 기록, 추자도의 보수주인과 관청의 기록, 후손들의 기록물, 정명련과 황경한의 죽음에 대한 보고 기록,[81] 기타 관청 및 개인 문집의 기록 등에서 황사영의 처자에 대한 기록이 발견될지도 모를 일이다. 설화와 역사, 이 둘은 상호 교차하고 의존하면서 개인과 가족, 지역의 미시사가 될 것이다. 따라서 설화는 또 하나의 문화사이고 역사라고도 할 수 있다.

황사영의 비참한 순교로 인해 그 처자의 가혹한 유배는 우리에게 많은 뒷이야기를 제공해 주고 있다. 당시의 기록이 없기에 설화만이 무성하다. 그 설화는 우리 문화의 한 축으로 자리 잡고 있으며, 교회사에도 시사하는 바가 크다 하겠다. 우리는 이 모자의 이야기가 설화가 아니기를 바란다. 이 설화를 우리의 삶의 이야기로 받아들여 신앙의

79 하성래, 앞의 책, 2014, 20~23쪽.

80 柳處子 묘: "거제도로 유배 온 정승이 귀양살이가 풀려 올라가면서 딸을 두고 떠나 이곳에 살다 묻혔다고 한다. 그녀 덕에 이 지방에 처음으로 회양적(산적)을 만들어 먹게 되었다고 한다." 『한국구비문학대계』 8집 2권, 364~365쪽; 하성래, 앞의 책, 2014, 22~23쪽에서 재인용.

81 하성래, 앞의 책, 2014, 29쪽에 의하면, "국법에 역적죄를 범하여 노비가 된 사람이 죽으면 검시하여 순영(감영)에 보고하도록 되어 있다."고 한다.

유산으로 남기고 싶다. 그들의 처절한 운명과 고난을 믿고 싶다. 그러한 아픔과 절망을 끌어안아 설화라는 소중한 유산을 신앙으로 승화시켜 영성화되기를 희망하고 싶은 것이다. 그럴 때 이 설화에서 문화적 가치를 얻을 수 있고 의미를 부여할 수 있을 것이다. 이 두 인물에 대한 설화를 통해서 우리에게 어떤 가치와 의미를 지니는지 생각해 보자.

첫째로, 황사영 처자의 유배설화는 '지금, 여기(hic et nunc)'의 순교적 삶이다. 정명련은 관비로 유배되어 대정골에 오면서부터 모든 것을 잊어야 했다. 양반 명문가 정씨 문중에서 커 왔던 유년과 소녀 시절, 신부수업을 받았던 추억도 천재 유학자였던 황사영과의 결혼에 대한 추억도 전부 잊어야 했다. 그녀는 지금 양반집 마님이 아니라 제일 천한 노비의 신분이다. 노비를 거느리고 지시를 하던 명령자 甲의 입장이 아니라 뭇사람들의 명령이나 요청을 물리치지 못하는 복종자 乙의 입장이다. 그녀가 서 있는 곳도 서울이 아니라 거친 유배지 여기이다. 그녀는 지금, 여기를 살아야 했다. 주어진 운명을 최선을 다해 사랑해야 했다. 남편 황사영이 목숨까지 바쳤던 신앙을 간직해야 했고, 다른 사람들이 눈치채지 못하도록 마음속 깊은 곳에서 절대자를 모셔야 했다. 향후 하늘에 오르면 남편에게 자신 있게 할 말이 있어야 했다. 자신이 죽지 않고 당신과 가족을 위해 기도하며 이렇게 살았노라고 떳떳해야 했다. 그래서 그녀는 순교자 남편의 삶을 살아야 했다. 연옥에 있는 남편과 가족을 천상에 올려놓아야 했기에 죽지 못했다. 그뿐인가 어린 젖먹이가 있지 않은가. 죽지 말고 건강하게 살아만 달라고 절대자에게 간절하게 매달려야 했다. 그녀는 지금, 여기에서 남편의 삶을 살아 두 남자를 위해 가족을 위해 주어진 운명에 최선을 다해야 했다.

1994년 김창렬 주교는 대정성지에서 '피 흘려 순교하지 않은 이들

중에서 어떤 분들은 순교자로 공경하고 있다'면서 정명련을 순교자로 공경하기로 공식 선언하였다. '피 흘리지 않은 순교자', 곧 '백색 순교자', '신앙의 증거자'로 선언한 것이다. 설화는 이렇게 순교자의 위치까지 바꾸는 큰 힘을 발휘하고 있다.

두 살 경한이도 어머니를 기억하기는 할까. 보수주인 밑에서 그들을 부모로 알고 외지에 나가 보지 못한 그는 추자섬이 천국으로 알고 자랐을 것이다. 본인이 자라면서 대역죄인의 자식이라는 사실을 알았을 때 그 심정은 어떠하였을까. 그러나 순교자의 피를 이어받은 그는 어머니의 간구로 지금, 여기라는 위치에서 주어진 삶에 최선을 다했을 것이다.

둘째로, 황사영 처자 유배설화의 실체는 '사랑'이다. 극한에 처한 그들이 살아가는 것은 가장 높은 곳에 계신 절대자에 의지하여 생존해 나가는 것이었다. 인간 세상의 일을 인간에게 맡겨 풀어 나갈 수는 없다고 판단했을 것이다. 그들은 부단히 절대자와 대화하면서 삶을 살아갔을 것이고, 인간의 존엄성을 잃었으면서도 가장 존엄하게 살았을 그들이다. 정명련의 사랑은 하늘에 닿았다. 뱃사공의 눈감아 주기, 몇 잔의 술에 취한 척해 주는 나졸, 하늘에서 보내준 使者 소, 천사가 보내준 어부 부부, 모두가 현자(賢者)였다. 모든 것은 사랑의 결과였다. 예초리 바위 바로 그곳이 '야훼 이레'(창세 22,14)였고, 경한이가 바로 '이는 내가 사랑하는 아들, 내 마음에 드는 아들'(마태 3,17)이었다. 세상은 그를 버렸지만 하늘은 새 삶을 살 수 있도록 새로운 자리를 마련해 주었다. 하늘에서 주어진 삶을 사랑했기에 얻은 사랑의 선물이었다.

셋째로, 황사영 처자의 유배설화는 가장 '낮음의 미학'이다. 두 모자의 신분이 하루아침에 양반집 마님과 도련님에서 노비로 바뀐 그들은 한없이 낮아져야 했다. 낮은 위치에서 황사영이 걸었던 거룩한 길을 가야만 했다. 그러기에 비록 거칠고 험한 길이었지만 하늘에서 보기에는 흠 없는 최선의 길이었다.

조광 교수는, 관비라는 직업이 얼마나 험한 것인지를 설명하면서 정명련의 삶에 대하여 우리에게 다음과 같이 당부하고 있다.

> 이들의 삶은 고통의 삶이었으며, 계속되는 순교의 삶일 수도 있었다. 우리는 정명련과 같은 여성 신도 관비들의 고통과 절망까지도 사랑해야 한다. 그들의 고통과 절망을 끌어안을 때 우리는 성숙한 그리스도인으로 다시 태어날 수 있을 것이다.[82]

모든 것을 끌어안고 용서하고 자비를 베풀고, 그리고 자신이 한없이 낮아질 때 그들의 삶과 같이 우리도 거룩한 삶을 살아갈 수 있을 것이다. "너희가 높은 사람이 되고 첫째가 되려거든 섬기는 사람이 되고 종이 되어야 한다"(마태 20,26-27). "종은 순수한 마음으로 진심으로 주님을 섬기듯이 주인에게 기쁜 마음으로 순종하라"(에페 6,5-7)고 가르친다. 종으로서 주인을 주님처럼 섬긴다는 것은 한없이 낮아짐을 의미한다. 낮음을 실천하였기에 생존할 수 있었고 신앙을 지켜냈을 것이다.

이 '낮음의 미학'은 성지 개발에서도 적용되어야 한다. 순교자가 낳고 피 흘려 죽고 묻힌 곳은 순교자들의 모습처럼 소박하고 평범하며 그러면서도 예사롭지 않은 기운이 감도는 그런 형상이었을 것이다. 그러나 지금의 성지는 그런 옛 모습과는 달리 현대인의 구미에 맞춰 석물과 금속 재료 등을 동원하여 화려하게 꾸며지고 있는 것이 현실이다. 순례자가 성지를 찾아 순교자의 삶과 신앙을 묵상하고 주님의 삶처

82 조광, 앞의 책, 『경향잡지』 2001.7월, 74쪽.

럼 신망애의 정신을 닮아 갈 수 있도록 소박하고 작아져야 한다. 소박함과 단순함이 우리에게 더 큰 감응을 주게 된다. 교회는 더 낮아져야 한다.

넷째로, 황사영 처자의 유배설화는 '우리 공동체의 합작품이며 문화유산'이다. 이 유배설화는 과거에도 있어 왔고 앞으로도 전승자의 감정에 따라 변화하고 확대되면서 전승될 것이다. 몇몇 사람들의 주도하에 이야기가 전개된 느낌도 받지만, 그들이 그전부터 전승되어 왔던 이야기를 모으고 다듬어 사실적으로 처연하게 이야기를 이끌어 갔는지도 모른다. 그러나 설화는 몇 사람의 주도한다고 형성되는 것은 아니다. 전승자 집단이 교감하고 공유하면서 교정되어 전승된다. 이야기의 흐름 과정에서 보았듯이 이 이야기가 설화가 되기까지에는 가톨릭 신자와 성직자, 지역 주민, 지방자치단체, 교회, 그리고 이야기를 즐기는 우리 모두를 포함한 공동의 합작품이었다. 우리는 이러한 공동체의 소중한 문화유산을 더욱 전향적으로 유지하고 발전시켜 나가야 한다. 이야기가 있는 사회는 우리 문화를 풍성하게 해 줄 것이고 정서적 안정을 가져다줄 것이다. '문화로 보면 역사가 달라진다.'고[83] 한다. 일반 민중들의 소소한 삶의 이야기, 즉 소공동체의 미시사에서 진정한 가치를 찾을 수 있다면 역사를 보는 시각도 달라질 수 있을 것이다. 이야기가 있는 문화가 신앙과 결합되었을 때 동반 상승하는 효과를 얻을 것이다.

다섯째로, 황사영 처자의 유배설화는 '성지와 사적지의 의미'를 더해주고 있다. 먼저, 성지의 개념과 기준을 명확히 할 필요가 있다. 聖地는 聖域이어야 하고, 성역은 순교자의 순교 터나 순교자의 무덤으로 제한하고 그 외는 모두 史蹟地로 하여야 한다. 만일 '성역'이라는 단어가

83 조한욱, 『문화로 보면 역사가 달라진다』, 책세상, 2012.

생소하고 '성지'라는 단어가 고착화되어 바꾸기 어렵다면 '聖址'로 부르되 그 의미를 부각시켜야 한다. 나머지 순교자의 탄생지, 거주지, 요람지, 교우촌 등은 '교회 사적지'라는 명칭을 사용하여야 한다. 다음은 성지 · 사적지 개발의 신중함과 다양화이다. 성지의 외연을 확대하다 보니 많은 성지가 개발되었다. 앞으로 더 증가할 것으로 보인다. 개발된 성지를 보면 특색을 찾을 수가 없고 획일적으로 보인다. 성지는 순교자의 이야기가 깃든 특색이 있어야 한다. 그러기 위해서는 순교자의 신앙과 삶을 알 수 있는 미시사를 발굴하여 반영하여야 한다. 또한 성지는 소박하고 단순해져야 하며, 결코 화려하거나 인위적이 되어서는 안 된다. 순례자가 편안하고 묵상하기 좋은 환경을 만들어 주면 충분한 것이다. 순교자는 우리들처럼 평범한 백성들이었지, 결코 영웅이나 신화적 인물이 아니었다. 혹시 성지 개발을 교구별로 경쟁하거나 수입원으로 생각하는 일부가 있지는 않은지 편협한 생각이 들기도 한다. 그 다음으로는 성지 · 사적지는 역사적 사실과 설화로 구분을 짓되 신앙에 있어서는 한 축으로 가야 한다. 우리는 선조들의 순교영성적 삶과 그 모습을 그리워한다. 그래서 이야기를 듣고 싶어 한다. 그 이야기를 들으며 학습하고 치유하고 영성을 굳건히 한다. 이야기가 풍부하면 할수록 우리는 그곳에서 위안과 교훈적 가치를 얻고 삶의 의미와 창조주의 무한한 역사(役事)를 생각하게 된다. 설화는 더 발굴되어야 하고 반영되어야 한다. 따라서 사적지도 건전하게 조성되고 발굴되어야 한다. 이러한 성지와 사적지의 이해 아래 이러한 설화를 사랑과 신앙을 접목하여 각종 문화적 매체를 통하여 신자들은 물론 많은 대중에게 알리고 공유하여야 한다. 교황의 칙서 『자비의 얼굴』에서 "순례는 특별한 표징입니다. 순례는 사람들이 저마다 자신의 삶에서 지나온 길의 상징이기 때문입니다. 삶 자체가 순례이고, 인간은 나그네, 곧 간절히 바라는 목적지를 향한 길을 가는 순례자입니다."[84]라는 내용과 같이 삶 자체가 순례이기 때문에 성지순례에서 많은 것을 보고 느끼고 얻을 수 있어야 한다. 우리는 황사영 처자의 극적인 삶을 순교영성적으로 접근하여 좀 더 깊은 신앙으로 체화되기를 바란다. 신앙을 더욱 견고하게 하여 신망애의 그리스도적 삶을 살아가고자 욕망한다. 그들의 순교적 삶을 본받아 살아간다면 영성적으로 풍성해지지 않을까. 우리는 전설이 아닌 사실이기를 바라고 있고, 그러한 신앙이 현실화되기를 희망하고 있다.

이 유배설화에서 '지금 · 여기라는 현재적 삶, 지극한 사랑, 낮음이라는 미학, 성지와 사적지의 의미'를 통하여 '공동의 문화유산'이라는 값진 선물을 받았다. 우리는 이러한 문화유산을 발전시키고 확산하여 문화적 가치로 승화시켜야 한다. 몇 해 전에는 정명련의 삶을 조명한 뮤지컬 『서울할망 정난주』가 공연[85]되어 큰 반향과 관심을 불러일으키기도 하였고, 얼마 전에는 제주에 순례길 "정난주의 길"이 개장[86]되기도 하였다. 최근에는 경한이가 섬 바위에 놓여 울고 있었다는 예초리 '물생이 끝' 바위 위에 조형물을[87] 설치했다고 한다. 눈물 형상의 십자가와 두 살 난 아기 황경한의 모습을 형상화한 것이다. 순례자들은 이야기가 깃든 '십자가 조형물'을 보기 위해 추자도를 더 많이 찾을

84 한국천주교주교회의, 『자비의 얼굴』(Misericordiae Vultus, 자비의 특별 희년 선포 칙서), 한국천주교중앙협의회, 2015, 23쪽, 14항 중.

85 한국순교자 124위 시복식 기념 뮤지컬, 『서울할망 정난주』(극본 이엘리, 연출 홍인표, 작곡 오래미)가 2014.9.19~9.29까지 서울 가톨릭청년회관 'CY씨어터'에서 초연되었다.

86 「정난주 마리아가 걸어간 〈빛의 길〉 개장」, 『한라일보』, 2015.11.4.
- 순례길은 '대정성지 … 모슬포성당'까지 13.8km에 이른다.

87 「천주교 성지 황경한의 묘와 눈물의 십자가」, 『한라일보』, 2016.1.4.
- '눈물의 십자가' 조형물: 가로 3m, 높이 5.5m의 십자가와 정난주는 하늘로 오르는 형상을 했고, 두 살 아기 황경한은 묵주를 쥐고 누워서 두 팔을 하늘로 추켜올리는 모습이다.

것이며 황사영 처자의 삶과 신앙의 의미를 되새길 것이다. 이는 추자도의 상징물이 되어 지역 문화에도 크게 이바지할 것이다.

이와 같이 하나의 설화가 많은 문화적 가치를 창조해 가고 있다. 문학은 자유로운 상상력이 새롭게 창조되고 더 좋은 세상으로 이끌어 간다. 다양하고 풍성한 문화가 우리에게 좋은 환경을 만들어 줄 수 있다. 문학과 역사는 발전적으로 상생하여야 한다.

5. 맺음말

본고는 설화를 바탕으로 개발되는 성지는 과연 타당한 것인가라는 의문에서 시작되었다. 나아가 순교자의 탄생지나 거주지, 그리고 순교자의 가족의 묘까지도 성지로 확대되는 것은 타당한 것인가라는 의문으로까지 더해졌다. 우선 성지의 개념부터 살펴보았고, 제주 지역의 '대정(정난주 묘)성지'와 '황경한의 묘'를 중심으로 이러한 점을 파악하고자 하였다. 이 두 순례지는 황사영 가족의 묘라는 공통점이 있다. 이야기는 그의 처 정명련과 두 살배기 어린 아들 황경한이 유배를 떠나면서부터 비롯되었다. 이 과정에서 어느 부분이 역사이고 설화인지 그 흐름과 변천 과정을 파악하여 역사와 설화의 관계성에 대하여 생각해 보고, 이러한 관계성이 오늘날 우리에게 문화사적으로 어떠한 가치와 의미를 주고 있는지 살펴보고자 하였다.

먼저 '2. 황사영의 순교와 일족의 유배'에서는 황사영이 순교의 직접적인 원인이 되었던 「백서」를 쓰게 된 동기와 내용, 그의 순교적 삶에 대하여 알아보았다. 황사영의 순교 후, 그 일족의 유배에 대한 역사적 사실을 관변 자료를 통하여 살펴보았다. 황사영은 교회 지도자가 대부분 순교하자 살아남은 자신이라도 교회의 보존과 재건을 위해 할 수 있는 일을 찾아야 했다. 그것은 그간의 사건에 대한 사실을 중국에 있는 구베아 주교와 같은 신앙을 가지고 있는 서양 국가에 알려 신앙을 지키고 무참히 죽어 가는 신자와 도탄에 빠진 국가를 구하는 것이었다. 그 결과물이 「백서」였다. 그가 순교영성의 삶을 살았음도 확인하였다. 황사영의 순교 후, 그 일족은 연좌되어 유배를 떠난 사실은 『승정원일기』, 『일성록』, 『사학징의』에서 확인할 수 있었다.

다음 '3. 황사영 처자 유배 설화와 전승 양상'에서는 과연 당시의 유배생활이 얼마나 험하고 거친 환경인지를 알아보기 위해 황사영 처자가 유배를 떠난 제주 지역과 추자도 지역에 대한 환경과 생활상에 대해 역사적 기록과 문학작품을 통하여 살펴보았다. 그리고 본격적인 논의를 위하여 황사영 처자의 유배 이후의 이야기, 즉 그의 처자 유배 설화의 전승 양상, 곧 유배설화의 형성 과정과 변천 과정을 연대적으로 재구성하여 어느 것이 역사적 사실이고 설화인지를 살펴보았다. 1801년 유배 후, 100여 년이 지난 1909년에 제주 본당 라크루 신부가 황사영의 후손인 손자와 증손자를 만났다는 기록을 확인할 수 있었다. 이후 아무 기록을 찾을 수 없던 중 60여 년이 지난 1973년에 대구의 교회사가인 김구정이 황사영의 후손(황찬수)을 만나 황씨 집안의 가첩, 부고 편지, 무덤 소재 쪽지를 건네받아 확인하였다고 『가톨릭시보』에 3회에 걸쳐 연재함으로써 이야기는 다시 시작되었다. 연재 이후 현재까지 40여 년간 각종 보도매체와 간행물을 통하여 약간씩 가감되고 변형되어져 왔음을 확인하였다.

이 이야기에서 제기된 부고 편지, 무덤 소재 한글 쪽지, 김상집가의 구전, 김구정과 현임종의 추자도 방문 내용, 황사영 아들의 구전과 기록, 황경한의 추자도 입도 구전, 정명련의 이명과 세례명, 라크루 신부 후원 후의 기록 등의 실체에 대한 비교에서 보면 신뢰가 많이 떨어지고 있다. 결정적인 자료를 확보할 때까지는 역사적 사실로 보기보다는 설화로 간직하여야 함을 고찰하였다.

그 다음 '4. 황사영 처자 유배설화의 문화사적 가치와 의미'에서 이 설화는 우리에게 어떠한 의미를 주고 있는지 특히 문화사적으로 살펴보았다. 그것은 먼저 '지금, 여기'의 순교적 삶으로 본인의 운명을 받아들여 현재적 위치에서 최선의 삶을 사는 것이었으며, 다음은 이 설화의 실체는 결국은 '사랑'으로 귀결되고 있었다. 그 다음으로는 '낮음의 미학'으로 한없이 낮아짐으로써 거룩해짐을 알았다. 그리고 이 설화를 통하여 '성지와 사적지의 의미'를 다시 생각하는 계기가 되었다. 황사영 처자의 삶은 비록 거칠고 험한 생활이었지만 낮음의 생활은 최선의 길이었다. 이러한 실천적 삶의 이야기는 우리 모두의 합작품으로 소중한 '공동의 문화유산'임을 알게 되었다.

이와 같은 논의를 전개하면서 이 글의 한계는 전승자나 증언자로부터 대화나 채록 등의 실증적 방법이 없었다. 이미 보도된 내용이나 간행물을 통해 수집한 자료만을 활용하여 고찰한 점이 논의의 한계였다. 향후 신뢰성 있는 다른 추가 자료가 발견될 시에는 본고의 논지와 방향은 언제든지 달라져야 한다.

본고의 논의는 소략한 것으로 일부만을 조명한 것에 불과하다. 앞으로 다양한 측면에서 실증적이고 종합적인 연구가 요구된다. 앞으로 성지와 사적지, 그리고 신앙사화에 관련된 많은 이야기가 발굴되어 하나의 설화로서 구조화되어 구전설화, 문헌설화로 '천주설화'라는 한 장르가 우뚝 섰으면 하는 마음 간절하다. 이에 대해 많은 연구자들이 교회사적 문학사적 연구가 활발하게 이루어지기를 기대한다.

부록 1. 황사영 처자 유배설화의 전승 양상 요약

1. 1973, 〈김구정, 『가톨릭시보』 연재 글〉[1]

○ 대구 거주 교회사가 김구정(이냐시오)이 1970년 가을, 이웃 동네 신암동에 황사영의 후손 황贊壽(황경헌의 4대손)가 이사 와 만나게 되었고, 그에게서 고문헌 편지 2장을 확인하였다. 한 장은 1838년 제주도 김尙集(=相集)이 추자도 황우重(경헌의 둘째 손자, 황찬수의 삼촌)에게 보낸 정 부인의 부고 편지이고, 또 한 장은 같은 글씨의 순 한글 쪽지로 정 부인 무덤 소재지(제주 대정읍 문외 모슬봉)가 동쪽 아래편 수양관 한굴밭(田)이라 기록하고 그 무덤을 간수할 자기 손자들 永秀, 永好, 종손 영鶴, 영寬이라 기록되었음.[2]

○ 이렇게 무덤 소재지가 파악되어 1973년 2월 초 잘 아는 제주의 교육자이자 신자인 한 부인에게 무덤 발견 건을 의뢰하였으나, 건강상 이유로 서귀포 본당 김丙準(요한) 신부를 소개함. 즉시 김 신부에게 편지로 의뢰한 결과, 김해 김씨 문중의 한 노인을 통해서 현직 남제주군수 김瑞燕 형제(형 棟燕은 모 학교장)가 그 무덤을 간수하고 있다는 사실을 알게 됨.

○ 김서연 군수가 김구정에게 가첩 초본과 함께 편지 보내옴.

- 편지 내용: "그 묘소를 1세기 동안 간수해 왔고 부친 생존 시 부친은 '김해 김씨 세보에는 없으나 유배된 귀부인이시며 우리 외척이니 성묘하고 보호하라'는 구전이 있음."

1 김구정, 『가톨릭시보』, 가톨릭시보사, ① 1973.7.22.4면(875호); ② 1973.7.29.4면(876호); ③ 1973.8.26.4면(879호), 3회에 걸쳐 연재.

2 '이 두 통의 편지 원본은 누가 소장하고 있는지 찾을 길이 없으며, 그중 첫 번째 편지의 사본만이 제주교구청에 소장되어 있다' 제주선교 100주년 기념사업추진위원회, 앞의 책, 각주19 재인용.

- 현재 〈성 김대건 신부 제주표착기념관〉(2006년 개관)에도 사본이 전시되어 있음.

- 가첩 세보 내용(기사 내용 정리)

①	②	③	④	⑤	⑥
金錫九 –	尙集 –	時伯 –	永秀		
			永好		
		時元 –	永鶴 –	景昌 –	楝燕(학교 교장)
					瑞燕(남제주군수)
				斗昌	
			永寬		

○ 1973.6.11. 김구정 추자도 방문, 후손으로부터 禮狀을 확인함.

- 경헌의 장남과 차남의 혼수 예장 확인

· 장남 夢龍 : 혼주 蒼完 黃正煥 (1858년 작성)

· 차남 夢仁 : 혼주 昌原 黃夢龍 (1865년 작성)

蒼完은 昌原으로 잘 모르고 쓴 듯함. 黃正煥은 황경헌이 추자도 생존 시에 쓰던 관명인 듯함. 예장 작성 연도로 보아 경헌은 차남 결혼까지 6~7년 사이에 사망한 듯함. [김구정 필자의 설명]

- 황정환(경헌)의 가계

①	②	③	④	⑤
黃正煥 –	甫玉 –	우량 –	贊乭	
	本玉		贊壽(世益, 대구 신암동)	
			贊植	
		우重 –	元益	
		(仲)	富益	– 利正/寅喆
			俊植	– 寅壽/寅浩(모친과 추자 구 가옥 거주)
		鶴杜		
		鶴淳		
		鶴千		

○ 정씨 부인(명련)과 김상집과의 관계: 김상집의 부친 李錫九가 두 아들을 두고 소실을 얻자 김상집의 모친은 행방불명됨. 소실이 두 아들을 학대하자 정 부인은 큰아들 상집을 7세 때 데려다 훌륭히 길러 현감의 고문격이 됨. 상집은 양모

정 부인이 별세하자 상주 노릇을 다했다 함.

2. 1976, 〈김구정, 『한국순교사화』 1 글〉[3]
○ 황사영의 부인 난주, 아들 경헌, 모친 이씨 부인 셋은 제물포→ 목포→ 추자도→ 제주도→ 거제도까지 배편으로 유배길을 가다.

○ 난주는 뱃사공에게 금패물 세 가지와 나졸에게 따로 종이에 싼 패물 두 가지를 주고 경헌을 수장했다 하게 하고 추자도 예초리 바위틈에 내려놓았다.

3. 1977, 〈김병준 신부(제주 신성여고 교장), 『교회와 역사』 25 글〉[4]
○ 황사영의 부인 丁蘭珠 마리아는 시녀 1명과 두 살 된 어린 아들을 데리고 목포를 거쳐 배편으로 제주도로 오던 중 추자도 가까이 왔을 때 뱃사공에게 패물을 주면서 경헌이가 죽어서 수장했다고 조정에 보고하도록 하고 나졸 두 명에게는 술을 먹여 허락받고 추자도 예초리 서남단 물산리 언덕배기에 내려놓았다.

○ 추자도 전설에 의하면, 어린애 울음소리를 듣고 소에 풀을 뜯기던 뱃사공 吳씨 부인이 가 보니 아이가 있어 데려왔다. 저고리 동정을 펼쳐 보니 부모 이름과 아이 이름이 적혀 있었다. 추자도에서는 아이를 기른 인연으로 황씨와 오씨는 현재까지 혼사를 치르지 않는다고 한다.

○ 김석구(1780~1870)는 원님의 고문역으로 동헌 뒷집에 살았는데, 정 마리아 일행은 그 집으로 넘겨졌다. 아들 김상집(8세)은 마리아를 따랐고, '서울아줌마', 후에는 '서울할머니'라 불렀다. 자손들에게는 외척으로 할머니 되시는 분이니

3 김구정, 「혁명아 황사영 -유족들이 가는 길」, 『한국순교사화』 1, 가톨릭출판사, 1976, 432~434쪽.

4 김병준, 「한국 교회사화(22), 황사영 처자의 귀양길」, 『교회와 역사』 25, 1977.10월, 2쪽.

대대로 잘 돌보라 하였다.

○ 정 마리아가 66세에 사망하자 김상집은 손자 넷의 이름을 적어 추자도 경헌댁에 부고 사실을 전하였다 함.
가계도는 다음과 같음.

①	②	③	④	⑤
金尚集 -	時伯 -	永秀		
		永好		
		永鶴 -	斗昌 -	瑞燕(系子)(제주축산개발사업소 소장)
		永寬	景昌 -	棟燕(성산중학교 교장)
	時元			[瑞燕(出系)]
	時現			

○ 대구 김구정이 고 주재용 신부와 최정숙 선생에게 문의하여 정 마리아 묘소를 찾으려 했다. 당시 모슬포 본당을 맡고 있던 필자에게 연락이 와 수소문 끝에 모슬봉 뒤 한 굴에서 묘소를 찾았다. 묘소를 관리하고 있던 남제주군 군수 김서연, 서귀고등학교 교장 김동연을 만나 확인한 후 김구정에게 연락하여 사연을 전했다.

○ 김서연에 의하면, 정 마리아는 귀양 때 가지고 온 궤짝이 1947~1948년경까지 있었으나 제주 4 · 3사건 당시 없어졌다고 한다.

○ 시녀의 무덤도 정 마리아 묘소 가까이 있었으나 무연고 묘지라 하여 3년 전에 이장한 것으로 보아 두 분이 남몰래 신앙만은 보존한 것으로 보인다.

4. 1985, 〈이충우, 『천주학이 무어길래』 글〉[5]

○ 구전에 의하면, 황경한의 묘는 추자섬에 있다고 하나 창원 황씨 족보에는

5 이충우, 『천주학이 무어길래』, 가톨릭출판사, 1985, 124~127쪽.

충남 목천 땅 성가산에 있다고 돼 있다.

	①	②	③	④	⑤
嗣永	- 景憲	- 建燮	- 周賢	- 軫益/奎益	
		泰燮	- 周弼	- 箕益	- 兵衛

위 족보에서 箕益이 黃大成(1894년생)으로 그가 22세 때 일본으로 건너가기 전까지 충남 당진군 신평 산골에서 살았다. 그가 어른들에게서 듣기로는 증조(경헌)가 추자섬에 있다는 것을 알고 목천에 사는 교우들이 가서 업어다 키웠다고 한다. 그는 일본에서 고국에 들르면 꼭 배론성지에 들러 참배한다고 한다.

○ 그런데 또 다른 창원 황씨 족보[判尹公派]에는 아들이 둘로 올라 있다. 천주교회사에서는 경헌 한 사람으로 구전되어 왔는데 따로 장손 계열이 나타남으로써 후손의 진위 문제가 대두되었다. 황사영 백서사건이 터졌을 때 가장 곤혹을 치른 것은 창원 황씨 판공윤파 종중이었을 것이다. 당시 황사영이 대역부도 죄인으로 몰리어 그의 12대조(판윤공의 부친) 장무공의 위패를 의금부에 가두는 정도였으니 후손들 가운데는 화를 면할까 하고 본관을 바꾸는 일까지 있었다고 한다.

○ 판윤공 후손인 黃龍浩[동국대] 교수에 의하면, 당대 한림학사의 부인이었던 황사영 진사 모친이 혈육을 살리기 위해 가승과 山圖本을 노비에게 맡기고 어린 손자를 등에 업혀 임진강 나루터로 보냈다는 구전이 있다고 한다. 이를 근거로 사영의 증손이며 병진의 손자대에 이르러 수원 감영에 탄원서를 내어 지금의 가마골 130만 평에 달하는 산소를 찾았다고 한다.

	①	②	③	④	⑤
嗣永	- 秉眞	- 鶴烈	- 祐漢	- 元益	- 寅錫/寅泰/寅範 외 3명
		壽烈	- 學祐	- 福益	- 光麟
	敬憲	- 建燮	- 周賢	- 軫益/奎益	
	泰燮	- 周弼	- 箕益		- 兵衛

○ 황사영의 순교 당시 만 26세이므로 아들 둘은 족히 가졌음직하다. 만일 아들이 하나였더라도 혈손을 보호하는 방법으로 노비의 동갑나기 아들을 대신 딸려

보낼 수도 있다는 게 후손 측의 주장이다.

○ 족보 제작 일을 하고 있는 인석 씨(양주군 광적면)의 제보로 황사영의 무덤이 장흥면 부곡리 속칭 가마골에 있음이 1980년에 확인됐다.

5. 1985, 〈『가톨릭대사전』(1985)〉[6]

○ 내용: "…한편, 그의 처형 이후 황사영이 소유했던 가산은 적몰(籍沒)되었고 그의 노비 5인은 관노비로 몰수되었다. 그리고 그의 숙부 황석필은 경흥으로 정배되었으며, 그의 처 정명련은 제주도 대정군에 정배되었다. 그리고 그의 아들 황경한은 나이가 어렸으므로 죽음을 면할 수 있었으나 추자도에 정배되었다가 하추자도 예초리에서 성장하였다."

6. 1986, 〈오기선 신부 글〉[7]

○ 황경한은 성장한 뒤 혼인하여 建燮, 泰燮 두 아들을 두었으며, 그 후 손자 황우중이 태어났다.

7. 1988, 〈오기선 신부, 『순교자의 얼을 찾아서』 하 연재〉[8]

○ 정 마리아는 패물을 사공에게 주어 경헌이 죽어 수장했다고 나라에 보고하게 하고 쪽지에 억울하게 죽은 아버지의 사연을 적어 추자도 바위 위에 내려놓았다. 뱃사공 오씨가 우는 아이를 주어다 친자식같이 키워 장가를 보내 건섭, 태섭 두 아들을 두었다.

- 편지 사연: 「내 자식 잘 길러 주세요. 세월이 좋아지면 후일에 그 값음 후히 하리라. 나이 두 살. 이름 황경헌. 어머니 정난주. 아버지 황사영.」

6 조광, 「황사영」, 『가톨릭대사전』, 한국교회사연구소, 1985.

7 오기선, 「황사영」, 『주간 종교』; 『제주 천주교 100년사』, 49쪽에서 재인용.

8 오기선, 「종교인 열전 제15화 황사영①」, 『순교자의 얼을 찾아서』 하, 한국천주교성지연구원, 1988, 307~316쪽.

8. 1994, 〈전세권(KBS PD), 『경향잡지』 글〉[9]

○ 정 마리아는 두 살 난 아들을 데리고 유배를 가던 중 호송선이 예초리를 지날 때 황새바위 갈대밭에 내려놓고 제주도 유배지로 갔다.

9. 1996, 〈주평국, '전국 성지 안내서' 글〉[10]

○ 정 마리아는 뱃사공에게 뇌물을 주어 매수하고 사공은 다시 두 명의 나졸에게 술을 먹여 매수한 뒤 경헌을 수장했다고 보고하게 하고, 경헌을 추자도에 언덕 위에 내려놓아 오씨 성을 가진 어부에 의해 구해져 그곳에서 성장한다. 추자도에서는 오씨와 황씨 사이 결혼을 하지 않는다고 한다.

10. 1999, 〈『경향잡지』 편집부 글〉[11]

○ "…정 마리아가 머물던 이 고을 유지 김석구 집에서는 그녀를 침모로 일하게 하고 불편 없이 생활하게끔 별채까지 마련해 주었다…"

11. 2000, 〈차기진, 『사목』 254호 글〉[12]

○ "…마리아는 혼인 초기에 자주 자식을 잃은 것 같다. 그러다가 1800년에 경한을 낳았다. 1801년 2월 10일경 아현의 가족들은 모두 체포되어 마리아는 어린 경한이를 옥에서 키워야 했다. 황사영이 능지처사로 순교 후 가족들은 연좌죄가 적용되고 11월 7일 유배형이 내려져 유배지로 향한 것은 11월 8일이었다. … (경한이의 내용은 1977.10월 『교회와 역사』 김병준 신부의 연재 내용을 인용) … 제주에 도착한 마리아는 그곳에서 대정군으로 배소가 결정되어 관비의 쓰라린 유배생활이 시작되었다. 다행인 것은 관비를 담당하던 관리 김씨 집안에서 마리아의 성품을 높이 사서 어린 아들을 맡긴 일이었다. 시간이 지나면서 점차 자유로

9 전세권, 「제주의 순교자 정난주 마리아」, 『경향잡지』 1994.9월호, 26~29쪽.

10 주평국, 『하늘에서 땅 끝까지 -전국 성지 안내』, 가톨릭출판사, 1996, 318~319쪽.

11 편집부, 「제주교구 선교 100주년 '그리스도의 빛을 비추자'」, 『경향잡지』 1999.12월호, 116~117쪽.

12 차기진, 「제주와 해외의 성지와 사적지」, 『사목』 254호, 2000.3월호, 73~77쪽.

운 생활을 할 수 있었다. 그러나 명색이 관비의 몸으로 아들을 만나러 추자도에 갈 수는 없었다. 1938년 2월 마리아가 사망하자 추자도의 증손자들에게 서한을 보내 이 사실을 알려 그 서한은 지금까지 보존되어 오고 있다. 마리아는 유배 후에도 신앙을 버리지 않고 비밀리에 기도생활을 하였다. 김씨 집안에서도 알았지만 이를 막지는 못하였다. 마리아는 이처럼 아들을 잃은 아픔을 신앙의 힘으로 극복하였다…"

12. 2001, 〈조광, 『경향잡지』 글〉[13]

○ 정명련은 눈에 넣어도 아프지 않을 그 어린 아들을 추자도에 떼어 놓고 귀양지 제주도로 가야만 했다. 정명련은 남편과 그리움을 안고 그곳에서 평생을 관비로 살아야 했다.

"조선왕조에서 관비는 지방 관청의 허드렛일을 했는데 가장 보편적인 일은 '방지기'였다. 방지기란 중앙에서 파견되어 잠시 다녀가는 하급 관원이나 군관들과 동거하면서 그 일상생활에서 편의를 제공해 주던 존재였다. 이렇게 관비는 지방관의 명령에 따라 뭇 남성의 객고를 풀어 주는 노리개가 되어야 했다. 당당한 양반집 규수로 지내던 여성들도 하루아침에 방지기가 되어 지방 현지의 위안부로 전락해 갔다."

13. 2005, 〈조광, 『경향잡지』 글〉[14]

○ "…1801년 박해에서도 이 같은 가족의 해체 현상이 황사영의 가족에게서 잘 나타난다. 그의 어머니 이윤혜는 거제도 관비로, 그의 처 정명련은 제주도 관비로 보내졌다. 당시 지방 관아로 보내진 관비는 창녀처럼 지내야 했다. 그리고 황사영의 두 살배기 아들 황경한은 추자도의 관노가 되었다…"

13 조광, 「박해 때 귀양 간 여성 신도들」, 『경향잡지』, 2001.7월호, 72~75쪽.

14 조광, 「자식 사랑을 밟고 간 순교자들」, 『경향잡지』, 2005.5월호, 64~67쪽.

14. 2006, 〈『가톨릭대사전』〉[15]

○ '…순교 이후 가산은 적몰되고 숙부 석필은 경흥으로 … 두 살짜리 아들 경한은 어린 탓에 교수형을 면하고 전라도 영암군 추자도의 노비로 가게 되었다. 이때 명련이 유배를 가던 도중 추자도 예초리의 바닷가 바위 위에 남겨 놓은 아들 경한은 예초리의 오씨 집안사람에게 발견되어 그 집에서 성장하였다고 한다. 이후 명련은 1838년에 사망하여 … 묻혔으며, 경한은 사망 후에 예초리에 안장되었다. 현재 제주교구에서는 무덤이 있는 곳을 순례지로 조성해 놓고 있으며…'

15. 2008, 〈김만선, 『유배』 글〉[16]

○ 추자도 어부 오씨 아내는 경헌을 발견할 당시 아기가 입은 저고리 동정에서 나왔다는 부모 이름과 사연이 적힌 쪽지는 계속 보관해 오다 지난 1965년 오씨네 집 화재로 소실되었다고 한다.

16. 2011, 〈김훈, 소설 『흑산』〉[17]

○ '황사영이 죽임을 당하고 나서 처 명련은 대정 고을 관비가 되어 끌려갔고, 두 살 난 경한이는 어미 등에 업혀 제주도로 가던 중 명련이 사공에게 돈을 주어 배를 추자도에 들르게 해서 추자도 서낭당 언덕에 내려놓고 갔다.'

17. 2013, 〈현임종, 회상기 『속, 보고 듣고 느낀 대로』 글〉[18]

○ 현임종(1934~)은 이 책에서 "1970년대 중반 당시 제주교구 평신도사도직협의회 회장이었던 시절, 책 제목 그대로 보고, 듣고, 느낀 것을 소박하게 정리해 사실에 입각해서 쓴 회고록"이라고 말함.

15 차기진, 『가톨릭대사전』 12, 한국교회사연구소, 2006, 9814쪽('황사영' 중 '후손' 부분).

16 김만선, 『유배-권력은 지우려 했고, 세상은 간직하려 했던 사람들』, 웅진씽크빅, 2008, 258쪽.

17 김훈, 『흑산』, 학고재, 2011, 380~381쪽.

18 현임종, 「황사영과 정난주」, 『속, 보고 듣고 느낀 대로』, 대동출판사, 2013, 133~135쪽.

○ 저자는 최석우 신부로부터 제주도에 유배된 정난주에 대한 이야기를 듣고 행적을 수소문하기 시작하였다. 그 후 제주 대정읍 출신이며 남제주군수를 역임한 제주축산진흥원장인 김서연(당시 비신자)으로부터 우연히 '서울할머니'라고 부르는 분의 묘를 조상 대대로 관리하고 있다는 말을 들었다. 이 사실을 모슬포성당 김병준 신부께 알리자 최석우 신부님이 내려와 조사에 착수했다.

○ 조사 당시에는 '정난주는 임신 만삭이었는데 제주도 해역에 이르러 파도가 높아지자 풍선에서 멀미가 심하여 조산했고, 그 갓난아기를 제주로 데려오면 황사영의 아들이라고 관아에서 죽여 버릴 것을 두려워한 나머지 선원을 매수하여 추자에 일시 정박하게 하고 아기를 족보와 함께 포대기로 싸서 바위 위에 올려놓고 온 것'으로 결론을 내렸다.

○ 이어 추자도에 가서 황씨의 내력을 조사했더니 아기는 귀항하던 어부 오씨에게 발견되어 구출되었고, 오씨는 그를 키워 도사리(머슴)로 데리고 살며 같이 고기잡이를 하고 다녔다 한다. 집은 불타서 족보는 없어졌고, 오씨는 황씨 성을 지켜 주어 황경한은 아들 삼 형제를 낳아 보통 사람으로 여생을 보냈음을 알 수 있었다.

○ 그리고 추자도의 황씨 자손들은 자신들이 황사영의 후손이라는 것을 꿈에도 생각하지 못했고, 황씨 대종회와도 전혀 연결되지 못한 채 살아오고 있었다. 그들은 천주교가 무엇인지 알지도 못했고, 생활도 넉넉지 못해 가난한 어부로만 살아왔는데 어느 날 갑자기 황사영 후손이라는 것을 알게 되었고, 대정골에 정난주 마리아 할머니의 무덤도 있다는 것을 알게 되었다.

○ 제주교구에서 대정골 정난주 마리아 묘를 성지로 성역화하는 행사 때 황사영 후손들을 초대했는데 그들은 천주교를 알지 못하는 탓인지 어리둥절해 하였다.

○ 대정골에 유배 온 정난주 마리아는 죽을 때까지 추자도에 두고 온 아기에

대하여 말한 바 없고, 어떻게 되었는지 알려고도 하지 않았다고 한다.

18. 2014, 〈홍순일, 『도서문화』 글〉[19]

○ "예초리 사람 오상선은 소를 먹이러 바닷가 〈물생이끝〉의 벼랑에 갔다. 그런데 금세 바다로 배가 지나가는 것을 보았는데, 어디서 애기 우는 소리가 들려가 보니 절벽 바위 위에 돔방에우(배내옷의 추자말)를 입은 채 사내애가 있었다. 오씨는 하느님 뜻으로 알고 집으로 안고 와 키우기 시작했다. 오씨 집안에서는 배내옷에 아이의 이름이 적혀 있었으므로, 그로부터 황씨와 오씨 사이에는 혈연으로 여겨 결혼을 하지 않았다."

19. 2014, 〈양승진 기자, 『아시아투데이』, 현장 취재 기사〉[20]

○ 황경한의 6대손인 인수 씨는 외동아들로 하추자도 예초리에서 부인과 함께 1남 1녀에 손주를 둘 뒀다. 바로 교회 밑에 집이 있어 천주교에 잘 다니느냐고 물었더니 "나이 들어 안 다녀, 교회에서 나오라고 하는데 한 번도 안 갔어."라며 웃었다. 선조인 황경한의 묘에는 자주 가냐고 물었더니 "자주 안 가. 벌초도 천주교에서 다 해 줘 우리도 못한다."고 했다. 사실 이것저것 궁금한 게 많아 인터뷰하고 싶었지만 그가 손을 내저어 끝낼 수밖에 없었다.

○ 추자면사무소에서 황경한과 관련해 잘 아는 인사를 추천받아 이태재(전 추자도 특보) 씨를 만났다. 그에 의하면, "예초리 오씨 부부가 소에게 풀을 먹이러 갔다가 아기 울음소리를 듣고 알았고, 오씨 부인은 출산을 하지 않았는데도 빈 젖을 물렸더니 젖이 나왔다고 한다. 사람들은 산 넘어 아기 울음소리를 들을 수 없는 위치인데도 울음소리를 들은 것과 빈 젖에서 젖이 나온 것은 두 번의 기적이 일어났기에 가능했다고 한다. 어머니 정난주의 사망 소식은 두 달 후

19 홍순일, 「섬사람들의 혼인 기피 이야기와 통혼 감성의 지리적 교차」, 『도서문화』 43집, 2014, 155쪽.

20 양승진 기자, 「교회 나오라는데 난 한 번도 안 갔어」, 『아시아투데이』, 2014.11.13.

편지를 받고 알게 됐고, 생전에 모자지간 편지는 6번 오갔다고 한다. 그리고 몇 해 전 정난주의 묘가 합장묘라고 추정한 나머지 부장품 등을 확인하려고 했으나 집안의 반대로 손을 대지 않았고, 또 애가 입었던 옷은 45년 전 화재로 불타 지금은 볼 수 없게 되었다."고 했다.

부록 2. 김구정의 『가톨릭시보』 연재 내용

■ 『가톨릭시보』 제875호, 1973.7.22. 4주차. 4면.

○ 황사영에 대한 새 사료 ① 김구정

> 이조 말 초창기 한국 교회의 실정을 잘 말해 주는 백서를 씀으로써 신유사옥 때 처형된 황사영에 관한 새 자료가 발견됐다. 本報에서는 이번 호부터 새로운 사료 발견에 개가를 올린 김구정 씨를 통해 그 발견 과정 및 당시 처형된 후의 황사영 가족과 후손에 관해 알아보기로 한다. (편집자 註)

황사영(알렉산델)은 그의 「백서(帛書)」 사건으로 1801년 11월 5일에 처형된 후에 그 가산은 적몰되고 그 모친 이씨는 경남 거제도로, 그 부인 정씨(丁若鏞 伯氏 若鉉의 장녀)는 제주도로, 그 아들 경헌(敬憲)은 추자도(楸子島)로 각각 귀양 가게 된 사실은 나라 문헌에나 달레 교회사에 분명하다.

필자는 3년 전부터 황사영의 생애와 그의 후손들과 귀양 간 모친 · 부인 · 아들의 내력을 연구함과 동시에 그가 쓴 백서에 대한 여러 가지 문제점을 밝혀 보려고 노력해 오던 중 천만뜻밖에 그해 가을에 바로 내가 살고 있는 본당 관하 이웃 동네로 황씨 후손 한 집이 이사해 왔다.

그 후손이라면 의심 없이 추자도로 두 살 때 귀양 간 경헌의 후손일 것으로 알고, 여러 번 성당에서 만나기도 하고 우리 집으로 청하여 자세히 물어보니 틀림없는 사영의 5대손이며 경헌의 4대손임을 그가 가지고 온 족보를 통해서 확인되었다.

그의 족보에 나타난 여러 가지 사료(史料) 참고 점은 다음 호 ②난에 자세히 말하겠거니와 이 황씨를 만난 것이 제주도와 추자도로 귀양 간 그의 고조모 정씨 부인과 증조부인 경헌의 내력을 캐게 된 동기가 되어 그의 가문에서 전해 오는 고문헌이나 전설 같은 것을 물어 차차 발굴의 실마리를 찾게 되었다.

그가 보여 준 고문헌은 두 장인데 한 장은 1838년에 제주도에 살던 김해 김씨 상집(尙集=相集)의 친필 부고 편지였었다. 그 내용은 서울에서 거기로 귀양 와서 살다가 그해 2월 1일에 별세한 정씨 부인의 부고를 그 즉시로 추자도 황씨 가문으로 보냈으나 아무런 응답이 없어서 다시 이 편지를 보낸다고 썼다. 그 편지를 받을 사람의 이름은 추자도 황우중(우重)이라 했는데 이분이 경헌의 둘째 손자인 것이 황씨네 가첩에서 밝혀지고 또한 위에 말한 것과 같이 우리 동네로 이사해 온 황찬수(贊壽) 씨의 三촌이었다.

그리고 또 한 장은 같은 글씨의 쪽지였는데 순 한글로 썼다. 거기에는 제주도 정씨 부인 무덤 소재지(濟州 大靜邑 門外 墓○峰)가 동쪽 아래편 수양관 한굴밭[田]이라고 기록하고 그 무덤을 간수할 자기 손자들 영수(永秀), 영호(好), 종손 영학(鶴), 영관(寬)이라 기록하였다.

이러한 증빙서류가 발견되었으니 제주도에서 별세한 정씨 부인의 묘소를 찾기에는 어렵지 않은 문제라고 생각하고 금년 2월 초부터 발굴 작업에 착수하였다.

마침 제주에는 전부터 잘 아는 교육가이면서 열심 신자인 부인 한 분이 있어 그분에게 위의 증빙서대로 적어서 그 무덤 발견 건을 의뢰하였다. 즉시 그 부인의 답이 왔는데 자신은 노쇠한 몸에 중풍으로 행동이 부자유해서 남제주 서귀포까지 자동차로 갈 수 없어서 서귀포 본당 김 요한(丙準) 신부를 소개하면서 증빙서류에 적힌 사람들의 후손을 그 본당 관하에서 찾으면 쉽게 그 무덤 발견이 성공할 것 같다 하였다.

필자는 즉시 소개받은 서귀포 본당 김병준 신부에게 자세한 편지로 의뢰하였다. 이번 제주도에 가서 그 신부님의 이야기를 들어서 안 일이지만 그 후손 중에 신자 되는 사람이 한 사람도 없어서 신부님은 상당히 노력했다고 한다.

그러던 중 그곳 김해 김씨 문중에 나이 많은 노인 한 분을 만나게 되어 그 노인에게 물었더니 바로 자기 문중 사람으로서 현직 남제주군 군수 형제가 그 무덤을 간수하고 있다는 사실을 알려 주었다.

■ 『가톨릭시보』 제876호, 1973.7.29. 5주차. 4면.

○ 황사영에 대한 새 사료 ② 김구정

한편 김 신부는 제주교구 상서국장 겸 신성여고 교장 발령이 내려 곧 제주시로 영전하게 되었으므로 그곳을 떠나기 전에 기어이 그 무덤을 찾으려고 매일 증빙서류에 적힌 모슬봉 동쪽 아래편 들을 헤매다가 한때 오토바이에 발까지 상하면서 그 노인과 함께 무덤 찾기에 노력한 결과, 결국에는 동쪽이 아닌 북쪽 아래편 한굴밭을 찾게 되었다. 제주 방언에 묘지를 밭이라 하고 둘레를 돌로 쌓아 남자는 돌담 왼편에 구멍을 내고 여자는 오른편에 구멍을 내는 관습이 있으므로 여러 무덤 중 돌담 오른편 구멍을 찾다가 결국 정씨 부인 무덤을 대강 찾기는 했으나 신부의 생각에는 백수십 년이나 된 무덤이 봉분한 지도 오래지 않고 환경정리 같은 것도 너무나 말쑥했기 때문에 반신반의하면서 그 무덤 간수자라는 현직 남제주군 군수 형제에게 그 진위를 타진하였던바 그 형(현 모 학교장)의 말이 자기 선대부터 그러한 무덤을 간수해 온 사실은 있으나 자기 아우 군수가 직접 그 무덤 간수자란 것을 알려 주었다.

이리하여 김 신부는 군수를 통하여 그 무덤(위에 처음 발견한 무덤)을 바로 찾게 되고 봉분의 새로움과 환경정리의 말쑥함도 군수의 치밀한 처사였음을 알게 되었다.

김서연(瑞연) 군수는 즉시 필자에게 다음과 같은 편지와 함께 가첩 초본까지 자세히 적어 보내왔다. 편지에는 "전략 … 회장님께서 김 요한 신부님에게 문의하신 정씨 부인 묘에 대하여 소생 문중에 유사한 사실이 있습니다. 조상님들은 그 묘소(한굴밭)를 一세기 동안이나 간수하였고 현재도 소생 형제가 성묘 보호하고 있습니다. 부친 생존 시에 이 묘에 대하여 소생이 문의한바 '우리 김해 김씨 세보에는 없으나 유배된 귀부인이시며 우리 의척이니 성묘를 잘하고 대대로 보호하라'는 구전이 있다고 말씀하셨습니다." 하였고 세보 사본에는 김상집(尙集 一八〇八年生=一八七八년졸), 그 맏아들 시백(時伯), 둘째 아들 시원(時元), 시백의 아들 형제 영수(永秀) · 영호(永好), 시원의 아들 형제 영학(永鶴) · 영관(永寬), 영학의 아들 형제 경창(景昌) · 두창(斗昌), 경창의 아들 형제 동연(棟燕) · 서연(瑞燕=郡守本人)이라 하였다. 이상 그 세보에 나타나 있는 영수, 영호, 영학, 영관 이름이 김상집 씨가 고문헌에 남겨 놓은 그대로였다. 그 이상 더 알 필요 없이 정씨 부인의 무덤을 확인하게 되었고 김상집 씨와 정씨 부인과의 관계는 이 다음(?) 사료 사실난에 말하겠다.

이러한 경위로 정씨 부인의 묘소를 찾게 되므로 필자는 직접 제주도로 가서 그 묘소를 참배하고 거기에 관련돼 있는 사료적 혹은 유물 같은 것을 발굴함과 동시에 추자도로 가서 경헌의 묘소와 그 후손들과 또 들은 바에 의한 그 후손 가문에 보존되어 오는 고문헌 혹은 유물 같은 것을 알아보려고 지난 6월 10일 성신강림주일에 제주도로 비행하였다.

평소에 보고 싶었던 제주 남국의 정서가 담뿍 담기고 신화적 전설로 꾸며진 별유 세계 호남사(湖南史)를 쓸 때 느꼈던 제주도 복음 전파의 경위와 1901년에 있었던 피비린내 나는 천주교인 학살사건 역대 거물급들의 유배지였던 고도(孤島)! 여러 가지 착잡한 심경으로 제주도에 발을 들여놓게 되었다. 그 이튿날 상서국장 김 신부의 주선으로 현 대주교님의 자가용으로 제주 한 바퀴를 돌면서 정씨 부인 묘소를 감개무량한 눈물로 참배하고 그 무덤을 알뜰히 간수해 온 김씨 문중에게 감사를 드리면서 남제주군수 김서연 씨를 찾아 사례하고 이튿날 오후에 추자도로 항해하였다.

유명한 황사영 님의 외아드님인 경헌이 두 살 때 귀양 가서 살았는지 그만 죽었는지 알 길이 없었던 사료의 수수께끼! 천만다행으로 그 후손 중 한 사람을 만나게 되어 비로소 이 오랜 수수께끼를 풀게 된 추자도의 항해는 필자의 사료 발굴의 의욕과 갈망을 풀어 줄 수 있는 길임을 느꼈다.

퐁퐁거리는 작은 발동선에서 오르내리는 풍랑과 함께 3시간 동안 춤도 추고 뒹굴기도 하면서 어둡사리 감도는 고도에 도착하였다. 선창에는 제법 큰 동네가 보이는데 면소재지라고 한다.

제주 중앙 본당 보좌신부님의 소개장을 가지고 황씨 부인 누시아 씨를 찾아 추자도에 대한 예비 지식을 배우고 그분의 알선으로 황씨 직계손인 황이정(利正) 군을 만나 경헌의 묘소가 있는 예초리(禮草里)로 가서 경헌의 묘소를 참배하고 같은 선영에 묻힌 그의 자손들의 무덤을 둘러본 뒤에 경헌이 친히 살던 옛집 지금의 五대손 인수(寅壽) 군이 살고 있는 유서 깊은 고옥(古屋)을 찾았다.

거기서 떠날 때 대구 신암동에 사는 四대손 황찬수 씨에게 들은 문중 전래의 고문헌을 찾았으나(제주 정씨 부인한테서 아들 경헌에게 의복을 보내면서 보낸 친필 편지) 발견 못하고 사료될 만한 다른 몇 가지만 추려 품에 넣고 그곳을 떠났다.

＊기사 중간에 사진을 올렸다. '금번 김구정 씨를 통해 새로 발견된 황사영의 족보. 제일 끝 난에 황사영의 이름이 적혀 있다'라고 기재되어 있으나 사진의 상태가 좋지 않아 육안으로는 식별할 수 없었다.(필자 주)

■ 『가톨릭시보』 제879호, 1973.8.26. 4주차. 4면.

○ 황사영에 대한 새 사료 ③ 김구정

먼저 황씨네 족보로 황사영의 세보를 똑똑히 알게 되어 다른 이들이 적은 황씨 세보의 틀린 점을 밝혀본다. 예컨대 일본인 야마구찌 마사노(山口正之) 씨의 『황사영 백서 연구』 27면, 「작자 황사영에 대하여」 난에 그의 세보를 아래와 같이 적었다. 黃石奇 - 昌 - 禮간 - 衡 - 돌 - 大任 - 致敬 - 수 - 상 - 應老 - 潤河 - 유 - 暖 - 在正 - 錫範 - 嗣永, 이 세보대로 보면 사영이 시조 석기로부터 16대손인데 실은 17대손이다.

아마구찌 씨 기록에 제3대 선경(善慶)이 빠졌고 제6대 돌은 침이고 제12대 潤河는 瑞河이다. 윤하는 맏집이요 사영의 직계조는 둘째 집 즉 瑞河이다. 여기서 맏집과 둘째 집이 틀리기 때문에 13대 14대 모두 맏집 자손들을 기록하게 되었다. 사영의 직계조 瑞河- 協- 현- 在重- 錫範- 嗣永으로 되어 있다. 다음 세보로서 사영이 유복자인 것을 발견하였다. 사영의 부친 錫範 내력 난에 英祖 丁卯生(1747)이고 正祖 甲午(1774) 12월 22일 졸(卒)이라 했으니 바로 사영이 나던 1775년(乙未)의 전해이다. 이러고 보니 사영이 유복자인 것을 알게 되고 또 그 부친이 1774년에 죽지 않고 더 살아 있었더라면(사영 처형 시에 그 부친 나이가 55세가 됨) 사영의 사건으로 귀양이나 혹 처형되었을 것인데 문헌에 그런 사실이 없음을 보아 28세(1774) 젊은 나이로 별세한 것이다.

그리고 황씨네 족보에는 17대 사영까지만 적혔는데 사영의 내력 난에는 간간이 진사로서 사학 때문에 처형되다(進士以邪學休주)라고만 썼다. 그런데 사영의 세보 항렬자는 길영 자가 아니고 영화영(榮)으로 돼 있다.

사영의 아들 경헌(달레 저서에 국문만 기록)은 황씨네 후손 가첩에 敬憲으로 돼 있는데 이번 필자가 추자도에 가서 경헌의 후손 문중에 보관돼 오는 고문서[경헌의 맏아들 몽룡(夢龍)의 아들 혼수 예장]에 창원 황정환(蒼完 黃正煥)이라고 쓴 것을 보아 그의 추자도 생존 시에 쓰던 관명인 것이다.

본은 경남 창원(昌原)을 잘 모르고 '蒼完'으로 쓴 듯한데 그 예장은 一八五八년에 쓴 것이고 그의 둘째 아들 몽인(蒙仁 혹은 本玉) 예장(一八六五년)에는 혼주(婚主)가 맏아들 몽룡(여기는 바로 昌原 黃夢龍)으로 돼 있는 것을 보아 경헌은 둘째 아들 결혼까지 불과 六 · 七년 사이에 별세한 것을 짐작하겠다.

경헌의 후손들은 그 문중 가첩대로 보면 경헌의 아들 夢龍=甫玉과 蒙仁=本玉 둘이 있었고 몽룡의 몸에서 우량 · 우중=仲 · 鶴柱 · 鶴淳 · 鶴千 등 五형제가 있었고, 우량의 아들은 贊乭 · 贊壽 · 贊植 삼 형제인데 맏이와 끝은 일찍 무후로 죽고 둘째 贊壽(譜名 世益 현재 大邱 新岩洞 居住)만 입교 영세하여 베드로이고, 우重=仲의 아들은 元益 · 富益 · 俊植 三형제인데 우重은 위에 현 남제주 군수의 고조 김상집 씨가 말한 제주 정씨 부인 부고 편지 묘소 소재지를 적은 쪽지를 보냈던 수취인이다. 元益은 현재 부산 영도에, 富益은 추자도에서 사망, 그 아들 利正 · 寅喆 형제를 만났고 三益도 추자도에서 별세 그 아들 寅壽 · 寅浩인데 이들이 그 모친과 함께 경헌의 옛집에 살고 있는 것을 만났다. 그러니까 현재 추자도에는 황씨 후손 두 집만이 살고 있고 다른 이들은 부산, 대구, 목포 등지로 흩어져 살고 있다 한다. 황씨네 세보와 가첩에 대한 것은 이상과 같고 이제는 정씨 부인과 이상집 씨의 관계 마지막으로 두 살 때 추자도로 귀양 간 경헌의 어릴 때 내력을 이번 답사에서 알게 된 대로 적어 본다.

정씨 부인은 귀양 갈 때 대략 二十七 · 八세였는데(사영이 순교할 때 二十八세였으니까) 그 당시 국법에 의하여 귀양 가는 여자는 귀양지 지방관에 맡겨 노복으로 부리던지 임의 조처하도록 돼 있었으니까 二十七 · 八세 요령부인으로 신분이 고귀하고 인물이 응당 출중하였겠으니 남제주 대정현감(大靜縣監)의 횡포와 천대가 있었을 것이 짐작이 가나 거기에 대한 것은 알 길이 없고 다만 정씨 부인 별세 때까지 극력 시봉하고 한굴밭에 진중히 안장해서 자손 대대로 그 묘소 간수를 부탁한 김상집 씨와의 관계를 말해 보면 정씨 부인이 제주도 귀양 올 때 상집 씨는 七세였었다. 상집 씨 부친 석구(錫九) 씨가 尙集과 尙協 두 아들을 낳았을 때 소실을 얻게 되어 그들의 어머니 되는 부인은 행방불명이 되고 서모 밑에 두 어린이가 매우 천대를 받았다 한다. 정씨 부인은 이 사실을 알고 상집을 데려다 길렀는데 그 아이는 총명하고도 사람됨이 장래성이 있어 보였다. 그가 점점 자라 갈수록 인격과 인량이 높아져서 현감의 신임을 두텁게 받게 되어 가위 고문격이 되었다 한다. 그러니 자연 살림도 부유하게 되고 당시 대정(大靜)읍의 위인격으로 행세하기도 하였다. 一八三八년 二월 一일에 六十여 세로 별세한 정씨 부인을 양모로 극력 시봉하면서 그 고귀한 가문과 인격과 교양에 감화되어 정씨 부인 말년의 생활을 편안하게 해 드렸다. 그는 대정읍 서문외 五리 신평리(西門外 五里 新坪里)에 살면서 정씨 양모를 31세에 사별하고 상주 노릇을 지극한 정성으로 하여 그 상장 예절을 거창하게 하여 남제주 일대를 놀라게 하였다 한다. 이리하여 위에 말하였음과 같이 그 묘소 간수에 대한 집심을 자기 생존 시에는 물론 후손 대대로 유훈하게 되었던 것이다.

참고문헌

1. 자료

·『가톨릭교회 교리서』, 한국천주교중앙협의회, 2001.

·『가톨릭대사전』, 한국교회사연구소, 1985, 1994.

·『비변사등록』

·『승정원일기』

·『일성록』

·『자비의 얼굴』, 한국천주교중앙협의회, 2015.

·『제2차 바티칸공의회문헌』(개정판), 한국천주교중앙협의회, 2012.

·『조선왕조실록』

·『한국민족문화대백과사전』, 한국정신문화연구원, 1991.

·『한국천주교회사』 2, 한국교회사연구소, 2010.

·샤를르 달레, 안응렬 · 최석우 역주, 『한국천주교회사』 상, 한국교회사연구소, 1979.

·전주대학교 한국고전학연구소, 『추안급국안』 75, 흐름출판사, 2014.

·제주복음전래 100년사 자료집 제3집, 『초기 본당 성직자들의 서한』 1, 한국교회사연구소, 1997.

·제주선교 100주년 기념사업추진위원회, 『제주 천주교 100년사』, 제주교구, 2001.

·조광 역주, 『역주 사학징의』 1, 한국순교자현양위원회, 2001.

·조광 편저, 변주승 역, 『신유박해 자료집』 Ⅲ, 한국순교자현양위원회, 1999.

·주교회의 천주교용어위원회 편찬, 『천주교 용어집』(개정판), 2015.

·황사영 · 김영수 역, 『황사영 백서』, 성황석두루가서원, 2007.

2. 단행본

·고사경 외 엮음, 박철주 역주, 『역주 대명률직해』, 민속원, 2014.

·김구정, 『한국순교사화』 1, 가톨릭출판사, 1976.

· 김만선, 『유배-권력은 지우려 했고, 세상은 간직하려 했던 사람들』, 웅진씽크빅, 2008.
· 김훈, 『흑산』, 학고재, 2011.
· 오기선, 『순교자의 얼을 찾아서』 하, 한국천주교성지연구원, 1988.
· 오영환 · 박정자, 『순교의 맥을 찾아서(한국천주교의 성지와 사적지)』, 가톨릭출판사, 2009.
· ____________, 『가족이 함께 가는 성지순례』, 가톨릭출판사, 2011.
· 유홍준, 『완당평전』 1, 학고재, 2002.
· 이충우, 『천주학이 무어길래』, 가톨릭출판사, 1985.
· ______, 『피어라 순교의 꽃』, 분도출판사, 2006.
· 장덕순 외, 『구비문학 개설』, 일조각, 1971.
· 조한욱, 『문화로 보면 역사가 달라진다』, 책세상, 2012.
· 주평국, 『하늘에서 땅 끝까지 -전국 성지 안내』, 가톨릭출판사, 1996.
· 최운식, 『한국 서사의 전통과 설화문학』, 민속원, 2006.
· 한국천주교주교회의 국내이주사목위원회 성지순례사목소위원회 편찬, 『한국천주교 성지순례』(수정판), 한국천주교중앙협의회, 2014.
· 현임종, 『속, 보고 듣고 느낀 대로』, 대동출판사, 2013.

3. 논문
· 강석진, 「19세기 조선 교회 순교자들의 삶과 영성」, 『한국 순교자 시성 · 시복 순교자 연구』(교회사 2014 심포지엄 자료집), 한국교회사연구소, 2014.
· 김동전, 「18세기 후반 제주 지역 공노비의 존재 양태」, 『역사민속학』 24, 한국역사민속학회, 2007.
· 김병준, 「한국 교회사화(22), 황사영 처자의 귀양길」, 『교회와 역사』 25, 한국교회사연구소, 1977.10월호.
· 김유리, 「규창 이건 〈제주풍토기〉의 교육적 의미」, 『국학연구』 20, 2012.
· 김진소, 「한국 천주교회의 소공동체 전통」, 『민족사와 교회사』, 한국교회사연구소, 2000.

· 김진소, 「신유박해 당시 서양 선박 청원의 특성」, 『신유박해와 황사영 백서사건』, 한국순교자현양위원회, 2003.
· 김태영, 「황사영의 의식 전환과 천주교적 세계관 -백서 작성 배경과 관련하여」, 『지역과 역사』 25, 서울부경역사연구소, 2009.
· 남정희, 「〈속사미인곡〉에 나타난 유배 체험과 연군 의식 고찰」, 『한국고전연구』 29, 한국고전연구학회, 2014.
· 박광용, 「황사영 백서 사건에 관한 조선왕조의 반응」, 『신유박해와 황사영 백서사건』, 한국순교자현양위원회, 2003.
· 박동욱, 「조정철의 〈탐라잡영〉 연구」, 『동양한문학연구』 32, 동양한문학회, 2011.
· 방상근, 「황사영 백서의 분석적 이해」, 『교회사연구』 13, 한국교회사연구소, 1998.
· 변주승, 「신유박해의 정치적 배경에 관한 연구」, 『신유박해와 황사영 백서사건』, 한국순교자현양위원회, 2003.
· 손흥철, 「조선후기 천주교 수용과 학술사적 의미 고찰」, 『다산학』 9, 서울다산학술문화재단, 2006.
· 양진건 엮음, 「이건 〈제주풍토기〉」, 『제주유배문학자료집』 1, 제주대학교출판부, 2008.
· 여진천, 「황사영 백서의 원본과 이본에 관한 연구」, 서강대 대학원 박사학위논문, 2006.
· 염은열, 「자기 위안을 위한 이야기로 본 〈만언사〉의 특징과 의미」, 『문학치료연구』 19, 한국문학치료학회, 2011.
· 원재연, 「황사영 백서의 인권론적 고찰」, 『법사학연구』 25, 한국법사학회, 2002.
· 이영춘, 「황사영 백서 사건에 관한 역사신학적 관찰」, 『신유박해와 황사영 백서사건』, 한국순교자현양위원회, 2003.
· 이장우, 「황사영과 조선후기 사회변화」, 『교회사연구』 31, 한국교회사연구소, 2008.
· 임재해, 「설화의 사료적 성격과 새 역사학으로서 설화연구」, 『역사민속학』 12호, 한국역사민속학회, 2001.

· 장경준, 「조선후기 호적작성과 활용을 통해 본 戶」, 『역사민속학』 48, 한국역사민속학회, 2015.
· 정두희, 「황사영 백서의 사료적 특징」, 『신유박해와 황사영 백서사건』, 한국순교자현양위원회, 2003.
· 조 광, 「황사영 백서의 사회사상적 배경」, 『사총』 21 · 22, 고려대 역사학연구소, 1977.
· 최기복, 「천주교회의 유교제례 금령과 다산의 상제례관」, 『교회사연구』 39, 한국교회사연구소, 2013.
· 최석우, 「성지의 개념」, 『한국 교회사의 탐구』 1, 한국교회사연구소, 1982.
· 최성환, 「조선후기 추자도 유배인의 추이와 생활양상」, 『도서문화』 37, 목포대학교 도서문화연구원, 2011.
· 최완기, 「황사영 백서 작성의 사상적 배경」, 『신유박해와 황사영 백서사건』, 한국순교자현양위원회, 2003.
· 하성래, 「황사영의 교회활동과 순교에 대한 연구」, 『교회사연구』 13, 한국교회사연구소, 1998.
· ______, 「거제로 유배된 유항검의 딸 섬이의 삶」, 『교회와역사』 467, 한국교회사연구소, 2014.
· ______, 「유항검의 딸 유섬이의 묘를 찾다」, 『교회와역사』 470, 한국교회사연구소, 2014.
· 한국천주교주교회의 시복시성주교특별위원회, 『황사영의 신앙과 영성』(한국천주교회 시복시성 추진 심포지엄 자료집), 한국천주교주교회의, 2013.
· 허동현, 「황사영 백서 사건에 관한 근현대사회의 평가」, 『신유박해와 황사영 백서사건』, 한국순교자현양위원회, 2003.
· 홍순일, 「섬사람들의 혼인 기피 이야기와 통혼 감성의 지리적 교차」, 『도서문화』 43집, 2014.

4. 신문 · 잡지 · 기타

·『가톨릭시보』, 1973.7.22.4면(875호); 7.29.4면(876호); 8.26.4면(879호).

·『경향잡지』, 1994(9월), 1999(12월), 2001(7월), 2001(10월), 2005(5월), 한국천주교중앙협의회.

·『뉴욕 중앙일보』(미주판), 2015.10.16.

·『다산문화연구소』(남양주 다산문화연구소): http://cafe.naver.com/nyjculture.

·『사목』, 2000(3월호), 한국천주교중앙협의회.

·『아시아투데이』, 2014.11.13.

·『추자사랑』: http://cafe.naver.com/jc0093/118.

·『한라일보』, 2015.11.14.; 2016.1.4.

·한국순교자 124위 시복식 기념 뮤지컬,『서울할망 정난주』(극본 이엘리, 연출 홍인표, 작곡 오래미) 극본.

병인박해 전후 정의배의 삶과 신앙

1. 머리말

2. 정의배의 삶과 천주교 입교

3. 정의배의 신앙 실천과 선교활동

4. 정의배와 선교사들 그리고 순교

5. 맺음말

1. 머리말

정의배(丁義培, 마르코, St. Jeong Ui Bae Marcus, 1794~1866)는 병인박해(丙寅迫害)의 과정에서 순교한 조선인 천주교 신자 가운데 대표적 인물의 하나이다. 청년 시절 그는 조상 제사를 금지하고 있다는 사실 때문에 천주교를 배격했다.[1] 그러나 그는 1830년대에 입교한 이후 교회 활동을 활발히 전개해 왔고, 이러한 활동 때문에 선교사들은 그를 회장으로 임명했다. 정의배는 회장으로 전교업무를 수행했고, 성영회(聖嬰會) 및 전교회(傳教會) 활동을 통해서 수많은 신자를 가르치고 입교시켰다. 또한 박해시대 선교사들이 추진했던 여러 사업들에서도 공적을 남겼다. 정의배는 1866년 병인박해로 인해 순교했다.

정의배는 19세기 중엽의 교회사에서 중요한 업적을 남겼다. 그러나 현재까지는 그에 관한 별도의 전문적인 연구가 없다. 단지 그에 관해서는 달레의 『한국천주교회사』에 간략히 서술되어 있다. 또한 『한국가톨릭대사전』이나 한국 순교 성인 관련 전기 등에도 그에 관해서는 약전만이 수록되어 있는 형편이다. 이 때문에 우리는 정의배에 관한 구체적인 연구의 필요성을 확인하게 된다. 따라서 본고에서는 한국 교회 사상 최대의 박해였던 병인박해에 이르기까지 교회의 중심부에서 회장으로 활동했던 정의배에 주목하여 그의 생애와 순교의 과정을 조명해 보고자 한다. 이를 위해서 본고는 그의 삶 및 입교와 교회활동, 그리고 신앙생활을 정리 · 제시하고, 이어서 그의 체포와 순교 등에 관해서 서술하기로 한다.

1 샤를르 달레 원저, 안응렬 · 최석우 역주, 『한국천주교회사』하, 한국교회사연구소, 1981, 417쪽. "천주교를 위험한 도당이며, 조상들에게 제사 지내는 것을 금하기 때문에 단죄되어 마땅하다고 생각하였었다."

정의배에 관련된 문헌 사료 중, 교회 측 자료로는 『치명일기(致命日記)』를 비롯하여 『병인치명사적』, 『병인박해 순교자 증언록』, 『병인일기』, 『병인치명자전』, 『박순집 증언록』 등이 있다.[2] 또한 관변 측 자료로는 『조선왕조실록』, 『일성록』, 『승정원일기』 등과 같은 연대기 자료가 있다. 그리고 『추안급국안(推案及鞫案)』, 『포도청등록』, 『각사등록(各司謄錄)』 등을 통해서 그의 심문 기록을 확인할 수 있다. 그러나 이러한 자료들은 다른 순교자와 마찬가지로 단편적으로 산견되어 매우 소략한 수준이다. 또한 그는 몰락한 양반 집안 출신으로 추정되지만 그의 가계를 살펴볼 수 있는 자료는 아직 출현하지 않고 있다. 그렇다 하더라도 본고에서는 여러 문헌에서 단편적으로 산재되어 있는 사료들을 발췌하여 그의 삶과 신앙 및 교회활동을 재조명해 보고자 한다.

2. 정의배의 삶과 천주교 입교

1) 정의배의 생애

정의배의 가문 관계 자료는 물론 본인에 대한 기록도 앞서 언급한 관변 자료 내지 교회 측의 일부 문헌을 제외하면 찾아볼 수 없다. 또한 정의배에게는 직계 후손이 없었던 만큼 그의 가족 내지 친족관계 자료도 찾을 수 없었다. 그렇다 하더라도 산재되어 있는 단편적 자료들을 정리하여 그의 생애사와 관련된 부분을 복원해 보면 다음과 같다.

2 『致命日記』는 1890년 뮈텔(閔德孝) 주교가 순교자들의 행적을 조사, 877명의 순교자 약력을 정리(이름만 기록된 경우도 있다)하여 1895년에 활자본으로 간행한 것이다. 그 밖의 교회 측 자료들은 병인박해 순교자들에 대한 조사 과정에서 증언된 기록들이다.

그의 성이 정(丁)씨임은 확인되나 가계에 관한 자료가 발굴되지 않아 본관은 불명확하다. 정의배에 관한 몇 가지 현존 기록을 통해서 살펴볼 때, 그는 스스로를 양반으로 자처했고 다른 이들도 그를 양반으로 불렀다.[3] 또한 그는 과거공부를 하였으며, 나중에 서당 훈장을 했다.[4] 그는 중인 신분인 역관의 손녀(피 카타리나)를 재취부인으로 얻었다. 이처럼 격을 낮추어 하는 혼인관계는 당시 전통적 양반 가문으로서는 하기 어려운 일이었다.[5] 또한 그가 당시 몰락 양반들이 흔히 종사하던 훈장직을 맡고 있었던 사실로 미루어 보면, 그 자신도 영락하여 빈한하게 된 몰락 양반 출신이었으리라 추정된다.

정의배의 출생 연도는 명확하게 전해지는 바가 없다. 다만, 그의 출생 연도는 그의 순교 기록에 의거하여 추정할 수 있을 뿐이다. 정의배가 순교한 연도는 병인박해가 일어났던 1866년임이 명확하다. 그런데 『병인치명사적』 및 『치명일기』에 의하면 정의배는 2월 초2일에 새남터에서 순교하였는데, 그날이 그의 71세 생일이라고 기록되어 있다.[6] 그것을 역산하면 생년은 1795년이 된다. 그러나 순교 당시 그의 나이에 대해서 달레와 박순집은 73세로 기록하고 있다. 만일 이 설이 맞는다면 정의배는 1793년생이 된다. 그리고 72세 순교설도 있는바,[7] 그렇다면

3 달레, 『한국천주교회사』 하, 417쪽; 『병인치명사적』 5권 1쪽. 정의배가 "백씨(伯氏) 성교함을 대단히 조당(阻擋)하여 심지어 서책을 불사르며 '양반이 되어 국금(國禁)을 범하나이까?'라고 책망했다."

4 달레, 앞의 책, 417쪽, "경기도 수원 고을의 양반가에서 태어났다."; 『병인치명사적』 5권, 1쪽, "정 마르코는 양반의 자손이라."; 『치명일기』, 14쪽, "수원의 유명한 집 자손이라."

5 이 무렵 정의배는 이미 천주교 신앙을 받아들이고 있어서 신분 평등사상이 확립되어 있었을 것이다.

6 『치명일기』 15쪽과 『병인치명사적』 5권, 7쪽에는 71세로 기록되어 있다. 그러나 달레, 앞의 책, 396쪽과 『박순집 증언록』에는 73세로 치명하였다고 기록되어 있다. 관변 사료인 『추안급국안』 65쪽에는 72세로 수록되어 있다. 한편 『병인치명사적』 7권, 36쪽에는 78세로 기록되어 있기도 하다.

그는 1794년생이 된다. 그러나 본고에서는 상대적으로 신뢰도가 높다고 판단되는 관변 사료인 『추안급국안』의 기록(72세)을 기준으로 하여 그의 생년을 1794년으로 상정하고자 한다. 한편, 정의배의 순교일이 생일이라는 기록이 타당하다면, 실제 순교일이 3월 11일(음력 1월 25일)이므로 그의 출생일은 대략 1794년 3월 11일이 되는 셈이다.

한편, 정의배의 출생지는 크게 두 가지 설로 나뉘고 있다. 즉, 경기도설(수원설, 용인설)[8]과 서울설(서울 창동)[9]을 제시하는 문헌이 병존하고 있다. 교회 측 자료에서 수원 혹은 용인으로 기록한 배경은 당시는 특히 양반이라면 조상 대대로 살던 곳(출신지)을 중시하였기 때문에 엄밀한 출생지 개념보다는 가문의 원래 근거지를 출생지로 인식했을 가능성이 있다. 그러나 포도청 문초에서의 본인의 답변을 기록한 관변 자료인 『포도청등록』의 내용을 존중한다면 그의 출생지는 서울 창동

7 순교 일자는 문헌에 따라 다소 다르다. 관변 사료인 『승정원일기』 『일성록』과 『병인박해순교자증언록』은 1866년 1월 25일(음); 달레, 앞의 책에는 1866년 3월 11일(양); 『병인치명사적』 5권에는 1866년 2월 2일, 7권에는 2월 26일로 기록되어 있다. 1866년 1월 25일(음)은 양력으로는 3월 11일이므로 앞의 먼저 두 문헌의 기록은 일치한다. 그러나 나머지 문헌은 개인적 기억에 의지하여 후세에 기록한 것이므로 착오가 발생했을 수 있을 것이다.

8 "경기도 수원 고을의 양반가에서 태어났다."고 했고(달레, 앞의 책, 417쪽), "본디 경기 수원 생장(生長)"으로 기록하고 있으며(『병인치명사적』 5권, 1쪽), 용인 사람으로도 기록하고 있다(『박순집 증언록』, 52쪽). 경기도 수원이라고 기술한 달레의 『한국천주교회사』는 당시 달레 신부가 교회사적으로 참으로 중대한 사건으로 인식하여 장상에게 보고하고 한편 후세에 전하려는 사명감 차원의 작업인 것으로 보아 정의배의 개인 정보와 신앙 행적에 대하여 생존 교우들을 통하여 상당한 고증과 확인을 거쳤을 것으로 보이나 『박순집 증언록』은 정의배에 대하여 개인 차원에서 파악한 풍문 수준의 정보를 바탕으로 기록한 것으로 보인다.

9 정의배의 출생지는 『포도청등록』, 1866년(병인) 1월 15일조에 '창동'으로 되어 있다. 한편, 『병인박해순교자증언록』 현대문편, 348쪽에는 서울 출생으로 되어 있다. 이 두 기록에 입각하여 정의배의 출생지를 '서울 창동'으로 확정하여 한국교회사연구소에서 간행한 『한국가톨릭대사전』 및 『한국천주교회사』 3권 등에서도 '서울 창동'으로 기록하고 있다. 창동은 창골이라고도 하였는데 현재 서울 중구 남대문로 4가 남창동 · 회현동 1가에 걸쳐 있던 동명이다. 선혜청의 창고가 있는 동네여서 이와 같은 명칭이 붙여졌다. 서울시사편찬위원회, 『서울지명사전』 창동조(倉洞條), 2009 참조.

(倉洞)으로 봄이 타당하다고 생각된다.

정의배의 가족관계에 대한 기록은 거의 남아 있지 않다. 그의 부모에 관한 기록도 전해지지 않지만, 단지 1명의 가족에 관한 이야기는 전해진다. 즉, 정의배가 입교하기 이전에 먼저 천주교 신앙을 실천하고 있던 백씨(伯氏=맏형)의 신앙에 대해 이의 제기와 질책했다는 사실로 미루어 보면, 그에게 맏형이 있었음을 알 수 있다.[10] 또한 '백씨'라는 용어를 통해서 그에게 중씨(仲氏)나 숙씨(叔氏)와 같은 둘째 형을 비롯한 다른 형제가 있었을 가능성은 추정해 볼 수 있다.

정의배의 결혼관계에 대한 정확한 기록도 추적하기가 불가능하다. 그러나 그는 두 번 결혼한 것으로 되어 있다. 그의 첫째 부인에 관한 정보는 없으나, 그들 사이에는 소생자가 없었으며, 정의배는 초취(初娶)부인과 일찍이 사별(死別)했다. 반면에 두 번째 부인 피(皮) 카타리나(1817~1878)에 관해서는 약간의 자료가 있다. 피 카타리나는 대략 20세에 가까운 나이 때에 정의배의 재취(再娶)부인이 되었다. 피 카타리나는 병인박해가 끝난 후 다시 입국한 리델 주교가 1878년 체포되던 무렵 포도청에 연행되었다가 1878년 2월, 61세의 나이로 옥사했다.[11] 그렇다면 피 카타리나는 1817년경에 출생했으며, 정의배와 결혼한 때는 1837년 이전이었다고 볼 수 있다. 이에 근거하여 재혼 당시 정의배의 나이를 가늠해 보면 대략 43세 전후였을 것이며, 재취부인과는 거의 20년

10 『병인치명사적』 5권, 1쪽. "그 백씨(伯氏: 큰형) 성교(聖敎: 천주교)함을 대단히 조당(阻擋: 방해)하여…"

11 리델 지음, 유소연 옮김, 『나의 서울 감옥생활 1878』, ㈜살림출판사, 2013, 122쪽. "네 번째 여성 신자는 내가 이 감옥에 들어오기 이틀 전에 역병으로 옥사하였다. 영세명이 가타리나였던 그녀는, 서울의 전교회장으로 1866년 병인박해 때에 순교한 말구(Marc)라는 노인[정의배]의 처였다. 그녀는 자기 손으로 키운 조카이자 배신자 피 바오로의 밀고로 우리와 같은 시기에 체포되었다."

정도의 연령차가 있었다고 할 수 있다.

그런데 그들은 정덕(貞德)을 지키기로 하여, 소생이 없었다. 그러나 정의배는 양자로 삼은 처조카 피영록(皮永祿)과 동생인 피기록(皮基祿) 두 명을 기르며 지냈다.

정의배의 생업에 대해서는 한학을 가르치는 서당의 훈장이었음이 대체로 여러 문헌에서 공통되고 있다[12]. 그는 당초 과거시험을 염두에 두고 유학을 공부하다가 나중에는 생계유지를 위해 서당을 차려 어린이들에게 한문을 가르쳤다. 이 훈장직은 입교 후에도 이어 갔을 것으로 보이는데 회장의 직분을 맡는 등 점차 교회 내에서 중요한 역할을 하게 되면서는 부인 피 카타리나가 삯바느질을 하여 가계를 유지했다고 한다.[13]

이상에서 살펴본 바와 같이, 정의배는 1794년경에 서울 창동에서 출생했으며, 그의 신분은 양반 출신이었다. 그는 당시의 양반들이 통상적으로 해 왔듯이 과거를 준비했지만, 합격하지는 못했다. 그리고 서당의 훈장이 되어 어린 학동들을 가르치며 생계를 유지했다. 입교 후에는 오로지 교회를 위한 봉사생활에 전념하다가 1866년 병인박해가 일어나자 체포되어 순교했다.

2) 정의배의 입교 과정

정의배가 천주교 신앙과 처음으로 만나게 된 계기는 그의 맏형[伯氏]을 통해서였다. 원래 정의배는 과거시험을 준비했던 인물이었다. 그렇다면 그는 주희(朱熹)가 주석을 단 주주본(朱註本) 유학 경전을 읽고

12 달레, 앞의 책, 417쪽; 『병인치명사적』 5권, 2쪽; 『병인치명사적』 7권, 35쪽.

13 『병인치명사적』 5권, 32~33쪽. "의탁하여 집에 있는 자 항상 두셋을 두고 그 생명을 자기 바느질 품 팖으로 보호하여 주며…"

이를 따랐던 인물이었음에 틀림없다. 그러므로 그는 자신의 맏형이 천주교 서적을 읽는 것을 보고서 이를 불태우며 형을 책망했다. 이 장면을 『병인치명사적』에서는 "백씨(伯氏) 성교함을 대단히 조당(阻擋)하여 심지어 서책을 불사르며 책망하되, '양반이 되어 국금(國禁)을 범하나이까?'라고 책망하더니…"라고 기록하고 있다.[14] 그가 천주교를 반대했던 이유는 "천주교는 위험한 도당이며, 조상에 대한 제사를 지내지 않기 때문"이었다.[15] 이렇게 당시의 정의배는 천주교가 단죄되어야 마땅하다고 생각했다.

정의배가 형의 천주교 서적 독서를 막았던 때는 아마도 그 자신이 과거시험을 준비하던 시기였으리라 추정된다. 그런데 정의배의 생애사를 검토해 보면 맏형에 대한 언급은 더 이상 나타나지 않고 있지만, 정의배는 가까운 가족 중에 천주학을 신봉하는 사람이 있었고, 그를 통해서 천주교 신앙을 인식하기 시작했음을 알 수 있다. 정의배가 천주교 신앙활동을 적극적으로 실천하게 된 계기는 영세 입교 후라고 볼 수 있다. 그가 언제 영세 입교했는지에 대해서는 몇 가지 서로 다른 기록이 있다. 이 기록들을 제시해 보면 다음과 같다.

> a-1 : 30세 넘기에 이르러 친구 황(黃) 안드레아의 간절한 권면(勸勉)으로 이전 고집하던 마음이 번연히 고치어 즉시 도리와 경문(經文)을 배워 영세 입교하고 드디어 열심 수계할새 과거(科擧)를 전폐하고 외(교)인 친구를 도무지 끊으며 성교 책의 진서(眞書)와 언문(諺文)을 의논치 말고 친히 베껴 많이 장만하고 책을 보아 도리를 익히며 육신 사무를 전혀

14 『병인치명사적』 5권, 1쪽. 이 기록에 의하면 가족 중에서 형이 먼저 천주교와 접촉한 것으로 추정되나 형의 이름이나 신앙을 받아들인 동기나 영세 및 신앙생활의 지속 여부와 함께 그 후의 행적은 알려져 있지 않다.

15 달레, 앞의 책, 417쪽.

잊고 영혼 공부를 오롯이 하니 자연히 도리가 밝고 덕행이 여무는지라. 그 아내 피(皮) 카타리나와 한가지로 수계를 긴히 하며 정덕(貞德) 지키기로 서로 의논하여 언약을 단단히 하고…[16]

a-2 : 아현에 사는 洪 생원에게서 천주교 수학. 근 30년 송습. 세례명은 말구. 선생 세례명은 베두루. 이미 작고함. 홍봉주와 친분, 을묘년(1855) 홍봉주의 천주교 신봉 소식을 듣고 종종 상종. 5, 6년 전 아현 사는 김가(말두옴)의 소개로 홍봉주 집에 있는 장경일(베르뇌 주교)을 찾아봄.[17]

a-3 : (1839년 기해박해 때) 선교사들과 갖가지 계급의 천주교인들이 아주 희한한 기쁨을 안고 죽음으로 나아가는 것을 보고 충격을 받아, 이렇게 놀라운 결과를 내는 종교를 연구할 호기심을 가지고 책 몇 권을 장만하였다. 천성이 곧은 그의 마음은 이내 진리를 깨달아 '천주교인은 좋은 사람일 수가 없다고 생각했었는데, 이제 나는 정말 착한 사람이 되려면 천주교인이 돼야 한다는 것을 알게 됐다'고 부르짖으며 굴복하였다.[18]

그의 영세 입교와 관련하여 서술되고 있는 자료로는 이상의 세 가지를 들 수 있다. 이 사료 가운데 a-1은 정의배가 그의 친구 황 안드레아의 권면으로 천주교 신앙을 받아들여 과거공부를 폐하고 천주교 신앙의 연마를 위해 진력하는 장면을 서술하고 있다. 이때 그의 나이가 30세를 막 넘긴 직후였다고 한다. 그렇다면 아마도 그의 영세 입교는 1825년경으로 볼 수 있다. 이때는 경상도와 전라도 지방에서 천주교에 대한 박해(을해박해(1815)~정해박해(1827))가 일어나고 있었으며, 교회 재건을 위한 노력이 상당히 진전되어 가고 있던 시기였다.

한편, 사료 a-2는 정의배가 병인박해 때 체포되어 심문을 받고 있던 당시보다 30여 년 전에 입교했다고 말한다. 그렇다면 병인박해가 일어

16 『병인치명사적』 5권, 1~2쪽.

17 『포도청등록』, 1866년(병인) 1월 15일, 382쪽.

18 달레, 앞의 책, 417쪽.

나 체포되어 공초를 받은 해는 1866년이므로 역산하면 1836년이 된다. 이해는 파리외방전교회 선교사 신부들이 영입되어 교세가 확장되기 시작한 해이기도 하다.

그리고 사료 a-3은 선교사들이 들어온 이후 1839년의 기해박해 때에 선교사들과 신자들의 죽음을 목격하고 거기에 감동을 받은 결과로 영세 입교했음을 말하고 있다. 달레 신부는 당시 그의 나이가 45세 때라고 기록했다.[19] 그렇다면 그의 출생 연도를 1794년으로 상정할 경우, 그는 1840년경에 세례를 받았다는 말이 된다.

그런데 그의 세례 연도를 추정하기 위해서는 그의 재혼 연도를 참고할 수 있다. 왜냐하면 그는 재혼한 피 카타리나를 설득하여 정덕(貞德)을 지키기로 다짐한 바 있었기 때문이다.[20] 박해시대 조선 교회에서는 정덕을 매우 강조했고,[21] 열심한 신자들은 이를 존중하고 있었다. 정의배 부부의 경우에는 부부간에 금욕생활을 하기로 언약했음을 알 수 있다. 그렇다면 정의배는 재혼 이전에 이미 신앙을 가졌음을 추정할 수 있다. 그런데 본고에서는 정의배와 피 카타리나의 결혼은 1837년경으로 추정한 바가 있다.

19 달레, 앞의 책, 417쪽, 각주102 참조.

20 『병인치명사적』 5권, 1~2쪽. "그 아내 피 카타리나와 한가지로 수계를 긴히 하며 정덕(貞德) 지키기로 서로 의논하여 언약을 단단히 하고…": 『병인치명사적』 5권, 31쪽. "남편의 열절한 인도함으로 비로소 타당히 수계하며(중략) 정덕 지키기로 부부 언약을 굳세게 맺으며…"

21 판토하(龐迪阿, Pantoja)의 『七克』 제6, 방음정덕조(防淫貞德條)는 정결을 지키는 공덕을 다룬 내용인데 정덕에는 세 가지가 있다고 하였다. ① 부부간의 정덕으로 마음으로라도 외간 남녀와 간음하지 않는 것(하위 정덕). ② 환과(鰥寡)의 정덕으로 홀아비와 과부가 외간 남녀와 간음하지 않는 것(차상위 정덕). ③ 동정을 지키는 정덕으로 남녀가 결혼하지 않고 자신의 순결을 오롯이 하느님께 바치는 것(최상위 정덕)을 말한다. 이러한 교리에 따라 당시 열심한 신자들은 동정을 지키려는 경향이 강했다. 정의배 부부의 경우에는 부부간에 금욕생활을 하기로 언약했음을 알 수 있다. 이 내용은 『성경직해광익』과 같이 당시 널리 읽혀지고 있던 기도서에도 인용되어 있었다.

이상의 사료들을 종합적으로 검토해 보면 그가 세례를 받았을 가능성이 가장 높은 해를 추정해 낼 수 있을 것이다. 먼저 사료 a-1에서와 같이 정의배가 1825년에 입교했다면 이는 정의배의 나이 30세를 전후하여 입교했다는 말이 된다. 그러나 이 정도의 나이에서는 아직 과거시험을 포기하지 않고 공부를 계속할 수도 있는 나이로 추정된다. 또한 이때 세례를 받았을 것으로 추정할 만한 다른 자료도 없다. 그러므로 30세 전후의 정의배는 어쩌면 자신의 최대 목표였을 과거 급제를 포기하지는 않았을 것으로 추정된다. 그러나 이 무렵에 그는 아마 자신의 절친한 친구였던 황 안드레아에게서 천주교에 대한 입교 권면을 받았었을 수는 있었을 것이다.

한편 사료 a-2에 의거한다면 병인박해가 일어난 해(1866)에서 30년을 역산하면 정의배가 42세 전후가 되던 1836년경에 입교했다고 추정할 수 있다. 정의배는 영세 입교 전에 당대의 지식인 천주교 신자들이 그러했듯이 『칠극(七克)』과 같은 한문 교리서나 『성경직해(聖經直解)』와 같은 한글 전례서를 통해서 천주교의 각종 덕행에 대해 이해할 수 있었고, 특히 정덕에 대한 지식을 갖게 되었다고 볼 수 있다. 그 후에 그는 1837년경에 피 카타리나와 재혼하면서 정덕을 지키자고 재취부인을 설득했을 가능성이 높다. 그렇다면 정의배가 영세 입교한 해는 사료 a-2에서 추정할 수 있는 1836년일 개연성이 높다고 하겠다.

또한, 병인박해 시에 체포된 신자들 가운데 순교자 정광철(鄭光哲)의 공초 기록을 보면, 그가 정의배에게서 교리를 배우고 범 신부에게서 영세 작호를 받았다고 되어 있다.[22] 정광철이 말하는 범 신부는 1837년 제2대 조선교구장으로 임명된 앵베르(Imbert, 范世亨) 주교임에 틀림없

22 『포도청등록』 中, 1868년 7월 7일.

다. 그런데 앵베르 주교는 1837년 12월에 입국하여 1839년 기해박해 때 순교했다. 그렇다면 정광철에게 교리를 가르쳤던 정의배는 1839년 기해박해 이전에 입교하였고, 정광철에게 천주교 교리를 가르칠 정도로 성숙한 신앙을 가지고 있었음을 간접적으로 확인할 수 있다.

이상의 두 가지 사료를 검토해 보면, 정의배는 1836년경에 마르코라는 세례명으로 영세 입교했다고 보는 것이 합리적일 것이다. 그렇다면 사료 a-3에서 그가 1839년 기해박해에서 선교사들의 순교를 목격했고 이에 감격하여 입교했다는 기록은 신빙도가 떨어진다. 아마도 정의배는 앵베르 주교가 입국(1837)하기 이전에 입교했고, 그래서 1837년경에 결혼한 재취부인에게 정덕을 권유했으며, 입교 이후 정광철 등에게 교리를 가르쳤다고 보는 것이 더욱 타당하다. 아마도 정의배는 선교사들과 신자들의 순교 장면을 직접 목격하고서 자신의 신앙을 더욱 굳게 다지는 계기로 삼았을 수는 있었으리라고 생각된다. 이러한 사실이 잘못 전달되어 그가 선교사의 순교 후에 신앙을 굳혀 입교했다고 와전되었을 가능성이 있다.

사료 a-3에서는 정의배가 1839년 기해박해 때 앵베르(范世亨) 주교, 샤스탕(鄭牙各伯), 모방(羅伯多祿) 신부를 비롯한 외국 선교사들과 천주교 신자들의 순교 현장을 지켜보았음을 전한다. 그가 직접 형장을 찾아간 것은 목숨을 버리면서도 신앙을 지키려는 선교사들에 대한 호기심과 그것을 가능하게 하는 천주교란 무엇인가에 대한 탐구심의 발로 외에도 자신의 신앙에 대한 확신의 증거로 삼고자 했던 것일 수도 있다.[23] 즉, 그가 새남터 순교 현장으로 간 것은 우연이 아니라 의도적인

23 『병인치명사적』 5권, 5쪽. "집안사람과 강론할 때면 매양 이르되 '치명이 좋은 것이라. 자리에 평안히 누워 죽는 것이 위태함이 많다' 하며 베드로 종도(宗徒: 사도)의 거꾸로 십자가에 달리심을 자기 혼자 항상 말하며…"; 『병인치명사적』 7권, 34쪽. "우리가 치명을

행위였다고 보아야 한다. 더욱이 〈부록 2〉와 〈표 2〉 자료에서 볼 수 있는 것처럼 그는 이미 앵베르 주교(어쩌면 모방 신부와도)와 신앙 행위를 통하여 개인적으로 접촉한 사실이 있다. 이렇게 자신이 따르던 선교사가 죽음에 어떤 모습으로 대처하는지도 아직 신앙이 확고하지는 않았던 그로서는 현장에서 확인하고 싶었을지도 모른다. 이렇게 그는 선교사와 신자들의 순교 현장을 직접 목격하고서, 그동안 그가 품어 오고 불 지핀 내적 각성과 성찰을 더욱 강화시켜 천주교가 참 종교임을 내면 깊이 점화시킨 계기로 삼았다고 생각된다.[24]

이상에서 논증한 바를 다시 정리하여 정의배가 입교한 과정을 요약해 보면, 정의배는 1836년경에 영세 입교한 것으로 추정된다. 그리고 정의배는 1839년 기해박해 때에 선교사와 신자들의 순교 현장을 목격하고서 이 경험을 살려 자신의 신앙을 더욱 다져 나가는 계기로 삼아 열심한 신앙생활을 실천했고, 그 과정에서 신자들과 선교사들로부터 점차 두터운 신망을 얻게 되었다고 생각된다.

3. 정의배의 신앙 실천과 선교활동

1) 정의배의 신앙 실천

정의배는 세례를 받고, 기해박해 때 선교사와 신자들의 순교를 목격한 1839년 이후 자신의 신앙생활을 더욱 열심히 이끌어 갔다. 정의배는

하여야 일정(一定) 사람의 본분이라."

24 달레, 앞의 책, 417쪽. "선교사들과 갖가지 계급의 천주교인들이 아주 희한한 기쁨을 안고 죽음으로 나아가는 것을 보고 충격을 받아…"

자신의 가까운 친족들을 입교시켜 나가며 모범적인 생활을 실천했다. 정의배의 신앙 실천과 관련해서는 그의 결혼생활을 주목할 필요가 있다. 정의배의 결혼생활은 매우 특이한 모습을 보이고 있다. 그는 재혼 후에 정덕을 지키고자 했다. 물론, 당시 교회의 가르침에서도 부부의 인연을 맺는 일은 정당한 행동이었지만, 그는 당시 금욕주의를 강조했던 교회 서적에서 높게 평가했던 정덕의 실천에 더 큰 관심을 가지고 있었다. 정의배의 재취부인 피 카타리나는 "남편의 열절한 인도함으로 비로소 타당히 수계하며(중략) 정덕 지키기로 부부 언약을 굳세게 맺으며…"[25] 살았다. 이 기록을 보면, 정의배는 1837년경에 재혼한 피 카타리나를 설득하여 정덕을 지키기로 언약했음을 알 수 있다.

그들은 자녀를 낳는 대신에 조실부모한 처조카인 피영록(皮永祿, 바오로)을 양자로 들여 3세 때 대세 작호를 했다.[26] 또한 피영록의 동생인 피기록(皮基祿)도 정의배에게서 대세 작호했다.[27] 피영록이 정의배에게서 대세 작호할 때의 나이가 3세였음을 감안하면,[28] 둘째 처조카인 피기록은 1세 내외였을 것이다. 그는 처조카인 피영록을 키워서 성가(成家)시켜 주었으니, 피영록은 적어도 15년 내외를 정의배의 집에서 지내다가 결혼했을 것으로 추정된다. 피영록의 처는 정아기(鄭女兒只)였다. 피영록과 결혼할 당시 17세가 못되었던 정아기도 정의배에게서 대세 작호를 받았다.[29] 그리하여 정의배의 처조카인 피영록과 피기록

25 『병인치명사적』 5권, 31쪽.

26 『포도청등록』 中, 좌포도청등록, 1868년 윤4월 15일, 454쪽. 피영록은 정의배 집에서 양자로서 함께 살며 브르트니에르 신부의 복사가 되어 그에게 한글을 가르쳤다. 그러나 그는 1868년 무진박해 때 체포되어 배교하였다.

27 위의 책, 1868년 윤4월 15일, 454~455쪽. 피기록 역시 19세가 되던 1868년 무진박해 때 체포되어 배교하였다.

28 위의 책, 1868년 윤4월 15일, 454쪽.

은 고모인 피 카타리나와 정의배에게는 자식과 다름없는 존재가 되었다. 또한 정의배는 자신의 사촌 동생인 정의방(丁義方) 다두도 입교시켰다.[30]

정의배가 자신의 처조카를 입양하여 양육하기 시작했던 시기는 아마도 메스트르 신부가 성영회(聖嬰會)를 도입한 1854년 이전이었을 것으로 생각된다.[31] 정의배는 이처럼 자신과는 직접적인 혈연적 인연이 없던 타인의 자녀를 거두어 길렀다. 이와 같은 일은 당시 가난했던 신자들에게는 커다란 사랑의 실천이었다. 후일 메스트르 신부가 1854년 성영회를 창설하게 되었던 배경에는 그리스도교에서 명하는 사랑을 실천했던 정의배와 같은 선행적 사례도 참조되었으리라 생각된다.

한편, 정의배 부부는 정덕과 함께 청빈의 수계에도 철저했던 것으로 보인다. 집안은 매우 가난하였지만, 신자들에게서 아무것도 받으려 하지 않았기 때문에 그의 식탁은 간소한 정도를 지나쳤었다고 한다.[32] 그러기에 그의 아내 피 카타리나는 삯바느질로 가계에 도움을 주고 있었다. 물론 피 카타리나는 남편 정의배가 회장직을 맡거나, 다블뤼 주교의 복사 일을 할 때, 또는 그가 기른 친정 조카 피영록이 브르트니에르 신부의 복사를 할 때 그 일에 따른 약간의 수입도 있었을 것이다.

29 앞의 책, 1868년 윤4월 15일, 455쪽. 정아기(鄭女兒只)도 19세가 되던 1868년 무진박해 때 남편인 피영록과 함께 체포되어 배교하였다.

30 위의 책, 1868년 윤4월 17일, 455쪽.

31 1868년 무진박해 당시 처조카 며느리인 정아기의 나이가 19세였고, 정의배가 1866년에 순교했으므로 17세 때에 결혼했다는 말이 된다. 신랑인 피영록도 비슷한 나이였으리라 추정한다면, 정의배는 재혼 직후인 1837년 어간에 두 처조카를 입양했다고 볼 수 있다.

32 『병인치명사적』 5권, 5쪽. "음식은 담박하여 감지(甘旨: 맛 좋은 음식)를 만나면 매우 적게 먹고 의복은 검소하여 경난(輕暖: 가볍고 따뜻한 옷)은 도무지 입지 아니하고…": 『병인치명사적』 5권, 32쪽. "(피 카타리나는) (소)박한 옷과 (조)악한 음식으로 육신을 기르며…"

그런데 복사직에 따른 수입이라고 해도 살림에는 충분치 못했었기 때문에 피 카타리나는 정의배의 교회활동을 진력하여 내조하면서 빈한한 가정을 꾸려 나가며 살았다.

이와 같은 정의배의 일상생활에 관한 단편적 증언을 보면 그의 일상적 삶이 드러내는 특성을 충분히 이해할 수 있을 것이다.

> b-1 : 정의배는 항상 변함이 없고 입술에는 늘 미소를 띠고 주야를 막론하고 그를 부르는 사람들을 도와줄 태세를 갖추고 있었으며, 그가 성내는 것을 본 일이 없었다고 한다.[33]
>
> b-2 : 그러나 (정의배는) 괴롭고 어려운 말이 한 번도 없을 뿐 아니라 도무지 흔근한(기쁜) 기상이며 겸하여 육신의 병도 없이 근실히 지내더라.[34]
>
> b-3 : 집안사람들의 잘못하는 일을 능히 용서하여 온화하고 가는(조용한) 말로 이르며 일절 성낸 빛과 꾸짖는 큰소리 없으니…[35]

정의배의 행적에 대한 증언자들은 그의 일상적 삶에서 드러나는 특징으로 늘 온화하고 기뻐했으며, 자신의 어려움을 발설하지 않았다고 했다. 신자들은 그가 성내는 것을 본 적이 없다고 증언하기도 했다. 또한 정의배는 다른 이의 잘못을 잘 이해해 주었고, 언제나 다른 사람을 도울 태세를 갖추고 있었다고 했다. 정의배에 관한 이러한 칭찬은 선교사들이 그를 평가하고 있던 내용과도 완전히 일치하고 있다. 또한 박해시대를 살았던 정의배는 자신의 신앙을 충실히 실천했고, 순교를 예비하고 있었다고 한다.

33 달레, 앞의 책, 418쪽.

34 『병인치명사적』 5권, 4쪽.

35 위의 책, 5쪽.

c-1 : 집안사람과 강론할 때면 매양 이르되 '치명이 좋은 것이라. 자리에 평안히 누워 죽는 것이 위태함이 많다' 하며 베드로 종도(宗徒: 사도)의 거꾸로 십자가에 달리심을 자기 혼자 항상 말하며 오관(五官)을 엄히 지키어 날마다 길에 많이 다니되 어떤 사람과 무슨 소리를 분별치 못하고 음식은 담박하여 감지(甘旨)를 만나면 매우 적게 먹고 의복은 검소하여 경난(輕暖)은 도무지 입지 아니하고 날마다 성인행실(聖人行實) 하나씩 보기로 떳떳한 공부를 삼고 묵상염경(黙想念經)에 오래고 잠깐은 때를 따라 하되 곁에 사람이 있어도 모르고 무슨 소리 있어도 듣지 못하여 마치 영혼 떠난 육신과 같고 혹 아무 일이 없이 앉은 때면 책을 보거나 그렇지 않으면 눈을 감고 깊이 무엇을 생각하는 모양이요(중략) 그 평생 행위를 살피건대 공번된 규구(規矩) 외에 별(도)로 많은 경문을 염(念)하여 대소재(大小齋: 금식과 금육)를 지키는 유표(有表: 표 나게 함)한 것은 없으나 또한 가히 나무랄 행실이 없더니…[36]

c-2 : 냉담자를 만나면 붙잡고 '우리가 세상을 어린아이와 죽은 시체와 같이 이 세상을 지내어야 영원에 아름다운 복을 받을 것이니 아무쪼록 이 세상을 경세(警世)로 지내세'(라고 말했다). 이렇게 사람을 많이 권화(勸化)도 하고 자기 평생에 행위도 놀랍게 하고 지내다(중략) 행위와 범절이 아름다워, 보는 자 다 그 표양(表樣)을 보고 (천주)교에 돌아온 사람도 많고, (정의배) 마르코 말하되 '사람이 세상에 나되 나던 날이 죽는 날이라' 말하며, '우리가 치명을 하여야 일정(一定) 사람의 본분이라' 하고 자기 내외와 근가(近家: 이웃)에 있는 사람까지 만나면 말하기를 '송장과 어린아이가 재물 체면을 모르고 송장이 일락(逸樂) 체면을 모르나니 우리도 그 모양으로 지내기 어렵지 않네. 내 일용 생양(生養)을 천주께서 (우리가) 진(언)(進言)하기 전에 미리 예비하여 주시니 걱정이 무엇인가?' 평상(시)을 이렇게 지내며 아이들 대세도 많이 주었고…[37]

36 앞의 책, 5~6쪽.

37 『병인치명사적』 7권, 34~35쪽.

이상의 자료 c-1에서 드러나는 바와 같이 그는 언제나 절제된 생활을 하고 있었고, 성인들의 행실을 본받고자 노력해 왔다. 그가 신앙을 가진 후에는 천주교의 계율을 지키는 데에 방해가 되는 일은 결코 하지 않았고, 천주를 공경과 겸손, 인내함이 특출했다.[38] 또한 그는 때때로 깊은 묵상에 접어들어 '영혼이 떠나간 육신'처럼 기도에 집중했다. 또한 그는 '치명' 즉, 순교를 아름답게 여겼다.

그는 c-2의 사료에서 드러나는 바와 같이 재물에 대한 욕심이나 체면에 사로잡히지 않는 송장이나 어린이처럼 지내며, 우리의 모든 생활은 하느님이 미리 알아서 예비해 주실 것이니 하느님만을 의지하며 살아야 한다고 말했다. 이러한 그의 신심을 분석해 보면 그는 하느님에 대한 굳은 신앙을 가지고 있었고, 매우 철저하게 자신의 욕망을 다스리고자 했던 인물이었음을 알 수 있다.

2) 정의배의 선교활동

정의배는 자신의 신앙을 이웃에 전하는 데에도 힘썼다. 정의배가 천주교 신앙을 실천하던 시기는 박해가 지속되던 때였다. 당시는 박해 시대였으므로 신앙을 고백하고 입교하기도 어려웠겠지만, 가톨릭 신앙을 전파하는 어려움은 더욱 컸으리라 생각된다. 그러나 정의배는 자신의 신앙에 대한 확신 때문에 이를 즐겨 전파하였고, 그의 주변에서도 밖으로 자연히 드러나고 있던 모범적 생활에 감화받아 정의배의 신앙에 관심을 가지게 되었을 것이다.

정의배는 외교인을 권면하여 귀화하기 위해 밤잠까지도 자지 않았

38 『병인치명사적』 7권, 33~34쪽. "문교(聞敎)하여 그 후로는 일호(一毫)도 수계에 조당(阻擋)되는 일을 도무지 아니하고 천주 공경함과 겸손 인내와 행위 범절이 놀라워…"

다고 전해진다.[39] 그리하여 모든 신자가 그를 아버지처럼 사랑하고 성인처럼 공경하였다.[40] 정의배가 실천하고 있던 이와 같은 신앙생활과 그의 덕망에 대한 평판은 기해박해 이후 조선에 입국한 선교사들에게도 전해졌다. 그리하여 페레올(Ferréol, 高) 주교는 1845년 10월 조선에 입국한 직후 그를 회장에 임명했다. 정의배의 나이가 50여 세에 이르렀을 때였다. 정의배는 이 직책을 그가 순교할 때까지 모든 이에게 유익하게 수행했다.[41] 그가 회장직을 수행하던 자세는 아래와 같았다.

> 병든 이와 가난한 이를 권면 위로하고 신문교(우)(新聞敎友)와 냉담한 이를 강론 귀화(講論歸化)하기에 종종 밤으로 낮을 이으며 어떤 때 융동성서(隆冬盛暑: 한겨울과 한여름)를 당하여 먼 지방에 병든 이나 혹 초문교(우)(初聞敎友)가 있어 다른 사람을 보내어도 보살필 만하되 남에게 부탁하지 아니하고 기어이 자기가 가니 집사람이나 다른 교우들이 그 늙음을 아껴 만류하면 가로되 '이는 회장의 본분이니 만일 남에게 미루면 본분 결(缺)한 허물이 되겠고, 또 내가 역량이 적으니 어찌 다른 신공(神功)을 넉넉히 하리오? 당한 본분이나 조심하여 지킬 따름이요, 또한 마음에 괴롭지 아니하니 무슨 어려움이 되리오? 위주(爲主)하여 하노라' 하며 아무리 어려운 일이라도 도무지 남에게 부탁치 아니하여 자기가 하더라.[42]

이상의 자료에서 그가 회장직을 직접 맡게 된 이후 어떠한 어려운 일이라도 자신이 직접 감당해 내고 있었음을 알 수 있다. 이러한 자세는 자신을 회장으로 임명한 제3대 조선교구장 페레올 주교 때에만 국

39 『병인치명사적』 7권, 34쪽. "외교(인) 권화(勸化)하기를 평생에 즐거워(하며) 밤에 잠을 아니 자고…"

40 달레, 앞의 책, 418쪽.

41 달레, 앞의 책, 418쪽.

42 『병인치명사적』 5권, 2~3쪽.

한된 것은 아니었다. 페레올 주교가 1853년에 병사한 이후 제4대 조선 교구장으로 베르뇌(Berneux, 張敬一) 주교가 입국했다. 베르뇌 주교 역시 그를 매우 높게 평가하고 있었다.[43]

정의배는 65세가 되던 1860년 자암(紫岩; 봉래동 · 순화동 · 의주로2가 일대)[44]으로 이사했다.[45] 만일 그가 태어났던 창동에서 줄곧 살았다면, 이때의 그의 이사는 일정한 의미가 있는 사건이었다고 생각된다. 그의 이사는 페레올 주교로부터 회장 직분을 받은 지 15년 되는 해였고, 베르뇌 주교가 입국한 후 4년이 지나서였다. 그가 이곳으로 이사한 까닭은 교회 장상들과의 연락, 지도급 신자들과의 교류 등 보다 본격적으로 교회활동을 하기 위함이었다고 추정된다. 베르뇌 주교 댁은 정의배의 집과 '몇 분 정도'의 거리밖에 되지 않은 가까운 곳에 있었기 때문이다.[46] 당시 베르뇌 주교는 자신의 집 인근에 믿을 만한 신자를 이사시켜서 이곳을 교회활동의 또 다른 중심지로 삼고자 했었던 듯하다.

회장 직분을 맡은 정의배는 끊임없이 신자와 예비 신자들을 가르치고 병자들을 찾아가 위로하고 그들에게 성사받을 준비를 시키는 일을

43 『병인치명사적』 5권, 6쪽. "장(張, 베르뇌) 주교 말씀이 '사욕 없는 정 회장이라 천당에 한 자리 있겠다' 하시더라."; 『병인치명사적』 7권, 35쪽. "세상을 경세(警世)로 지냄을 보고 장 주교 매우 사랑스럽게 여기며…"

44 서울시사편찬위원회, 『서울지명사전』 자암동(紫巖洞), 2009 참조. 자암(紫巖)은 서울 중구 봉래동 1가와 순화동과 의주로 2가에 걸쳐 있던 마을로 근방의 바위가 자색 빛이 나기에 '자암(紫岩)' '자색바위' '자바위' '자연(紫烟)바위'로도 불렸고 '잼배'라고도 하였다.

45 『한국가톨릭대사전』 10, 한국교회사연구소, 7566쪽. "1860년경 자암(紫岩)으로 이주하여 아현(阿峴)에 거주하는 황 베드로와 김 말두옴에게서 교리를 들었다. 또한 대평동(大平洞)에 사는 홍봉주(洪鳳周, 토마스)와도 왕래를 했으며, 김 말두옴으로부터 베르뇌(Berneux, 張敬一) 주교를 소개받았다. 1864년경에는 우연히 베르뇌 주교의 집에서 다블뤼(Daveluy, 安敦伊) 주교를 만나 보기도 하였으며, 수철리(水鐵里)에 사는 배치서(裵致西)와 공덕리에 사는 정복길, 이득삼에게 교리를 가르쳤다."

46 달레, 앞의 책, 396쪽.

하였다. 병든 이, 가난한 이나 신문교우(新聞敎友)를 권면 위로하고 냉담한 이를 만나 신앙을 돌이키도록 했으며 먼 지방에 병든 이나 초문교우(初聞敎友)가 있어도 직접 찾아갔다. 교우들이 늙음을 이유로 만류하면 그러한 일들을 회장인 자신의 본분으로 생각하고 있었다. 그는 "주님을 위하여[爲主] 하노라." 하며 아무리 어려운 일이라도 스스로 감당해 냈다.

정의배는 원래 서울의 회장직을 맡고 있었다. 서울은 주교가 가장 중요한 지역으로 인정한 조선교구의 중심 지역이었다. 그리하여 교중 사무가 많으므로 주교는 서울을 지역으로 구분하여 한때 김 발도로메오 회장과 나누어 맡아 보도록 했다. 그러나 김 발도로메오 회장이 선종하고 난 후 서울 교회의 모든 일은 회장 정의배에게 집중되어 갔다.[47] 이러한 상황은 1857년 전교회(傳敎會)가 설립되고 서울의 전교 지역이 분리되어 각 지역별 회장이 임명된 이후에도 마찬가지였다.

제4대 조선교구장 베르뇌 주교는 1860년대 초의 서울 지역을 네 구역으로 나누어 각 회장들에게 맡겨 관리했는데, 각 회장의 거처인 아현(최인서 회장), 자암(정의배 회장), 연동(동대문 안, 최사관 회장) 등이 신앙의 거점 역할을 하였다.[48] 그러나 이때의 상황은 "일이 너무 많고 나이 늙으니 근력이 당키 어려움으로 주교가 염려하시어 동문(東門) 안과 남문(南門) 밖에 회장 두 사람을 더 정하시나 그 두 회장은 제 지방만 보살필 따름이요 각 도(道)와 서울 모든 일은 전과 같이 자기에게 돌아오는지라."[49]라는 사료를 통해서 잘 알 수 있다.

47 『병인치명사적』 5권, 2쪽. "김 회장 바르톨로메오와 한가지로 마음과 힘을 합하여 교중사(敎中事)를 보살피더니 몇 해 못하여 김 회장이 죽고 혼자 (회장 직무) 담당이 된지라."

48 한국교회사연구소 편, 『한국천주교회사』 3, 240쪽.

49 『병인치명사적』 5권, 4쪽.

즉, 정의배는 자신이 맡은 지역 이외에도 다른 지역 또한 직접 맡아 전교활동을 전개해 갔다. 그리하여 서울 인근의 경기 지역뿐만 아니라 황해도와 평안도에까지 직접 파견되어 선교했다. 그는 이 지역에서 도리를 강론하여 가르쳐 영세 예비를 시키고, 예비를 마친 이는 영세를 받게 했고, 봄 · 가을 성사를 준비시켜야 했다. 당시 서울에는 도성 안 성내(城內) 지역뿐만 아니라 도성에 연이어 있는 성저십리(城底十里) 지역 특히 칠패시장 부근, 자암 등지에 교우들이 많이 살고 있었고, 지방 교우들이 자암에 있는 정의배의 집에 와서 세례를 받았다. 베르뇌 주교도 정의배의 집에 와서 세례와 견진을 주고 성사도 주었다.

정의배의 자암동 집은 당시 중요한 신앙 거점이었고, 공소와 같은 역할을 하고 있었다고 생각된다. 정의배는 이곳을 근거로 하여 활발한 교회활동에 열성적으로 투신했고, 전교에 힘써서 많은 신자들을 배출했다. 사실, 병인박해 시 『포도청등록』에 수록된 신자 중에서 1866년 1월 15일 이후부터 1877년 2월 26일까지 체포된 신자들의 명단을 보면, 정의배의 영향을 받았거나 관련된 사람들은 모두 63인에 이른다.(〈부록 2〉 정의배 관련 신자 명단) 이 63명 가운데 정의배의 직접적 가르침을 받았던 관련자들 가운데 순교와 배교한 인원수와 그 비율은 다음 〈표 1〉과 같다.

〈표 1〉 정의배 관련 신자와 일반 신자의 순교, 배교 비율

『포도청등록』 정의배 관련 신자 공초 기록(단위: 명)				
성별	순교	순교 불명	배교	합계
남자	21	3	19	43
여자	14	–	6	20
합 계	35(56%)	3(5%)	25(40%)	63(100%)

『포도청등록』 서울 지역 신자 공초 기록(단위: 명)				
구 분	증거자	미상	배교자[50]	합 계
인 원	170(38%)	39(9%)	235(53%)	444(100%)

＊출전: 『포도청등록』 기사 내용 분석.

정의배와 관련된 신자들 63명은 『포도청등록』에 수록된 서울 지역 신자 444명의 14%에 해당되고 있다. 그런데 당시 체포되었던 서울 지역 신자들 가운데 자신의 신앙을 증거 하고 순교한 경우는 모두 170명 즉, 38%에 이르고 있다. 그러나 정의배 관련 신자(63명) 가운데 순교한 사람의 숫자는 35명으로 56%에 이르고 있다.

물론, 정의배의 측근 중에서도 배교한 경우가 있었다. 즉, 병인박해가 일어나자 정의배는 피영록과 피기록 형제를 경기도 과천으로 피신시켰다.[51] 3살 때 입양하여 키워 온 처조카 피영록과 정아기 내외 및 피영록의 동생인 피기록의 경우에는 정의배가 순교한 이후 1868년 무진박해 때에 체포되어 배교했고,[52] 다른 신자들을 적발하는 데에 동원되었다. 그의 고발로 인해 배론신학교 신학생이었던 유 안드레아가 1868년 8월에 순교하게 되었다.[53] 또한 피영록은 1878년에는 자신을 키워 준 그의

50 배교 이유는 크게 세 가지인데 첫째가 방금지엄 풍파생겁(邦禁至嚴 風波生怯: 국가의 혹독한 박해로 인한 두려움)이 가장 많았고, 무의미 부지자미(無意味 不知慈味: 교리에 대한 이해가 깊지 못했고 입교 동기 자체가 비 신앙적 사유)가 그 다음이었다. 즉, 배교의 원인은 신앙적 갈등이나 교회 자체에 대한 문제가 아니고 외적 상황에 대한 두려움 때문이었다. 마지막으로 가족, 종중(宗中, 문중), 지역사회 등의 압력 순이었다. 장동하 논문, 「한국천주교회사 교실」, 순교자현양천주학당, 142쪽.

51 달레, 앞의 책, 418쪽.

52 『포도청등록』, 1868년 윤4월 15일.

53 『병인박해순교자증언록』 153쪽. 배론신학교 신학생이었던 유 안드레아는 1866년 푸르티에 신부가 체포되고 학교가 해산당하자 수리산 본가로 피신했다. 유 안드레아는 1868년 서울로 피신한 모친을 찾으러 갔다가 염천교에서 '피록이'를 만나서 잡혀 좌포도청에 끌려가 1868년 8월경에 교수형을 당해 순교했다. 『병인박해순교자증언록』에 자주 등장하는 '피록이'는 피영록으로 추정된다.

고모(피 카타리나)까지도 고발해서 옥사(獄死)하게 했다.[54]

그러나 일반적으로 말할 때, 신앙에 대한 투철한 훈련을 받은 신자이거나, 특별히 뛰어난 모범을 보여 주는 신앙인에게서 인도받은 신자인 경우에는 그에 감화받아 스스로 순교를 결행할 가능성이 높다고 할 수 있다. 결국, 정의배의 영향을 받았거나 지도받았던 사람들의 순교 확률이 더 높았다는 사실은 정의배의 탁월하고 신실한 신앙과 무관하지는 않으리라 생각된다.

이상에서 검토한 바와 같이 정의배는 특별히 모범적인 생활을 했다고 평가할 수 있다. 그는 복음 전파에 진력해 왔기 때문에 제3대 조선교구장 페레올 주교로부터 서울의 회장에 임명될 수 있었다. 이러한 정의배 회장에 대한 신임은 제4대 조선교구장 베르뇌 주교 시대에 이르러 더욱 두터워졌다. 베르뇌 주교는 정의배를 자신의 거처 부근으로 이사시켜서 지근거리에서 자신을 돕도록 했었기 때문이다. 또한 정의배는 예비자들에 대해 열심히 지도하고 특별한 모범을 보였기 때문에 그에게서 입교를 지도받은 신자들은 다른 이들보다 더 확고하게 순교의 길을 걷게 되었으리라 생각된다.

4. 정의배와 선교사들 그리고 순교

1) 정의배와 선교사들

정의배 자신의 특출한 신앙심과 두터운 평판은 선교사들의 신뢰를

54 리델 지음, 유소연 옮김, 앞의 책, 122쪽.

받기에 충분했다. 그는 1839년 기해박해가 끝난 다음 교회 재건을 위해 노력하던 선교사나 조선인 성직자들로부터 주목을 받았다. 그리하여 그는 앞서 살펴본 바와 같이 교회의 회장이 되어 페레올 주교 및 베르뇌 주교를 비롯한 선교사들을 도우면서 조선 교회의 발전을 위해 온 힘을 다했다. 정의배와 같은 시기에 조선에서 활동했던 선교사들은 모두 정의배와 일정한 관계를 맺고 있었다고 해도 과언은 아니다. 정의배와 관계를 가졌던 사제들의 면면을 달레의 『한국천주교회사』와 『병인치명사적』, 『포도청등록』 등의 자료에서 발췌 · 정리하여 제시하면 다음 〈표 2〉와 같다.

〈표 2〉 정의배의 교회활동과 관련 사제

사제 이름	입국 연월	소속단체, 비고	순교 여부
앵베르(Imbert, 范世亨) 주교, 제2대 조선교구장	1837. 12.	파리외방전교회. 정의배 안내로 정광철에게 영세 수호 견진.	103위 성인. 1839(기해박해) 순교(42세)
페레올(Ferréol, 高) 주교, 제3대 조선교구장	1845. 10.	파리외방전교회. 김대건 신부와 함께 입국. 정의배를 회장으로 임명. 정의배 집에서 영세 작호.	1853.8. 선종 (45세)
다블뤼(Daveluy, 安敦伊) 주교, 제5대 조선교구장	위와 같음	파리외방전교회. 정의배 집에서 3년간 거주. 정의배 집에서 영세 작호.	1866(병인박해). 3.30. 갈매못 순교(48세)
최양업(崔良業) 신부	1849. 12.	파리외방전교회 극동대표부 신학교. 서울에 오면 정의배의 편의를 받음. 정의배 집에서 영세 작호.	1861.6. 선종 (40세)
메스트르(Maistre, 李) 신부	1852. 7.	파리외방전교회. 1853.2. 페레올 주교 선종 후 교구장 대행. 성 요셉 신학교(배론신학교) 설립. 1854. 성영회(聖嬰會) 사업 시작. 정의배 성영회 활동.	1857.12. 선종 (49세)

베르뇌(Berneux, 張敬一) 주교, 제4대 조선교구장	1856. 3.	파리외방전교회. 성영회를 본격 전개하고, 전교회를 도입(1857)하여 정의배를 각각 회장으로 임명. 정의배 집에서 많은 신자에게 영세 작호 및 고해를 들어 줌.	1866(병인박해). 3.8. 새남터 순교(52세)
푸르티에(Pourthié, 申妖案) 신부	위와 같음	파리외방전교회. 정의배와 새남터에서 순교.	1866(병인박해). 3.11. 새남터 순교(36세)
프티니콜라(Petitnicolas, 朴德老) 신부	위와 같음	파리외방전교회. 위와 같음.	상동 (38세)
페롱(Feron, 權) 신부	1857. 1.	파리외방전교회. 정의배 안내로 신자(최성서 아오로)의 고해를 들어 줌.	1866(병인박해) 탈출
브르트니에르(Bretenières(유스토(Justus)), 白) 신부	1865. 5.	파리외방전교회. 볼리외, 도리, 위앵 신부와 함께 입국. 정의배의 집에서 기거함. 정의배의 양자 피영록을 복사로 삼고 한글 배움.	1866(병인박해). 3.8. 새남터 순교(28세)
볼리외(Beaulieu, 徐沒禮) 신부	위와 같음	파리외방전교회. 서울에 오면 정의배의 편의를 받음.	상동 (26세)
도리(Dorie, 金) 신부	위와 같음	파리외방전교회. 위와 같음.	상동 (27세)
위앵(Huin, 閔) 신부	위와 같음	파리외방전교회. 위와 같음.	1866(병인박해). 3.30. 갈매못 순교(30세)
노 신부		다블뤼 주교일 가능성이 높으나 모방(Maubant, 羅伯多祿) 신부(파리외방전교회)일 수도 있음.	모방 신부는 1839(기해박해) 순교(36세)

*출전: 달레, 『한국천주교회사』, 『병인치명사적』, 『포도청등록』 등에서 발췌.

정의배는 제3대 조선교구장 페레올(Ferréol, 高) 주교로부터 회장으로 임명된 이후 특히 제4대 조선교구장 베르뇌(Berneux, 張敬一) 주교 시절에 조선에서 활동하던 거의 모든 선교사들에게 편의 제공과 헌신을 아끼지 않았다. 베르뇌 주교와 함께 1856년에 입국했던 푸르티에(Pourthié, 申妖案) 신부와 프티니콜라(Petitnicolas, 朴德老) 신부는 제천 배론신학교에서 지냈으므로 정의배와 그다지 긴밀한 관계는 없었으리라 생각된다. 그러나 그들은 정의배와 새남터에서 한날한시에 순교하는 더욱 각별한 인연을 맺게 되었다. 메스트르(Maistre, 李) 신부와는 성영회(聖嬰會) 활동을 벌였다. 다블뤼(Daveluy, 安敦伊, 안토니오) 주교는 입국 후 정의배 집에서 3년간 거주했고, 서울에 올라와 머무를 때는 정의배의 도움을 받았다. 볼리외(Beaulieu, 徐沒禮), 위앵(Huin, 閔), 도리(Dorie, 金) 신부 등도 서울에 왔을 때는 정의배의 도움을 받았다.

정의배는 1865년 5월에 내포로 입국한 브르트니에르(Bretenières, 白) 신부를 베르뇌 주교의 뜻에 따라 7월부터 자신의 집에 머물게 하였으며 처조카이자 양자인 피 바오로를 복사로 삼아 신부에게 조선어를 익히게 하였다. 브르트니에르 신부와 함께 입국한 볼리외, 위앵, 도리 신부도 그의 집을 왕래하였다. 이처럼 그는 당시 조선에서 활동하던 거의 모든 선교사들과 밀접한 관계를 맺고 있었다.

그런데 이상의 〈표 2〉에서는 정의배 활동 당시 조선에서 사목하던 사제 중 김대건 신부와 리델,[55] 칼레 신부는 보이지 않는다. 그러나 정의배와 매우 긴밀한 관계를 맺고 있던 두 명의 조선교구장(3대 페레올, 4대 베르뇌)과 이어진 5대 다블뤼 주교와의 관계를 감안하면, 이 표에서는 보이지 않는 김대건 신부나 리델, 칼레 신부 등도 정의배와 어떤 식으로든 연계가 되어 있었을 것으로 추측된다. 그런데 김대건 신부는 1846년(병오박해)에 일찍 순교했고, 나머지 2명의 선교사들은

55 병인박해 시 탈출했으나 1868년 제6대 조선교구장으로 부임 후 1868년 무진박해로 체포되었다가 만주로 추방됨. 『나의 서울 감옥생활 1878』을 저술하였다.

병인박해를 피하여 조선을 탈출[56]했었기 때문에 정의배와 관련된 관변 기록이나 증언 자료가 없었을 것으로 생각된다. 정의배는 모든 사제들에 대해서 자신의 성의를 다하여 섬겼다. 이러한 사실은 다음의 사료를 통해서 확인된다.

> 주교 · 신부 섬기기는 마치 효도로운 자식이 부모에게와 같이 아침저녁 문안이며 순명 공경하는 거동이 족히 사람의 마음을 감동하겠고 비록 하인의 할 일이라도 주교 · 신부를 위하여는 즐겨 행하며 호말(毫末: 털끝만큼)이나 도무지 그 마음을 다치지 아니하기로 힘쓰더니, 그때 주교 · 신부(가) 대단히 남에게 시비를 받을 제 여러 번 (선교사를) 위하여 울며 회장과 복사(服事)하는 사람들더러 가로되 "회장이나 복사 소임을 온전히 열심으로 위주(爲主)하는 지향이 없고 만일 사욕을 섞으면 이런 일이 나고 또 무서운 일이 있겠다."[57]

즉, 그는 성직자와 신자와의 관계를 부모와 자식의 관계로 보았다. 아마 정의배가 살았던 당시에도 성직자들 가운데에는 신자들로부터 시비를 받는 경우가 적지 않았던 듯하다. 그래서 그는 '여러 번 선교사를 위하여 울며' 변호한 듯하다. 그리고 회장이나 복사의 소임에 대해서 말하기를 주님을 위하는[爲主] 지향으로 성직자를 섬겨야 함을 말했다. 그의 이러한 자세는 현대 교회나 사회에서 요구하는 성직자관(觀)과는 일정한 차이가 있다. 물론 그가 살았던 시대는 전근대사회였을 뿐만 아니라 박해가 진행 중이던 때였다. 이 점을 감안한다면 선교사에 대해 회장이나 복사와 같은 측근들이 취해야 할 자세를 당부, 호소한 것은

56 병인박해 시 탈출한 선교사는 3명인데 리델(Ridel, 李福明), 칼레(Calais, 姜), 페롱(Feron, 權) 신부이다.

57 『병인치명사적』 5권, 4쪽.

교회의 결속을 다지는 데에 크게 기여할 수 있었던 것으로 평가된다.

정의배가 견지하고 있던 이러한 태도의 당연한 결과로 선교사들도 그를 믿고 중책을 맡겼다. 페레올 주교가 선종한 후, 조선 교회를 지도하던 메스트르 신부는 1854년경부터 우리나라 최초의 아동구호단체인 성영회(聖嬰會)사업을 시작하였다.[58] 메스트르 신부는 버려진 아이들을 신자 가정에서 양육하도록 하였고 대세를 줄 사람을 뽑았고, 장성하면 일자리도 주선해 주었다. 이 사업을 더욱 체계화한 것이 페레올 주교의 후임으로 제4대 조선교구장에 취임한 베르뇌 주교였다. 베르뇌 주교는 1857년 3월 26~28일에 조선교구 최초의 시노드를 개최하면서 성영회의 규칙을 정하고 이를 전국적으로 실시했다. 이때, 서울에서는 정의배가 중심이 되어 주도적으로 참여하여 버려진 아이들을 성심껏 돌보았다.

정의배는 1854년에 고아구호단체인 성영회가 조직되면서부터 이를 맡아 고아들을 돌보는 데 진력하였다. 성영회 활동에 대해서는 다음 (d-1)과 같이 문헌에 기록되어 있다. 또한 그는 1857년 조선교구에 전교회(傳教會)가 도입된 이후에 이 모임을 맡아서 봉사했다.[59] 그가 성영

58 성영회(聖嬰會=嬰孩會)는 1843년 프랑스 파리에서 장송(Holbon Janson)에 의해 설립되었다. 우리나라에는 1852년 8월 말에 조선에 입국한 메스트르(Maistre, 李) 신부가, 우리나라 각지를 돌며 전교활동을 계속하는 가운데, 죽음에 직면한 고아가 많음을 보고, 파리에 있는 성영회 본부에 재정적인 원조를 청하여 1855년경에 고아(孤兒), 기아(棄兒)들에 대한 구제 사업을 펴기 시작하였다. 그러나 1857년 12월 20일 메스트르 신부가 충남 합덕(合德)에서 선종한 뒤에도 이 사업은 계속되었는데 1859년 보고서에 따르면, 미신자로서 대세(代洗)를 받고 죽은 아이가 701명, 프랑스의 고아원 본부에서 보내온 경비로 양육하는 고아가 43명에 달한다고 하였다.

59 전교회(傳教會)는 1816년 프랑스 리옹에서 자리코(Jarico)에 의해 시작되었는데 1822년 5월 3일 전교회라는 명칭으로 정식으로 발족되었고 1823년 교황 비오 7세에게서 인준받았다. 목적은 기도와 모금을 통해 선교사들의 선교활동을 원조하는 것이다. 우리나라에는 1857년경에 베르뇌 주교에 의해 도입된 것으로 추정된다.

회와 전교회를 직접 관장하고 있던 상황은 다음의 두 자료를 통해서 드러난다.

d-1 : 이(李, Maistre) 신부와 장(張敬一, Berneux) 주교 이어(서) 임하신 후에 영해(嬰孩) 거두기를 시작하니 영해(의) 수 항상 많은지라. (정의배는) 그 영해들을 맡아 각 교우의 마땅한 데를 찾아 맡기되 만일 마땅한 곳을 얻지 못하면 자기 집에 모아 두고 그 아내와 더불어 매양 밤을 새워 구완하며 친히 젖을 얻어다가 먹여 기르고 혹 죽으면 친히 염(殮)하여 묻으니 자기 집에 영해가 항상 네다섯은 있으며 그 죽는 수와 잘 자라는 수며 삭하(품삯) 주는 셈을 한 달에 한 번씩 하여 주교께 감(鑑: 보고)하며, 또 전교회(傳敎會) 있는 고로 회우의 전교 돈을 받아 1년에 두 번 셈하여 주교께 바치고 경기 각처와 황해, 평양(평안) 양도(兩道)에 신문교(우)가 많이 일어나 춘추성사(春秋聖事) 때뿐 아니라 달과 날로 연이어 많으니 그러므로 일변 도리를 강론하며 가르쳐 영세 예비를 시키고 예비 다한 이는 인도하여 영세를 받게 하니 그때에 나이 70이라.[60]

d-2 : 전교회는 장 주교께서 맡으매, 신자들이 이 회에 들면 대사(大赦)를 받는 중요한 교리를 가르치고, 가입한 신자는 회비를 거두는데 매년 돈 내고 아니 낸 문서를 작성하여 (정의배 회장이) 주교께 드렸다.[61]

사료 d-1에서는 정의배가 어린 고아들을 모아서 위탁할 가정을 물색해서 정해 주기까지 고아들을 어떻게 돌보았는지를 기록하고 있다. 그리고 그는 당시 교회의 가르침에 따라 어린 영혼들의 구원을 위해 죽을 위기에 처한 아기들에게 대세를 베풀어 주고 있었음을 말해 준다. 그리고 전교회의 책임을 맡아 각 공소에서 들어오는 전교 회비를 관리했던 상황을 전해 준다. 한편, d-2의 사료는 정의배의 처조카이자 양자

60 『병인치명사적』 5권, 3~4쪽.

61 『한국천주교회사』 3, 228쪽.

였던 피영록이 증언한 것으로, 전교회는 베르뇌 주교가 전체적으로 관장하고 정의배는 회장으로서 신자들에게 전교회의 취지를 가르치며 회원 모집, 회비 관리 등 실무를 담당하여 베르뇌 주교를 보좌하는 역할을 맡았던 것으로 보인다.

그가 성영회와 전교회에서 수행하던 이와 같은 역할은 곧 그가 이 두 단체의 회장을 맡고 있었음을 의미한다.[62] 선교사들은 정의배를 믿고 신뢰할 수 있었다. 그래서 그들은 당시 교회에서 중요한 두 단체였던 성영회와 전교회의 운영을 모두 정의배에게 위임했다. 정의배는 서울의 회장이며 전교회의 회장으로서 "열성은 놀라웠으니, 끊임없이 신자와 예비 신자들을 가르치고 병자들을 찾아가 위로하고 그들에게 성사받을 준비를 시키는 일을 하였다."[63] 이와 같은 정의배에 대한 선교사들의 평가는 매우 높았다.

즉, 다블뤼 주교는 "정 마르코는 산 성인이로다."라고 칭찬하였다.[64] 베르뇌 주교도 "나도 장차 이 사람과 같이 천상 아름다운 자리에 있게 됐으면 좋겠다."고 감탄하였다. 미사 참례할 때면 특별한 열심이 드러나니, "백(白, Bretenières) 신부 말씀이 '미사 참례는 정 회장같이 하여야 쓰겠다.' 하고 순전한 겸손과 거리낌 없는 평화한 거동과 말은 부지(不知) 중에 사람의 마음을 감동하니 장(張, Berneux) 주교 말씀이 '사욕 없는 정 회장이라. 천당에 한 자리 있겠다 하시더라.'"[65] 또한, "베르뇌 주교는 (정의배) 마르코에 대하여 일종의 경외심을 가지고 있어서 여

62 뮈텔, 『치명일기』 국역 · 영인판, 14쪽. 각주에는 "명도회장이었다"고 기록되어 있다.

63 달레, 앞의 책, 418쪽.

64 김옥희, 『103위 성인전』, 310쪽; 아드리앵 로네 · 폴 데통베 지음, 안응렬 옮김, 『한국 순교자 103위전』, 1995, 376쪽. "다블뤼 주교는 그를 성인이라고 말했고…"

65 『병인치명사적』 5권, 6쪽.

러 차례 선교사들에게 이렇게 말하였다. '저 노인을 보시오. 저분의 날들은 완전하고 저분의 길은 바릅니다. 나는 천국에서 저분의 자리만큼 훌륭한 자리를 가지게 되었으면 좋겠습니다.'"[66]라고 말했다.

이상에서 살펴본 바와 같이, 정의배는 조선에 입국한 대부분의 선교사들과의 사이에 깊은 신뢰와 긴밀한 연관을 가지고 있었다. 특히 제3대 조선교구장 페레올 주교는 그를 회장으로 발탁했다. 이어받은 제4대 조선교구장 베르뇌 주교도 그를 매우 아꼈고, 그를 자신의 거주지에서 몇 분 거리에 있던 집으로 이사시켜 교회의 중요 업무를 맡도록 했다. 정의배도 선교사들을 존경하여 섬겼고, 그들을 위해 헌신, 봉사하기를 부모와 자식과의 관계처럼 했다. 그는 조선 교회에서 1850년대 설립해서 운영했던 성영회와 전교회의 회장직도 병행하여 수행했다. 정의배의 이러한 열심한 자세와 깊은 신심은 선교사들로부터도 높은 평가와 존경을 받았다.

2) 정의배의 체포와 순교

병인박해는 1866년 1월(음력)에 시작되었다. 이 박해의 과정에서 선교사와 지도급 신자들이 체포되기 직전, 포졸들의 염탐 행동을 통하여 정의배와 선교사들은 박해를 충분히 예감할 수 있었다.[67] 그래서 정의배는 조카 피영록(바오로)과 피기록 형제를 먼저 도피시켰다.[68] 그러나

66 달레, 앞의 책, 418쪽.

67 달레, 앞의 책, 418쪽.

68 『포도청등록』, 무진 윤4월 15일, 皮永祿 供招. 피영록은 병인박해 때 동생 皮基祿과 같이 과천으로 피신하였다. 그러나 이들은 무진년에 잡혀 背敎하고 放送되었다. 피영록은 브르트니에르 신부의 조선말 선생이었다.(달레, 앞의 책, 396쪽) 피영록은 후일 다시 회두(回頭)하여 많은 증언을 남겼다.

정의배 자신은 집에 그대로 머물면서 피영록이 복사하던 브르트니에르(de Bretenières) 신부를 보호하며 지켜 줄 태세를 갖추었다. 정의배는 선교사와 신자들에게 자신이 그 어느 때보다도 필요하다고 말하면서 숨으려 하지 않았다.[69]

2월 25일(양력) 새벽에 베르뇌 주교가 머물던 홍봉주(洪鳳周, 토마스)의 집과 얼마 떨어져 있지 않은 정의배 마르코 회장의 집이 포졸들에게 포위되었고 그는 붙잡혀 옥으로 끌려갔다. 대평동에서 베르뇌 주교가 체포될 때 함께 체포되었던 주교의 하인 이선이(李先伊)의 밀고가 있었던 것이다. 그때 정의배의 집에 머물던 브르트니에르 신부는 그날 함께 잡혀가지 않고 감시 조치를 받았으나 다음 날(2월 26일) 새벽에 역시 체포되어 우포도청으로 끌려갔다. 2월 27일에는 볼리외(Beaulieu) 신부와 도리(Dorie) 신부도 체포되었다.

포졸들이 정의배를 체포하기 위해 오니 그는 웃으면서 "그대들이 올 줄 알고 있었소. 자, 갑시다." 하면서 포졸들을 따라나섰다. 포도청으로 갈 때에 그의 어깨엔 오라가 걸렸었으나 다만 형식적이었고 결박되지는 않았다. 군졸 두 명이 도망을 우려하여 그의 옷소매를 잡고 있는 것을 보고 포졸 우두머리가 "이 점잖은 노인을 혼자 걷게 내버려 두어라. 이분이 도망칠 염려는 조금도 없으니 그저 호위만 하고 너무 빨리 걷지도 말라."고 말하였다.[70]

정의배는 포도청에서 2회의 심문을 받은 후 3월 2일 의금부로 옮겨져 4회의 심문과 함께 신장 16도를 맞았다. 그는 심문 당시 동료 교우들의 이름을 대라는 요구에 이미 죽은 신자들의 이름만을 진술하며 순교

69 달레, 앞의 책, 418쪽.

70 달레, 앞의 책, 418쪽.

의 의지를 분명히 하였다. 의금부에서는 3월 6일(음력 1월 20일) 4명의 프랑스 선교사에게 사형선고를 내리고,[71] 정의배에 대해서는 심문 과정에서 미진한 부분이 있다며 다시 포도청으로 이송하여 조사할 것을 명하였다.[72]

포도청에서도 아무도 그를 마구 대하지는 못했다. 정의배는 나이가 72세나 된 노인이었고 드러나는 인품이 고매하고 위풍당당하게 보였기 때문이었다. 정의배는 처음에는 포도청의 구류간에 갇혔다가 의금부로 옮겨져 선교사와 동료 교우들과 4일 동안에 걸쳐 회유를 포함한 신문과 형벌을 받았다. 1866년 3월 2일(음력 1월 16일)에 포도청에서 의금부로 넘어갔다.[73] 그리고 3월 3일(음력 1월 17일)과 3월 4일(음력 1월 18일)에 계속해서 추국을 당했다. 그리고 3월 5일(음력 1월 19일)에는 곤장 아홉 대를 맞았다. 정의배의 경우에는 『추안급국안(推案及鞫案)』[74]에 매일 심문당한 내용이 기록되어 있는데 그 중 일부만 보면 다음과 같이 기록되어 있다.

71 이들 4명은 베르뇌 주교, 브르트니에르 신부, 볼리에 신부, 도리 신부로 3월 8일(음력 1월 22일)에 새남터에서 순교하였다. 같은 날 승지 남종삼 요한과 홍봉주 토마스는 서소문 형장에서 순교하였다.

72 달레, 앞의 책, 418~419쪽. "그가 천주교인들의 우두머리 중 한 사람이라는 것을 알기 때문에 그에게 같은 教人들을 밀고하도록 강요하기 위하여…"

73 『승정원일기』(국역본), 병인년 1월 17일.

74 「가톨릭 굿뉴스」, http://info.catholic.or.kr/dictionary. 조선시대 의금부(義禁府)에서 중죄인을 심문한 공초기록(供招記錄). '추국(推鞫)'이란 의금부에서 임금의 특지(特旨)를 받고 중죄인을 심문하는 것을 말하고 '안(案)'은 안건(案件)으로 문서에 기록된 사건을 말한다. 추국에는 죄의 경중에 따라 친국(親鞫), 정국(庭鞫), 추국, 삼성추국(三省推鞫) 등이 있었는데, 이에 대한 공초기록을 일반적으로 추안(推案), 국안(鞫案)이라고 한다. 조선시대에 사학죄인(邪學罪人)으로 체포된 천주교인들은 중죄인으로 취급되어 많은 이들이 추국을 받았고 그 기록이 추안과 국안으로 남아 있다. 이하에서 인용되는 『추안급국안』의 본문은 모두 현대어 역문이다.

e-1 : "죄인 정의배의 경우, 천주교의 한 종자로서 서로 얽히고설킨 내막을 반드시 숨기는 짓거리를 잘하는 일로 여기는 사람입니다. 더욱더 놀랍고 한탄스럽습니다. 위협해 엄히 심문하기를 요청합니다." 하니, 임금이 "보고한 대로 하라." 했다.[75]

e-2 : "죄인 정의배의 경우, 늙고 도리에 어긋나며 게다가 교활하기까지 하여 우물쭈물 얼버무리기 때문에 그에 대한 실마리를 헤아릴 수 없습니다. 그를 찾아와서 배우고, 그가 찾아가서 가르쳐 준 여태까지의 행적에 대해 그가 이미 진술했습니다." … 하니, 임금이 "보고한 대로 하라." 했다.[76]

의금부에서는 정의배를 철저히 심문했다. 그는 당시 조선 교회에서 중요한 역할을 맡고 있었기 때문에 그에 대한 심문은 더 집요했다. 그리고 그와 연결된 인물들을 수색하기 위해서 정부에서는 3월 6일(음력 1월 20일) 추국 후 신장 7대를 때린 다음 그를 다시 포도청으로 하옥시켜서 심문을 거듭했다.[77]

그가 천주교인들의 우두머리 중 한 사람이라는 것을 알았기 때문에 그에게 같은 교인들을 밀고하도록 강요하기 위한 조치였다. 그러나 그는 이미 죽은 사람들의 이름만을 대고 관장에게 "나으리의 눈에는 천주교를 믿는 것이 죽어 마땅한 죄로 보이는데 저는 그 죄를 저질렀고, 또 그 죄를 고집하고 있으니 저를 죽여 주십시오."라고 반복하기만 하였다.[78]

그가 이미 죽은 사람이나 가공인물들의 이름만을 말하였으므로 이

75 『승정원일기』 국역본, 병인년 1월 17일.
76 위의 책, 병인년 1월 18일.
77 위의 책, 병인년 1월 20일.
78 달레, 앞의 책, 419쪽.

것을 안 관원은 그에게 더욱 심하게 곤장을 쳤다. 정의배 회장은 끝내 한 사람의 교우 이름도 대 주지 않고 버티어냈다. 그는 3월 10일(음력 1월 24일) 의금부에서 다시 두 차례 심문을 받는 과정에서 "만번을 죽어도 배교는 할 수 없다."고 하며 끝까지 신앙을 지켰고 마침내 사형 선고가 내려졌다.[79]

> 포도청의 계목(啓目)을 보니, "양인(洋人)인 신 요안(申妖案), 박 미카엘 알렉산더 및 사학인(邪學人) 정의배, 우세영은 모두 이미 자복하여 지만(遲晩: 너무 오래 버티다가 자복하여 미안해함)하였습니다만, 이들을 머물러 살게 해 주고 호응했던 자에 대해서는 죽음을 무릅쓰고 숨기고 있다 하니, 묘당으로 하여금 품처하게 하소서. 사도(邪徒)들이 서로 용납해 주고 보호하여 죽어도 자백하지 않음은 바로 저 완악하고 간특한 무리들이 일관되게 해 오는 것으로서 지금에 별도로 다시 조사할 단서가 없습니다. 더구나 금법(禁法)을 무릅쓰고 국경을 넘어 들어오는 것은 또한 사형에 처할 죄인데 더 말할 것이 있겠습니까. 정의배가 당초 어지러이 공초한 것은 잠시라도 생명을 더 연장하려 한 것인바, 전후의 정상과 범죄가 이미 처형된 여러 놈들과 둘이면서 하나입니다. 그리고 우세영은 잠시 사교를 저버렸다가 곧 혹하여 반복무상하였으니, 이제 만약 가벼운 쪽으로 논죄한다면 후일의 폐단에 크게 관계될 것입니다. 신 요안, 박 미카엘알렉산더, 정의배, 우세영을 모두 군문에 내주어 효시함으로써 뭇사람들을 경계하는 것이 어떻겠습니까?" 하니 윤허한다고 전교하였다.[80]

정의배 마르코는 사형선고를 받고 다음 날인 3월 11일(음력 1월 25일) 푸르티에(Pourthiẽ, 申妖案), 프티니콜라(Petinicolas, 朴德老) 신부와 함께 눈을 밑으로 내리감고 열심히 기도하는 모습으로 발걸음을 내디

79 『조선왕조실록』「고종실록」 3권, 고종 3년 1월 25일.

80 『승정원일기』 국역본, 병인년 1월 24일.

됬다. 정의배를 비롯한 그들 일행은 새남터에서 군문효수형을 받고 순교하였다.[81] 우연인지 이날은 정의배의 생일이었다고 전한다. 정의배의 머리는 네 번째 칼질에서야 떨어졌다. 그 머리는 3일간 수염으로 매달려 그대로 버려져 있었다. 오래전부터 그의 머리는 완전히 대머리가 되어 있었기 때문이다.[82] 이렇게 형을 집행한 어영청에서는 그들의 죽음에 관하여, "죄인 신 요안, 박 미카엘알렉산더, 정의배, 우세영을 모래사장에 군민들을 크게 모아 놓고 효수하여 뭇사람들을 경계시켰습니다. 감히 아룁니다."라고 보고했다.[83] 이로써 사학죄인(邪學罪人)인 정의배에 대한 조선 정부의 처리는 끝났다. 정의배의 시신은 처형된 지 며칠 후 그의 아내 피 카타리나가 돈을 주고 거두어 갔다.[84] 한편 박순집 등은 그의 시신을 노고산에 매장했다고 전한다.[85] 노고산은 당시 서울 도성민들의 주요 매장지 가운데 한 곳이었다. 정의배의 유해는 현재 절두산순교기념관에 안치되어 있다고 전한다.[86]

이상에서 검토한 바와 같이, 정의배는 병인박해가 일어나면서 바로

81 『병인치명사적』 5권, 6~7쪽. "병인(1866) 정월 초10일에 잡히어 포교에게 1차 형벌을 받고 주교 · 신부와 한가지로 금부(禁府)에서 문목(問目: 조사)하고 도로 포청으로 내려와 형벌이 다시 없이 22일 옥에 있을 새 요긴하고 요긴치 아니함을 의논치 말고 도무지 말하는 바 없이 눈을 감고 있으며 묻는 말도 대답치 아니하되 별로 괴로이 묻지 아니함은 너무 늙어 형벌을 베풀 수 없으므로 버려둠이러라. 2월 초2일에 신(푸르티에) 신부와 박(프티니콜라) 신부, 우(禹世英) 알렉시오와 한가지로 새남터에서 치명하니 나이 71세요, 그날은 정 마르코 생일이러라."

82 달레, 앞의 책, 419쪽.

83 『승정원일기』 국역본, 고종 3년 1월 25일.

84 달레, 앞의 책, 419 · 423쪽.

85 박순집 증언, 김영수 번역, 『박순집 증언록』, 성황석두루가서원, 2001, 55쪽. 여기에는 정월 26일(음력) 73세로 치명하였다고 기록되어 있다.

86 천주교 순교성지 새남터기념성당 홈페이지(saenamteo.or.kr/martyrs/1052)에는 그렇게 기록되어 있으나 정작 절두산순교성지 홈페이지, 성인유해실(http://www.jeoldusan.or.kr/renew/introduce5.php=&page=2&code=contents09) 정보에는 정의배 유해에 관한 아무런 기사가 없다.

체포되었다. 그는 체포되기 전에 박해를 예감하고서 자신의 양자였던 피영록과 피기록 형제를 피신시켰다. 그리고 정의배 자신은 자신의 도움이 절실히 필요한 선교사와 신자들을 위해 집에 남아 있었다. 그는 브르트니에르 신부와 함께 체포되어 포도청에 구금되었고, 심문을 받았다. 정의배 마르코는 혹형에도 불구하고 배교를 거부하면서 가까이 모시던 베르뇌 주교(3월 8일 순교)의 피가 아직 식지 않은 새남터 형장에서 두 선교사와 제자 우세영 알렉시오와 함께 1866년 3월 11일 순교했다.

5. 맺음말

정의배는 몰락 양반 출신으로 1794년경 서울 창동에서 출생한 인물로서 경제적으로 빈한하였다. 정의배는 정하상처럼 명문가의 후예도 아니고 남종삼처럼 고관도 아니었고 또한 신앙이 두터운 신자 집안도 아니었다. 그러나 그는 이들 못지않게 자신의 신앙을 실천하며 박해시대 교회의 중심적 역할을 담당하던 인물이었다. 정의배가 남긴 족적은 오늘날 우리에게는 커다란 울림의 감동으로 다가온다.

정의배는 청년 시절 천주교 신앙에 대해서 반대하는 자세를 분명히 드러내기도 했지만, 1836년경 입교한 다음에는 피 카타리나와 재혼하여 서당의 훈장 일을 하면서 자신의 신앙을 특출하게 실천했다. 1845년 조선에 입국한 제3대 조선교구장 페레올 주교는 이러한 그를 주목했고, 서울 지역 회장으로 그를 임명했다. 또한 제4대 조선교구장이었던 베르뇌 주교도 그에게 성영회와 전교회 회장의 책임을 맡기었다.

이러한 책임을 맡은 정의배는 교회의 선교사업에 진력하면서 자신의 신앙을 연마해 갔다. 그는 피 카타리나와 재혼 후 정덕을 지키기로 언약하고 이를 지켜 나갔다. 그는 선교사들을 부모처럼 섬기면서 교회를 위해 봉사했다. 그의 이러한 태도에 베르뇌 주교, 다블뤼 주교, 브르트니에르 신부 등은 존경심을 표시하였다. 그의 고매한 인품은 주변의 사람들을 충분히 감동시킬 수 있었다. 그의 이러한 모범적 모습은 주위의 많은 사람들에게 신앙을 전파하는 바탕이 되었고 그를 체포했던 포졸들로부터도 찬탄받기에 충분했다.

정의배는 평소에 순교를 준비하며 지냈다. 그는 죽음을 두려워하지 않고 순교를 갈망하며 생사를 초탈한 생사일여(生死一如)의 고매한 정신적 경지에 도달해 있었다. 특히 그는 1866년 병인박해가 일어나자마자 베르뇌 주교가 체포되었다는 소식을 듣고 주변인들을 피신시켰지만, 자신은 피신하기를 거부하고 포졸들을 기다리고 있었다. 박해가 일어난 그 시점에서 선교사들과 신자들에게 자신의 도움이 필수적이리라 판단했기 때문이다. 정의배는 자신이 존경하여 모셨던 베르뇌 주교가 순교했던 새남터에서 1866년 3월 11일 선교사들과 함께 순교했다.

본고는 정의배의 생애와 신앙에 대한 개략적 정리에 머물고 있다. 앞으로 정의배에 관한 여러 선교사들의 기록을 그들이 남긴 서한 등을 통해서 다시 정리할 경우에는 그의 삶과 신앙에 대한 더욱 구체적 면모를 밝힐 수 있을 것이다. 그리고 본고는 그가 체포된 이후 심문을 받고 순교하는 과정에 대해서도 개략적 검토를 시도한 데 불과하다. 이 부분은 관변 측 자료를 통해서 거의 완벽하게 확보할 수 있을 것이다. 앞으로의 연구에서는 이 부분에 대한 집중적 보완이 요청된다고 하겠다. 또한 본격적인 역사신학적 연구도 아울러 진행될 여지가 있다.

정의배가 순교한 지 102년이 지난 1968년 10월 6일, 당시 교황 바오로 6세는 로마 성베드로대성당에서 그를 복자로 시복하였다. 그리고 그로부터 16년이 지난 1984년 5월 6일 '한국 천주교 200주년'을 기념하여 방한한 요한 바오로 2세 교황은 서울 여의도광장에서 한국 천주교 순교성인 103위에 대한 시성식을 집전하였는데 그중에는 정의배 성인도 당당히 포함되어 있다. 정의배 마르코 성인의 축일은 9월 20일이다.

부록 1. 정의배 마르코 연보[1]

연도	기사	비고
1784	조선 천주교회 창설. 신자 1,000여 명	
1785 을사년	을사박해(을사추조적발사건)	정조 9년
1791 신해년	신해박해(진산사건, 윤지충 · 권상현 순교)	정조 15년
1794.3.11	정의배 출생. 신자 수 4,000명	서울 창동설(說)
1795.1.4 을묘년	을묘박해(윤유일 · 지황 · 최인길 순교) 주문모 신부 서울 도착.	정조 19년
1797 정사년	정사박해(~1799년, 충청도 신자 다수 순교)	정조 21년
1800	경기 여주 · 양근 지역 박해, 신자 수 10,000여 명	정조 24년
1801 신유년	신유박해(처형 100명, 유배 400명)	순조 1년
1815 을해년	을해박해(경상도 지역)	순조 15년
1827 정해년	정해박해(전라도 · 경상도 지역)	순조 27년
1831	조선대목구 설정	
1836.말 (42세)	정의배 마르코 영세 입교 실제 가능성 파리외방전교회 선교사 신부들 영입 신자 수 6,000명 미만	
1837 (43세)	피 카타리나와 재혼	
1838	신자 수 9,000명	
1839 기해년 (45세)	기해박해(참수 54명, 옥사 60명) 앵베르 주교 · 모방 신부 · 샤스탕 신부 순교. 정의배 기해박해 현장을 목격함	헌종 5년

1 서종태, 「한국천주교회사 교실」, 순교자현양천주학당 자료, 170~171쪽. 참고 취합.

연도	기사	비고
1840 (46세)	정의배 마르코 영세 입교	『병인치명사적』 7권
1845 (51세)	金大建 신부, 페레올 주교 등 입국 정의배, 입국한 페레올 주교와 만남 정의배를 서울 회장에 임명(페레올 주교)	
1846 병오년	병오박해(김대건 신부, 현석문 등 9명 순교)	헌종 12년
1850	신자 수 11,000명, 공소 185개소 이상	
1854.8.	페레올 주교 선종	
1854경 (60세)	메스트르 신부, 영해회(嬰孩會=聖嬰會) 시작 정의배 성영회 활동(회장)	
1857. 3.26~28 (63세)	신자 수 15,206명 조선교구에 전교회(傳敎會) 도입 베르뇌((張敬一)) 주교, 조선교구 최초의 시노드 개최 정의배 전교회장 직분 맡음	
1858	신자 수 11,000명 이상, 공소 수 185개소 이상	
1859	신자 수 16,700명	
1860 (66세)	정의배 자암(紫巖)으로 이주	
1861	신자 수 18,035명	
1864 (70세)	정의배, 베르뇌 주교 집에서 다블뤼 주교(安敦伊) 뵘	
1865 을축년	신자 수 23,000명 서울 지역 신자 585명의 2/3는 도성 밖 거주	
5.	브르트니에르 · 볼리에 · 도리 · 위앵(閔) 신부 內浦로 입국	
10.	다블뤼 주교 홍주 거더리를 사목 중심지로 삼음	
1866 병인년	劉正律 베드로 평양에서 체포, 순교	병인박해 첫 순교자
1.26	병인박해 시작. 崔炯 베드로, 全長雲 요한, 李先伊 체포.	고종 3년 음력 1월 5일 서울에서 가장 처음 체포

연도	기사	비고
2.23	베르뇌 주교, 洪鳳周 토마스 체포(이선이 밀고)	음력 1월 9일
2.25	정의배 자신의 집에서 체포	약 20년간 회장 직무
2.26	브르트니에르(白) 신부 체포	음력 1월 12일
2.27	경기도 광주에서 볼리에 신부, 용인(손골)에서 도리 신부 체포.	
	南鍾三 요한 경기 고양에서 체포	
	푸르티에(Pourthiẽ, 申妖案) · 프티니콜라(Petinicolas, 朴德老) 신부 체포(배론)	
3.6	정의배 의금부에서 재조사 지시 (신부 4인에게는 사형선고)	
3.8	베르뇌 주교 · 브르트니에르 신부 · 볼리에(徐沒禮) 신부 · 도리(金) 신부 새남터에서 순교 남종삼 요한과 홍봉주 토마스는 서소문 형장에서 순교	음력 1월 22일 베르뇌 주교 52세 조선 선교 10년
3.9	최형 베드로, 전장운 요한 서소문에서 순교	
3.10	정의배 의금부에서 2회 심문 대왕대비 조씨의 압력으로 사교 금지 교서 반포	
3.11 (72세)	정의배 군문효수 순교 푸르티에 신부, 프티니콜라 신부, 제자 우세영(알렉시오)도 함께 순교	음력 1월 25일 정의배 마르코 생일. 새남터
3.12	다블뤼 주교 충청도 홍주에서 체포 위앵 신부 홍주 거더리로 와서 체포 이후 오메트르(吳) 신부도 스스로 와서 체포	당시 조선에서 활동하던 선교사 12명 중 9명 순교. 리델 신부, 페롱 신부, 칼레 신부 등 3명은 중국으로 탈출
3.30	충청도 수영(水營, 보령 갈매못)에서 다블뤼 주교, 위앵신부, 오메트르 황석두 루카, 장주기 요셉 순교.	
1868 무진년	무진박해(주로 경상도 지역)	고종 5년 피영록 · 피기록 형제 체포, 배교
1871 신미년	신미박해(신미양요로 유발)	고종 8년
	약 1세기에 걸친 박해로 12~13,000명 순교.	

연도	기사	비고
1886	한불수호통상조약 체결.	고종 23년 신앙의 자유화
1968.10.6	정의배 마르코 복자 시복(교황 바오로 6세). (로마 성베드로대성당)	순교 후 102년
1984.5.6	정의배 마르코 성인 시성(교황 요한바오로 2세). (서울 여의도광장, 103위 시성식)	순교 후 118년 한국 천주교 창립 200주년을 기념하여 방한한 교황 요한 바오로 2세가 집전
매년 9.20	축일(성 김대건 안드레아 사제와 성 정하상 바오로와 동료 순교자들 대축일)	

부록 2. 정의배 관련 신자 명단

〈병인박해 시 체포된 신자. 『포도청등록』(1866.1.15~1877.2.26)〉

이름(나이)	본명	결과	거주지와 관계	교리수학	대(수)세, 영세 작호	기타
全長雲(56)	요한	순교	이문동			103위. 정의배 집에서 장 주교 만남
禹世英(22) =禹世弼	알렉스, 알렉시오	순교		劉景實	정의배 지도	103위. 평양에서 잡혀 배교 후 회두
羅昌福(40)	베드루	배교	남문 안	정의배	정의배 집	장 주교 만남
李義松(46)	프란치스코	순교	차동	정의배	장 주교	
李鵬翼(24)	백달오 (베드로)	순교	이의송의 자	부친 (이의송)	장 주교	
金敍卮 (김여어= 김이쁜, 55)	마리아	순교	이의송의 처	남편 (이의송)	장 주교	
金鎭九 (=김순칠, 김재구, 42)	안드레아	순교	남대문내	정의배	정의배 천거	고 주교와 만남
全永錫(40)		불명	남문 밖		정의배	
李基柱(28)	보록 (바오로)	순교	시흥	정의배	장 주교	
元允哲(81)	요한 (세례자)	순교		정의배	장 주교	
朴元長(77)	요한	불명	연동. 정의배의 교우		장 주교	
安興周(45)	빠우 (바오로)	배교		정의배	정의배	
金鎭南(47)	베드로	배교	서울 다동	정의배, 洪鳳周와 왕래함		장 주교 세례
崔士寬(65)	예로니모	순교	야소회장 역할			정의배 등과 왕래

이름(나이)	본명	결과	거주지와 관계	교리수학	대(수)세, 영세 작호	기타
金寬心(65)		배교		정의배		
金聖九(50)		배교		정의배		
朴聖喆(30)	베드로	배교		정의배		
崔仁瑞(英俊)(50)	요한	순교	아현			정의배 등과 교류
金立乭(20)	도마두노	순교	자암		정의배	안 주교, 장 주교
皮永祿(24)	바오로	배교	정의배의 처조카, 양자	정의배	정의배	브르트니에르 신부 복사
皮基祿(19)	요한	배교	피영록의 동생	정의배	정의배	
鄭阿只(19)	마리아	배교	피영록의 아내	정의배	정의배	
丁義方(51)	다태오, 다두	순교	정의배 친척	정의배		장 주교
韓用浩(48)	분도(베네딕토)	불명		정의배		장 주교
金阿只(65)	안나	배교		정의배	장 주교	정의배 아내의 권유
金東翼(45)	방지거(프란치스코)	배교			정의배 집	안 주교 봉견(정의배 집)
李召史(50)	사발	순교				장 주교에게 고해(정의배 집)
金召史(60)	데레사	배교		정의배		장 주교
金宗孫(34)	요셉	순교	약현	정의배		장 주교
河阿只(44)	데레사	배교	남문 밖	정의배	장 주교	남편과 함께
金召史(61)	발바라	순교	아현		정의배 지도	장 주교가 견진
吳阿只(60)	발바라	순교		정의배	장 주교	장 주교가 견진
鄭光哲(65)	느시(루도비코)	순교		정의배		범 신부[2] 영세 수호 견진

이름(나이)	본명	결과	거주지와 관계	교리수학	대(수)세, 영세 작호	기타
鄭道吉(45)	요셉	순교	정광철의 자		정의배 집	장 주교와 만남
朴順伊(40)	발바라	순교			정의배 집	장 주교에게 고해
嚴壽安(23)	보리수	순교	마포	정의배	정의배	장 주교에게 고해
徐成祿(58)	바오로	순교	남대문 밖	정의배		장 주교로부터 세례
黃昌彦(27)	베드로	순교	서빙고		정의배 주선	장 주교와 만남
李大阿只(75)	말다 (마르타)	순교				안 주교와 만남
李小阿只(64)	마디리미	순교				안 주교와 만남
金阿只(57)	마리아	배교			정의배 집	장 주교를 못 만남
張春明(44)	요셉	배교		정의배	정의배 지도	장 주교에게 고해
朴起先(47)	시루	순교	재동		정의배 지도	장 주교에게 고해
朱阿只(40)	발바라	배교	남문 밖		정의배 집	장 주교에게 고해
趙允西(37)	요한	배교	서빙고		정의배 집	장 주교에게 고해
咸性玉(26)	요한	순교	아현		정의배 집	장 주교에게 고해
李性文(34)	벌나두 (베르나르도)	배교	서수철리	정의배	정의배 지도	장 주교에게 고해
沈召史(60)	머이개	순교		정의배 등	노 신부 견진영세[3]	안 주교에게 고해
李辰甲(32)	마두 (마태오)	배교	단양, 서빙고		정의배 지도	장 주교와 만남
金致達(48)	말구 (마르코)	배교	회동	정의배	정의배 집	장 주교에게 고해
崔性男(59)	방지거 (프란치스코)	순교		오메트르, 정의배	정의배	장 주교에게 고해
崔應根(26)	요한	순교	최성남의 자	부친		장 주교

이름(나이)	본명	결과	거주지와 관계	교리수학	대(수)세, 영세 작호	기타
金眞玉(74)	베드로	순교?		정의배	정의배 지도	장 주교에게 고해
裵相廷(58)	말구 (마르코)	배교		정의배		장 주교에게 고해
金召史(52)	데레사	순교	崔炯의 아내		정의배 집	백 신부를 봄
徐尙基(49)	베드로	배교		정의배	정의배 집	최양업 신부를 만남
李伯春(51)	베드로	배교		정의배	정의배	장 주교, 안 주교에게 고해
鄭道亨(67)	마르코?	순교		정의배	정의배 지도	장 주교 고해
崔性西(58)	아으로	배교	용인 손곡		정의배	장 주교, 권 신부에 고해[4]
李文伯(55)	서만 (시몬)	순교	안악	정의배 平洞 이씨	정의배 집	장 주교 만남
金成實(64)	베드로	순교	자암	정의배	정의배 집	장 주교에게 고해
洪成甫(55)	베드로	배교			정의배 집	장 주교에게 고해
朴千任(76)	루시아	순교		정의배	정의배 집	장 주교에게 고해

*출전: 『포도청등록』 중 · 하권 참조.

2 원문에 범 신부로 되어 있는데, 1837년 제2대 조선교구장으로 임명된 앵베르(Imbert, 범세형(范世亨)) 주교라면 그는 1837년 12월에 입국하여 1839년 기해박해 때 순교했으므로 정의배의 교회활동은 기해박해 전부터라는 견해가 설득력을 갖게 된다.

3 원문에는 노 신부라고 되어 있으나, 안 주교에게 10여 차례 고해를 했다는 것으로 보아 다블뤼 주교일 가능성이 높아 보인다. 만일 모방 신부라면 그도 1839년 기해박해 때 순교했으므로 정의배의 교회활동은 기해박해 전부터라는 견해가 설득력을 갖게 된다.

4 권 신부는 페롱(Feron) 신부이다.

부록 3. 정의배 관련 신자 명단

〈기타 자료에 의한 명단(〈부록 2〉에 수록된 인물은 제외)〉

이름(나이)	본명	결과	거주지와 관계	교리수학	대(수)세, 영세 작호	기타
白樂永(43)	빈첸시오	미상	황주 제안방	趙喜西	정의배 집	브르트니에르 신부 세례
桂完澤(39)	요한	미상	황주 모성방	李正圭	정의배 집	브르트니에르 신부 세례
유바르바라	바르바라	미상	자암			모방 신부 보례 남편은 순교
노치명(60)		순교	남문 밖 이문골, 자암에서 체포			베르뇌 주교 성사
朴信任	말다	순교	양천	정의배	정의배 집	베르뇌 주교 세례
盧命周(60)	바오로	순교	남대문 밖		정의배 권유	베르뇌 주교 고해
裵致西			수철리	정의배		
鄭福吉			공덕리	정의배		
李得三			공덕리	정의배		

*출전: 서양자, 『박해시대 숨겨진 이야기들 1』, 『한국가톨릭대사전』 10. 참조.

참고문헌

1. 교회 측 자료

·『병인치명사적』 절두산 순교박물관 소장 필사본, 5권, 7권.

·다블뤼, 『조선 주요순교자 약전』, 내포교회사연구소, 2014.

·뮈텔(閔德孝) 지음 · 하성래 감수, 『치명일기』 국역 · 영인판, 성황석두루가서원, 1997.

·朴順集 저 · 金榮洙 번역, 『박순집 증언록』, 성황석두루가서원, 2001.

·샤를르 달레 원저, 安應烈 · 崔奭祐 역주, 『한국천주교회사』 하, 한국교회사연구소, 1981.

·펠릭스 클레르 리델 지음 · 유소연 옮김, 『나의 서울 감옥생활 1878』, ㈜살림출판사, 2013.

·한국교회사연구소, 『병인박해순교자증언록』 현대문편, 한국교회사연구소, 1987.

2. 관변 자료

·『국역 고종실록』 3권, 민족문화추진회, 1995.

·『국역 승정원일기』 고종 16 · 17권, 민족문화추진회, 1981.

·『日省錄』 41권, 서울대학교규장각, 1993.

·『捕盜廳謄錄』 中 · 下권, 保景文化社, 1985.

·서종태 역주, 「병인사옥죄인남종삼(丙寅邪獄罪人南鍾三) · 홍봉주등국안(洪鳳周等鞫案)」, 『추안급국안(推案及鞫案)』 85권, 흐름출판사, 2014.

·조광 역주, 『사학징의(邪學懲義)』 Ⅰ, 한국순교자현양위원회, 2001.

3. 일반 저서

· 김옥희, 『103위 성인전』, 순교의 맥, 2004.

· 서양자, 『박해시대 숨겨진 이야기들』 1, 순교의 맥, 2012.

· 서울시사편찬위원회, 『서울지명사전』, 2009.

· 아드리앵 로네 · 폴 데통베 지음, 안응렬 옮김, 『한국 순교자 103위전』, 가톨릭출판사, 1995.

· 한국가톨릭대사전 편찬위원회, 『한국가톨릭대사전』 10, 한국교회사연구소, 2004.

· 한국교회사연구소, 『한국천주교회사』 3, 2010.

수원성당 복원을 위한 건축사적 고찰

1. 들어가는 말

1) 연구의 배경과 목적

수원성당(현 북수동성당, 이하 수원성당)은 1923년 11월 10일 갓등이성당(현 왕림성당, 이하 갓등이성당) 관할의 공소로부터 분할되어 성당으로 설립[1]되었으며 성 미카엘 대천사를 주보로 모시고 있다. 수원교구는 수원 순교자의 순교정신을 본받아 순교자의 시복시성과 옛 수원 고딕(Gothic) 성당(고딕양식: 부록 238쪽 참조) 복원을 위한 수원성지 성역화 사업을 추진하고 있다. 2023년 수원성당 설립 100주년을 기념하여 성역화 사업의 일환으로 추진하고 있는 수원성당 복원은 수원성지 성역화 사업의 성공을 위해 꼭 필요하다.

본 연구는 1890년 갓등이성당 공소로 화양학교와 한옥 성당으로 출발, 순탄치 않았던 성당 설립과 고딕 성당이 건립되기까지의 일련의 과정을 살펴보고자 한다. 이에 따라 각종 사진 자료(수원성당 제공)와 접근 가능한 문헌 자료를 면밀히 살필 것이다. 1932년 건립되어 1950년 한국전쟁 중 크게 훼손되어 무너질 위기를 겪는 등, 1978년 안전성의 문제로 자진 철거하기까지의 전 과정도 함께 볼 것이다.

또한 수원 지역 신앙의 중심 성당으로 존재하였던 수원 최초의 고딕양식의 적벽돌 조적 건물인 성당의 배치와 건축양식을 추적하고자 한다. 따라서 본 연구는 현존하지 않고 현장 조사를 할 수 없는 복원 대상 건축물에 대한 건축사적 연구라 할 수 있다. 사진 자료와 문헌

1 『뮈텔 주교 일기 7』(1921~1925), 1923년 11월 11일자 일기에 르 메르 신부가 10일(토) 수원 새 임지로 떠났다. 갓등이성당 6대 김원영 신부가 새말공소에서 뮈텔 주교에게 보낸 서신 제82신(11월 20일자)에는 11월 20일 르 메르 신부의 영접을 위해 수원 다녀오다라고 기록되어 있다. 본고에서는 설립일을 뮈텔 주교의 일기에 명시된 11월 10일로 보고자 한다.

기록의 분석, 증언 등의 고찰을 통해 건축 규모와 양식, 배치 등을 추찰하고 성당 건립의 과정과 시대적 배경, 역사성, 장소성을 살펴봄으로써 복원을 위한 기초 자료를 제공하고자 한다.

2) 연구 방법 및 범위

건축사 연구의 가장 기초적인 작업은 가능한 모든 자료를 수집하는 것이며, 가장 명백한 사실은 실제의 건축물이다.[2]

1932년 건립된 고딕 성당의 도면과 관련한 자료는 없고, 해당 관련 사진 외에는 자료가 많지 않은 상황에서, 복원을 위한 실체를 추론하기에는 상당한 제약이 따른다. 건축물의 양식을 파악하고 시대별 특징과 변천 과정을 알아낸다는 것이 그리 간단한 것일 수만은 없다. 건축물을 구성하고 있는 세부 요소들을 부위별로 분석하고 이들을 다시 조합하여 체계화해 나가고자 한다.

분석 방법에는 첫째, 문헌 분석으로 주교와 신부들의 서한과 문서들을 정리하고, 둘째, 사진 분석으로 건축의 특징적인 요소들과 전반적인 건축양식을 파악했다. 사진 자료는 보관 상태가 좋은 흑백사진이 일부 포함되어 있다.

가능한 범위까지 성당의 건축 잔재들을 발굴하여 이들의 분석을 통해 건축의 특징적인 요소들을 정리할 것이다. 이를 근거로 서한에서 기술하고 있는 건축 관련 요소들을 정리함으로써 전반적인 건축양식을 추론하는 방식을 취하고자 한다. 다행히 일부 건축 잔재물 중 10여 종의 벽돌을 발견[3]할 수 있었다. 이를 근거로 내 · 외벽 재료로 사용되

2 김정신, 『한국 가톨릭 성당 건축의 수용과 변천에 관한 연구』, 서울대 박사논문, 1989.
3 〈그림 27〉, 235쪽 참조.

었을 적벽돌의 규격을 알아내 건물 규모를 추정하는 데 적용하였다.

갓등이성당 공소로 출발하여 성당이 설립되는 과정을 접근 가능한 문헌 자료를 통해 면밀히 파악할 것이다.[4] 북수동성당 70년사 화보와 기념사진 등 성당의 모습을 추찰할 수 있는 많은 자료를 토대로 접근하고자 한다. 대부분 연대가 표시되지 않은 사진들이라 변천의 과정을 언제 변화된 것인지 확인할 수는 없지만 찾아낸 사진 자료와 여러 유형의 벽돌들의 규격을 적용, 부위별 규격을 상세히 분석하고 증언을 통해 성당의 건립 배경, 변천 과정, 건축양식, 건축적 특징 등을 확인할 것이다.

문헌 자료와 사진의 상관관계 속에서 분석 자료를 종합, 수원성당에 나타나는 특징을 파악한 후 수원 고딕 성당의 원형을 추찰, 건립 당시의 모습과 건축적 내용에 더 가깝게 접근하여 복원을 위한 기초 도면, 추정도를 작성하고자 한다.

2. 수원성당 설립 배경과 건축 개요

1) 설립 배경

기존 신자들이 많지 않았던 읍내로 성당 터를 정하고 선교사들이 그곳으로 활동 근거지를 옮기게 된 이유와, 수원읍 공소가 성당으로 승격될 수 있었던 사회적, 경제적 배경은 다음과 같다.

첫째, 수원읍내의 많은 천주교 신자들이 흘린 거룩한 피가 그 바탕이

4 『경향잡지』 제26권 11호, 통권 746호, 1932.11.27; 『교회와 역사』 67호, 1981.3.25; 한국교회사연구소 · 왕림본당사편찬위원회, 『천주교 왕림(갓등이)교회 본당 설립 100주년 기념집』 I, 1990의 수원성당 약사 중 왕림(갓등이)성당 100주년 기념집의 연혁 약사를 기준하였다.

되었다.(박해시대 신앙 선조들이 피 흘린 신앙의 순교 터)

둘째, 1910년대 이후 토지조사사업, 삼림령 등을 실시하여 화전이 금지되고 옹기업에 심각한 타격을 주게 되었다. 농촌 지역의 피폐가 심해지고 많은 이농 인구가 도시로 몰리면서 수원읍과 같은 큰 도시에 적극적인 사목활동을 펼칠 계기를 찾게 되었다.

셋째, 수원은 개항 이후 신문물 도입기 근대적 교육 운동의 산실이었다.

넷째, 접근성이 유리하고 상징성이 있는 수원읍내 화성 안에 위치하고 있다.(역사성과 장소성을 함께 내포)

다섯째, 수원 교우들의 끈질긴 호소의 결과와 갓등이성당 김원영(아우구스티노) 신부가 주교에게 "수원읍 신자들의 끈질긴 호소와 한결같은 바람은 '무수한 순교자의 피와 얼이 깃든 곳에 이를 높이 현양하고 대대로 계승할 교회를 짓는 것'입니다."라고 강력히 진언한 덕분이었다.

2) 건축 개요

옛 한옥 성당에 대한 자세한 문헌이 남아 있지 않아 건축 형태를 단정짓기는 어려움이 있다. 당시 신부들의 서한과 사료들, 사진 자료를 통해 언급된 부분을 종합적으로 정리해 봄으로써 연구의 중요한 단서가 될 것이다.

(1) 남수리[5] 황학정 부근 밭 매입과 공소 설립

1890년 3월 갓등이성당 2대 알릭스(Joseph Alix, 요셉, 韓若瑟, 1861~1948) 신부가 수원읍내 유지 교우들과 남수리 황학정 부근의 밭 800평

5 1914년 4월 1일: 수원읍 남수리 → 1931년 4월 1일: 수원면 남수정(南水町) → 현재 지명: 수원시 팔달구 남수동, 『위키백과』

과 25간짜리 한옥을 매입하여 화양학교(華陽學敎)를 개설하는 한편, 약 200명의 남녀 아동을 모집하여 교육시키고 강당에 천주당(天主堂) 간판을 달고 공소 강당으로 사용함으로써 수원읍 공소가 설립되었다.[6]

(2) 북수리[7] 팔부자 집(기와집) 매입[8]

1897년 3월 31일 수원읍내를 관할하던 알릭스 신부는 수원읍 화성 안 북수리(현 북수동성당이 위치한 곳)에 한옥 3채 300여 평을 매입하였다. 이곳은 팔부자 거리로 알려진 곳의 기와집 8채 중 2채와 행랑채, 약 300평이었다. 한옥 내부를 개조하여 ㄱ자형 건물의 가운데에 제대를 두고 좌우 양옆에 남 · 녀 석을 배치하였다. 1911년 내한했던 독일 성 분도회의 노르베르트 베버 대원장(성 베네딕도회 로베르트 베버 총아빠스)은 그의 여행기 『고요한 아침의 나라에서』에 수원성당의 인상을 이렇게 묘사했다.

> 신부 댁이라고 하지만 주위의 낮은 한옥과 다를 바 없고, 성당은 그 속에 끼어 있어 눈에 띄지 않았다. 알고 보니 기역(ㄱ) 자 모양으로 붙어 있는 두 개의 낮은 한옥이 성당이란다. 오른쪽 모퉁이에 제대가 있고, 한 채는 남자용, 또 한 채는 여자용이어서 한국 관습이 요구하는 남녀의 구분이 저절로 되어 있었다.[9]

고딕 성당이 건립되는 1932년까지 성당으로 사용되었을 것으로 추정된다.

6 천주교 수원교구 북수동성당, 『북수동성당 70년사』, 1994, 73쪽.

7 1914년 4월 1일: 수원읍 북수리 → 1931년 4월 1일: 수원면 북수정(北水町) → 현재 지명: 수원시 팔달구 북수동, 『위키백과』

8 박해시대 때 교회와 인연이 깊었던 곳이나 부근의 땅을 사들여 성당의 터전으로 삼았다. 김정신, 『한국 가톨릭 성당 건축사』, 1994, 30쪽.

9 『교회와 역사』 67호, 본당 약사(3) 북수동 본당, 1981년 3월, 6쪽.

〈표 1〉 1889년 조선대목구의 프랑스 선교사 거주지와 각 도의 큰 공소들[10]

도(道)	선교사 거주지	비교적 큰 교우촌(공소)	개소
경기도	서울 갓등이	개성, 장단, 파주, 포천, 양주, 고양, 가평, 부평, 시흥, 안성, 광주, 과천, 양근, 지평, 용인, 수원, 이천, 남양, 여주, 진위, 양지, 안성, 죽산, 평택, 제물포	25개소

〈표 2〉 수원교구 지역 공소들의 본당 관할 현황(1896~1900)[11]

관할 본당	당시 행정지역	공소명	1896	1897	1898	1899	1900	현재 지명
왕림	수원	수원읍					14	수원시 팔달구 북수동

〈표 3〉 수원교구 지역 공소들의 본당 관할 현황(1901~1904)[12]

관할 본당	당시 행정지역	공소명	1901	1902	1903	1904	현재 지명
왕림	수원	수원읍	11	15	12	13	수원시 팔달구 북수동

〈표 4〉 1909년~1910년 수원읍내 본당의 교세통계표[13]

지역	공소명	사규고해	사규영성체	재고해	재영성체	성인영성체	성인대세자	교우자녀보례	외교인자녀영세자	외교인자녀대세사망자	견진자	혼배자	병자성사자	신자수	냉담자	예비신자
수원	읍내	52	49						1	1				59		

10 장동하, 『개항기 한국 사회와 천주교회』, 가톨릭출판사, 2006, 68~69쪽 각 도 내용 중 경기도 간추림.

11 「통계와 지도로 보는 수원교구 역사 -1896년~1900년까지 수원교구 지역의 천주교 교세와 지도」, 『상교우서』 2012년 봄호, 수원교회사연구소, 2012, 6쪽 중 간추림.

12 「통계와 지도로 보는 수원교구 역사 -1901년~1904년까지 수원교구 지역의 천주교 교세와 지도」, 『상교우서』 2012년 여름호, 수원교회사연구소, 2012, 6쪽 중 간추림.

13 김동욱, 「수원 순교성지의 성역화 조성 과정과 순교 신심의 고취」, 수원교회사연구소, 2005, 165쪽. 본당별 교세통계표 I 에서 교우 수 중심으로 수원읍 공소를 간추림.

〈표 5〉 수원교구 지역 공소들의 본당 관할 현황(1910~1913)[14]

관할 본당	당시 행정지역	공소명	1910	1911	1912	1913	현재 지명
왕림	수원	수원읍	59	59/76	72	93	수원시 팔달구 북수동

(3) 남수리 화양학교 터 매각

갓등이성당 6대 주임 김원영 신부는 학생 수의 감소, 건물의 관리 소홀과 건물을 둘러싼 소유권 분쟁 조짐으로 남수리 소재 화양학교를 폐기, 매각 처분을 하게 된다. 1915년 8월 12일자 뮈텔 주교에게 수원읍에서 김 신부가 보낸 서한 제3신에는 나름의 복잡한 사정이 있었음을 찾아볼 수 있다.[15]

〈표 6〉 수원교구 지역 공소들의 본당 관할 현황(1914. 5~1918. 4)[16]

관할 본당	당시 행정지역	공소명	1914	1915	1916	1917	1918	현재 지명
왕림	수원	수원읍	70	92	90	102	105	수원시 팔달구 북수동

〈표 7〉 수원교구 지역 공소들의 본당 관할 현황(1918. 5~1923. 4)[17]

관할 본당	당시 행정지역	공소명	1919	1920	1921	1922	1923	현재 지명
왕림	수원	수원읍	58	82	52	75	76	수원시 팔달구 북수동

14 「통계와 지도로 보는 수원교구 역사 -1910~1913년까지 수원교구 지역의 천주교 교세와 지도」, 『상교우서』 2012년 가을호, 수원교회사연구소, 2012, 6쪽 중 간추림. 통계표가 남아 있지 않은 1905~1909년도 제외.

15 천주교 수원교구 북수동성당, 『북수동성당 70년사』, 천주교 북수동성당, 1994, 82~83쪽.

16 「통계와 지도로 보는 수원교구 역사 -1914~1918년까지 수원교구 지역의 천주교 교세와 지도」, 『상교우서』 2013년 봄호, 수원교회사연구소, 2013, 9쪽 중 간추림.

17 「통계와 지도로 보는 수원교구 역사 -1919~1923년까지 수원교구 지역의 천주교 교세와 지도」, 『상교우서』 2013년 여름호, 수원교회사연구소, 2013, 9쪽 중 간추림.

(4) 수원성당 설립과 고딕 성당 건립

알릭스 신부의 1906년 3월 22일자 서신 제34신은 수원읍 공소에 선교사 파견을 위하여 수원읍내 회장 이 미카엘과 주교와의 면담이 이루어질 수 있기를 요청한다. 김원영 신부의 1915년 8월 15일 주교에게 드리는 제2신은 수원읍 공소에 선교사 파견을 요청한다.(수원교우 백 야고보 회장이 주교에게 드리는 신부 파견 요청 편지 동봉)

1922년 4월 29일자 제51신은 새 신부로 서양 선교사 파견을 청원하기에 이른다. 이 부근은 많은 이들이 순교를 했고 성공회, 감리교 신자가 많으므로 꼭 서양 선교사 한 명이 있어야 했다. 왜냐하면 수원 주위에 한국 신부들이 모여 있어 선교사가 지도자처럼 거처하게 되면 가톨릭 신앙을 전파하는 데 좋은 결과를 가져올 것이기 때문이다.

1922년 5월 1일(제52신) 수원읍내 교우들로부터 선교사 파견 요청 서한을 받았다는 내용을 포함하여, 순교자들로 유명한 읍내에 가톨릭 신앙이 전파되도록 서양 선교사 한 분을 보내주기를 간청한다.

1923년 10월 19일(제79신) 갓등이성당에 보좌신부가 파견됨으로써 수원읍 교우들의 불평과 효율적인 공소 운영을 위하여 서양 선교사 파견을 거듭 요청한다.

같은 해 11월 10일 갓등이성당에서 분할 수원본당을 설립, 초대로르 메르 신부가 부임한다.

1932년 초에는 1897년부터 존속했던 한옥 성당을 헐고 에밀 드비즈 신부가 폴리 신부에게 전달한 설계도와 함께 성당 건축 공사 감독을 맡으면서 본격적으로 수원 고딕식 성당이 신축된다. 11월 13일 서울교구 라리보 보좌주교(Laribeau, 아드리아노, 원형근(元衡根)) 집전으로 봉헌, 축성예절 거행하다.(1932년 11월 13일 공소 수 28개소, 신자 수 2,600여 명이었다) 성당 주보는 미카엘(Michael) 대천사였다.

1933년 4월 23일에 수원읍 성당 견진성사와 종 축성식이 있었다.

원 라리보 주교는 22일 오후에 수원읍에 가시어 23일 프랑스 폴리 신부 고향에서 기증한 종을 축성하시고 100여 명에게 견진성사를 주시다.[18]

(5) 수원성당 설립과 건축 연혁

일정	연도	관련 인물	내용	특징
한옥 구입 공소 설립	1890	알릭스 신부	남수리 한옥 구입, 화양학교 개교, 강당을 공소 성당으로 사용	천주당 간판 (한옥 강당)
한옥 구입	1897	알릭스 신부	북수리 팔부자집 한옥 2채, 행랑채 구입, 내부 수리 후 사용	ㄱ자형[19] 300여 평
본당 설립	1923	르 메르 루도비코 신부	공소 신자들의 청원과 김원영 신부의 적극적인 중재로 본당 설립	초대 신부 11월 10일 부임
고딕 성당 축성	1932	폴리 신부	적벽돌 조적조 고딕양식 성당 신축 봉헌, 75평(라리보 주교)	드비즈 신부 설계 및 공사 감독
학교 설립 수녀원	1934 1935	폴리 신부	소화강습회(교시: 애주애인 10월 2일), 수녀회 분원 설치 (4월 1일)	다른 팔부자 16칸 기와집 매입
성당 분할 명칭 변경	1959	임종구 바오로 신부	고등동성당이 분할됨	북수동성당으로 명칭 변경
성당 보수	1972	정덕진 루가 신부	성당 및 사제관 보수공사 (7월 11일~15일)	지붕 교체 등
성당 보수	1974	정주성 요셉 신부	6월, 성당 보수공사 실시함	수녀원, 하수구 등

18 『경향잡지』 제756호, 1933.4.30, 177쪽.

성당 철거	1978. 3. 6.	최경환 마티아 신부	김남수 주교 고별미사(3월 4일)를 끝으로 철거됨(3월 6일 철거 시작)	6.25 전쟁을 거치면서 심하게 파손
철근 콘크리트	1979	최경환 마티아 신부	북수동 현재 성당 모습 (건평 137평)	1979. 4. 5. 축성

1923년 성당으로 설립되어 1932년 고딕식 성당이 축성될 때까지의 교세통계는 다음 〈표 8〉과 같다.

〈표 8〉 1924~1933년 수원교구 지역 교세통계 종합 도표(지역-본당별)[20]

관할 본당	당시 행정 지역	공소명	23~24	29~30	30~31	31~32	32~33	현재 지명
하우현 → 수원	광주	묘론이 뫼루니	72 하우현			39	56	성남시 분당구 운중동
	시흥	봉우재	20 하우현			104[21]	22	시흥시 정왕동
	시흥	방죽말	14 하우현		31	18	28	안산시 단원구 와동
	안산	사시리 사사리	52 하우현	67 하우현	74	97	92	상록구 반월동에 속한 사사동
	시흥	안산 수암리	25 하우현	72 하우현	23	30	29	안산시 상록구 수암동
	과천	수리산	62 하우현		79	85	66	안양시 만안구 안양9동

19 ㄱ자형 건물의 연결부에 제대를 두고 좌 · 우 날개부에 남 · 녀 석을 배치하였다. 김정신, 『한국 가톨릭 성당 건축사』, 1994, 28쪽.

20 「통계와 지도로 보는 수원교구 역사 -1924~1933년까지 수원교구 지역의 천주교 교세와 지도-」, 『상교우서』, 2013년 가을호, 수원교회사연구소, 2013, 9~10쪽 중 간추림. 1924~1929년 교세통계 누락.

	수원	산밑	91 하우현	48 하우현	57	59	63	군포시 산본동
	시흥	금정리 (점)	39 하우현	54 하우현	60			군포시 금정동
	광주	하우 고개	162 하우현	197 하우현	131	143	139	의왕시 청계동
	광주	학현	30 하우현		37	42	51	의왕시 학의동
	용인	바라산 응달		61 하우현	78	63	62	용인시 수지구 고기동
	용인	배나무 골	41 하우현	24 하우현	27			용인시 수지구 고기동
	용인	손골		41 하우현	43	65	57	용인시 수지구 동천동
압고지[22] → 수원	용인	민재궁	43 압고지		84	87	79	용인시 기흥구 상하동
	광주	오산소 오산수	142 압고지	83 양지	115	122	133	용인시 처인구 모현면 오산리
수원	시흥	당말				79	77	군포시 금정동
	수원	둔터				11		군포시 대야동에 속한 둔대동
	광주	두밀			41			성남시 분당구 하산운동
	안산	얼미					36	시흥시 목감동에 속한 물왕동

	안산	왜목골					46	시흥시 목감동에 속한 조남동
	과천	주접이			33	33	38	안양시 만안구 안양6동
	용인	대지			34	35	37	용인시 수지구 죽전동
	수원	수원읍	106	125	261	301	315	수원시 팔달구 북수동
	수원	병점	200	214	295	238	224	화성시 병점동
	수원	안녕리			18	22	22	화성시 안녕동
왕림 → 수원	수원	샘말	32 (왕림)	37 (왕림)	40	38	31	수원시 권선구 대황교동
	수원	오목내 (촌+옹기점)	53+80 (왕림)	71 (왕림)	100	102	62안+ 53박	수원시 권선구 오목천동
	수원	능골		26 (왕림)	23	31	22	오산시 내삼미동
	수원	고색리		52 (왕림)			×	수원시 권선구 고색동
	수원	노로미	56 (왕림)	62 (왕림)	72	69	71	수원시 권선구 호매실동 노림

21 1932년도 통계에서 봉우재, 을미, 왜목골 공소를 합하여 104명으로 기록되어 있다.

22 1913년 미리내성당에서 분가(현 용인시 처인구 포곡읍 전대리), 용인 지역 최초 성당으로 용인과 광주 일대를 관할했다. 공소는 약 20개, 교우 수는 800여 명이었고 1930년 폐쇄됐다.

3) 역대 갓등이성당 신부 서한과 보고서[23]

갓등이 공소에서 수원성당으로 설립되어 가는 중요 과정들을 100주년 기념집과 역대 주임신부들의 서한과 보고서 등을 참고하여 다음과 같이 정리한다.

(1) 제2대 알릭스 신부(Joseph Alix, 한약슬(韓若瑟), 재임: 1890~1897)[24]

정리번호	연월일	수신	내용	비고
1897-168, 제42신	갓등이 1897.2.10	주교	수원에 약 30간 집(팔부자 집) 매입 문의.	5,000냥 미만
1897-168, 제43신	수원 지방 1897.4.27	주교	수원군수의 반대 불구(서양인이 수원에 집을 샀다는 소식) 수원 집 매입.	5월 17일 입주 예비자 교육 실시 예정
1897-37, 제45신	갓등이 1897.3.19	주교	수원 집 매입 관련 드비즈 신부에게 언질, 또 다른 큰 집 알아보고 있음.	드비즈(Devise, 성일론(成一論))
1897-53, 제46신	1897.4.1	주교	수원 집 결말, 서류상 정식문서 받음. 머내 회장 박 방지거 명의로 매입.	머내[25]와 학연의 회장들 돈 지불
1897-65, 제49신	갓등이 1897.6.1	주교	수원 집 방문, 만족함. 주교에게 청한 제의에 희망하고 있음을 전함.	새 신부 요청건 첫 언급 (1번째)

23 한국교회사연구소 · 왕림본당사편찬위원회, 『왕림(갓등이)교회 본당 설립 100주년 기념집』 I, 천주교 왕림(갓등이)교회, 1990에서 수원성당 관련 내용을 간추려 편집하였다.

24 최세구, 파리외방전교회 선교사 전기, 알릭스 조제프 장 밥티스트(ALIX Joseph Jean Baptiste 회원번호 1846 한약슬(韓若瑟), 1861년 1월 6일 렌(Rennes)교구 일에빌렌(Ile et Vilaine) 캉칼(Cancale) 근처 라프레네(La Fresnais) 출생, 1885년 5월 30일 렌교구에서 사제품, 1889년 10월 2일 조선 선교지 파견, 12월 2일 한국 입국.

25 머내(遠川)는 옛 원천동의 일부였다. 그 후 1914년 행정구역 폐합 시 동막리(東幕里)와 원천동(遠川洞)이 통합하여 동천리가 되면서 원천동은 일개 자연부락인 머내로 남게 되었다.

(2) 제3대 페네 신부(Charles Peynet, 배가록(裵嘉祿), 재임: 1897~1899)[26]

정리번호	연월일	수신	내용	비고
1898-77, 제11신	서울 1898. 9.28	주교	수원 지역에서 개종 움직임이 일고 있음.(지역 교우들의 동향보고)	경기 남부지방 1897~1898 교세보고
1898-79, 제13신	갓등이 1898. 10.3	주교	수원 집 이웃한 한옥 구매 의향 타진.(16칸)	향후 거처 마련 위하여
1898-85, 제18신	갓등이 1898. 12.13	주교	동막골 회장[27]아들, 아버지 명의 수원 땅(북수리) 매입건 문의.	이전 집주인이 집을 되찾고 싶어 함
1898-87, 제19신	갓등이 1898. 12.21	주교	명의를 빌려 준 동막골 회장과 수원에서 며칠 머물고 돌아옴.	무사히 돌아온 것은 원만하게 해결됐음을 뜻함

(3) 제4대 알릭스 신부(Joseph Alix, 한약슬(韓若瑟), 재임: 1900~1911)

정리번호	연월일	수신	내용	비고
1906-64, 제34신	갓등이 1906. 3.22	주교	선교사 파견 건으로 주교와 면담을 위한 서울 방문 의뢰.(2번째)	수원읍이 미카엘 회장 거듭된 요청
1907-119,제43신	갓등이 1907. 10.16	주교	수원 집 축성 날짜 10월 27일로 변경(연기) 요청.	
1908-31, 제44신	수원 1908. 3.17	주교	갓등이성당 성무 집행 정지령(Suspensio)과 수원 거주 이유 밝힘.	수원성당 설립일[28]로 보는 경향 있음
1909-220, 제45신	수원 1908. 12.17	주교	주교의 수원 방문 후 좋은 결과에 고무된 분위기 전함.	뮈텔일기 발췌

26 페네 장 샤를 신부(Peynet, Jean-Charles, 배가록(裵嘉祿), 1873~1948), 『상교우서』 2011년 겨울호, 수원교회사연구소, 2011, 2~3쪽.

27 머내 회장 박 방지거(프란치스코)를 일컬음.

(4) 제5대 르각 신부(Charles Le Gac, 곽원량(郭元良), 재임: 1911~1914)[29]

정리번호	연월일	수신	내용	비고
1911-206, 제10신	갓등이 1911	주교	수원성당 14처 설치 허가 요청. 남교우, 여교우 측 각기 설치 문의.	
1912-117, 제14신	갓등이 1912.8	주교	수원 교우들 성향, 계절별 기후 보고. 수원성당 분리 필요성 역설.(3번째)	1911~1912 보고서

(5) 제6대 김원영 신부(金元永, 아우구스티노, 재임: 1914~1933)[30]

정리번호	연월일	수신	내용	비고
1915-102, 제2신	1915. 8.10	김 신부 주교	수원 교우들이 주교에게 드리는 신부 파견 요청 서신을 김 신부 편지와 함께 동봉.(화양학교의 노후로 인한 보수 함께 요청)	발신: 수원읍 회장 백 야고보(4번째)
1915-101, 제3신	1915. 8.12	주교	수원의 학교(화양학교) 장마 후 크게 파손, 성당 물건들 분실됨. 성당과 신부 방 관리에 대한 문의.(매매 금지, 임대 건의 등)	신부 방이 장사꾼들의 창고 목적으로 사용
1916-17, 제6신	행주 1916. 2.28	주교	갓등이 지역 견진받을 사람이 많으므로 견진성사 집전 허가를 청함.	

28 김정신, 『한국 가톨릭 성당 건축사』, 1994, 19쪽; 『천주교 왕림(갓등이)교회 본당 설립 100주년 기념집』Ⅰ, 천주교 왕림교회, 1990, 37쪽. 본당신부의 수원 체류 기간을 말함(1908~1912), 갓등이 교우들에게 교회의 징벌 조치로 성사 집전을 정지시킨 때문이며 1908년 3월 17일 수원에서 처음으로 교구장에게 서한을 보낸 이래 계속 수원에 머물렀다. 당시 본당신부가 상주하는 곳이 곧 본당 자리가 되었으므로 이는 일시적이나마 본당이 왕림에서 수원읍내로 옮겨 간 셈이었다. 수원에는 신부 댁과 성당 등이 갖추어져 있었다.

29 르각, 샤를르 조제프 앙주 신부(Le Gac, Charles Joseph Ange, 곽원량(郭元良), 가롤로, 1876~1914), 『상교우서』 2011년 봄호, 수원교회사연구소, 2011, 8~9쪽.

30 김원영(金元永, 아오구스티노, 1869.5.18~1936.10.7), 1899년 3월 18일 종현성당(현 명동성당)에서 뮈텔 주교에게 사제서품, 제주도, 황해도와 함경도 지방 사목을 거쳐 1905년 경기도 행주성당 초대 주임으로 부임, 1914년 5월부터 갓등이성당에서 함께 사목, 전교와 교육에 힘썼으며, 1917.9.22.~1933.5 갓등이를 전담하고, 1923년 수원성당 설립을 위해 많은 노력을 하였다. 『상교우서』 2013년 여름호, 수원교회사연구소, 2013.

1916-72, 제7신	수원 1916. 8.29	주교	갑자기 비가 내려 지난 6일간 보수한 담 완전히 무너짐. 기초를 돌로 놓으려 함.	
1916-87, 제8신	행주 1916. 10.6	주교	담 보수 위해 수원에 또 가야 하는지 문의.	
1916-89, 제9신	행주 1916. 10.20	주교	담 수리 위해 수원에 다녀옴.(담 9년간 반 수리함) 견진성사 주기 위해 수원 지역 방문하실 수 있는지 문의함.	
1916-92, 제10신	갓등이 1916. 11.27	주교	1917.1.5. 수원읍 방문, 6일 점심 후 갓등이에 가셔서 견진을 주시도록 함(여러 지방의 공소 회장들과 합의), 견진자 300명쯤 추산.	견진성사 등 일정 관련
제21신	갓등이 1918. 9.15	주교	르각 신부의 명의로 되어 있는 수원읍 학교지, 대지와 논의 명의 변경 요구.	
1918-74, 제22신	갓등이 1918. 10.20	주교	수원읍 성당의 방 일본군이나 그 두목들에게 빌려 주는 문제 문의 →그들은 강제로 들어오려 함.	
1921-23, 제37신	갓등이 1921. 3.25	주교	수원 고색리에서 성공회 신자들이 개종, 이는 수원 근방에서 하느님을 위해 흘린 순교자들 덕분.	사본문답[31] 외는 4명 영세 줌
1921-99 제43신	갓등이 1921. 9.13	주교	수원읍 신부 한 명 보낼 의향이면 성당 옆집 살도록 건의.(복사 집으로 합당하다)	(5번째)
1922-59, 제51신	갓등이 1922. 4.29	주교	수원읍에 서양 선교사 한 분 꼭 보내주십사 요청.(많은 이들이 순교한 거룩한 장소)	(6번째)
1922-67, 제52신	갓등이 1922. 5.01	주교	수원 교우들의 신부 파견 요청 서한 받았다는 내용과 순교자들로 유명한 읍내 가톨릭 신앙이 전파되도록 서양 신부 보내주시길 간청.	(7번째)
1923-41, 제79신	갓등이 1923. 10.19	주교	수원 교우들의 원망과 서양 신부 보내주시길 강하게 거듭 간청함. (갓등이에 보좌신부 부임[32])	(8번째)

제82신	새말 공소[33] 1923. 11.20	주교	르 메르[34](Le Merre, 이유사(李類斯)) 신부 영접 위해 수원 다녀옴.	수원성당 초대 주임신부

4) 『뮈텔 주교 일기』

『뮈텔 주교 일기』[35]에서 1923년 수원성당 설립과 1932년 고딕양식의 성당이 축성되기까지의 과정에 대해서 파악해 보고자 한다.

(1) 『뮈텔 주교 일기 7』(1921~1925)[36]

연월일	내용	비고
1923. 11.11	르 메르 루도비코 신부 10일(土) 저녁에 수원 새 임지로 떠났다. 수하물로 부친 짐들 중 일부 미사 짐 분실되다.	수원성당 설립, 초대 주임신부로 부임
1923. 11.14	프와넬[37]과 조제[38] 신부 수원의 르 메르 신부 보러 갔다가 저녁 7시 돌아왔다.	
1923. 11.20	이틀 동안 치료받은 르 메르 신부는 스스로 치료할 것을 가지고 4시 40분 기차로 수원으로 갔다.(다리의 상처)	

31 영세, 고해, 성체, 견진에 관한 네 개의 문답을 합친 것.

32 김영근 베드로 신부, 5월 20일 서품 직후 갓등이 보좌로 임명. 『경향잡지』, 1923, 261~262쪽.

33 부천군 소래면 신천리(富川郡 蘇萊面 新川里).

34 르 메르루이 봉주르 신부(Le Merre Louis Bon Jules, 이유사(李類斯), 1858.11.12.~1928.12.25. 프랑스 Coutances교구 1886.3.7 서품, 1887.2.13 한국 도착) 수원성당 초대 주임신부. 『상교우서』 2011년 가을호, 수원교회사연구소, 2011, 6~7쪽.

35 제8대 조선대목구장 뮈텔(Mutel, 아우구스티노, 민덕효(閔德孝), 1854~1933) 주교가 주교로 임명 소식을 접한 날(1890.8.4)부터 죽음을 앞둔 며칠 전(1932.12.31)까지 42년간 매일 일기를 써서 교구장으로 수행한 일들을 기록으로 남겼을 뿐만 아니라, 주고받은 편지와 각종 문서 등을 체계적으로 정리해 놓아 오늘날 '뮈텔문서'라는 자료가 탄생하였다.

36 한국교회사연구소 역주, 『뮈텔 주교 일기 7』, 1993. 1921~1925 내용 중 수원성당 관련 발췌.

(2) 『뮈텔 주교 일기 8』(1926~1933)[39]

연월일	내용	비고
1927. 11.2	라리보 주교가 오늘 아침 7시 30분 기차로 떠났다. 11.2~12.7 무염시태성모님 축일 전 돌아왔다.	2일 하우현, 4일 갓등이, 7일 수원성당 방문 일정 등
1928. 12.26	25일 르 메르 신부 선종, 26일 지하 성당에서 입관식, 27일 8시 30분 출관 및 장례미사	수원성당 초대 주임신부(용산 성직자 묘소)
1930. 6.4	크렘프 신부,[40] 한국 사람들이 귀찮아 몰래 떠나고 싶다고 미사 집행 허가서, 증명서를 청하는 편지를 썼다.	크렘프 신부는 수원성당(2대 주임신부, 2년 6개월 재임)
1930. 6.7	오늘 아침 라리보 주교가 5일 크렘프 신부에게 쓴 편지가 주교에게로 되돌아왔고, 6일에 떠났다는 크렘프 신부의 편지도 왔다. 얼마나 서글픈 행동인가!	라리보 주교는 수원 교우들의 요청으로 내일의 미사를 위해 드비즈 신부를 보냈다.
1931. 1.26	8시 42분 기차로 라리보 주교가 수원으로 떠났다. 그는 오후 6시 33분에 돌아왔다.	
1931. 5.19	오전에 수원에서 폴리와 박 안드레아(박일규) 신부들이 도착했다.	수원성당 3대 주임신부
1931. 5.20	어제 박 안드레아 신부는 수원으로 갔다가 대전(大田)의 새 임지로 가기 위해 바로 우리를 떠났다.	
1931. 5.21	폴리 신부는 그의 새 본당인 수원으로 갔다.	수원성당 4대 주임신부
1931. 5.25	조제 신부가 폴리 신부와 함께 수원에서 하루를 보내러 갔다.	

37 프와넬(Poisnel Victor Louis, 박도행(朴道行), 1855~1925.10.26, 1879.6.29 서품, 1883.4.15 한국 입국) 명동성당, 나바위성당, 전동성당 설계.

38 조제(Jaugey A Joseph, 양수춘(楊秀春), 1884.12.30.~1955.1.8, 1907.7.7 서품, 8.8 한국 입국) 1913년 원주 원동성당(70평) 고딕 성당 건립.

39 한국교회사연구소 역주, 『뮈텔 주교 일기 8』, 1993. 1926~1933년 내용 중 수원성당 관련 발췌.

1932. 3.28	폴리 신부와 함께 부활절, 월요일을 지내기 위해 조제 신부가 보댕 신부와 같이 수원으로 떠났다.	
1932. 4.11	드비즈 신부에 의하여 불려온 폴리 신부가 저녁에 우리에게 왔다. 문제는 수원성당 건물 공사로 건축 청부업자가 생각한 것보다 더 요구하고 있다.	드비즈 신부: 공세리 성당 건립, 합덕성당, 수원성당 설계
1932. 4.13	폴리 신부는 중국인 청부업자와 같이 수원으로 돌아갔다.	건축 청부업자와의 문제가 원만히 해결됨을 뜻함
1932. 5.1	10시에 주교 대미사, 미사 후에 학생들과 교우들이 라리보 주교와 은경축을 맞은 폴리, 조제 신부를 축하하기 위해 모였다. '테 데움(Te Deum)'[41]을 노래했다.	라리보 주교 1907.3. 10/ 폴리 신부 5.28/ 조제 신부 7.7/ 성체강복 라리보 주교 집전
1932. 5.28	드비즈 신부와 조제 신부가 폴리 신부의 사제서품 경축을 지내러 수원에 갔다. 그러므로 은경축을 맞은 세 사람은 또 한 번 서로 만났다.	7시 조금 전에 라리보 주교가 드비즈, 조제 신부와 같이 돌아왔다.
1932. 11.12	라리보 주교[42]는 오전 8시 40분 기차로 내일 새 성당 강복식에 조제 신부와 같이 수원으로 떠났다.	새 성당: 수원성당을 말한다.(『경향잡지』 제745호, 489쪽)
1932. 11.13	아침 8시 40분 기차로 드비즈 신부, 신 바오로(申仁植) 신부 그리고 새로 온 콜라르 신부[43]가 수원으로 떠났다. 라리보 주교와 신부들은 오후 6시 33분 기차로 수원에서 돌아왔다.	영성체자 500명 이상, 약 150명이 견진을 받았다. 축제는 대단히 좋았다.
1932. 11.14	폴리 신부가 저녁에 왔다.	
1932. 11.16	폴리 신부가 드비즈 신부와 같이 수원으로 돌아갔고 드비즈 신부는 평택에 갔다가 저녁에 돌아오다.	
1932. 12.01	조제 신부는 폴리 신부의 성당을 보러 수원에 갔다.	
1932. 12.25	수원의 폴리 신부는 성당은 끝냈으나 아직 할 일이 많이 남았다. 어디서나 이렇게 하나씩 건축해 가고 있습니다.	1932년도 보고서

1933. 12.25	수원성당 폴리 신부는 예비자 교리에 관하여 그에게는 아주 고유한 방법이 있다. 회장을 시켜 자주 방문, 직접 교리 공부의 진전 확인, 격려하고, 꾸중을 하고, 칭찬을 해 주는 것이다.	1933년도 보고서 폴리 신부는 "본인은 늘 결국엔 성공합니다."라고 덧붙였다.

3. 수원성당 복원 자료 검토 및 분석

1) 시대 구분과 특징

수원성당이 건립되어진 시기(1932년 봉헌)의 성당 건축은 한옥 성당에 서양식 벽돌조 종탑을 결합하거나 목조와 조적조를 혼용한 한·양 절충식 성당과 벽돌조의 양식 성당이 나타난다. 선교 단체별 건축양식의 특징은 선교단체를 중심으로 단체의 문화적 배경과 선교 이념에 따라 건축양식이 결정되었다. 한국에 진출하고 있던 선교단체별 건축

40 크렘프 앙리 장 마리(Krempff Henri Jean Marie, 경원선(慶元善), 1882.10.27~1946.04.11) 신부는 1930년 6월 6일 파리외방전교회를 탈회하고 프랑스로 귀국하였다.

41 라틴어 테 데움[Te Deum], Te Deurn laudamus라는 말로 시작하는 찬가, 처음의 2글자를 따서 불린다. 하느님 · 그리스도 · 성령의 삼위일체를 찬양한 것으로, 고대 가톨릭의 일요일과 축제일의 조과 중에서 그레고리오 성가의 선율에 의해서 노래되었다. "오, 하느님이시여, 당신을 찬미하나이다."라는 구절로 시작한다. 근세에 들어온 후에는 국가적 경사나 전승 축하를 위해서 대규모의 장려한 스타일로 작곡되는 경우가 많다. 『종교학 대사전』, 1998. 한국사전연구사.

42 라리보 아드리앙 조제프(Larribeau Adrien Joseph, 1883~1974), 1883년 2월 4일 프랑스 라 로미외(La Romieu)에서 출생, 1904년 파리외방전교회 입회. 1907년 3월 10일 사제로 서품, 5월 21일 한국 입국, 1933년 1월 23일 제9대 교구장 취임, 1965년 교구장직 사임. 1974년 8월 12일 프랑스에서 선종.

43 최세구, 『파리외방전교회 선교사 전기』, 콜라르 라파엘 마리, 조제프, 장폴(Collard Raphael Marie, Joseph, Jean Paul, 갈성렬(葛聖烈), 1902.5.5.~1961.10.31. 벨기에 탱티니, 1928.4.9. 사제서품. 1932.11.12. 한국 입국)

양식의 특징을 살펴보면 파리외방전교회는 중세의 신학 사상과 신념 체계를 잘 반영한 고딕양식의 벽돌조 성당이 추구되었다. 성 베네딕토 수도회는 초기에 독일 로마네스크 양식(부록 239쪽 참조)을, 1960년대 이후엔 알빈 신부에 의해 근대건축이 추구되었다. 메리놀 외방전교회는 거의 절충적인 형식을, 성 골롬바노 외방전교회는 영국 고딕의 특징인 낮고 긴 신랑(身廊: Nave)과 2중 라틴 십자형의 평면 구성을 하고 있다.[44]

한국 천주교 성당 건축 연구의 변천과 시대 구분을 다섯 부분으로 구분해 볼 수 있으며, 그 중 일제시대의 건축사적인 시대 구분과 시대별 특징은 아래와 같다.

〈표 9〉 한국 가톨릭 성당 건축사의 시대 구분[45]

시대 구분	교회사적 구분	건축사적 구분				
		양식		평면 구성	건축 이념	
1910~1945	일제시대	로마네스크, 고딕	한양 절충	장방형	양식 주의	절충 주의

〈표 10〉 한국 가톨릭 성당 시대별 특징[46]

시대 구분	배경	건축적 특성
1910~1945 일제시기	선교 이념에 따른 건축양식	한 · 양 절충식: 한옥 성당에 양식 벽돌조 종탑, 벽체 벽돌
		양식 성당: 종탑과 정면의 상징성, 벽돌조

44 김정신, 『한국 가톨릭 성당 건축사』, 한국교회사연구소, 1994, 57~61쪽.

45 김정신, 『한국 가톨릭 성당건축의 수용과 변천에 관한 연구』, 서울대 박사논문, 1989, 130~132쪽의 시대 구분을 참고하여 일제시대를 구분하였다.

46 신경희, 『청주교구 가톨릭 성당의 시대별 건축 특성』, 충북대 석사논문, 2002, 18쪽을 참고하여 일제시기를 구분하였다.

2) 수원성당 건축 관련 주요 인물들

(1) 드비즈 신부[47]

1871년 7월 14일 비비에(Viviers)교구 출생, 1894년 7월 1일 사제품을 받고, 10월 25일 한국 입국, 1895년 봄 충청북도 북부인 아산군에 새 성당을 설립하는 직책을 맡는다.(공세리성당을 지칭)

1896~1897년, 뮈텔 주교에 의해 1896년 1월 선종한 코스트 신부 후임으로 대목구의 당가신부(경리업무 등 오늘날의 관리국) 직책을 맡게 된다.

1897년 다시 공세리로 돌아와 국가 세곡창고가 있던 언덕을 획득하는 데 성공, 옛 창고를 헐고 성당과 사제관, 부속 건물을 짓기 시작했다.(후에 모든 건물 개축을 위해 지체 없이 저축을 시작함)

1897년 본당 분할, 남쪽으로 기낭 신부에게 맡겨진 공주성당을 설립하고, 1901년 앙투완 공베르(Antoine Gombert) 신부에게 맡겨진 북부의 안성성당이 신설된다.

20년 이상 저축한 후 건축가인 아버지의 영향을 받아 1921년도에 설계하고 중국 노동자들의 기술로 직접 공사를 감독하면서 사제관과 아름다운 성당을 개축하여 축성하게 된다.(오늘의 공세리성당)

1930년 난청으로 사목활동에 심각한 장애가 되어 35년 동안의 공세리성당 주임신부를 사직하고 서울대목구 건물 관리와 신설 공사의 감독 직책을 맡게 된다.

1932년 폴리(Polly) 신부에게 수원성당 신축 설계도를 전달하며 성당

47 최세구 신부, 1936년『파리외방전교회 선교사 열전』연보의 약전을 요약, 회원번호 2118, 성일론, 10~11쪽;『공세리본당 100년사』, 공세리본당 100년사 편찬위원회, 1998을 요약. 드비즈 신부(Devise Emile Pierre, 성일론(成一論), 1871.7.14.~1933.8.31)

신축을 축성한다.

서울 소신학교 인근 혜화동성당 종탑, 소신학교 부속 건물들, 서울 주교좌성당의 샬트르 성바오로 수녀회 소성당, 용산의 성직자 묘비 정비 등이 업적으로 남아 있다.

다음은 드비즈 신부가 설계, 감독한 3개의 성당 건물 중 수원성당을 제외한 아산 공세리성당과 당진 합덕성당의 건축적 형태에 대해 살펴보자. 수원성당을 이해하는 데 도움이 될 것이다.

〈표 11〉 아산 공세리성당과 당진 합덕성당의 건축적 형태 비교[48]

성당명	양식(형태)
아산 공세리 성당 1922. 10.8. 축성	외관: 서쪽에 출입구, 동쪽에 제단 위치,[49] 출입구는 전실형(Narthex) 반원아치(Semi Circular Arch), 상부 성가대 단층(중2층) 적벽돌 구조 맞배지붕 양식의 고딕식, 지붕은 동판 마감, 좌 · 우 지붕면에 도머창 각각 2개씩 설치, 중앙에 종탑 정면 중앙형(첨탑) 입면 구성, 8개의 피나클을 장식, 각 베이마다 부축벽 설치. 내부: 3랑식 장방형 바실리카형 평면 구성, 제단부와 회중석 사이에 난간 설치, 천장은 베럴볼트, 측랑은 평천장, 모든 창문의 아치는 반원아치.
당진 합덕 성당 1929. 10.29. 축성	외관: 북동쪽 출입구, 남서쪽 제단, 출입구는 전실형 반원아치, 단층(중2층) 적벽돌 구조, 라틴크로스 평면, 정면에 6각형의 좌우 쌍탑(첨탑), 맞배지붕 위 골함석 사용, 좌 · 우 지붕면에 도머창 각각 3개씩 설치, 부축벽 및 측면 출입구 설치, 외벽 및 종탑 벽면에 무늬 장식. 내부: 3랑식 평면, 배면은 5각형 평면의 앱스, 영성체 난간 설치, 주랑 천장은 베럴볼트, 측랑은 평천장, 모든 창문의 아치는 반원아치.

48 김주, 『한국 초기 성당건축에 관한 연구 -1890년~1945년까지의 건축을 중심으로-』, 1981, 44~45 · 54~56쪽; 고도영, 『한국 초기성당 건축공간에 관한 연구』, 1984, 19~20쪽; 유병구, 『아산 공세리 가톨릭 성당건축의 보존』, 1993, 45쪽; 김정신, 『한국 가톨릭 성당 건축사』, 1994, 67 · 70~71쪽; 이달훈 · 이희준, 「초기 성당건축의 건축적 특성과 유형에 관한 연구」, 2000, 542~543쪽; 김문수, 『천주교 건축 유산의 수리에 관한 연구』, 2008, 20~21쪽.

(2) 폴리 신부[50]: 수원성당 4대 주임신부(재임: 1931~1948)

1884년 10월 27일 비비에(Viviers)교구 출생, 1907년 5월 28일 사제품을 받고, 8월 8일 조제(Jaugey) 신부와 함께 입국한다.

1908년 4월 충청남도 서북부, 즉 합덕성당의 서반부를 맡게 된다.(옛 해미읍성, 옛 홍주 지역 등이 속한 초창기 서산성당을 말함)

1914년 8월 14일~1919년 9월 23일 제1차 세계대전으로 징집된다. 그 후 복귀하여 상홍리에 사제관과 소성당을 건립하였다.(현 상홍리 공소, 가재라고도 불렸던 마을)

1921년 서울 용산신학교로 발령받는다.

1923년 원주성당 주임으로 부임하여 명도회를 창설한다. 1928년 충청남도의 도청소재지 대전성당으로 부임하고 명도회 부녀 회원들과 협력치하한다. 1929년 봄 선교사의 대표로 선출되며, 1931년 5월 경기도 도청소재지 수원성당으로 부임, 명도회를 창설하는 것부터 시작한다.

1932년 드비즈(Devise) 신부가 건네준 설계도에 따라 중국 기술자들을 고용, 본격적인 성당 짓기를 시작하여, 11월 13일 라리보(Larribeau) 주교에 의해 축성, 성 미카엘(St Michel)에게 봉헌되었다. 그러나 신축 과정에서 중국인 기술자 고용, 이들과 건축 과정에서의 관계는 그렇게 순탄하지는 않았던 것으로 추측된다.[51] 1933년 4월 23일 고향에서 만들

49 방위는 상징적 의미를 지니며 우주론을 구성함으로써 종교 건축의 중요한 인자로 작용하여 왔다. 특히 서양의 종교 건축은 동쪽에 제단을, 서쪽에 입구를 두는 'Western Narthex Type' 원칙을 고수하여 '구원의 통로' 라는 관념을 표상하여 왔다. 김정신, 「진리와 빛의 방향인 동쪽과 제단과의 연관성」, 『한국 가톨릭 성당 건축의 수용과 변천에 관한 연구』, 1989, 167~168쪽.

50 최세구 신부, 선교와 열전, 세슬랭 약전과 『20세기 사망 회원 명부』를 인용하면서 수집한 정보를 추가하여 작성함, 회원번호 2934, 심응영, 26~29쪽; 『북수동성당 70년사』, 천주교 수원교구 북수동성당, 1994. 폴리 장 마리 신부(Polly Jean Marie Desite, 심응영, 沈應永, 1884.10.27~1950.9.26, 프랑스).

어진 종을 한국으로 들여와 축성한다.

1934년 10월 2일, 애주애인(愛主愛人)을 교시로 삼은 소화강습회를 3중의 목적을 가지고 설립한다. 첫째 정규학교에 가기에 너무나 가난한 어린이들을 교육하고, 둘째 우리글(한글)을 가르침으로 애국 계몽을 실천하고, 셋째 학생들에게 복음의 씨앗을 뿌리기 위함이었다. 이 학교 설립을 위해 성당 주변 허름한 집 몇 채(옛 팔부자 집 몇 채를 말함)를 사들여 교실로 꾸미고, 1935년 4월 1일 정착한 샬트르 성바오로 수녀회 분원으로 만들었다.(소화초등학교 전신, 현 폴리화랑과 박물관 및 수녀원)

1948년 5월 8일 대전교구 설정으로 8월 8일 천안으로 이동한다.(현 천안성당) 1953년 8월 23일 공산군에 체포되어 집단 수용소로 변모된 대전의 프란치스코 수도원으로 압송된 후 9월 24일~26일 사이 순교한다.

3) 사진 자료

고딕식 수원성당의 옛 모습을 찾아볼 수 있는 참고 자료에는 기념사진 등 당시의 사진이 남아 있다. 1차 자료로서의 충분한 가치가 있으며 잘 보관되어 있어 건물의 특징과 변천 과정을 규명, 복원을 위한 기초자료로 활용하였다. 이를 확인하는 과정에 여러 부위에서 초기의 모습과 변화된 형태를 찾아내, 존재하지 않는 건축물에 관한 건축양식과 규모를 확인하였다.

51 『뮈텔 주교 일기 8』, 1932.4.11 · 13 참조.

〈표 12〉 다른 모습으로 변화된 부위와 내용[52]

부위	변경 내용	오래된 사진첩
출입문	안쪽에서 후에 바깥쪽에 설치	jpg 33,36
성가대석	기둥 1간 1/3에서 1간 반으로 늘어남	jpg 45,88
성찬난간	초기에 설치, 후에 없어짐	jpg 45
제대 십자고상	초기에 성령의 모습에서, 후에 ✝로 변경됨	jpg 44,48,49
제의실	우측 1곳에 위치하고 앱스 우측에 연결문	jpg 38,61,89
바닥 높이	후에 보도블록 설치로 높아짐	jpg 81

〈표 13〉 사진으로 확인되는 수원성당 부위별 변화된 모습

부위	전	후
출입문		
성가대석		

52 수원 북수동성당 홈페이지, 오래된 사진첩과 사진 자료, old jpg 33~89.

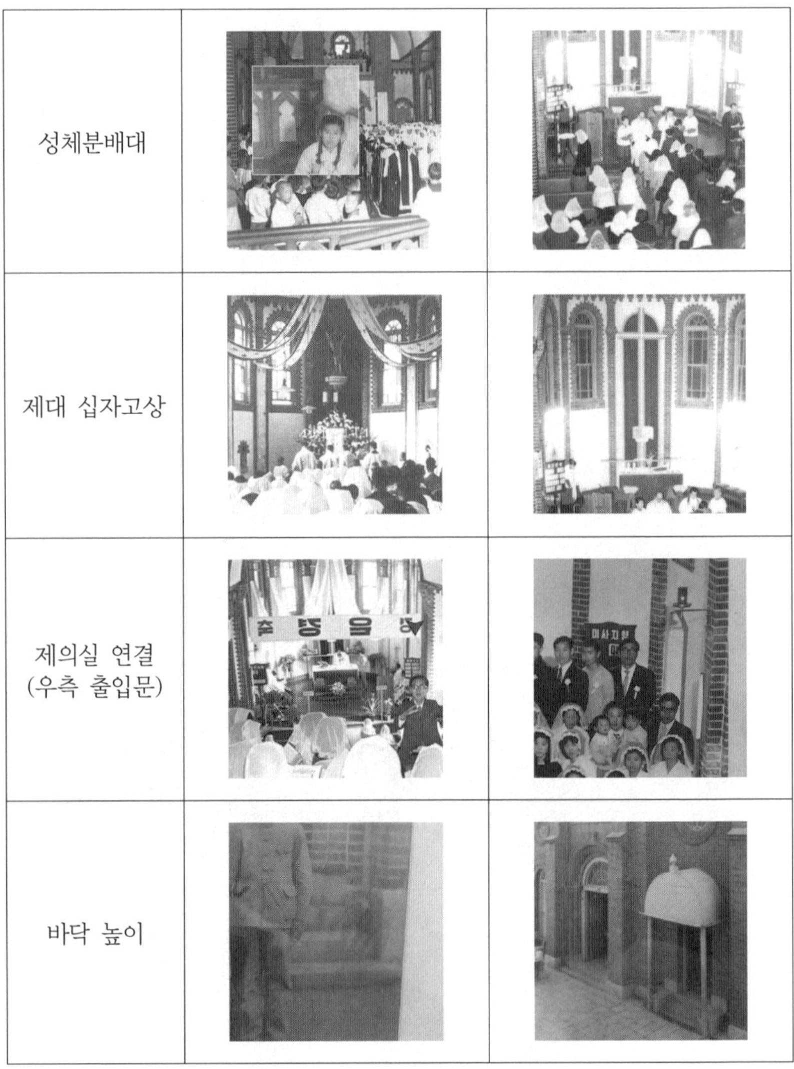

성체분배대		
제대 십자고상		
제의실 연결 (우측 출입문)		
바닥 높이		

4) 복원 자료 검토 및 분석

옛 문헌과 사진 자료의 분석, 관련자의 증언을 토대로 수원 고딕 성당의 축성 양식과 규모를 추찰한다.

(1) 위치 및 배치

경기도 수원시 팔달구 북수동 316번지(도로명: 팔달구 정조로 842)에 위치한 수원성당은 수원역에서 도보로 30여 분 거리에 있고, 팔부자 집터와 거리를 배경으로 옛 중영 터 일부와 접한 화성의 중앙에 위치하고 있다.

이곳은 장안문을 통하여 북쪽으로는 과천을 거쳐 서울, 팔달문을 통하여 남쪽으로는 대전을 거쳐 부산으로 통하는 1번 국도와 가까워 접근성이 매우 좋은 곳에 위치하고 있다. 또한 바로 건너편에는 화성 행궁이 위치하고 있어 정조 임금의 효 사상을 체험할 수 있다. 중영(토포청)은 교수형과 백지사형(白紙死刑)[53]을 집행하던 장소로 수원성당 터는 많은 순교자들이 신앙을 증거 한 거룩한 장소[54]이기도 하다.

〈그림 1〉 수원성당 위치도(25번 중영과 일부 접한 위치)

53 얼굴을 하늘로 향하게 한 후 창호지를 여러 장 겹치고 물을 적신 후 얼굴을 덮어 질식사시키는 것, 일명 도모지사형(途毛紙死刑)이라고도 함.

54 한국 성당의 입지는 본당(parish) 구역의 중심지, 주변보다 탁월하게 드러나는 높은 곳, 옛 교우촌이나 순교지와 같은 역사적인 곳 등이다. 김정신, 앞의 책, 1989, 186~187쪽.

팔부자 집 2채와 행랑채가 위치한 땅을 구입하여 그곳에 있던 한옥 성당을 헐고 고딕식 성당을 지었다.

성당의 전체 배치와 평면은 바실리카 양식을 기본으로 하여 제단이 서쪽을 향하고 있으며 동쪽에 주 출입구가 위치한다. 이것은 성당의 일반적인 입지 조건과 다른 배치로 마을에서 접근을 고려하여 현관을 동쪽에 배치한 듯하다.

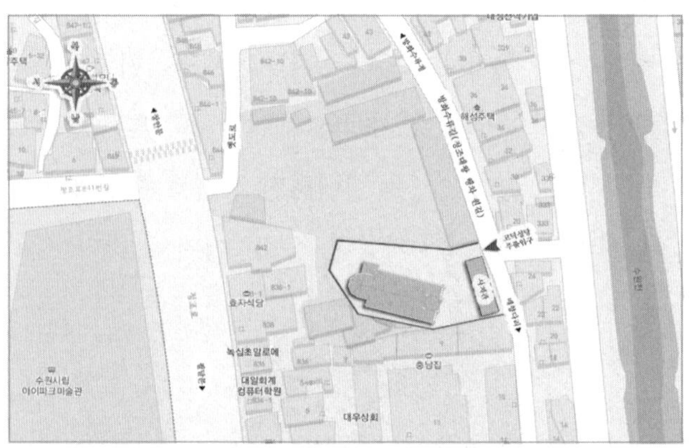

〈그림 2〉 축성 시 수원성당 부지 및 배치 추정

〈그림 3〉 현 수원성당(북수동성당)

(2) 종탑과 지붕

전면 종탑은 8각 뾰족탑 형태이며 하부는 계단과 성가대실로 이어진다. 종탑 지붕은 모임지붕 형태, 중앙은 박공지붕(gable roof) 형태로 처리하였다. 마감은 골함석, 환기구는 양 측면 3개씩 6개 설치되어 있으며 도머창 형태로 되어 있다.

〈그림 4〉 종탑과 지붕

(3) 천장

신랑의 천장은 반원형 천장(베렐 보울트, Barrel Vault)으로 각 칸(間, 베이(Bay))[55]마다 회색 벽돌의 리브(Rib, 늑재)[56]가 장식, 측랑은 평천장으로 되어 있고 제대 상부는 궁륭[57]천장으로 되어 있다.

55 베이(Bay): 지주와 지주 사이의 벽 부분. 교각(橋脚) 사이, 일종의 칸(間).

56 리브(Rib): 천장이나 볼트의 부재로 비교적 가느다랗게 몰딩 처리된 아치, 장식으로 쓰인다.

57 궁륭(穹窿, vault)은 홍예(虹霓: 문의 윗부분을 무지개 모양으로 반원형이 되게 만든 문)로 인해 천장 또는 지붕이 형성된 것을 가리키는 건축 용어이다.

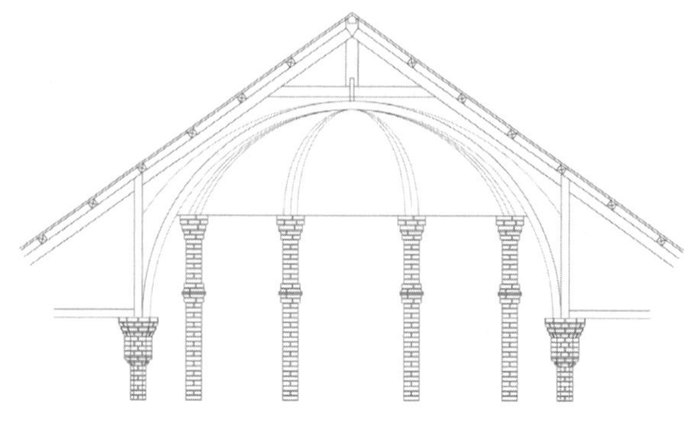

〈그림 5〉 반원형 천장틀 상세도

(4) 벽체(실존 잔재물인 적벽돌의 규격 기준을 산정함)

측랑 부분의 외벽은 지표면을 기준, 화강석으로 지대석을 설치하였으며 마룻바닥의 통풍을 위한 환기구가 설치되어 있다. 벽돌의 조적 방법은 측랑 부분에 길이쌓기와 마구리쌓기를 혼용한 화란식 쌓기,[58] 측랑 부분의 벽돌 규격은 그 시대의 표준치수[59]인 길이 230mm×너비 110mm×높이 60mm를 사용하였고, 회색과 적색의 이형 벽돌을 출입구와 창문 주변에 장식적으로 사용하였다. 측랑의 외벽에는 약 3.1m 간격의 각 칸마다 부축벽(버팀벽, 붙임기둥: Buttress)이 돌출, 부축벽은 적벽돌로 쌓았으며 내부 벽돌 기둥과 종탑부의 기둥은 회색 이형 벽돌로 되어 있다. 부축벽은 고딕양식의 특징으로 성당 건축의 초기에 장식적인 요소로 사용되었으며, 수원성당에서도 외벽에 조적조의 장식적인 요소로 사용되었을 것으로 추정된다.(벽돌의 크기 및 벽돌 쌓기: 부록

58 화란(和蘭)식 쌓기는 네덜란드식 쌓기(Dutchbond)라고도 하는데, 마구리 켜와 길이 켜를 번갈아 쌓는 것은 영국식과 같으나 모서리 끝에서 영국식 쌓기는 반절 또는 반반절·이오토막 등을 쓰는 반면, 네덜란드식에서는 칠오토막을 사용하여, 상하 켜의 벽돌이 엇물리게 하고 통줄눈이 되지 않도록 한 점이 다르다. 조홍석, 『한국 근대 적벽돌 건축에 관한 연구』, 2005, 67쪽.

59 김현수, 『한국 초기 양식 건축물의 보수 · 보존에 관한 연구』, 2000, 9쪽.

237~238쪽 그림 참조) 특히 내부에서도 종탑부의 구조(부축벽, 버팀벽, 붙임기둥: Buttress)가 그대로 노출되어 있어 규모에 비해 튼튼해 보이는 특징이 있다.

〈그림 6〉 측면 벽(부축벽)

〈그림 7〉 전면부 우측 벽

〈그림 8〉 측면 벽(부축벽) 상세도

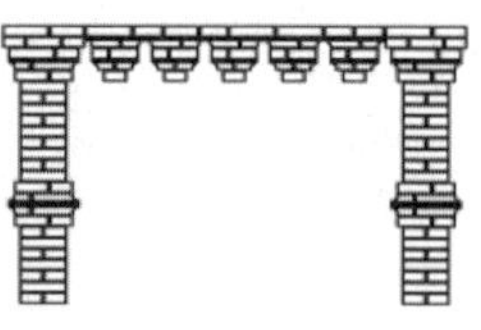

〈그림 9〉 제단석 및 회중석 내부 벽체

내부 가운데 2열로 고주를 세우고 양쪽에 퇴보를 걸어 측랑(Aisle)을 만든 삼랑식의 내부 공간을 구성, 장방형의 서쪽 끝에 후진(Apse)을 두었으며 5각으로 꺾여 있다.

〈그림 10〉 고딕 성당 내부 제대석 방향

내부 종탑부의 구조(부축벽: Buttress)가 그대로 노출되어 있다.

〈그림 11〉 고딕 성당 내부 출입구 방향

(5) 창호

벽체 창문은 목재 창호로 좌우 양면이 대칭을 이루고 있고, 상부에 반원형 아치로 창호를 장식, 창호의 주변은 이형 적벽돌을 이용하여 장식하였다.

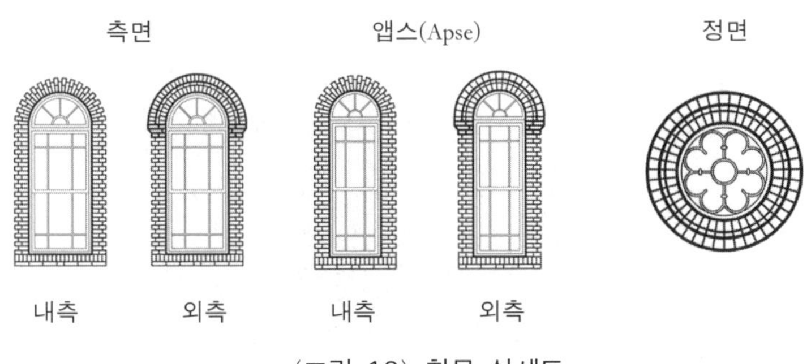

〈그림 12〉 창문 상세도

(6) 기둥

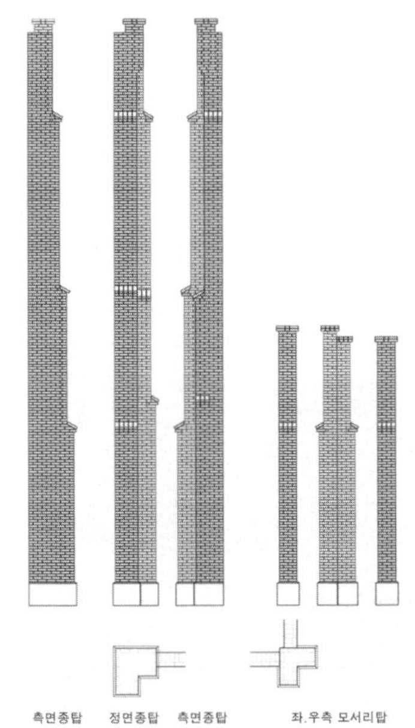

〈그림 13〉 전면 종탑 기둥 상세도

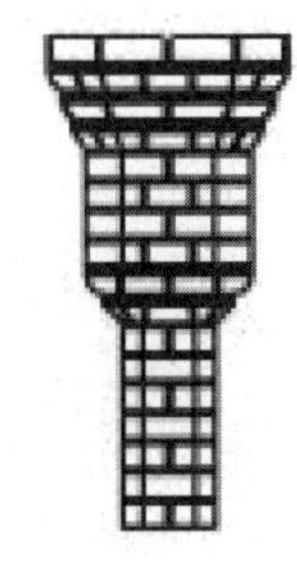

〈그림 14〉 내부 기둥 상세도

(7) 바닥

성당의 1층 바닥은 지표면보다 높게 설치되어 있으며 처음 성당을 신축할 때 바닥 마감재는 목재이고, 외부 지대석 위에 환기를 위한 환기구가 설치되어 있다. 주 출입구 상부 성가대석의 바닥도 목재 마감이다.

〈그림 15〉 목재 바닥 환기구(외부)

(8) 계단

정면 주 출입구의 상단부에 위치한 성가대석과 종탑으로 올라가는 계단은 주 출입구 오른쪽이 목재로 되어 있으며 경사를 매우 심하게 처리하였다.

〈그림 16〉 2층으로 올라가는 계단

(9) 출입구

정면부의 출입구 아치는 측면의 아치와 다른 회색 이형 벽돌을 사용하여 입구가 부각되게 처리하였다. 출입문은 전면에 3개이며 모양은 전체적으로 상부가 반원형 아치이다. 전면 종탑 하부의 주 출입구 아치 상단에 키스톤(Keystone)[60]적벽돌로 장식되었다. 출입구는 정면에 3개소, 제의실로 통하는 1개소로 모두 4개소가 있다.

〈그림 17〉 전면 주 출입구

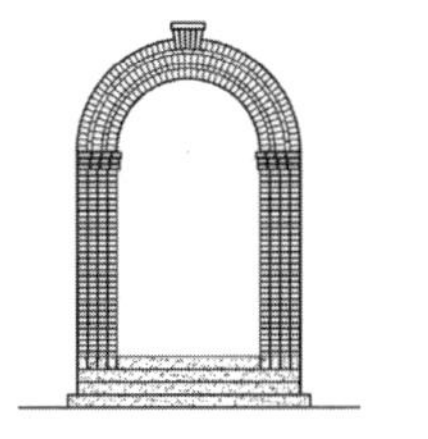

〈그림 18〉 전면 주 출입구 및 부 출입구

4. 수원성당의 건축사적 고찰

수원성당을 복원하는 데 있어 논의의 초점은 복원의 개념과 복원 설계가 될 것이며, 복원 설계는 복원 시점에 따라 형태, 구조 등이 달라질 수 있다.

1) 복원 개념

역사적 복원과 양식적 복원 및 활용적 복원[61]

60 아치 꼭대기의 쐐기돌, 이맛돌.

역사적 복원은 복원의 의미 그대로 원래의 모습으로 복원하는 것으로 위치와 형상은 물론이고, 재료 · 기법도 원래대로 하여야 한다. 지정문화재의 복원 정신은 이 원칙을 따르지만 쉽지 않다. 과거의 기법이 전수되지 못하고 사라졌거나, 재료의 생산 구득이 어려울 경우가 있다.

양식적 복원은 원래의 양식으로 복원하되, 재료나 기법은 다소 달라도 상관없으며, 원래의 건물이 양식에 미흡하거나 잘못된 부분이 있으면, 양식의 완성을 위해 바꿀 수 있다고 생각하는 복원 개념이다.

활용적 복원은 문화유산 복원의 현대적 개념으로 건축은 기능을 변경하더라도 계속 활용될 때 보존이 용이하다는 개념이다. 활용을 위해 내부를 변경하거나 필요한 설비 등을 덧붙이는 것도 가능하다. 근대문화재의 보존 방식에 쓰이는 개념이다.

2) 복원의 의미와 용어 정리

복원(Restoration)[62]은 기존 건물의 외관과 기능을 원형에 가깝게, 원래의 상세 및 재료에 세심하게 주의를 기울여 특정한 시기, 당초의 모습으로 회복시켜 되돌려놓는 것을 의미한다. 비슷한 개념을 가지고 있지만 용어별로 의미가 조금씩 다르고 다양하게 정의되는 용어들을 살펴보면 다음과 같다.

61 김정신, 「갓등이 옛 한옥성당의 복원적 고찰」, 『교회사학』 9호, 수원교회사연구소, 2012, 169쪽.

62 복원은 외관(양식적) 복원을 포함, 위치와 구조 · 기법 · 재료 등 파손된 부분 전체를 원형으로 환원시키는 작업을 뜻하므로, 수원성당의 경우 역사성 · 장소성 · 학술적으로 엄밀하게 보면 재현의 개념이나 형태 · 규모 · 양식 등 원형을 추구하기 때문에 통상적인 의미에서 복원이라는 용어를 사용하고자 한다.(수원성당 재현을 위한 고찰 → 수원성당 복원을 위한 고찰)

〈표 14〉 복원의 유사 개념

재현 Representation	사물이나 현상 따위를 다시 나타내는 것으로 눈앞에 존재하지 않거나 스스로를 표현하지 못하는 실물을 표현하는 행위
복제 Replication	원형을 정확히 묘사하여 새로 짓는 것
개조 Renovation	오래된 건물을 다시 쓸 수 있게 고치는 것, 범위가 대단히 넓다.
복구 Rehabilitation	원형을 그대로 유지하는 복원보다 그 시대의 방식 등을 고려, 건물을 고치는 것으로 복원보다는 범위가 넓다.(재생의 의미)
재건 Reconstruction	원래에 대지에 없어진 건축물을 다시 짓는 것으로 그 형태는 역사적 문헌이나 문서 등에 의해서 정해진다.(재조립의 의미)

3) 수원성당의 복원 고찰

수원성당 복원 시점 기준을 1932년 건립 당시의 원형 모습대로보다는 복원을 위한 자료와 증언으로 확인이 가능한 철거 직전의 모습으로 복원하는 것이 합리적이라고 본다.(사진과 증언으로 확인한 결과 몇 가지 변화된 모습을 제외하면 철거 직전까지 원형의 모습이 오랜 세월 유지되었음을 알 수 있다)

따라서 충분한 고증 자료가 필수적으로 밑받침되어야 한다.

3장에서 살펴본 복원 자료(사진 자료, 증언) 외 시굴조사 등 더 많은 내·외부 사진 자료의 수집, 조사가 필요하지만 현 단계에서 가장 신빙성이 있고 구체적이라고 여겨지는 사진과 증언을 바탕으로 부위별 세부적으로 분석한 자료와 이를 근거로 건축양식과 배치, 평면, 구조, 형태, 규모를 추정할 수 있다.

여기에 몇 가지 변화된 사항을 포함하여 수원성당 건립 당시의 모습과 건축적 내용 및 의미에 더 가깝게 접근하여 복원을 위한 추정 기초 도면을 작성하고자 한다.

(1) 건축양식

〈그림 19〉 수원성당 전경

고딕양식인 적벽돌 조적조 성당의 평면은 장방형의 삼랑식 건물로 내부 가운데 신랑(身廊, 주랑, Nave: 부록 241쪽 참조)과 좌 · 우 측랑(側廊, Aisle: 부록 241쪽 참조)이 이형 벽돌 기둥에 의해 구획된 바실리카형 성당이며, 입면은 정면에 3개의 출입구가 있고(중앙 출입구 상부에 성가대석) 중앙에 종탑이 위치해 있는 전면 중앙형 입면 구성이다.(전면 중앙 출입구 양옆에는 부출입구가 있다) 제대가 위치한 벽에는 돌출한 5각 후진(Apse)[63]의 구성과 우측은 제의실과 연결된다.

63 후진(Apse)은 성당 건축에서 가장 깊숙이 위치해 있는 부분으로 주보랑에 둘러싸인 반원형 공간이다. 성당의 중앙 현관으로 들어와 신랑을 통해 바로 보는 정면, 이곳에 제단이나 유물이 놓인다.

(2) 평면 구성

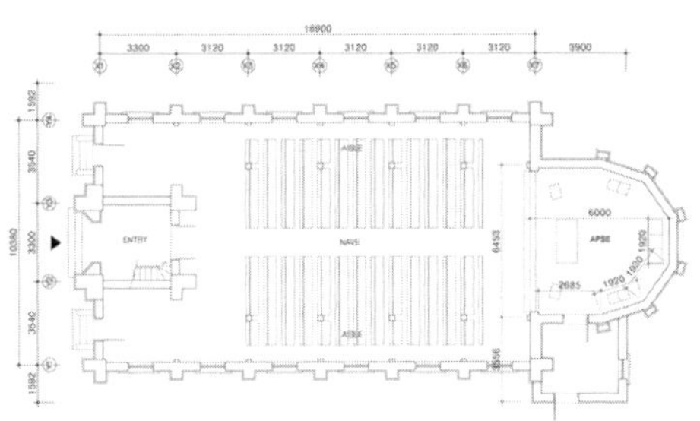

〈그림 20〉 1층 평면도

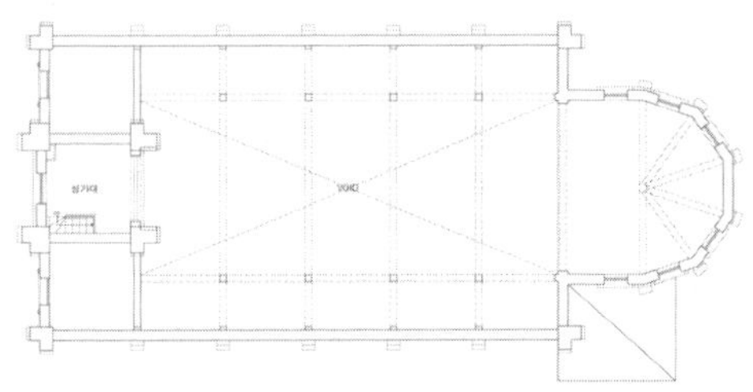

〈그림 21〉 2층 평면도

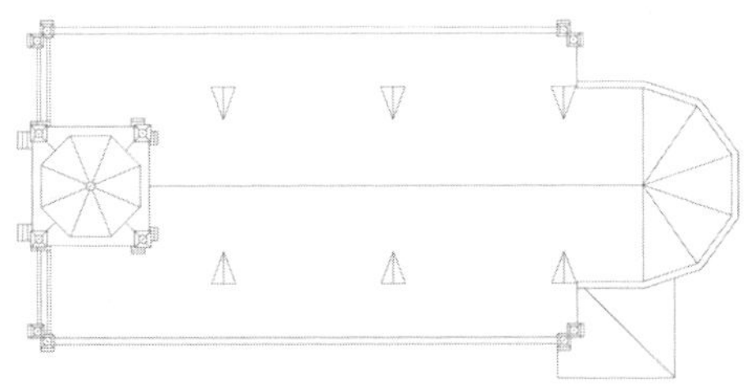

〈그림 22〉 지붕 평면도

(3) 구조

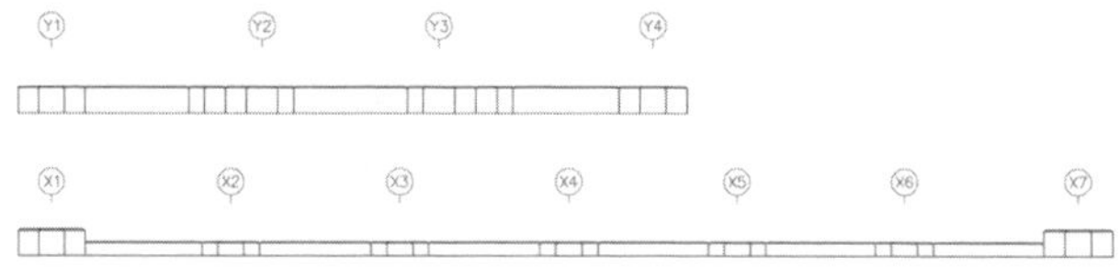

〈그림 23〉 지대석 상세도

(4) 입면 및 단면

〈그림 24〉 정면도 및 우측면도

〈그림 25〉 배면도 및 좌측면도

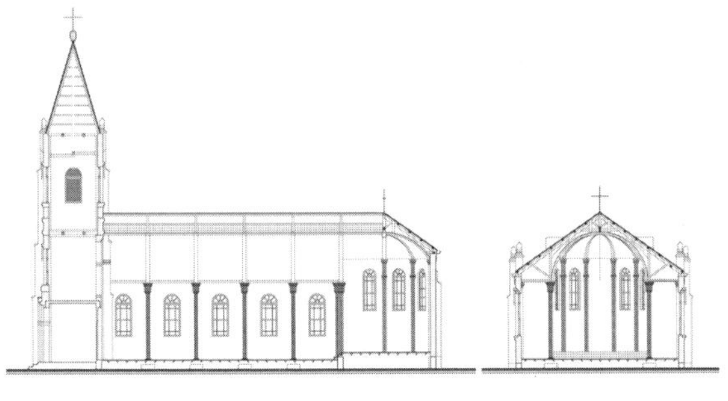

〈그림 26〉 종·횡 단면도

5. 나가는 말

수원성당은 1932년에 건립, 1950년 한국전쟁 때 크게 훼손되었으며, 1978년 안전성의 문제로 자진 철거하였다. 수원성당의 복원은 2023년 성당 설립 100주년을 기념하여 추진하고 있는 수원 성지 성역화 사업의 일환으로 중요한 의미를 가진다.

그러나 이미 사라져 버린 것에 대한 완전한 복원은 불가능하므로 건축 원형에 대한 탐구와 분석, 이에 근거한 복원 계획을 수립하여야 할 것이다. 건축은 시대의 거울이라고 한다. 교회 건축은 신앙의 자세와 의식을 반영한 교회 문화의 표상이며, 완전히 잊혀지기 전에 사라진 옛 건물을 복원하여 후세에 남긴다면 잃어버린 역사성과 장소성을 회복할 수 있으며 쉽게 잊어버리는 대중에게 산교육의 장이 될 것이다.[64]

현재 존재하지 않거나 현장 조사와 실측이 불가능한 건축물일지라

64 김정신, 「갓등이 옛 한옥성당의 복원적 고찰」, 『교회사학』 9호, 수원교회사연구소, 2012, 173쪽.

도 사진과 문헌 기록을 통해 건축적 현상의 복원이 가능하리라 본다.

수원성당의 복원을 위해 사진과 문헌 기록을 검토하고 건축적 특징과 유형을 분석한 결과 현재까지 알려지지 않았던 내용도 일부 확인할 수 있었다. 성당의 배치와 건축양식을 다음과 같이 추론한다.

첫 번째, 수원성당은 박해시대 때 교회와 인연이 깊었던 곳이다. 화성의 의미를 더해 준 팔부자 집의 존재와 한양의 육의전보다 더 규모가 컸다던 화성의 시전은 팔부자 거리라는 이름으로 그 거리와 골목이 남아 있다. 장용영의 중영(中營)이 있었던 그 위치는 시대의 변화에 따라 일제강점기 수원 군청이었다가 해방 후 수원시 승격 후엔 화성 군청이었다. 이제는 전혀 다른 용도로 사용되고 있으며 중영 터에 접한 순교자들의 피가 서린 순교지로 화성의 중심부에 위치하고 있다.(〈그림 1〉, 215쪽 참조)

두 번째, 프랑스 파리외방전교회 신부들의 주도로 우리나라에 지어진 대부분의 성당들은 선교 이념과 시대적 배경에 의한 고딕양식을 지향한 성당 건축이 추구되었다. 그러나 원래 고딕양식은 구조와 재료, 의장과 건축 체계가 합치됐던 점에 비해 고딕 구조의 3요소인 첨두아치(Pointed Arch), 리브 보올트(Rib Vault), 비량(Flying Buttress)과 공간의 3층 벽면 구성 아케이드(Arcade), 트리포리움(Triforium), 클리어스토리(Clearstory) 등을 충족했다고 볼 수 없다. 로마네스크 양식의 성당이라고 할 수 있지만 당시 서양식 건축에 대한 기술과 경험의 축적이 없었던 점을 감안, 고딕양식의 이념을 추구한 고딕 지향적 양식, 준고딕양식이라 할 수 있다.

세 번째, 수원성당은 (길이 19m×너비 11m)+(길이 6m×너비 6.5m) 중2층 건물(성가대석)로 연면적 248㎡(약 75평)로 추산된다.

네 번째, 동쪽에 출입구가 있고 서쪽으로 제단이 배치된 형태로서 성당의 일반적인 배치와 현 성당의 배치와는 상반된 방향이다.

다섯 번째, 장방형 평면의 내부 공간이 바실리카(Basilica)양식을 따르는 삼랑식의 신랑(身廊, 주랑, Nave)과 좌 · 우 측랑(側廊, Aisle)이 뚜렷하다.

여섯 번째, 정면 3베이(Bay, 間)의 출입구 배랑(拜廊, Narthex)이 있으며, 중앙에 종탑이 위치한다. 종탑에는 프랑스 폴리 신부의 고향에서 기증한 종이 설치되어 있고(정면 주출입구, 양 측면 부출입구), 성가대석은 중앙 출입구 상부(2층)에 있다.(내부 종탑부 구조는 그대로 노출되어 있다)

일곱 번째, 신자석은 모두 6베이이며, 반원형 제단의 후진(Apse)으로 구성되어 있다. 후진에는 바닥에서 3단 올라가 있는 단 위에 감실 제대가 놓여 있고, 우측으로 제의실(초기에 없었고 차후 증축 추정)과 연결된다.

여덟 번째, 신랑 천장은 반원형(Barrel Vault)이며 목재 리브(Rib)를 사용, 측랑은 평천장, 제단은 5각 천장이며 궁륭천장으로 되어 있다.

아홉 번째, 지붕은 박공지붕으로 지붕에는 환기를 위한 도머창이 설치되어 있고, 바닥도 외부 지대석 위에 환기구가 설치되어 있다.

열 번째, 창은 모두 반원형 아치창으로 구성되어 있다.

열한 번째, 주된 벽돌의 규격은 길이 230mm×너비 110mm×두께 60mm로 제작되었고, 벽체의 조적 방법은 화란식 쌓기로 시공되었다. 부축벽은 간격(베이)마다 돌출되게 쌓았다.

열두 번째, 사진 자료에서 확인 과정을 거치면서 여러 부위에서 초기의 모습과 변화된 형태를 확인하게 되었다.(〈표 12〉, 213쪽 참조)

이상에서와 같이 본 연구는 서두에서 언급하였듯이 기존 문헌 자료와 사진 자료를 중심으로 수원성당의 배치와 건축양식을 전체적으로 추론한 기초 분석 자료라는 한계를 갖고 있다. 따라서 향후 원형 복원에 더욱 충실하기 위해 훗날을 위해 화단에 묻어 두었다는 건축 잔재물과 유구(遺構)[65] 등 발굴 조사를 포함한 문헌과 고증 자료를 확보, 관련 자료들을 체계적이고 종합적으로 분석하여 이를 토대로 원형 복원도를 작성하여야 할 것이다.

65 옛날 건축의 구조나 양식을 알 수 있는 실마리가 되는 자치, 인간의 활동에 의해 만들어져 파괴하지 않고서는 움직일 수 없는 잔존물이다. 『고고학 사전』, 국립문화재연구소, 2001.

부록 1. 증언(인터뷰)

1. 이원규 시메온 총회장

· 1943. 1. 14~현재, 1966~2001 본당 사무장
· 1978년 마지막 미사 당시 사무장, 『북수동성당 70년사』 편찬위원
· 1981년 교회와 교황을 위한 십자훈장(교황 요한 바오로 2세) 수상
· 윤재학 베드로 시설관리 책임자(관리장), 정운석 사도요한 성 미카엘 묘원 관리위원장
· 2015년 7월 5일(일) 오후 6시 50분~7시 15분 수원성지 순례의집 2층

1) 출입구: 3개소(중앙은 양개 / PUSH, 좌우측 편개 / PUSH)
2) 2층 성가대: 신축 초기에는 없었고, 2회에 걸쳐 증축
3) 종탑: 원래 줄(와이어)에 의해 타종됨
4) 배치도: 현 북수동성당과 반대 방향으로 배치됐다. 현 사제관 쪽에 출입구(동향), 현 출입구 쪽에 제대(서향)
5) 바닥: 마루(목재)
6) 성찬 난간대: 존재했음
7) 신자석 남녀 구분 칸막이: 존재했을 것으로 추정됨
8) 후진(Apse): 제의실과 통하는 오른쪽 출입구 존재

2. 이원규 시메온 총회장

· 1940. 5~현재, 1978년 마지막 미사 당시 사무장, 『북수동성당 70년사』 편찬위원
· 2015년 8월 2일(일) 오후 6시 50분~7시 15분 수원성지 순례의집 2층
· 정운석 사도요한 성 미카엘묘원 관리위원장 동석

1) 후진: 제의실 출입구 존재(우측 면 1곳으로 확인)
2) 바닥: 목재 마루. 차후 책, 걸상을 비치하여 앉아서 전례 거행

3. 이원규 시메온 총회장

· 1940. 5~현재, 1978년 마지막 미사 당시 사무장, 『북수동성당 70년사』 편찬위원

· 김원영 바르나바 수원성당 복원추진위원회 총무 겸 북수동성당 제분과위원 회장

· 2015년 9월 11일(금) 오후 2시 30분~3시 15분 수원성지 적재 창고 및 성당

1) 적재 창고에서 한쪽에 쌓아 둔 옛 수원성당 잔재물에서 벽돌 등을 찾아내어 진위 여부를 확인하고 입회인과 함께 현장에서 줄자로 규격과 색상을 파악함 (추후 정밀 실측할 예정이며 한쪽에 잘 보관 조치함)

2) 성당 배치 확인: 동선 파악, 현 북수동성당 배치와 정반대 방향의 동선으로 배치됨(출입구와 제대의 위치)

3) 정면 중앙 출입문 입구 우측 성가대 2층 올라가는 계단, 좌측은 신발장이 놓였음

4. 심재호 마우리시오(『북수동성당 70년사』 증언자)

1) 2016년 1월 08일 오후 2시 50분~3시: 전화 통화

2) 2016년 1월 20일 오후 7시~7시 15분: 전화 통화

위 증언 내용 확인 및 별도 수정 또는 보완할 내용에 대한 자문받음.

＊ 수원성당 잔존 벽돌 실물 크기(벽돌 종류 및 규격)

회색 벽돌: H=55, W=90, L=190

적벽돌S: H=60, W=90, L=190

적벽돌B: H=60, W=110, L=230

청벽돌: H=55, W=85, L=190(195)

〈그림 27〉 잔존 벽돌 사진

부록 2. 명칭 및 용어 정리[1]

벽돌쌓기 양식

크게 영국식 · 네덜란드식 · 프랑스식 · 미국식 등으로 구분되는데, 영국식의 경우, 가장 강도상 유리하지만 모서리에서 반절 또는 이오토막을 사용함으로써 네덜란드식보다 쌓기가 번거로우며, 프랑스식은 상대적으로 경제적이고 외관이 화려하지만 부분적으로 통줄눈이 발생한다는 단점이 있다.

1) 영국식 쌓기(Englishbond)

영국식 쌓기는 '영식쌓기'라고도 하는데, 벽돌벽의 표면에 길이 켜와 마구리 켜가 번갈아 나타나게 쌓는 방법으로, 벽모서리 끝에서 반절 또는 반반절이나 이오토막을 써서 상하 벽돌이 서로 엇물려지게 하여 세로줄눈을 막힌 줄눈이 되게 쌓는다. 이 경우, 벽 두께가 벽돌 온장길이의 정수배(1B,2B…)면, 내·외부가 동일한 형태로 나타나고, 벽돌 반장길이의 정수배(1.5B,2.5B…)면, 내·외부의 마구리 켜와 길이 켜가 다른 형태가 된다. 이 쌓기법은 내부에 거의 통줄눈이 생기지 않아 견고하여 내력벽 쌓기, 고급 치장벽 쌓기, 좁은 벽이나 독립기둥 쌓기 등에 주로 사용된다.

2) 네덜란드식 쌓기(Dutchbond)

네덜란드식 쌓기는 '화란(和蘭)식쌓기'라고도 한다. 마구리 켜와 길이 켜를 번갈아 쌓는 것은 영국식과 같으나 모서리 끝에서 영국식 쌓기는 반절 또는 반반절 · 이오토막 등을 쓴다. 반면, 네덜란드식에서는 칠오토막을 사용, 상하 켜의 벽돌이 엇물리게 하여 통줄눈이 되지 않도록 한 점이 다르다. 원칙대로 네덜란드식 쌓기를 할 경우, 길이 켜의 벽 끝 모서리에 칠오토막을 사용, 1켜의 길이쌓기

1 용어 정리는 김정신, 『한국 가톨릭 성당 건축사』, 한국교회사연구소, 1994; 김평탁 편저, 『신판 건축용어대사전』, 기문당, 1991; 『위키 백과』 등을 참조하였다.

를 하고, 그 위에 마구리쌓기를 한 다음, 다시 그 위에 칠오토막과 마구리벽돌 1장을 함께 사용하여 길이쌓기를 한 후, 마구리쌓기를 한다. 이러할 경우 길이 켜의 세로줄눈이 서로 반장만큼 어긋나게 되어 4켜마다 세로줄눈이 수직선상에 놓이게 된다. 약식으로는 길이쌓기 시에 칠오토막만을 사용하기도 한다.

3) 프랑스식 쌓기(flemishbond)

프랑스식 쌓기는 '불식(佛式)쌓기'라고도 하는데, 원래 프랑스에 연접한 벨기에 플랑드르(Flandre) 지방에서 유래된 것이다. 주로 고딕 건축에 자주 응용되었던 쌓기법으로 벽돌 한 켜에서 길이면과 마구리면이 번갈아 나오게 쌓는 방식이다.

벽의 모서리에서 반절·반반절 또는 이오토막을 써서 마무리하는 것은 영국식 쌓기와 같다. 이 방법은 통줄눈이 많이 발생하여 주로 치장쌓기에 사용되며, 비교적 반토막이 많이 쓰여 다른 방식에 비해 경제적이다.

4) 미국식 쌓기

이 방식은 '영국식 쌓기'의 변형된 형태인 '영국식 정원벽쌓기(Englishgarden wall bond)'의 다른 표현으로 '미식쌓기'라고도 한다. 마구리쌓기를 한 켜의 위아래로 두 단 이상의 길이쌓기를 하는 방식으로 주로 공간쌓기에 이용된다.

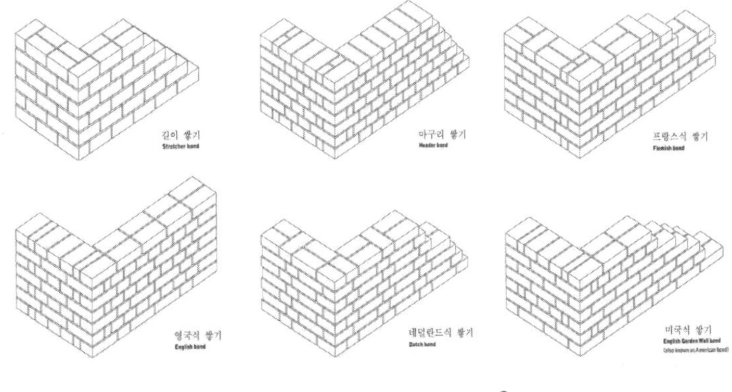

〈그림 28〉 벽돌쌓기 양식[2]

2 JamesW.P.Campbell·Will Pryce, *BRICK*, Thames&Hudson, 2003, p. 305.

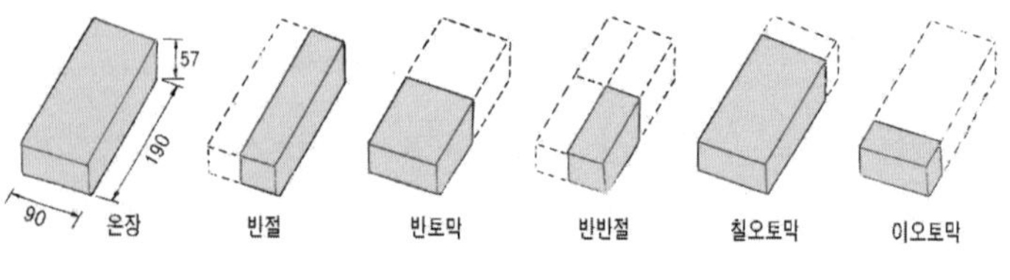

〈그림 29〉 벽돌의 크기

· 간(間, bay): 4개의 지주에 의해 구획된 공간 단위, 특히 서양 중세 교회 건축은 베이의 부가와 분절에 의해 계획되었음.

· 감실(龕室, tabernacle): 성당 내에 성체를 모셔 두는 곳.

· 결원아치(缺圓, segmental arch): 반원보다 작은 원호형으로 된 아치.

· 광창(光窓, clearstory): 벽의 상부 천장면 가까이 높은 곳에 있는 창. 특히 고딕 성당의 광창은 스테인드글라스를 투과한 초자연적인 색광으로 영적인 내부 공간을 형성하는 데 결정적인 기여를 하였다. 고창(高窓)이라고도 함.

· 고딕양식(gothic style): 중세 스콜라 철학의 건축적 구현으로 12세기 후반~15세기 말 유럽의 교회 건축을 중심으로 발달된 중세의 가장 완성된 건축양식. 일반적인 특징은 뾰족아치, 리브볼트, 족주, 버트레스, 플라잉 버트레스, 첨탑 등의 건축 요소를 사용하여 수직적 분절감을 강조하고 있음. 전 시대의 로마네스크 건축이 양괴(massive)건축이라 불리는데 비해 고딕 건축은 근골(framework)건축이라 불리워짐.

· 공소(公所, secondary station): 본당보다 작은 교회 단위로서 신부가 상주하지 않는다. 따라서 미사가 집전되지 못하고 대신에 공소 회장을 중심으로 첨례를 보거나 공소 예절이 행해진다. 정기적인 신부의 방문을 통해서만 성사가 집행된다. 초기 교회에는 아직 공소라는 낱말이 사용되지 않았으나 첨례를 위한 특정 장소는 있었다.

· 궁륭(穹窿, Vault): 아치를 토대로 한 곡면 천장의 총칭. 석조 또는 벽돌조가 보통이다.

· 반원통형 궁륭(barrel Vault): 반원형 단면으로 길게 된 일방향 궁륭.

· 내진(chancel, 內陣): 교회 건축에서 중앙 제단을 중심으로 한 부분.

· 네이브(nave, 身廊): 바실리카식 교회당에서 중앙의 보다 높고 긴 공간, 보통 측랑(aisle)과 열주로 구획된다.

· 다발기둥(족주, clustered pier): 중심이 되는 원주 주위에 소 원주를 덧댄 기둥, 후기 로마네스크 건축 및 고딕 건축에서 자주 볼 수 있다.

· 도머창(dormer window): 지붕 밑의 채광을 위해 지붕면에 돌출하여 만든 창.

· 돌림띠(frieze): 상층 바닥 위치 부근 건물 외벽에 돌출시켜 만든 장식용 수평대.

· 라멘 구조(lamen structure): 기둥, 보, 슬라브의 구성 체계로 상부 하중을 지지하는 구조.

· 라틴 크로스(latin cross): 길이 방향이 폭보다 긴 십자형. 가톨릭교회의 성당 평면은 주로 라틴 크로스를 사용.

· 로마네스크(romanesque): 어원은 Roman(로마인)+esque(수법을 닮은), 게르만 민족을 중심으로 고대 로마 건축 기법을 기초로 기독교 정신(이념)에 의한 로마제국의 문화를 재건, 중세 유럽에서 초기 크리스트교 건축 이후 12세기 중엽에 고딕이 출현할 때까지의 예술 양식.

· 리브(rib): 볼트의 뼈대가 되는 부재. 기둥과 기둥 사이를 아치로 연결하고 아치와 아치 사이의 상부 하중을 기둥에 전달한다.

· 박공지붕(gabled roof): 보의 좌우에 2개의 장방형 사면을 붙인 것과 같은 모양의 지붕. 책을 펼쳐서 엎어 놓은 모양.

· 바실리카(basilica): 로마시대의 법정. 신랑, 측랑, 익랑으로 구성되는 삼랑식 건물.

· 반원아치(semi circular arch): 아치 둘레가 반원형으로 된 아치.

· 배랑(拜廊, narthex): 교회(성당) 건축에서 건물의 입구 혹은 신랑과 바로 연결되는 단층의 현관이나 회랑.

· 배럴볼트(barrel vault): 반원형 단면으로 길게 된 일방향 궁륭.

· 부축벽(버팀벽, 붙임기둥, buttress): 수평력에 대항하여 벽체를 보강하고 벽 두께를 감소시키는 방법으로 벽면 바깥으로 돌출되게 붙여 쌓은 벽.

· 브래킷(bracket): 보 · 도리 · 아치 등을 내밀어 받치기 위하여 기둥 · 벽체 등에 설치한 돌출 부분.

· 비늘창(빗살창): 환기, 차양, 소리의 전달 등을 위해 빗댄 살로 된 창. 종탑의

종실이나 사제관의 덧창에 주로 사용된다.

· 비량(飛樑, flying buttress): 고딕 성당 건축에서 신랑부를 덮은 볼트의 측압을 외측의 버트레스에 전하기 위하여 걸쳐 놓은 아치형 구조물.

· 성당(聖堂, church) 및 본당(本堂, parish): '성당'은 하느님 경배를 위해 지정된 거룩한 건물.[3] 즉 성체(聖體)가 현존하는 장소이다. '본당'은 주임신부에게 사목이 맡겨진 신자들의 공동체를 지칭한다.[4]

· 성수대(聖水臺): 성수반, 성수(holy water)를 담는 수반(돌).

· 세례반(洗禮盤, font): 세례용 수반. 보통 돌로 만든다. 초기에는 성인이 침수될 수 있는 크기였으나, 후대에 이르러 깊이가 얕고 작아졌다.

· 스테인드글라스(stained glass): 색유리 조각을 H자형 납틀에 끼우고 납땜하여 모자이크 조립한 유리 장식. 고딕 성당 건축에서 최고조에 이른 색채 의장 기법으로 내부 공간을 초자연적인 색광에 의해 영적인 세계를 구현하였다.

· 신자(信者), 신도(信徒): 둘 다 유사한 의미를 갖고 있지만, 천주교에서는 신자라는 용어를 선택하고 있다. 본 연구에서는 '신자'로 통일하여 표기하였다.

· 아케이드(arcade): 여러 개의 아치와 견고한 벽 사이의 통로나 가게로 통하는 지붕 덮인 보도를 일컫기도 한다. 로마 시대의 건축가들은 거대한 벽면을 만들기 위해 아케이드를 사용했다.

· 영성체 난간(communion rail): 제단부와 회중석을 구획하는 난간으로, 전면에 대(臺)가 위치하여 무릎을 꿇고 성체를 받아 모시도록 하였다.

· 익랑(翼廊, 트란셉, transept): 십자형 평면의 성당에서 좌 · 우측 날개 부분, 수랑(袖廊)이라고도 한다.

· 장미창(rose window, 원형창): 커다란 원형창으로 창살(tracery)이 중심에서 방사상으로 뻗쳐 있다. 중세 특히 고딕양식의 성당에서 동서 양단 및 트란셉 양단에서 흔히 볼 수 있다.

· 제단부(祭壇部, sanctuary): 성당의 중심이 되는 곳. 중앙 제대 · 사제석 · 복음

3 교회법 1214조; 주교회의 교회법위원회 역, 『교회법전』, 한국천주교중앙협의회, 2000.

4 교회법 515조 1항; 앞의 책.

낭독대 등이 위치하는 지성소(至聖所). '제단'은 주례자가 전례(典禮)를 거행할 때 회중석에서 잘 보일 수 있도록 단을 높여 그 위에 제대를 설치하고 주례자가 올라서는 장소이다. 일반적으로 '제단'은 '회중석'과 구분하여 1~3개의 단을 높인 제단부를 칭한다.

· 제대(祭臺, altar): '최후의 만찬'이 이루어졌던 식탁, 미사의 중심 장소, 성당 건축의 중심점이다.

· 제실(祭室, apse chapel, chapel): 교회(성당) 건축에서 주보랑이나 후진 외벽에 반원형으로 지은 작은 예배당을 의미한다. 주로 성당의 보물이나 석관, 소규모 제단이 놓여 있다.

· 제의실(sacricity): 성당의 제의를 보관하는 방.

· 주교좌 성당(cathedral): 주교좌가 있는 성당.

· 주두(柱頭, capital): 기둥의 최상부를 형성하는 부재. 기둥 위에 얹혀 상부의 하중을 균등히 기둥에 전달하는 역할을 하며, 상징적 · 장식적 역할도 한다.

· 주랑(主廊, nave, 身廊): 바실리카식 성당에서 중앙의 보다 높고 긴 광간. 보통 측랑과는 열주로 구획된다. 성당 건축에서 중앙 회랑에 해당하는 중심부.

· 주임신부(主任神父, parish priest): 본당신부와 같은 의미로 사용하는 용어.

· 측랑(側廊, aisle): 바실리카식 성당에서 중앙 네이브(주랑, 신랑) 양측의 보다 좁고 낮은 긴 복도 모양의 부분, 중앙부 몸체 좌우측 통로 또는 복도.

· 캐노피(canopy): 제대나 불상의 상부를 덮는 덮개, 출입문 상부에 설치한 덮개.

· 트리포리움(triforium): 건축에서 교회의 네이브, 아케이드 위와 클리어스토리(高窓) 밑에 있는 공간.

· 포인티드 아치(pointed arch): 두 원이 교차하여 꼭대기가 뾰족하게 된 아치.

· 포치(porch): 건물의 출입구 앞에 몸체부에서 돌출하여 만든 지붕이 있는 곳. 한쪽은 건물 입구에 접하고 다른 3면은 개방되어 있다.

· 피너클(pinacle): 소첨탑. 고딕양식의 건물에 사용되는 탑 모양의 장식물. 보통 버트레스의 꼭대기, 박공, 계단 탑(turret)의 꼭대기에 설치되며, 세장한 원추형, 또는 각추형의 꼭대기를 정화(finial)로 장식한다. → 꼭대기 장식

· 후진(後陣, apse): 성당 건축에서 가장 깊숙이 위치해 있는 부분으로, 바실리카식

교회당에서 내진부 끝단이 밖으로 내민 반원형 공간이다. 성당의 중앙 현관으로 들어와 신랑을 통해 바로 보는 정면이 후진이므로 주로 이곳에 제단이나 유물이 놓인다.

· 회반죽(plaster): 소석회, 여물, 해초 등을 섞어 만든 미장용 반죽.

· 회중석(會衆席): 신자석(信者席)과 유사한 의미로 쓰인다.

참고문헌

1. 도서 자료

· 감곡본당 100년사 편찬위원회, 『감곡(매괴의 성모)본당 100년사』, 천주교 청주교구 감곡(매괴의 성모)본당, 2000.

· 구 합덕본당 100년사 자료집편찬위원회 · 한국교회사연구소, 『구 합덕본당 100년사 자료집』, 천주교 구 합덕교회, 1990.

· 김정신, 「한국 천주교회 성당건축의 변천과정과 토착화에 관한 연구」, 『대한건축학회지 28권』 116호, 1984.

· ______, 『한국 가톨릭 성당 건축사』, 한국교회사연구소, 1994.

· ______, 『역사, 전례, 양식으로 본 한국의 교회건축』, 도서출판 미세움, 2012.

· ______, 『하느님의 집, 하느님 백성의 집』, 도서출판 미세움, 2012.

· ______, 「성 베네딕도회 덕원 수도원의 배치와 건축양식 추적」, 『한국교회사연구소』 제46집, 2015.

· 『상교우서』, 봄(30호), 여름(31호), 가을(32호), 겨울(33호), 2011.

· _________, 봄(34호), 여름(35호), 가을(36호), 겨울(37호), 2012.

· _________, 봄(38호), 여름(39호), 가을(40호), 겨울(41호), 2013.

· 「수원교구 설정 50주년 특집: 갓등이 신앙 선조들의 발자취」, 『교회사학』 제9호, 수원교회사연구소, 2012.

· 「수원 순교성지 심포지엄, 수원 순교성지와 수원지역 신앙 선조들의 삶과 죽음」, 『교회사학』 제2호, 수원교회사연구소, 2005.

· 약현성당 100년사 편찬위원회, 『약현성당 100년사』, 약현성당, 1991.

· 천주교 감곡교회, 『감곡(옛 장호원)성당 건축사』, 천주교 청주교구 감곡(매괴의 성모), 1996.

· 천주교 공세리교회 100년사 편찬위원회, 『공세리본당 100년사』, 천주교 대전교구 공세리교회, 1998.

· 천주교대전교구 60년사 편찬위원회, 『대전교구에서 파리외방전교회 선교사들

의 문서』, 대전교구사연구소, 2008.
· 천구교 수원교구 북수동성당, 『북수동성당 70년사』, 1994.
· 한국교회사연구소 · 왕림본당사 편찬위원회, 『천주교 왕림(갓등이)교회 본당 설립 100주년 기념집(Ⅰ)』, 천주교 왕림교회, 1990.

2. 논문 자료

· 김문수, 『천주교 건축유산의 수리에 관한 연구』, 2008.
· 김용환, 『한국 성당건축의 정체성 모색에 관한 연구』, 2005.
· 김응호, 『옥천성당 건축의 변천과정과 복원기준 설정에 관한 연구』, 2004.
· 김정신, 『원형 복원을 위한 약현성당의 건축양식 연구』, 2000.
· ______, 『초기 양식 건축물의 보수 · 보존에 관한 연구』, 2001.
· ______, 『상해 김가항성당의 실측조사와 복원의 의미』, 2002.
· ______, 『갓등이 옛 한옥성당의 복원적 고찰』, 2012.
· 김정신 · 고주헌, 『약현성당 복원공사를 통해 본 초기 양식건물의 보수 · 보존 관한 연구』, 2001.
· 김주, 『한국 초기 성당건축에 관한 연구 -1890년~1945년까지의 건축을 중심으로-』, 1981.
· 김태일, 『하논 성당 복원을 위한 건축적 접근』, 2012.
· 김현수, 『한국 초기 양식 건축물의 보수 · 보존에 관한 연구』, 2000.
· 유병구, 『아산 공세리 가톨릭 성당건축의 보존』, 1993.
· 이기욱, 『천주교 감곡성당 건축의 변천에 관한 연구』, 1997.
· 이희준 · 이달훈, 『초기 성당건축의 건축적 특성과 유형의 관한 연구』, 2000.
· 조홍석, 『한국 근대 적벽돌(赤壁乭)건축에 관한 연구』, 2005.
· 차윤오, 『근대이후 한국성당건축의 평면 변천에 관한 연구』, 2009.

3. 사진 자료

· 북수동성당 사진첩

4. 홈페이지

· 공세리 성지 성당: www.gongseri.or.kr

· 수원 성지(북수동성당): www.suwons.net

· 왕림성당(갓등이성당): www.wanglim.net

· 합덕성당: www.hdcatholic.or.kr

가톨릭 의료인 수정 박병래의 활동과 봉사정신

1. 들어가기
2. 박병래의 활동
3. 마치며

1. 들어가기

수정(水晶) 박병래(朴秉來, 1903~1974)[1]는 가난한 농민의 아들로 태어나 고등보통학교를 다니는 등 어렵사리 학업을 마치고 1925년 의사가 된 덕에 가난을 면할 수 있었다. 의사가 된 뒤로 그는 천주교의 가르침에 따라 평생 사랑의 인술을 실천하였다. 이러한 배경에는 그의 선친 박준호[2]가 일찍부터 천주교에 입교한 신자였기 때문에 그는 종교적 가르침이 충만한 분위기에서 자라게 되었다. 그는 한국인으로는 처음 경성제대 의학부 강사가 되었으나 그 자리를 미련 없이 그만두고 1936년 초대 병원장으로 성모병원을 설립하는 데 기여하고 20여 년 동안 봉직하였다. 신앙인으로서 세속 가운데 살면서도 그는 수도생활을 사모했고, 성 프란치스코의 수도정신으로 살고자 1938년 성 프란치스코 재속 제3회 회원이 되었다. 1947년 한국가톨릭의사협회의 전신인 '방지거 사베리오회'를 조직하여 의료인들과 함께 가톨릭 정신에 입각한 전교활동과 봉사활동을 하였다. 한국동란이 발발하자 공군에 입대하여 마산에 결핵요양병원을 설립, 결핵에 걸린 국군 장병들을 돌보았다. 언제나 가난한 환자들을 돌보며 봉사활동을 꾸준히 전개하였던 박병래는 폐암에 걸려 1974년 5월 15일 71세로 선종하였다. 본 논문의 주제는 이러한 박병래의 의료활동과 봉사정신을 바탕으로 일생을 살아가고자 했던 가톨릭 의료인의 참 모습을 순차적으로 살펴보고자 한다.

1925년 경성제국대학 의학부 내과교실에 입국하여 당시 호흡기 질환 중에서 가장 많은 폐결핵 환자들의 비참한 상황을 보고 환자들의

1 「박병래」, 『한국가톨릭대사전』 5, 한국교회사연구소, 1997, 3131~3132쪽.

2 「박준호」, 『한국가톨릭대사전』 5, 한국교회사연구소, 1997, 3147~3148쪽.

육신적 병뿐 아니라 마음과 영혼의 병을 치유하는 일에 헌신하였다. 그는 확고한 그리스도적인 신앙을 가진 천주교 신자로서 인술(仁術)을 사명감으로 여겼다. 명예와 인기에 연연하지 않고 항상 가난한 환자들을 돌보는 데 게을리하지 않았다. 이러한 박병래에 대한 연구는 그동안 김대규,[3] 전우용,[4] 윤선자[5] 등 몇몇 연구자들에 의해 소개되어 왔으나, 구체적으로 그의 활동과 가톨릭 봉사정신을 연구한 사례는 드물기 때문에 새로운 시각에서 다양한 관점으로 그에 대한 연구가 필요하다고 하겠다.

본 논문의 연구 목적은 ① 의료인의 입장에서 당시 불치병인 폐결핵 환자들의 육체적인 고통뿐만 아니라 정신적 고통까지 어떻게 함께할 수 있었고, ② 평생 봉사의 삶을 실천한 신앙인의 자세로 살 수 있었던 배경은 무엇이었는지, ③ 생의 마지막에는 아끼던 문화재까지도 다 내어놓고 주님께 의탁할 수 있는 인간의 참 모습은 어떠한 것인지 알아보고자 한다.

그에 대한 연구 사례를 보면 윤선자는 『교회와 역사』에서 교회의 자선·사회사업의 필요성에 대한 교회 내의 반성과 자각으로 가톨릭으로 하여금 1930년대를 전후하여 단순한 진료에서 벗어나 본격적인 의원 시대를 열게 했다고 하였다. 김대규는 박병래를 '수정처럼 살다 간 선비'라고 하였으며, '그는 체구가 단소하나 부지런하고 명랑했으며 사리 판단이 빠르고 대인관계가 원만했다.'고 평가하였다. 전우용은 종교적 가르침이 충만한 분위기에 자란 그가 의학을 전공하기로 결심한 배경은 당시 식민지의 어려운 보건 의료 사정이나 대다수 사람들이

3 김대규, 「수정처럼 맑게 살다 간 선비, 박병래(朴秉來)」, 『보건세계』 48-7, 2001, 18~21쪽.
4 전우용, 「내과-박병래」, 『한국의학인물사』, 태학사, 2009, 267~278쪽.
5 윤선자, 「한국 교회의 인물상 -27, 박병래」, 『교회와 역사』 196, 1991, 312~314쪽.

신 의학 지식에 몽매했던 상황을 타개하는 것이 곧 “천주의 가르침이라고 생각한 듯하다.”고 하였다. 이러한 연구들은 일제강점기에 박병래의 타고난 성격과 봉사정신에 관점을 두고 그에 관해 기술하고 있는 점이 특징이다.

연구 방법은 그와 관련된 학회지와 잡지, 신문, 기타 유관한 단행본을 주요 자료로 박병래와 당시 의료 환경과 결핵퇴치운동을 하게 된 경위, 신앙인으로 혜화동성당에서 봉사활동과 교회와의 관계, 민족문화재보존운동으로 골동품 수집과 기증 동기 등을 연구하였다. 서술 범위로는 1) 가톨릭 의료인(1903~1924), 2) 초대 성모병원 원장(1925~1936), 3) 대중 계몽운동과 신앙생활(1937~1949), 4) 해방 후 혼란과 6 · 25 동란(1950~1956), 5) 의과대학 설립과 마지막 봉사(1956~1974), 6) 평생 모은 민족문화재를 국민에게 기증한 배경 등으로 시대 상황에 따른 역할과 의미를 파악하고자 하였다.

본 논문의 한계와 제한점은 박병래가 살았던 일제강점기 시대와 지금의 상황에서 의료 수준의 급격한 발전, 제2차 바티칸 공의회 이후로 가톨릭교회의 변화, 민족문화재를 대하는 국민의 태도 등이 크게 달라졌다는 점을 감안해야 할 것이다.

추후의 연구 과제로 그가 신문과 잡지에 기고했던 건강 칼럼과 질병에 대한 질의응답 등은 따로 체계적인 분석을 통하여 연구한 후에 발표하고자 한다. 일제강점기 때 박병래의 결핵에 관한 연구 방법과 치료 기술을 조사하여 현대적인 최신 치료법과의 차이를 분석 검토하고, 『가톨릭청년』, 『조선일보』 등에 게재된 국민 의료 계몽에 대한 기사 내용을 구체적으로 연구 조사할 계획이다. 기대 효과로는 수정(水晶)처럼 영롱한 참된 가톨릭 신앙인으로서 불우한 결핵 환자에게 참된 인술(仁術)을 베풀고자 했던 그의 이웃에 대한 사랑 실천과 신앙인의 자세를 따라가 봄으로써, 가톨릭 의학사적인 관점에서 지속적인 연구가 이루어지기를 기대한다.

2. 박병래의 활동

1) 가톨릭 의료인(1903~1924)

박병래(요셉)는 1903년 5월 27일 충남 논산읍 욱동 78번지에서 박준호(요한, 1884~1936)와 민 마리아의 아들로 태어났다. 수정(水晶)은 박병래의 아호이며, 누구나 그의 인품을 가장 잘 나타내는 아호라고 공감한다.[6] 그의 선친 대대로 일찍부터 천주교에 입교한 신자였기 때문에 그는 종교적 가르침이 충만한 분위기에서 자랐다.[7] 그가 성장하던 무렵 논산에서 가까운 되재 본당[8]의 프랑스인 목(睦世榮, Bermond, Jules Marie, 1881~1967)[9] 신부가 당시에는 봄가을로 동리의 교우 가정을 심방하고 있었다. 그러던 중 심방길에 어릴 적부터 두뇌가 명석한 박병래를 보고 신학문을 더 배우라는 목(睦) 신부의 권고로 박준호는 상투를 자른 다음 아들을 이끌고 서울로 올라왔다. 윤형중(1903~1979) 신부는

6 김대규, 앞의 책, 18~21쪽.

7 전우용, 앞의 책, 267~278쪽.

8 김정신, 「최초의 한옥성당-고산 되재성당」, 『하느님의 집, 하느님 백성의 집』, 2012, 55쪽.

9 한국교회사연구소, 「베르몽, 쥴 마리, 睦世榮」, 『한국가톨릭대사전』 5, 1997, 3358~3359쪽. 파리외방선교회 소속 한국 선교사로 1881년 프랑스에서 태어나 1905년 6월 29일 사제 서품 후 한국 선교사로 임명되어 10월 11일 한국에 도착하였다. 1906년 5월 6일 전북 완주군 승치리의 되재(升峙, 현 고산) 본당에 파견되어 사목을 시작한 후 약 62년 동안 한 번도 한국을 떠난 적이 없을 만큼 남다른 애착과 관심을 가지고 사목하였다. 1966년 10월 11일 프랑스 정부로부터 최고 훈장인 레종 도뇌르 기사장을 수여받았으며, 1967년 9월 12일 노환으로 86세에 선종하였다.

박병래의 애도사에서 다음과 같이 기술하였다.

> 목(睦) 신부가 아니면 그저 순박한 촌부로 끝났을지도 모를 박병래는 평생 교회를 위해서 보람 있는 일을 많이 해서 그 고마움을 되돌려주었다고 생각한다. 교우뿐만이 아니라 병들고 가난한 약자에게 어진 일을 많이 베풀어 그의 의술이야말로 떳떳한 인술(仁術)의 구실을 했다고 믿어진다. 천성이 소박하고 어진 것은 말할 나위도 없거니와 지극히 총명한 판단이 생전의 행로를 그르치지 않게 했다.[10]

(1) 한국 천주교계의 지도자 박준호

그의 부친 박준호는 충남 논산군 구자곡면 두각리에서 박현진의 1남 3녀 중 장남으로 태어나 13세에 상경한 뒤 토지조사국에 다니면서 일본어를 공부하였고, 만학으로 양정고등보통학교와 경성전수학교(대한제국 법관 양성소[11]의 후신이자 경성법학 전문학교의 전신)를 졸업하였다. 그는 1906년부터 목(睦) 신부의 복사 역할을 하였고 1908년 되재 성당에서 태극계명학교 교감과 1909년 태극계명측량강습소 소장 등 중요한 일을 도맡았던 유력 인사였다. 1910년에는 경세가(警世歌)를 지어 교육의 중요성을 강조하며 부모들에게 학교 경영에 성의를 보일 것을 호소하는 등 정신계몽에 앞장섰다.[12] 전수학교 시절 김병로 강사

10 윤형중, 「박병래 박사를 애도함」, 『도자여적(陶瓷餘滴)』, 중앙일보사, 1974, 155쪽.

11 https://ko.wikipedia.org/wiki/경성전수학교. 1895년 3월 고종이 반포한 칙령 49호인 「법관 양성소 규정」에 따라 당시 법원인 평리원 안에 설치되었다. 대한제국의 법관을 양성하기 위한 법부 산하에 있는 국립교육기관이었다. 대한제국의 법권이 박탈되면서 1909년에 법부에서 학부로 소속이 바뀌고 법학교로 개칭되었다. 이듬해 합일합병조약 체결 후 경성전수학교로 개편되었으며, 1922년에 경성법학전문학교가 되었고, 서울대학교 법과대학의 전신이다. 법관 양성소는 14년 동안 209명의 졸업생을 배출하였는데, 이준(독립운동가), 홍진(독립운동가), 함태영(독립운동가/정치인) 등이 유명 졸업생이다.

12 천주교 전주교구, 『천주교 전주교구사 I』, 1998, 711 · 960쪽.

로부터 배운 바도 있는 박준호는 법조계 인사로 허헌(1885~1951), 이인(1896~1979, 초대 법무부 장관) 등과도 아주 가까운 친교를 나누었으며, 함께 부의원(府議員)을 지낸 양재창(1885~1968), 교육계의 조동식(1887~1969)과 두터운 교분을 나누는 사이였다.[13] 경성전수학교를 졸업한 후 1917년 12월 조선총독부 재판소 서기보를 시작으로 1922년 3월 퇴관할 때까지 원주재판소 서기보, 전주지방법원 판사를 거쳐 경성재판소에 잠시 근무했다. 1923년 말에는 방규환(1889~?) 초대 교장의 사임으로 남대문상업학교의 임시 교장을 맡았다가, 1924년 5월 3일 제2대 교장으로 정식 임명되었다.

기미독립운동의 33인 가운데 어째서 천주교계의 인사가 없는가 하는 오해가 없지 않으나, 독립선언문에 천주교 신자가 없는 것은 당시 천주교 신자 층으로 말하자면 모두 상투 틀은 구세대의 인물뿐이었고 교회 신자 가운데 어떤 인물이 있는가를 알지 못했다는 데 문제가 있다. 박준호가 천주교 신자로서는 사회의 저명인사로 처음 등장하지만 그가 늦게 신식 학문을 시작하는 바람에 발신(發身)이 늦어 1925년이 지나서야 겨우 세상에 알려졌다는 것을 이해해야 한다.[14] 1927년 7월에는 문화 창달과 종교 도덕 이념의 보급, 생활 개선 등을 목적으로 정지용(프란치스코, 1902~1950), 장면(요한, 1899~1966)[15] 등과 월간지 『별』[16]

13 동성중고등학교, 『동성 80년사』, 1987, 229쪽.

14 윤형중, 앞의 책, 1974, 148쪽.

15 평양교구사 편찬위원회, 『천주교 평양교구사』, 분도출판사, 1981, 77쪽. 1899년 서울 적선동에서 출생하여 1921년 메리놀 외방선교회의 도움으로 미국 뉴욕 맨하탄 대학에서 6년간 수학하고 1925년 귀국하여 평남 영유에서 평양교구 설정을 위한 재단 사무를 보는 한편, '조선어연구학교'에서 메리놀 신부들에게 한국어와 풍습을 가르쳤다. 1931년 4월 동성상업학교로 부임하여 영어를 가르쳤다. 1936년 동성상업학교장, 1939년 서울가톨릭청년연합회장, 1948년 제헌국회 의원, 1949년에는 초대 주미 대사, 1956년 4대 부통령, 1960년 제2공화국 국무총리 등을 역임한 후 1966년 6월 4일 간염으로 별세하여 국민장으로 엄수되었다.

을 창간하였다. 당시 『별』의 사설로서 특기할 것은 1931년 조선교구 설정 100주년을 맞아 경성청년연합회가 기념사업을 발기하고 이에 적극 동참할 것을 권유하는 기사들이다.[17] 그 예로는 「백 주년 기념으로 사업을 경영하자(40호)」, 「백 주년 기념으로 사업을 계획합시다(45호)」, 「백 주년 기념병원 발기에 대하여(49호)」, 「백 주년 축하를 즈음하여(51호)」 등이다. 이와 같이 사설만이 아니라 여러 회에 걸쳐 많은 지면을 할애하여 연합회에서 발기한 기념사업에 대한 관심과 협조를 촉구하였고, 특히 기념병원 설립을 위한 모금운동을 대대적으로 벌인 결과 1936년에 명동성모병원이 설립되기까지 하였다.

그는 봉래동(현 만리동)에 위치한 교사가 협소하여 어려움이 증대되자 혜화동으로 신축 이전한 뒤 1929년 9월 13일 축성식을 거행하였다. 이를 계기로 학교 이름을 '동성(東星)'[18]으로 변경하는 등 학교 발전을 위해 여러 가지로 노력하였다. 중요한 업적 중에 하나는 평양에 갔을 때 장면을 발탁해 온 일이다. 라리보 주교를 통해서 천거받은 장면을 그 즉시로 초치하여 서기와 서무 주임으로 교무를 보게 하는 한편 영어를 담당하게 했다가 교장 후임으로 성장시켜 나갔다.[19] 이러한 활동과

16 한국교회사 연구 입문(58), 「별」, 『교회와 역사』 74, 한국교회사연구소, 1981, 1쪽. 일제강점기에 경성교구 청년연합회에서 발행한 월간지로, 박준호를 위시하여 평신도들이 주동이 되어 1927년 7월 10일부터 1933년 5월 10일까지 만 6년간 존속되었다. 장면, 정지용, 박준호, 김교주, 이의필, 이순석 등이 크게 활약하였으며 ① 문화 발달, ② 생활 개선, ③ 종교 도덕의 보급을 제창하고 이에 이바지하고자 하였다. 사설과 논설을 통하여 대외적 사회문제에 큰 관심을 나타내고, 교리에 대해서는 「천주공교」란에 장면의 칼럼이 연제되었다. 『별』의 편집 겸 발행인은 박준호로 당시 경성교구에서 운영하던 남대문상업학교, 계성보통학교 교장을 겸직하면서 종현본당 청년연합회장이 되었다.

17 안흥균, 「'별'보(報)에 대한 연구」, 『교회사연구』, 한국교회사연구소, 1988, 409쪽.

18 동성중고등학교, 앞의 책, 1987, 216쪽. 1931년 신학기가 시작되자 곧이어 동방의 새벽별 '東星'이라는 이름을 새로이 사용하게 되었다. 어두운 밤을 밝히는 샛별의 구실로서의 영원한 서광을 의미하는 동성이었다. 희망의 상징인 동녘 하늘의 별이요, 늘 새롭게 펼쳐지는 새벽별로서 나날이 새로운 밝음으로 동트는 동성이었다.

활발한 '경성천주교청년연합회' 운동에 대한 공로를 인정받아 1931년에는 프랑스 한림원으로부터 명예 학사학위(Grandes écoles)를 수여받았다. 박준호는 지병인 위궤양이 위암으로 악화되어 투병생활을 하다가 결국 1936년 9월 19일 53세를 일기로 서거하였다. 그해는 성모병원이 개원되어 아들 박병래가 5월부터 병원장으로 나가게 된 지 불과 4개월이 지난 때이며, 못다 한 그의 역할과 정신적 유산을 아들에게 물려주고 떠난 것이다. 장례는 9월 23일 성대히 거행되어 종현대성당에서 파이프 오르간의 비곡과 아울러 창미사가 있었고, 라리보 주교의 거행으로 사도예절이 있었는데 다수한 신부와 관공서를 위시하여 동성·계성 두 학교 생도와 운집한 인파로 대혼잡을 이루었다.[20]

박준호는 성직자에 가까운 교육인이요, 당시 한국 사회와 문화계의 지도자였다. 교육계와 종교계의 사표(師表)가 되는 지도층 인사로 무엇보다 동성상업학교를 발전시켜 반석 위에 올려놓은 하느님의 일꾼이었다. 한국 천주교계의 지도자이자 교육자이며 청년운동가로 살았던 박준호의 일생은 아들인 박병래에게도 정신적으로도 많은 영향을 미쳤다. 월봉은 300원(현재 약 270만 원 상당)이 책정되어 있었으나, 박준호가 성모병원 당국과 협의하여 매달 200원(현재 약 180만 원 상당)씩만 아들에게 지급하라는 특별 교섭을 벌였다. "대학에서 54원 45전(현재 약 52만 원 상당)을 받던 사람에게 300원을 주게 되면 내 아들을 버리게 되니, 꼭 200원이면 충분합니다." 그래서 결국 박병래는 다른 동료들과 달리 100원이 적은 월급을 받고도 오히려 떳떳한 근무를 하며 의술이 곧 인술이라는 실 체험을 쌓게 되었다. 박병래는 회고담에서

19 동성중고등학교, 앞의 책, 230쪽.

20 사설, 「고 동성상업학교장 박준호를 추억하며」, 『경향잡지』 838, 1936, 545~546쪽.

이렇게 술회하였다.

> 나는 아버지 앞에서 제대로 앉지를 못했습니다. 그만큼 준엄한 분이었죠. 의전을 마치고 의사가 될 때 '의사는 기술보다 친절이 제일이다.' 하시는 훈화를 하시곤 했습니다. 집에서는 언제나 엄하셨지만, 학생들한테는 아주 친밀하셔서 찾아오는 누구든지 다 면회해 주시고, 늘 충고와 조언을 아끼지 않으신 다시없이 훌륭한 분이셨습니다.[21]

장면은 1936년 11월 11일 동성상업학교 제3대 교장에 취임하여 1947년 8월 31일 퇴임하였다. 그는 박준호와 함께 동성상업학교를 위하여 헌신적인 노력을 하였으며, 말년에는 박준호의 아들인 박병래와 함께 혜화동 본당에서 교회 발전을 위하여 함께 물심양면으로 힘을 보태었다. 동성상업학교에서는 위대한 공로자 박준호를 기리고자 4년 동안 기부금을 모집하여 총 공사비 4만 원(현재 약 2억 8천만 원 상당)으로 약 천 명을 수용하는 '박 교장 기념 강당'을 1940년 12월 18일 건립하였다.[22] 장면은 만 11년 동안 교장으로서 많은 업적을 쌓았다. 평교사로부터 서무 주임을 거쳐 교장으로서 인생의 젊음을 오직 학교의 질적 향상에 헌신하며 불태웠다. 그는 1948년 5월 10일 제헌 국회의원 선거 때 서울 종로 을구에서 무소속으로 출마하여 당선됨으로써 파란만장한 정치생활을 시작하였다. 1949년 주미 대사, 1952년 국무총리, 1956년 부통령, 1960년 제2공화국 국무총리, 1961년 5·16 쿠테타로 국무총리를 사임하고 오로지 신앙생활에만 몰두하였다. 야인이 된 후에도 구 민주당 정권의 각료들을 비롯하여 수많은 지도급 인사들에게 복음을

21 박병래 박사의 회고담, 「창립 50년에 際하여」, 『東星』 제2호, 1972.
22 회보, 「박준호기념관 동성상업대강당 낙성」, 『경향잡지』 930, 1941, 17~18쪽.

전하고, 혜화동 본당 평의회 의장과 운영위원회 위원장직을 맡아 교회에 봉사하였다. 특히 후배 양성을 위한 예비자 교리 강좌에 탁월한 역량을 발휘하였으며, 병원에 입원하기 전까지도 대학생들에게 교리 신학을 강의하였다. 문장이 뛰어나 명저 『교부들의 신앙』의 역자이기도 한 그는 교리 지식이 해박한 한국의 대표적 평신도여서 "장 주교"라는 별명까지 붙었었다. 1966년 6월 4일 명륜동 자택에서 향년 67세로 별세하여 6월 12일 국민장으로 장례가 거행되었다.[23]

(2) 경성제대 부속병원 폐결핵 전문 의사 박병래

박병래는 체구가 단소하나 부지런하고 명랑했으며 사리 판단이 빠르고 대인관계가 원만했다. 그는 소학교를 마치고 양정고등보통학교에 진학했으며, 인술로서 신앙적 사명을 다하기 위해 의사가 될 것을 결심하고 1920년 경성의학전문학교에 입학하였다. 그가 의학을 전공하기로 결심한 배경은 확실치 않지만, 당시 식민지의 어려운 보건의료 사정이나 대다수 사람들이 신 의학 지식에 몽매했던 상황을 타개하는 것이 곧 천주의 가르침이라고 생각한 듯하다.[24] 정구충(1895~1986)은 이에 대해 그가 '정신의 구원'에서 나아가 '육체의 구원'에 뜻을 두었다고 기록하였다.[25]

23 혜화동성당 50년사 편찬위원회, 『백동 반세기 -혜화동 50년사』, 1977, 224쪽.

24 전우용, 앞의 책.

25 정구충, 「의계의 개척자들 -수정 박병래(1)」, 『의협신보』 804, 1974, 12면. 박병래는 경성의전에서 인간이 출생하기 전에 모체 내에서 발육하여 부모로부터 받은 육체의 활동에 대한 것부터 알게 되었고, 출산 후 체내의 각 기관이 분업적으로 활동하는데 신경이 심장과 합세하여 그 기능을 발휘하는 이치를 알게 되었으며, 여러 가지 물리학적 화학적 자극에 의하여 발생하는 고장에 대한 새로운 지식을 차차 알게 되었다. 그 고장으로 인해서 일어난 인체 기능장해와 그로 말미암아 생기는 '신체의 고통'과 '정신적 고통'의 원인을 파악하여 정상화시키는 방법과 그 과정을 습득하기까지 열심히 연구하였다.

1924년 경성의학전문학교를 졸업[26]하고 의사가 된 그는 총독부의원 이토(伊藤) 내과교실에 입국하였는데 총독부의원은 1928년 경성제국대학 의학부 부속의원으로 재발족했다. 그 당시 총독부병원 내과는 제1내과[岩井內科], 제2내과[伊藤內科]가 있었고 동기가 30여 명 입국하였으나 불과 1년이 되지 못하여 5, 6명 정도만 내과에 남았는데 그중에 제2내과에 남아서 만 12년간을 지내게 되었다. 처음에는 무급 부수로, 일 년 후에는 5원 정도의 유급 부수[27]가 되었고, 1925년 4월경에 경성제대부속병원으로 명칭이 바뀌면서부터 대학 조수로 임명되었는데 임상에서는 내과에 둘째 번 조수의 임명을 받고 54원 45전 월급(현재 약 523,000원 상당)을 그만둘 때 강사가 되기 전까지 받았다.[28] 그는 대학병원에서 전염병 환자, 소화기, 호흡기, 내분비, 신진대사, 비뇨 생식 등 각종 내과 질환을 공부하면서 호흡기 질환 중에서도 가장 많은 폐결핵 환자들의 비참한 상황을 보고 어떻게 구완해 줄 수 있는 방법이 없을까 하고 안타까워하며 10년간을 연구하면서 세계 각국의 문헌을 입수하여 탐독하고 결핵을 전문으로 진료하게 되었다.[29]

26 정구충, 앞의 신문, 1974, 12면. 그의 동기 49명 중에는 비교적 수많은 수재가 배출되었는데, 다만 이 무렵에는 3 · 1운동으로 퇴학당했다가 복학한 사람들이 많아 그의 졸업 동기 중에는 입학 선배도 많았다. 최상채는 전남대학교 총장, 김동익은 서울대학교 명예교수를 지낸 후 동국대학교 총장, 이종륜은 전남대학교 의과대학장, 박용낙은 이화의대병원을 사퇴한 후 미국 버지니아 결핵병원장, 김명학은 함흥에서 외과 개업, 허신, 이선근 등이 의사로 명성이 높았다. 의학박사 학위를 받은 동기로는 김동익, 김명학, 벽병래, 백승진, 오대현, 이선근, 이종륜, 최상채, 허신 등 9명이다.

27 연세대학교 의사학연구소, 『동아시아 역사속의 의사들』, 역사공간, 2015, 142~143쪽. 의학교 부속병원에서 연구에 전념하는 조수나 부수의 경우 그 처지가 열악했다. 각 과에 소속된 조수의 경우 빚을 얻어야 할 만큼 적은 급여를 받고 있었다. 부수의 경우 더 열악하여 월급으로 '삼 원, 오 원, 칠 원짜리'도 적지 않았다.

28 박병래, 「연구실생활 12년 회고」, 『대한내과 학회지』 2-3, 1959, 69~70쪽.

29 김대규, 앞의 책.

2) 초대 성모병원 원장(1925~1936)

(1) 연구와 진료에 매진한 의학부 강사

1924년 3월 경의전을 졸업한 박병래는 조선총독부의원이 경성제국대학 의학부 부속의원으로 개편된 뒤에도 이토(伊藤正義) 내과에서 연구와 진료활동을 지속했다. 모든 생물이 그 생명을 가질 수 있다는 것은 물리학적 작용과 핵산에 의한 유전적 요소에 의한 것이라는 이론을 이해하고 있었으나, 전 인류의 최후의 안식처는 가톨릭 정신에 있다는 것을 절대시하게 되었다.[30] 그는 점차로 각기, 당뇨병, 관절염, 갑상선 질환, 임신 등에서 한국 건강인의 기초신진대사율(BMR, Basic Metabolic Ratio)을 측정하여 발표하였다. 혈액질환 중 만성 골수성 백혈병에서 기초신진대사율의 상승 이유를 규명하고자 혈액 및 뇨 중의 총질소량, 아미노산질소량, 뇨산질소량, 크레아친과 크레아치닌량을 측정하였으며, 특히 혈액 소견을 정확히 판단 분석하기 위하여 커진 비장(脾腫)을 X선 조사 치료 전후에 여러 성분의 변화 소견을 대조 검사하여 1932년 4월에 도쿄(東京)에서 열리는 내과 학회에서 발표하였다.[31] 이것은 그가 12년간 연구의 주 논문으로 결론은 X광선 조사 전후의 기초신진대사 소장(消長)곡선은 백혈구 특히 골수세포 및 혈액 중 아미노산 소장곡선과 일치한다고 하였다. 종래 요산을 축적하는 통풍 또는 잔류질소량이 증가한 신장병에서 기초신진대사의 상승 없음에 반하여, 백혈병에 있어서의 아미노산량의 증가는 백혈병 골수세포 증가와 기초신진대사의 항진에 의한 것임을 지적한 것이다.[32]

30 정구충, 「의계의 개척자들-수정-박병래(2)」, 『의협신보』 808, 1975, 12면.

31 박병래, 앞의 책.

32 박병래, 앞의 책, 70쪽.

그는 10년이 넘는 세월 동안 한 우물을 파면서 경성제대 의학부 부수, 조수를 거쳐 한국인으로는 처음으로 임상 분야에서 강사까지 승진했다. 당시 한국인이 경성제대 의학부 강사(현재 조교수)가 된다는 것은 하늘의 별 따기와 같았다. 그는 이토 내과에서 주로 폐결핵에 관한 연구에 몰두했다. 일제강점기 폐결핵은 가장 무서운 병이면서 가장 많은 사람을 괴롭힌 전염병이었다. 진료를 받으러 오는 환자 다수가 이 병을 앓고 있었기 때문에, 그는 이 분야에서 특히 많은 경험을 쌓고 연구를 통해서 환자들의 고통을 덜어 주고자 했다.[33]

(2) 성모병원의 설립 배경과 과정

1857년 당시 조선교구장이던 베르뇌(Simeon Berneux, 1814.05.14~1866.03.07) 주교가 로마 교황청 포교성성 추기경에게 보낸 서한에서 조선 천주교회가 고아 구호, 자선 및 육영사업 등으로 도입한 성영사업의 일환으로 시약소가 설치되었다고 하였다.[34] 박태봉은 시약소의 설치를 한국에 서양 의료를 최초로 소개하고 실시한 선구적인 일로 평가한다.[35] 한국에 최초(1888.07.19)로 진출한 샬트르 성 바오로 수녀회는 1898년에 제물포성당에 고아원과 시약소를 설치하여 당시 유행하던 전염병 환자들을 치료하는 데 기여하였다. 1902년에는 안악 매화동에 시약소를, 1905년에는 종현수녀원에 시약소를 설치하였다. 1909년에는 제기동에 진료소를 설치하고, 1910년에는 진남포, 1915년에는 대구·약현 등에서 진료활동을 하였다. 1920년까지 2개 진료소(서울, 제물포)

33 김대규, 앞의 책.

34 달레, 『한국천주교회사』 하권, 한국교회사연구소, 296쪽.

35 박태봉, 「한국 천주교회와 의료사업의 전개과정」, 『한국천주교회창설200주년기념 한국교회사 논문집 II』, 한국교회사연구소, 1985, 852~853쪽.

가 있었고, 1931년 말까지 가톨릭이 운영한 간이 진료소는 총 11개소(경성교구 2개소, 원산교구 2개소, 평양교구 3개소, 연길교구 4개소)가 있었다. 평양교구의 시약소는 1924년에 이 지방에 진출한 메리놀 수녀회가 시작하였다. 1928년부터는 메리놀회 신부들이 본당에서 시약소를 운영하였고, 원산교구에서는 독일 베네딕도회 선교사들과 수녀들이 설치하였다. 1930년대는 의료활동이 시약소에서 병원 체계로 전환되는 시기이다. 1933년 원산의 포교 성 베네딕도 수녀회가 운영하던 시약소의 확장, 개원을 시작으로 1935년 연길교구에서 올리베타노 베네딕도 수녀회가 간이 진료소에서 병원으로, 1936년에 해성병원의 전신인 시약소가 시내 중앙병원의 분원으로 의원 구실을 하였다.[36]

서울에서는 명동에 천주교당이 신축된 후 그 안에 샬트르 성 바오로 수녀원을 만들고 수녀원의 부속사업으로 보육원과 시약소를 경영하였는데, 이 시약소가 현재 가톨릭의과대학 성모병원의 전신이다.[37] 1915년 "뾰족집 병원"이라고 불리어진 시약소는 프랑스인 뱅상(Vincent de Paul, 1870.10.31.~1939.07.30)[38] 수녀가 한국에 오고 시약소에서 환자들을 돌보았다. 하루에 약 70, 80명 정도가 다녀갔고, 1921년 당시 박병래가 경성의학전문학교 2학년에 재학 중 뱅상 수녀를 도와주기 시작한 것이 결국 성모병원까지 계속하게 되었다. 뱅상 수녀에 의해서 움직여지던 시약소는 계속 성모병원으로 들어가서 그 명칭도 '무료 시료소'로 영세민 환자들을 돌보게 되니, 더욱 환자들이 몰려들어 하루에 100

36 박태봉, 앞의 책.

37 김두종, 「천주교의 의료사업」, 『서양의학사』, 1981, 493쪽.

38 샬트르성바오로수녀회, 『한국 샬트르성바오로수녀회 100년사』, 1991, 339쪽. 1903년 제물포 시약소에서 무료 진료를 시작하였고, 1909년부터 그의 책임 아래 서울의 종현 시약소에서 황수자(베네딕다) 수녀와 함께 무료 진료소를 운영하면서 1939년까지 36년간 한국에서 봉사하였다.

명의 환자를 진료하게 되었다. 뱅상 수녀는 무료 진료소에서 계속 환자를 돌보아 주다가 1939년 노환으로 69세에 선종하였다.[39]

교회의 자선 · 사회사업의 중요성에 대한 교회 내의 반성과 자각 그리고 개신교로부터의 자극은 가톨릭교회로 하여금 1930년대를 전후하여 단순한 진료에서 벗어나 본격적인 의원 시대를 열게 하였다.[40] 경성교구 청년연합회에서 병원을 설립하고자 하는 목적은 우선 수적으로 크게 증가를 보여 온 천주교인들의 불편을 덜어 줄 의료기관이 절실히 요청된다는 현실적 필요성에 있었다. 또한 이러한 일이 궁극적으로는 자선과 신앙 전파를 통해 많은 사람들의 영혼과 육체를 구원해 줄 수 있다는 데 있었다. 이를 신앙의 차원과 결부시켰다는 점에서 당시 행해지던 일반 의료활동과는 구분되었다.[41] 조선교구 설정 100주년 기념사업의 일환[42]으로 기념병원 설립이 결정되고, 신자들의 열성 어린 희사[43]와 노력의 결과 경성교구에서는 1935년 3월 11일 교구청 바로 이웃에 있던 일본인 병원(당시 소재지는 경성부 영락정 1정목 39번지, 무라카

39 김청만, 「한국의 의료 반세기-성모병원」, 『후생일보』 제1735호, 1972.09.13.

40 윤선자, 앞의 책, 312~314쪽.

41 가톨릭중앙의료원, 「성모병원의 설립 배경 및 목적」, 『가톨릭중앙의료원 50년사』, 1988, 51~55쪽.

42 『별』 39, 1930.9.10. 조선 교회 설정 100주년 기념사업계획에 대한 회합은 기념일 한 해 전인 1930년 9월 6일 종현(현 명동) 청년회관에서 처음 열렸는데, 여기서 여러 가지 계획을 1차로 결정한 후 전국 교우들의 단체와 유지들에게 찬성 여부를 물어 2차로 방침 및 사업 방법에 관해 논의하기로 하였고, 기념병원 설립에 대한 최초의 논의도 여기에서 시작되었다.

43 가톨릭중앙의료원, 앞의 책, 55~56쪽. 1931년 7월 교회 내의 잡지 소식으로 동성상업학교 직원과 학생들은 50원, 약현소화회 회원들도 사업 성취를 기원하면서 5원을 기탁한 것을 개시로 시작된 모금이 1년 지나서는 1,678원 95전에 이르렀고 특히 논산 본당의 예수성심소년회 학생들이 하기방학을 이용하여 과일 장사, 나무 장사, 심부름 등으로 모은 6원이란 송금이 들어 있기도 하였다. 1936년까지 거금을 희사한 사람들은 인천 장기빈(500원), 경성 이상규(1,000원), 임 수산나(1,000원), 이희진(500원), 김경희(315원) 등이다.

미(村上) 병원, 대지 540평, 건물 350평)을 '천주교 경성교구 유지재단' 명의로 55,997원 30전(현재 5억 4천만 원 상당)에 매입하였다.[44] 병원을 매입한 경성교구에서는 그해 여름부터 병원 개축 공사와 함께 내부 설비 공사, 의료 기계, 약품 설비 등을 겸행하여 이듬해 봄에는 공사를 완료할 수 있었다. 따라서 병원 매입비 및 시설비를 합치면 병원 설립에 소요된 총 비용은 98,866원 93전(현재 약 9억 5천만 원 상당)이었다.[45]

병원 시설을 준비할 때 당시 경성제국대학 의학부 부속병원의 '이토(伊藤) 내과' 소속으로 대학 강사를 하던 박병래로 하여금 일체를 관장하도록 하였다. 그가 33세의 젊은 나이에 초대 병원장으로 발탁된 배경에는 당시 최고 권위의 경성제대 대학병원 내과 강사(지금 조교수)이고 병원 설립 과정에서 부친 박준호가 『별』보를 통하여 경성천주교청년연합회에서 기념병원 설립에 대한 관심과 협조를 촉구하였고, 모금운동을 1936년 명동성모병원이 설립되기까지 대대적으로 벌인 결과이다. 부친이 교장으로 재직하던 동성상업학교에서 직원과 학생들의 적극적인 모금 참여, 그리고 박병래가 학생 때부터 샬트르 성 바오로 수녀회가 운영하는 '무료 진료소'에서 뱅상 수녀와 함께 꾸준히 환자 진료를 하며 보여 준 가톨릭 의료인의 봉사정신 등이 복합적으로 작용한 것이라 하겠다.

박병래는 경성교구로부터 성모병원장 위임을 받자 곧 의료진 구성에 착수하였다. 그리고 병원 2층에 경당을 설치하였는데, 이는 가톨릭 의료기관의 특성으로서 지금의 원목실과 유사한 기구였다. 또한 샬트

44 가톨릭중앙의료원, 앞의 책, 23쪽.

45 회보, 「성모병원 개원식-5월 11일 수녀원 광장에서」, 『경향잡지』 830, 1936, 310~311쪽. 한국은행의 화폐가치 계산식=과거 액수×9,629,705.598배/1,000(화폐개혁에 따른 액면가치 변동, 쌀 80kg 기준)

르 성 바오로 수녀회의 시약소를 이 병원에 영입하였으며, 그 명칭도 '무료 진료소'라 하여 가난한 환자를 돌보도록 하였으니 이 역시 기념 병원의 가톨릭 특성을 살리고자 한 의도에서 나온 발상이었다.[46] 당시 이 병원은 '천주교 경성교구 유지재단' 명의였으며, 이사장 라리보(元亨根, 1883~1974) 주교는 병원으로서의 면모가 갖추어지자 병원 명칭을 예수 성탄 때 동방박사가 별을 보고 온 사실을 들어 그가 좋아하던 '해성(海星)'[47]으로 하자고 제의하였다. 그러나 박병래는 해성이 찬 느낌을 주니 좀 더 친근함을 주고 성모님의 손길이 병자에 위안을 줄 수 있는 '성모(聖母)'라는 명칭이 좋겠다고 제시하였다. 이러한 박 원장의 주장에 당시 '경향잡지사' 사장으로 있던 윤형중(1903~1979) 신부가 동의하여, 그 결과 1935년 7월 3일 병원 공식 명칭이 '성모병원'으로 최종 결정되었다.[48]

성모병원의 설립 의의는 가톨릭 안에서 최초로 정식 병원이 설립되었다는 사실이다. 1936년까지 시약소 이외에 전국 각처에 설립되어 있던 가톨릭계 의료기관은 모두 5곳으로 병원이라기보다는 의원에 가까운 역할을 한 것이라고 할 수 있다.[49] 병원 설립 정신이나 취지가

46 샬트르성바오로수녀회, 앞의 책, 345~346쪽.

47 차기진, 「성모성월 해제」, 『교회와 역사』 142, 1987, 17~19쪽. '해성(Maris Stella, 바다의 별)'이라는 명칭은 제물포 해성병원(1935), 대구 해성병원(1936), 울산 해성병원, 해성보육원(인천), 해성유치원(은률), 해성학교(의주, 진남포), 대구 해성초등학교, 전주 해성초등학교, 논산 해성여자중고등학교, 전주 해성중고등학교 등에서와 같이 당시 한국 천주교회 안에서 기관이나 단체에서 흔히 사용되던 이름이었다.

48 윤형중, 앞의 책, 150쪽.

49 박태봉, 「우리나라 가톨릭 의료복지사업의 역사적 고찰」, 『대구대학교 석사논문』, 1982, 23~29쪽.

덕원: 1928년 그라하머 수사가 병원 개원, 신의주 성모병원: 1930년 개원, 원산 마리아의 도움의원: 1933년 시약소에서 확장, 인천 해성병원: 1935년 개원, 안주 성모병원: 1935년 개원 등 5개소.

"근본적으로 영리적이 아니고, 오직 진실한 가톨릭 박애정신을 기초로 한 병원"으로서 신자나 비신자, 또는 다른 교파의 신자임을 불문하고 한결같이 대우하고자 하는 데서 엿볼 수 있다.[50]

(3) 병원 개원과 초기 활동

성모병원 강복식은 1936년 5월 1일 경성 종현성당 구내에서 라리보 주교에 의하여 거행되었으며, "신부, 수녀와 일반 교우를 위시하여 외교인들의 질병까지 신성한 사랑 밑에 따뜻한 치료를 받게 되는 동시에 그들의 영혼까지 구하여 줄 수 있는 두 가지 인술(仁術)을 베푸는 기관"이 될 수 있다고 하였다.[51]

박병래는 성모병원장 취임사에서 다음과 같이 진실한 가톨릭의 박애정신과 희생, 봉사로 양심상 책임을 자각하고 집무할 것을 약속하였다.

> 교우 된 자는 신분에 천함을 물론하고 누구나 다 사랑할 의무가 있음은 전부터 이미 느껴 온 바이며 교회에 대한 사랑을 실현함에는 재산으로도 할 수 있고 경우의 필요를 따라 지식이나 기술이나 노동으로 할 수 있다고 생각하여 왔나이다. 불초는 재산으로 교회를 도울 능력은 없사와 미약하오나 일찍 대학병원에서 만 12년간 실지 임상에 들어 연구하고 체험한 전 역량을 본인의 전도나 현세의 실익보다도 오직 교회에 대한 사랑을 실현시키고자 하는 의미로 원 주교 각하의 의향을 받들어 성모병원에 희생하게 되었나이다.[52]

개원 당시 병실 수 28개에 의사 4명(박병래, 윤건희, 마홍룡, 이홍배),

50 회보, 『가톨릭 청년』 4-6, 1936, 519쪽.
51 회보, 「성모병원 강복식」, 『경향잡지』 829, 1936, 281~282쪽.
52 박병래, 「성모병원장 취임에 제(際)하야」, 『가톨릭청년』 39, 1936, 22~23쪽.

약제사(우에다), 간호부 10명(이순명과 수녀 9명)의 인원으로 출발한 성모병원에는 많은 환자들이 모여들었다.[53] 병원의 베드 규모는 당시에 이 병원에 관계했던 인사들마다 조금씩 다른데, 박병래는 28개, 윤건희는 40개가 채 못 되었을 것이라 하고, 설립 1년 후인 1937년부터 근무한 최상선은 적어도 50개는 되었을 것이라고 회상했다.[54] 최상선은 박병래의 열성에 대해서 이렇게 말했다.

> 박 원장님의 경우 아침 일찍 회진을 하고 하루 종일 환자 진료를 한 후, 퇴근 전에는 또 각 병실을 돌아봤습니다. 당시 원장님은 골동품 수집을 다니다가도 집에 들어가기 전에 밤 10시고 11시고 반드시 병원에 들러 환자들을 봐 주고야 집으로 돌아갔습니다.[55]

성모병원을 개원한 1936년 5월부터 12월까지 8개월 동안 입원환자 164명, 외래환자 8,332명이었고, 1937년에는 입원환자 231명, 외래환자 21,962명으로 크게 증가하였다. 세례로 영혼의 구원을 받게 된 환자는 1936년 대세자 12명, 왕진환자 중 대세자는 473명이었고, 1937년에 대세자는 외래환자 125명, 입원환자 22명, 왕진환자 중 대세자는 634명이었다.[56] 당시 외래환자는 하루에 100명을 훨씬 넘었는데, 유달리 결핵환자가 많았다. 특히 내과는 박병래 원장이 결핵 분야에서 매우 유명한 사람이었으므로 많은 호평을 받았다. 이와 함께 뱅상 수녀와 황수자(베네딕타) 수녀가 전담하고 있던 무료 진료소도 환자가 부쩍 늘어 이곳

53 회보, 『가톨릭 청년』 4-6, 1936, 519쪽.

54 김청만, 「한국의 의료 반세기-성모병원」, 『후생일보』 제1738호, 1972.9.20.

55 김청만, 앞 신문, 1972.

56 경향잡지사, 「경성성모병원의 업적」, 『경향잡지』 871, 1938, 66~69쪽.

역시 하루에 100명 이상을 상회하는 환자들이 방문하였다.[57]

그는 1936년 5월 11일부터 성모병원 초대 병원장으로 취임하여 이후 20년간 봉직하면서 성모병원 발전에 기여하는 한편, 『가톨릭청년』[58] 등 교회 잡지의 고정 필자로 대중 의학상식 계몽에도 힘썼다.

1933년 6월 『가톨릭청년』 창간호[59]에 기고한 글에서 조선에서는 호열자, 장질부사, 최근에 와서는 천연두의 대유행이 있어서 아까운 생명이 많이 희생당하였으며 그 외에 다른 전염병으로 인하여 해마다 사망자가 많이 난다고 하였다. 그가 집계한 1931년의 전염병 발생 수와 전염병으로 인하여 사망한 환자와 최근의 통계는 〈표 1〉과 같다.

전염병으로 인하여 1931년 한 해 동안 희생되는 수가 2,535명이나 되니 그 수가 적은 수가 아니며, 그중에서도 장질부사(914명=36%)와 이질(406명=16%)로 인하여 사망하는 이가 제일 많았다.〈표 2〉[60]

〈표 1〉 질환별 전염병 발생 수와 사망 수

연도	장질부사		이질		전염병 전체	
	발생 수	사망 수	발생 수	사망 수	발생 수	사망 수
1927	4,762	700	3,291	750	12,700	2,201
1928	6,557	1.037	3,772	645	13,720	2,512
1929	6,324	1,039	3,347	742	14,316	2,831
1930	7,854	1,065	2,052	419	15,898	2,608
1931	6,615	914	1,912	406	15,168	2,535

57 샬트르성바오로수녀회, 앞의 책, 1991, 349쪽.

58 한국 가톨릭교회의 서울, 대구, 원산, 평양, 연길 다섯 교구 명의로 1933년 6월에 창간되었으며, 발행 및 편집은 라리보 주교, 편집 실무는 주간 윤형중 신부와 정지용, 장면, 장발, 이병헌, 이동구 등이 담당했고 주요 기고가로 양기섭, 윤을수, 오기선, 피숑 신부, 이병기, 김기림, 박병래 등이었다.

59 박병래, 「하계(夏季) 전염병에 대하야」, 『가톨릭청년』 창간호, 1933, 49~50쪽.

60 박병래, 앞 기고문, 1933.

〈표 2〉 연도별 장질부사와 이질 발생 수와 사망자 수

병명	1931		2011	2012	2013
	발생 수	사망 수	발생 수	발생 수	발생 수
장질부사	6,615	914	148	129	156
이질	1,912	406	171	90	294
파라지부스	564	35	56	58	64
천연두	1,376	343	0	0	0
발진지부스	1,466	137	23	41	19
성홍열	2,190	319	406	968	3,678
지브테리	941	323	0	0	0
유행성 뇌척수막염	104	58	7	4	6
합계	15,168	2,535	804	1,290	4,211

그러나 80년이 지난 최근에는 이러한 전염병의 발생이 매년 천 명 내외로 줄었으며 사망하는 경우도 거의 없다. 근래에는 전염병이 시대에 따라 달라져 천연두와 지브테리는 완전히 없어졌으며 수두, 유행성 이하선염, 쯔쯔가무시증이 한 해에 각각 1만 명 이상 발생하고 있고, 결핵, 후천성면역결핍증, 한센병 등은 별도의 감시 체제로 질병관리본부에서 관리하고 있다.[61]

그는 1933년 6월 『가톨릭청년』 창간호부터 1955년 8월까지 지상병원(紙上病院)이란 제목의 질문과 응답하는 방법으로 독자들의 궁금한 증상이나 고질적인 여러 가지 질병(104항)을 친절하게 설명해 주었다.〈표 3〉

61 질병관리본부, 「1931, 2011~2013년도 감염병 발생 현황」, 『2013 질병관리백서』, 2013.

〈표 3〉 지상병원에서 질문과 대답한 증상이나 병명

신경정신 질환(17)	피부 질환(13)	골-관절 질환(11)	안-이비인후과(11)
뇌빈혈에 대한 주의	모발 과다증	만성 요마치스	색맹증과 시력 부진
차멀미	양진=만성피부염,	각기와 관절 요마치	치조농양
맥관 신경성 부종	가려움증	스	이명증
척수염	한포=발 무좀	료마 진통	코 습진=코딱지
신경질	홍반 흔창	진행성 근육마비의	만성 중이염
머리가 아파	어루러기	소년형	축농증
정신이 없어	만성 습진	등에 생긴 혹	난청증
꿈이 많아 걱정	농가진 검모 탈모증	근육 루마질	만성 비후성 비염=
척수 뇌	발바닥이 터져	고장수지의 원인	비색증
신경질인가	화상	요통	비색증
숯불 내로 난 두통	한냉 과민증	십 년 전에 다쳐	구취를 어떻게 할까?
외상성 신경증	비강성 낙설=머리	요통 원인 및 치료	익상 잔피
신경쇠약증	비듬	각기 예방이 필요	
이기증=흙 먹음	참출성 체질=전신		기타 증상(8)
차훈=차멀미	가려움증	감염증(9)	건강진단 필요
두통이 심한 치료	외상성 안면 식소반	장질부사	유아 만병 통치법
야뇨증	=피멍	이질 말라리아	몇 가지 증례
		십이지장충증치료법	의학을 연구하려면
소화기 질환(13)	호흡기 질환(9)	회충 증세	안색이 좋지 못하오
가슴 아리	호흡 측정	회충인가?	강장제를 먹을까
위-십이지장궤양	습관성 해소	유선 결핵	보약 먹을 때 주의
담석증	기관지 확장증	토질로 인한 각혈=	중탄산소다의 위력
당뇨병	호흡 곤란증	간디스토마	
위 무력증	척추 과민증 토질로	임파선염	외과 질환(9)
위병이 아닌가?	각혈	만성 방광염	항문열상
만성 위궤양	급성폐렴 후에 오는		치루 요통 원인 및
담석증 같소	유착성 늑막염	부인과 질환(4)	치료
강장제를 먹을까?	감기 예방에 중요	불임증	치질
만성 십이지장궤양	유암의폐기= 딸꾹질	이유 시기	치루
설사를 하오		해산에 관한 여러 가지	소아 탈항
위 확장증		유선 결핵	소아 탈홍
위에 고장인가			심상성 좌상
			치루 치료

가장 흔한 것은 뇌 · 신경계 질환(17항)이었고 피부병(13항), 소화기 질환(13항), 골 · 관절 질환(11항), 안 · 이비인후과 질환(11항), 호흡기병(9항), 감염증(9항), 외과(9항), 부인과 문제(4항), 기타(8항) 보약이나 강장제를 먹을 때 주의 사항, 건강진단 필요성, 임상증례, 의학 연구

방법 등 다양한 분야까지 종합적으로 다루었다. 또한 '가정간호상식'[62] 난을 마련하여 병자가 거처하는 병실에 대한 주의사항, 환자 의복의 선택,[63] 욕창 간호법,[64] 도한(盜汗, 결핵 환자가 흘리는 식은땀)에 대한 상식,[65] 영양에 관한 지식(5회 연재),[66] 동절(冬節)에 주의할 위생 상식[67] 등이 있다. 1955년 3월부터는 신약(新藥)에 관한 상식[68]으로 셀파실과 고혈압증, 항히스타민제와 두드러기, 신 항생물질 소개를 겸하여, '페니씨린'에서 '바이씨린'으로, ACTH와 코오치손 등 최신 의학 정보를 『가톨릭청년』 잡지에 제공하였다.

명동 동북쪽에는 총독부병원에서 외과를 맡았던 일본인 우에무라(植村)가 조세응 저택을 수리하여 개업을 하였는데, 해방 전 5, 6년쯤 되어서 우에무라가 귀국하게 되자 그의 조수이며 경의전 외과 교수였던 백인제(1898~?)가 인수하기로 하고 교직을 사임한 후 저동에 개업을 하게 되었다. 위 천공, 맹장염, 급성복막염, 신장결석, 담석증 등 긴급 수술을 필요할 때에는 그의 선배인 백인제가 이웃에 있었기 때문에 박병래에게 많은 도움이 되었다. 재단법인 백병원 이사로는 백인제의 가족 외에도 박병래도 선임되어 있었는데 이는 선배인 백인제로부터 신임이 두터웠기 때문이었다.[69]

서울에서뿐 아니라 지방 그리고 만주와 상해 등지에서도 많은 한국

62 박병래, 「가정간호상식」, 『가톨릭청년』 9, 1934, 128~129쪽.
63 박병래, 「가정간호상식」, 『가톨릭청년』 10, 1934, 222~223쪽.
64 박병래, 「가정간호상식」, 『가톨릭청년』 11, 1934, 300~301쪽.
65 박병래, 「가정간호상식」, 『가톨릭청년』 13, 1934, 462~463쪽.
66 박병래, 「가정간호상식」, 『가톨릭청년』, 1935, (一) 14, 1934, 554~555쪽, (二) 15, 618~619쪽, (三) 17, 742~745쪽, (四) 19, 874~875쪽, (五) 20, 64~65쪽.
67 박병래, 「동절(冬節)의 주의할 위생상식」, 『가톨릭청년』 32, 1936, 72~73쪽.
68 박병래, 「신약에 관한 상식」, 『가톨릭청년』 73~77권, 1955.
69 정구충, 「의계의 선구자들-수정 박병래(3)」, 『의협신보』 810, 1975, 12면.

인 환자들이 그의 명성을 듣고 찾아왔으며, 수많은 환자가 박병래로부터 치유받았다. 1939년 2월 성모병원에 입원하였던 N생이라는 환자가 경향잡지에 기고한 글에서 아래와 같이 칭송하였다.

> 원장 박병래 씨는 그 성격이 침착하고 재질이 초월하며 의술은 가히 박사이라 내과에 일칭명철하야 의학계의 태두로서 이러한 의사를 가지게 된 것은 일교회의 다행일 뿐 아니라 의학계에 일대 광휘로서 실로 일반 환자로 하여금 지금까지의 그 혜택을 입은 자 얼마나 많겠으며 지금부터 후로의 난치병자로 하여금 소생케 되어 짐을 받을 자 또 얼마나 많이 있을고 아~ 감사함이여 천주의 인자로 이러한 명의를 우리에게 더욱 많이 주실지로다.[70]

김수환 추기경은 1974년 5월 17일 명동성당에서 거행된 고 박병래의 장례미사에서 이렇게 이야기하였다.

> 이분에게 있어서 의술은 참으로 인술(仁術)이었습니다. 얼마나 많은 환자가 이분으로부터 육신의 병만이 아니고, 마음과 영혼의 병까지 치유를 받았는지 아시는 분은 잘 아실 것입니다. 이분은 그야말로 영육을 고쳐 주는 의사였습니다.[71]

박병래는 박봉에도 불구하고 순연한 종교적 열정과 희생정신으로 환자 진료에 임했다. 당시 경성제대 강사 출신 의사의 월급이 200원(현재 약 180만 원 상당)이라는 것은 상상도 할 수 없을 정도의 소액이었다. 그와 같은 해에 개업한 이와이(岩井) 내과 출신의 김동익은 개업

70 N생, 「성모병원으로부터 퇴원하면서」, 『경향잡지』, 1939, (1) 895, 62~66쪽, (2) 896, 83~85쪽, (3) 898, 136~138쪽.

71 김수환, 「고 요셉 박병래 선생 추도 강론」, 『가톨릭의사협회지』, 1974, 2~3쪽.

1년 만에 개업 비용으로 차용한 2만 원(현재 약 1억 8,000만 원 상당)을 다 갚았다고 회고했다.[72] 그에 비하면 10분의 1도 안 되는 돈을 받고 일한 것이다. 당시 월급 의사는 백 원은 보통이고, 개업하면 현금 수입 삼백 원 이상이 되었다.

1938년 당시 의사는 전통적인 부자인 지주의 뒤를 이은 신흥 부자였다. 서울 거주자 중 월 4천4백 원(현재 약 3천800만 원 상당) 이상을 버는 의사는 같은 전문직종인 변호사의 숫자가 5명인 점과 비교하면 그 2배의 수를 차지하고 있었다.〈표 4〉[73]

〈표 4〉 1938년 서울 거주자 중 월 4천4백 원 이상을 버는 직업

직업	명 수
지주	16
의사	10
귀족, 관리 (이왕직, 중추원 포함)	10
금융업 (은행, 생명)	8
언론 출판업 (기자, 문인 포함)	8
변호사	5
상업 (포목, 백화점)	4
음식점	4
학교	4
제약업	2
광업	1
기타	6

*출전: 서울 부자 재산조사상, 三千里, 1938.5. 16~18쪽.

일제강점기 말기에 해당하는 상황 아래 있었으므로 성모병원은 의

72 전우용, 앞의 책.

73 연세대학교 의사학연구소, 『동아시아 역사속의 의사들』, 역사공간, 2015, 142~143쪽.

료활동상 전혀 방해를 받지 않을 수는 없었다. 박병래는 오오사카(大阪) 제국대학 약학부를 졸업하고 경성제국대학 의학부 부속병원에서 근무하던 우에다(上田政子)를 약제사로 임명했다.[74] 그것은 투약에 따른 총독부의 시비를 사전에 방지하고자 한 이유에서였으며, 그 후 박병래는 약제사만은 반드시 일본인을 고용했다고 한다.[75] 일본인 개업의들은 성모병원 설립이 결정되고 이 사실이 널리 알려지자 그들은 '병원 설립 철폐'라는 연명의 진정서를 당국에 제출하기도 했다.[76] 샬트르성 바오로수녀원의 시약소 인기가 높아지자 일본인 개업의들이 영리에 타격을 입을 것을 염려하여 방해를 하고, 일제 총독부 당국이 여기에 호응하여 '개업의들을 보호한다'는 명목 아래 비영리기관인 시약소의 설치 허가를 주저했다는 기록이 있다.[77]

3) **대중 계몽운동과 신앙활동**(1937~1949)

(1) 신문을 통한 결핵계몽운동

박병래는 지식층 언론인들로부터 존경을 받게 되었고, 경성제대의 이토 내과에 있을 때인 1933년 8월 22일부터 1940년 6월 28일까지 『조선일보』 보건 고문으로 활동했다. 그는 대단히 활달한 성격의 소유자였으며 그런 만큼 사교 관계도 넓었다.[78] 천주교 신자인 장면 등과 친했

74 회보, 『가톨릭청년』 4-6, 1936, 519쪽.

75 『후생일보』 제1741호, 1972.9.27.

76 김청만, 「한국의 의료 반세기-성모병원」, 『후생일보』 제1738호, 1972.9.20.

77 김청만, 「한국의 의료 반세기-성모병원」, 『후생일보』 제1735호, 1972.9.13. 경찰은 더욱이 위의 시약소에서 독극물을 취급했다고 트집 잡아 시약소의 활동을 돕던 박병래에게 '대학에 얘기해서 논문 제목을 주지 않게 하겠다.'고 위협한 사실도 있다. 허가 없이 취급했다는 독극물은 외상환자에게 발라 준 '옥도정기'에 불과했다.

78 전우용, 앞의 책.

을 뿐 아니라 『조선일보』 사주였던 방응모(1884~1950)와도 막역한 사이였다. 그는 이후 『조선일보』의 보건 고문으로 위촉받아 결핵에 대한 계몽 내용과 매년 계절마다 건강에 대한 학술적 이야기 등을 기고하였고, 매년 각종 문화사업에 적극적으로 10여 년간 참여하였다.

일제강점기 당시 조선의 결핵 발병률은 세계 평균 비율을 훨씬 웃돌았다. 1929년 세브란스병원의 자료를 참조한 『중외일보』 10월 16일자 사설은 조선의 2천만 인구 중 3백만이 결핵 환자(보균자)고, 전 세계 인구 중에서는 8퍼센트인 1억 2천여만 명이 결핵 환자라면서, 결핵퇴치운동을 벌여야 한다고 주장했다. 우리나라 7명 중 1명이 결핵 환자(보균자)이고, 세계 평균은 12명 중 1명이었으니, 세계 평균을 꽤 웃도는 수치였다. 조선의 근대 결핵 환자 수에 대해서는 기관마다 수치가 다르나, 여러 통계와 보도를 종합해 보면, 1929~1930년대에 약 40만 명의 환자가 있었고, 매해 5만 명 이상이 결핵으로 사망한 것으로 추정된다. 정부 수립 후인 1948년에 전체 결핵 환자가 60만 명이고 사망자가 106,283명이었으니, 일제강점기의 환자와 사망자 수가 터무니없는 통계는 아닐 것이다.[79]

박병래가 『조선일보』 지상에 발표한 글[80]들은 그의 전문 분야인 폐결핵에 관한 내용으로는 ① 폐결핵은 우리들을 죽여, 발생 원인을 알아서 미리 섭생에 힘쓰자(7회)[81]; ② 도시 · 농촌 · 공장 · 학교 · 가정에서 결핵균을 예방하자(3회)[82]; ③ 기타 (㉠ 근육 노동하는 직장엔 채광과

79 이충렬, 『한국근대의 풍경』, 2011, 182~183쪽.

80 박병래, 「기고문」, 『조선일보』, 1933.8.22~1940.6.28.

81 박병래, 「결핵은 우리들을 죽여」, 『조선일보』, 1933. (1) 머리말, 9월 9일, (2) 폐결핵은 어찌 발생되나, 유전치 안어, 9월 10일, (3) 폐결핵은 날 수 있는 병, 9월 12일, (4) 폐결핵 초기에 오는 증세, 9월 15일, (5) 폐결핵 종류를 어찌 구별할까, 9월 17일, (6) 폐첨거담아는 어떤 것인가, 9월 20일, (7) 초기 결핵의 자연치유, 9월 21일, 부록 1면.

82 박병래, 「기고문」, 『조선일보』, 1939, ① 11월 16일, ② 11월 17일, ③ 11월 18일.

휴식을 충분히, ㉡ 주사는 체질을 살펴서 맞게 할 일, ㉢ 일광 소독과 청결로 병균을 몰아내는 한편 가정보건의 '들놀이'를 실행하자) 등이 중심이었다. 그뿐 아니라 계절에 따른 건강 관리법(환절기(3회), 장마철(4회), 가을(3회), 일사병, 일광욕 등)이나 각종 전염병(흑사병, 호열자, 이질, 마마) 예방법 등 현대 의학 지식이 절대적으로 부족한 대중을 계몽하는 데 필요한 것들도 두루 다루었다.[83] 그는 폐결핵이 영양 결핍과 과로, 열악한 근무 환경 등 식민지 노동 사정과 관련되어 있음을 잘 알고 있었고, 그런 만큼 이 문제를 해결하기 위해서는 사회적 대책이 필요하다고 보았다. 가톨릭교회의 봉사정신을 체질화한 그는 이 문제 역시 박애정신에 기대어 해결하려 했다. 그는 1940년 『조선일보』에 기고한 글 「소년공과 폐결핵」에서, 농촌의 젊은이들이 서울로 돈 벌러 갔다 죽을병 들어 오는 수, 도시 공기에 대한 면역성이 적은 탓'으로 돌아가는 일이 많은데, 여기에는 이들을 혹사하는 고용주의 책임도 크다고 했다. 그래서 그는 하소연조로, '고용주여, 몸을 돌봐 주시오'라고 사업주의 인정에 호소했다.[84] 1920년대 후반에 결핵으로 사망한 사람의 숫자는 해마다 점점 많아지고 있다.〈표 5〉[85]

〈표 5〉 연도별 폐결핵과 폐 이외의 결핵 사망자 수

연도	폐결핵(명)	폐 이외의 결핵(명)
1925	2,246	968
1926	2,277	1,092
1927	2,666	1,089
1928	4,816	1,472

83 정구충, 「의료계의 개척자들-박병래(2)」, 『의협신보』 808, 1975, 12쪽.
84 박병래, 「소년공과 폐결핵」, 『조선일보』, 1940.5.11, 4면.
85 박병래, 「(1) 폐결핵은 우리를 죽여-머리말」, 『조선일보』, 1933.9.9, 특판.

2013년 질병관리본부에서 발표한 자료에 의하면 2013년 기준 결핵 환자 수는 45,292명이고, 사망자 수는 2,230명(폐결핵=2,055명, 기타 결핵=175명)으로 85년이 지난 지금도 OECD국가 중에서 1위를 차지하여 심각한 사회문제로 대두되고 있으며, 그 원인으로는 인구의 고령화, 당뇨 유병률의 증가, 환자 관리체계의 문제 등으로 제시되고 있다.[86] 또한 『조선일보』 주최로 열린 백두산 등반 때도 구호반을 조직하여 참가하였다. 그는 백두산 천지까지 올라간 이야기를 그 당시 등반 기행문으로 『조선일보』에 오랫동안 연재하기도 하였다.[87]

일제강점기인 36년이라는 긴 압정을 벗어나 해방을 맞은 1945년 8월 15일까지 성모병원을 거쳐 갔거나 활동하고 있었던 의사들은 박병래, 윤건희, 마홍룡, 이흥배, 권의정, 최상선 외에도 남자 의사로는 장익진, 정병두, 최신해, 류광현, 윤덕진, 김기호, 김하용, 신익균, 정재원, 이광훈, 이원익, 양문호, 전종기, 이종만, 김근선, 김현규 등이 있고, 여의사로는 윤병수, 최정숙, 이용재, 황정례, 이사춘, 신석자, 송정옥 등이었다.[88]

1945년 8 · 15광복 후 미군정이 실시되자 1946년 3월 20일 의학계 원로들이 회합하여 결핵 대책을 논의한 후 '조선결핵예방협회'를 조직하고 회장에 미 군정청 보건후생부장(현 장관직) 이용설(1895~1993)이 천거한 성모병원장 박병래를 추대했다.[89] 군정청 보건후생부 내에 사무소를 설치했던 '조선결핵예방협회'는 1946년 12월 사업을 더욱 원활히 추진하고자 시내 중구 예관동에 있는 서울 중앙보건소로 사무소를

86 「결핵 환자 신고현황 연보」, 『질병관리본부-2013』, 2013.
87 정구충, 앞 신문, 12쪽.
88 김청만, 「한국의 의료반세기-성모병원」, 『후생일보』 1747, 1972.10.11.
89 김대규, 앞의 책.

이전했다. 미 군정이 끝나고 1948년 8월 15일 대한민국 정부가 수립되자 기구 개편으로 보건행정기구와 예산이 축소되어 사회부에 속하게 되었다. '조선결핵예방협회'는 시작 초기부터 난감한 처지가 되어 수차에 걸쳐서 이사회(심호섭, 윤일선, 정구충, 이갑수, 이종륜, 정기선 등)를 구성, 회의를 하였으나 해결 방법을 얻지 못했다. 1949년 4월 문창모(1907~2002)[90]가 세브란스 병원장으로 부임하고 12월 10일에야 '크리스마스 씰'을 발행했으나 널리 모금활동도 할 수 없어서 인쇄비도 건지지 못하고 6 · 25동란으로 사실상 기능이 정지되고 말았다.[91]

1930년대 캐나다 선교 의사인 셔우드 홀(Sherwood Hall, 1893~1991)[92]이 '해주구세요양원'을 설립하고 1932년 한국 최초의 크리스마스 씰을 발행하여 국내 결핵 퇴치를 주도하였다. 1940년대에는 일본결핵예방회 조선 지방본부를 잠시 거친 후 1953년 11월 6일 세브란스 소강당에서 발기인 창립총회를 가짐으로써 민간 항 결핵단체인 '대한결핵협회'가 출범하게 되었다. 총회에서 사회부 장관을 지낸 최창순을 초대 회장에 선출하고 모금을 시작하는 한편 『보건세계』[93]를 속간하기 시작하였

90 문창모(文昌模, 1907~2002)는 대한민국의 의사이자 국회의원. 세브란스의학전문학교를 1931년에 졸업하였다. 마산결핵요양소 소장, 세브란스 병원장. 1958년과 1963년 국회의원 선거에 출마했다가 낙선하였으나, 1992년 통일국민당 전국구 1번 후보로 지명되어 14대 국회의원 중 최고령(86세) 국회의원이 되었다. 원주에서 1964년에 문이비인후과를 개원하여 2001년에 폐업할 때까지 43년간 진료하였다.

91 정구충, 「의계의 선구자들-수정 박병래(4)」, 『의협신보』 812, 1975, 16면.

92 https://www.knta.or.kr(대한결핵협회) 셔우드 홀은 1928년 한국에 최초의 결핵요양원인 '해주구세요양원'을 설립. 1893년 한국에서 태어난 최초의 외국인으로 17살까지 한국에서 자람. 1923년 캐나다 토론토 의과대학을 졸업. 1922년 마리암 버텀리와 결혼하여 아내와 함께 1926년 4월에 부모에 이어 2대 의료선교사로 한국에 옴. 결핵 환자들의 치료를 돕고 결핵퇴치운동에 앞장섰다. 1940년 일제가 꾸민 간첩 혐의로 강제 추방당함. 1984년 '국민훈장 모란장' 받음, 1991년 캐나다에서 별세하여 한국 양화진 외국인 묘지에 안장, 홀(Hall) 일가(부모, 아들, 며느리)는 4명이 모두 양화진 외국인 묘지에 묻혔으며 이 땅에서 봉사한 기간을 합치면 무려 73년이 된다.

다. 그때 사무국에서는 보사부에 있던 한응수를 총무부장, 윤석우를 사업부장, 김대규를 사업과장으로 실무를 담당하게 하고 집단 검진에 착수, 결핵 환자 파악에 진력하는 동시에 일반 대중에게 계몽을 시작하였다. 1953년부터 크리스마스 씰을 발행하기 시작하여 1954년에는 모금액이 390,000원을 넘어서게 되었다. 이러한 모금액을 기반으로 1955년 부속 진료소를 개설하여 본격적인 환자 진료에 착수하게 되고 범국민적인 항결핵모금운동으로 자리 잡게 되었다. 집단 검진은 초·중고등학교, 일반 주민, 공무원뿐 아니라 1958년부터는 후생시설 수용자까지 대상을 확대하여 전국 총 184개소에서 194,100여 명에 달하는 인원을 X-선 결핵 검진을 실시하였다.[94]

(2) 정치 참여와 종교활동

1945년 8월 15일, 조선은 일본 제국주의의 식민지 지배로부터 해방되었다. 소련이 진주한 북한은 '인민위원회'라는 하나의 조직을 중심으로 일사불란하게 정치를 안정시켰다. 그러나 남한은 김성수와 송진우 등 친일파 중심의 한국민주당(한민당), 친일이건 반일이건 우선 단결하여 단독정부를 세우자는 이승만의 독립촉성중앙협의회, 통일정부 수립만이 우리 민족의 살길이라는 김구 중심의 한국독립당(한독당) 등으로 국론이 분열되어 있었다. 한국 천주교회는 미군정의 집권 여당 역할을 했던 한민당과 더욱 유대를 강화하면서 이승만의 분단정권 수

93 https://www.knta.or.kr(대한결핵협회) 대한결핵협회가 창립되기 이전인 1950년 마산병원에서 '여우'라는 이름으로 환우들의 문예정보지로 발행되었다. 이후 1953년 11월 6일 협회가 창립되어 1954년 12월 발생인 김대규에게 판권을 넘겨받으면서 '보건세계'라는 이름으로 속간되었으며 결핵 예방 및 퇴치에 기여하는 것을 발행 목적으로 현재 연 4회씩 총 8만 부가 발행되고 있다.

94 https://www.knta.or.kr(대한결핵협회)

립 주장을 지지했고, 또한 교회가 소유한 언론 매체를 통하여 적극적으로 '친미 · 반공 · 분단' 노선을 선전하고 확대해 나가는 데 주력했다. 한국 천주교회가 이러한 노선을 강하게 견지했던 이유는, 역사적 자기 반성을 하지 못한 채 국제적인 냉전 체제가 형성되면서 교황청의 반공주의 정책, 나아가 소련이 점령한 북조선에서의 경험 등이 복합적으로 작용하였기 때문이었다.[95]

1945년 9월 8일 박병래는 한국민주당 발기인 명단에 이름을 올렸다. 여운형(1886~1947) 등의 '조선건국준비위원회'(건준) 선포에 맞서 우익계 장덕수(1894~1947) 등 인사들이 한국민주당을 결성하고 그 제1성을 '임정 외에 정권을 참칭하는 단체 및 행동을 배격하는 결의 성명서'를 낼 때의 일이다. 1946년 1월 19일에는 김구(1876~1949)와 이승만(1875~1965)을 대표로 하여 과도정부 구성 문제를 협의하기 위해 결성된 '비상 국민회의 준비회'에 외무위원으로 참여했다. 그는 1947년 혼란한 해방 정국에서 임시정부 및 한국민주당과 행보를 같이하면서 김구에 가까운 태도를 보였다. 그러나 장덕수가 신탁통치 찬성과 미소공동위원회 참가를 놓고 김구와 이승만과 갈등하다가 제2차 미소공위가 결렬되자 양자가 결별하였다. 장덕수가 결국 1947년 12월 2일 한국독립당의 박광옥, 배희범 등에 의해 총에 맞고 절명하자, 박병래는 혼란한 정국의 정치인들에 대한 염증을 느끼고 정치활동을 접었다.[96] 장덕수가 암살되었을 때 이승만은 김구를 그 배후로 지목했고 그 후 김구(국민회의)는 이승만(한민족대표자회의)과의 결별을 결심했다.

1939년 9월 8일 성모성탄 첨례날에 조선인들의 순교 100주년 경축행

95 이규태, 「미군정기 한국 천주교회의 상황 인식과 대응」, 『한국천주교회사 연구의 성찰과 전망』, 한국교회사연구소, 2014, 549~584쪽.

96 전우용, 앞의 책, 274쪽.

사에서 발회(發會)한 '조선 천주교 순교자현양회'[97]에서 9인의 중앙위원(위원장 약현 김 요셉 신부, 경리 종현 양 요셉 신부, 리 도마 신부, 로 바오로 신부, 서기 윤 마두 신부, 종현청년회장 조종국 말구, 동성상업학교장 장면 요안, 성모병원장 박병래 요셉, 약현청년회장 박대영 벨나도)의 일원으로 활약하였다.[98] 1947년 4월 14일 박병래는 '방지거 사베리오회'라는 가톨릭 신자 의사들의 모임을 창설했다. 이 회는 교우 의사들로 하여금 전교와 위험 환자들에게 대세를 주게 하기 위해 성모병원장 박병래의 발기로 창설된 의사들의 친목 단체였다. 1948년 서울대학병원, 성모병원, 경성여자의학전문학교, 기타 개인 병원의 의사를 망라한 초본당적인 성격을 띤 본당 가톨릭 의사회가 발전되어 '서울대교구 가톨릭의사회'가 되었다. 초대 회장은 성모병원장 박병래, 회원으로는 김웅규, 김현규 형제 등이 활약했다.[99] 창립과 더불어 매달 월례회를 개최하고 여기에서 전교 방법을 연구하거나 전교 결과의 보고와 연락, 그리고 회원들의 친목, 도모 등을 꾀하였는데, 많은 의료인들의 호응을 받아 큰 결실을 맺었다. 주보 프란치스코 사베리오 축일인 12월 3일에는 단 반나절일망정 회원 피정을 하였다. 그리고 특히 위험 대세를 장려하여 연말에는 회원 각자가 대세를 주기 시작한 지 불과 1년 만에 54명의 회원(의사 30명, 간호사 14명, 견습간호사 10명)을 갖게

97 윤형중, 『순교복자수녀원과 순교자현양회와 나』, 한국순교복자수녀회, 1972, 14쪽. 기해박해 순교 100주년을 앞두고 1937년 11월부터 순교자현양사업을 위한 기구나 단체의 설립 움직임이 교회 안에서 일어나기 시작했다. 윤형중 신부가 순교자 현양탑 건립을 주장하고 경향잡지사의 적극적 호응으로 1939년 9월 8일에 제9대 서울교구장 라리보 주교의 명의로 '조선 천주교 순교자 현양회' 발기인회가 조직되었으나 일제 당국의 불허로 그 설립은 좌절되었다. 그러다 광복 후 1946년 9월 16일 복자 김대건(안드레아) 신부의 순교 100주년 경축 행사를 기해 정식으로 설립되었다.

98 경향잡지사, 「조선 천주교순교자현양 발기인회의 성명」, 『경향잡지』 909, 1939, 386~402쪽.

99 천주교혜화동교회사 편찬위원회, 『백동 반세기-혜화동 50년사』, 1977, 150쪽.

되는 동시에 523명에 이르는 사람들에게 대세를 줄 수 있었다. 즉 '방지거 사베리오회'는 가톨릭 정신에 입각한 전교활동을 전개하여 가톨릭 의료사업 성과의 한 단면을 보여 주었다.[100]

1954년 3월 1일 '혜화동 신축 성당 건립 기성회'가 조직되어 회장에 장면을 추대하고 부회장에 박병래, 총무에 장발, 재무에 이해남, 공사 감독에 김옥윤 등 각 부서 임원이 선출되었다. 성당 신축 공사의 기금은 기성회 임원과 위원들이 자기들 소유의 부동산을 담보로 제공하여 융자를 받기로 가결하고, 김주인(가롤로, 국회의원)이 금융조합에서 융자를 알선하기로 했다. 1958년 현재 4,320명의 교우들은 어려운 중에도 기성회비를 열심히 납부하였으니, 한창우가 대지 3천 평을 헌납하고, 문창준이 5백만 환(현재 약 2억 원 상당), 홍길후 2백만 환(현재 약 8천만 원 상당), 박병래는 혜화유치원 밑에 있던 기와집 한 채와 그 대지를 헌납하였다. 안 로사리아는 타고 다니던 승용차를 팔아 80만 환(현재 3,200만 원 상당)을 헌금하였는가 하면 앞다투어 목걸이, 귀걸이 등의 장신구를 바치는 여교우들이 허다했다.[101]

4) 해방 후 6 · 25동란의 혼란과 시련기(1950~1956)

(1) 해방 후 혼란기와 가족과의 사별

해방 직후 백범 김구가 신장염으로 6개월 간 성모병원에서 요양하였을 때 박병래에게 자기도 타계할 때는 천주교에 귀의하겠다는 말을 누차 했다고 한다. 백범이 퇴원한 지 얼마 지나서 남북협상을 강행한 후 돌아와 1949년 6월 26일 경교장에서 안두희의 흉탄에 맞고 쓰러졌

100 윤선자, 앞의 책.

101 천주교혜화동교회사 편찬위원회, 『백동 반세기-혜화동 50년사』, 1977, 194쪽.

을 때 가장 먼저 부른 사람이 박병래였다. 그는 김구가 저격당한 직후 간호수녀들을 대동하고 바로 현장으로 달려가 김구의 회생을 위해 전력을 다했으나 이미 늦은 상태였다. 그는 성모병원 입원 당시 백범이 하던 말이 생각이 나서 바로 '베드로'라는 이름으로 세례를 주었다. 당시 수녀들과 안미생(1914~2004, 김구의 큰며느리)의 권고로 언제든지 천주교에 입교할 것을 언약하였다.[102] 그 후에 박병래는 김구의 손녀이자 안중근의 외손녀로 8살 된 김효자(金孝慈, 1941~)를 거두어 키웠다. 박병래가 나라의 분단을 걱정하고 통일된 민주주의국가를 염원했던 바람과 달리 사태는 남북 분단으로 흘러갔고, 그가 지지했던 김구는 흉탄에 맞아 서거하고 말았다. 그 무렵 평생의 반려자였던 서경이(徐景伊, 마르티나, 1904~1948)와도 사별했다. 막내아들인 14살 노영(魯永, 미카엘, 1935~1949)이 결핵성 뇌막염으로 오랜 고생 끝에 1949년 숨을 거두자, 이후 박병래는 매일 아침 미사에 참례하기 시작했고 선종하기 수개월 전까지 이를 계속하였다. 그에게는 실의의 시절이었으니 이 사건 이후 그는 더 이상 정치에 관심을 두지 않았다.[103]

(2) 6 · 25동란과 대한결핵협회 재건

1950년 6 · 25동란이 발발하였고 9월 28일 서울 수복이 있자 박병래는 김현규, 이규용, 윤건희, 최상선, 장종완, 조규근 등 가톨릭 의사회원 몇 명으로 '서울교구 가톨릭 의료봉사단'을 편성하였다. 이들 의료진은 국방부 정훈국 후원 아래 1950년 11월 11일 노기남 주교의 인솔과 캐롤 몬시뇰의 후원으로 미 공군 군용기편으로 평양에 도착하였다.

102 윤형중, 앞의 책, 1974, 152~153쪽.

103 전우용, 앞의 책.

김경하(라우렌시오)와 관후리 신자들의 주선으로 오 수산나의 집을 숙소로, 구 해락관 건너편 수정(壽町)에 '영원한 도움의 성모병원'을 마련했다.[104] 11월 12일부터 진료가 시작되자마자 많은 환자들이 몰려와 11월 29일까지 봉사하였다. 그러나 이 병원은 간판을 단 지 며칠 후, 중공군의 개입으로 11월 30일의 진료를 마지막으로 1·4후퇴와 더불어 철수하지 않을 수 없었다.[105] 서울교구 가톨릭 봉사단이 서울로 철수한 후에 병원은 윤건희(모세) 원장을 중심으로 영원한 도움의 성모 수녀원에서 계속 운영하도록 하였다. 그는 환자라면 종교나 사상을 불문하고 친절을 아끼지 않았다. 6·25동란이 일어나자 서울이 적의 수중에 들어감과 동시에 성모병원은 북한의 내무성 중앙병원으로 징발되어 군의관 상위(국군 대위급)였던 유(柳) 모씨가 원장직에 앉게 되었다. 더욱이 당시에 이름 있던 의사인 명주완(정신과, 경성제대 1회), 공병우(검정시험, 한국인 최초 안과 개업의), 이선근(소아과, 1924년 경의전 동기) 등이 모두 압송되어 와서 성모병원에서 근무하도록 강요당하였다. 김학중에 의하면 그때 경성제대 1기생으로 서울에서 X-레이를 개업하다가 월북한 이의식[106] 교수의 신분이 꽤 높아져 왔는데, 박병래와는 좀 친한 사이였는지 당시 박병래가 납치되지 않은 것은 그 사람의 힘이 컸던 것 같다고 했다.[107] 그때 박병래가 있는 성모병원에 웬 공산군 고위 장교가 나타나서 '나 모르시겠소?' 하자, 자세히 보니 예전에 친절하게 치료해 준 환자의 한 사람이었다. 그 공산군

104 평양교구사 편찬위원회, 『천주교 평양교구사』, 분도출판사, 1981, 241쪽.

105 「박병래」, 『한국가톨릭대사전』 5, 한국교회사연구소, 1997, 3131~3132쪽.

106 서울대학교병원 병원역사문화센터, 『한국 근현대 의료문화사』, 2013, 156쪽. 경성제국대학 1회(1930) 졸업생으로 독립운동가 이동녕의 아들이다.

107 김청만, 「한국의 의료반세기-성모병원」, 『후생일보』 1747, 1972.10.11.

장교는 박병래를 부원장으로 임명하였다. 그는 성모병원은 일체 건드리지 못하게 해서 6 · 25동란을 어렵사리 치러 내고 수녀들이 평복으로 갈아입고 살림도 알뜰하게 잘해서 수복 후에는 주교나 신부가 모두 그곳에서 기식(寄食)하는 형편이었다.[108]

박병래는 1950년 11월 24일 공군에 입대하여 중령에 임관되고 공군병원 내과에 배속되었다. 성모병원 의료진들은 군의관으로 입대하게 되어 의료진 모두가 흩어지는 결과를 가져왔으나, 성모병원의 명맥이 끊어지는 사태는 초래되지 않았다. 1951년 가을 윤을수(1907~1971) 신부가 성모병원장직을 맡아 서울에서 소규모로나마 환자 진료를 시작하였고, 군에 입대하지 않고 남아 있던 이용우, 김근형, 최용희, 이행상 등의 의사들이 이에 동참하여 병원활동을 계속 이어 나갔다.[109] 박병래는 마산에 피난 와 있던 공군병원에서 내과과장, 진료부장, 부원장을 거쳐 1953년 2월 15일 병원장에 취임했다. 당시 공군병원은 신 마산의 일본식 목조 2층 건물을 접수해 사용하고 있었다. 그는 내과과장으로 있으면서 1951년 3월 마산에서 동쪽으로 4km 떨어진 곳에 공군 부설로 결핵요양소를 설치하여 늘어나는 결핵 장병을 수용 치료했다.

1954년 대한결핵학회지 창간호의 「결핵화학요법의 최근 동향」이라는 논문에서 다양한 종류의 약제를 복합적으로 사용해 본 경험을 종합 정리하여 가장 우수한 결과를 보인 처방을 권고하여 당시 결핵치료의 표준을 마련하였다.[110] 또한 일취월장하는 신학문을 소화하여 장기간의 화학요볍, 항결핵제의 병용요법, 화학요법과 외과요법의 병

108 윤형중, 앞의 책, 1974, 153~154쪽.

109 김청만, 「한국의 의료반세기-성모병원」, 『후생일보』 1750, 1972.10.18.

110 박병래, 「결핵화학요법의 최근 동향」, 『대한결핵 및 호흡학회지』 1-1, 1954, 41~51쪽.

용 등 여러 문제에 대한 새로운 고안과 실시 방침을 연구하여 치료 지침을 만들지 않으면 안 된다고 하였다.[111]

공군병원장 시절 새로운 반려자로 최구(崔鳩, 레지나) 여사를 맞이한 박병래는 상처(喪妻)로 인한 실의에서 벗어나 차츰 활기를 되찾아갔다. 공군 중령으로 있을 때 재혼한 그는 다시 마음을 추스르고 전쟁의 승리를 뒷받침하기 위해 최선을 다했으며, 그 공로를 인정받아 공군 의무감으로 승진했다. 그는 공군 의무감 자격으로 '미국 항공의학회'에 초청되었다. 1955년 3월 20일부터 미국 워싱턴에서 개최되는 학술대회에 참석하기 위하여 3월 15일 출국하여 50여 일 동안 10여 개국을 방문하고 나서 「세계일주 여행여기(旅行餘記)」를 남겼다.[112] "특히 인상에 남는 것은 베드로 대성전, 바티칸 박물관, 로마 국립박물관 등 5일간 로마를 견학을 하였으나, 그래도 부족하여 다음 유럽에 갈 기회가 있으면 조용히 구경할까 하는 마음이 들었다. 당시 로마에서 7년간 공부하고 계시는 이문근(李文根, 1917~1980) 신부를 우르바노 대학에서 뵈옵고 깊은 감동을 받았다."고 하였다. 그는 공군에 있는 동안 같은 부대원이었던 이종호 의사에게 성모병원을 맡아 달라고 부탁하여 1954년 3월 이종호는 제대와 함께 제2대 성모병원장으로 부임하였다. 이 원장은 부임하자 먼저 비약통계표와 약품 재고를 조사하고 예산을 1년 단위로 편성하여 재정을 체계화하였고 진료 과목은 전통을 살려 주로 내과를 중심으로 운영하였다.[113]

111 박병래, 앞의 책, 1954.

112 박병래, 「세계일주 여행여기」, 『가톨릭청년』, 1955 (1) 79, 54~56쪽, (2) 80, 35~38쪽.

113 김청만, 「한국의 의료반세기-성모병원」, 『후생일보』 제1755호, 1972.11.1.

5) 의과대학의 설립과 시련(1956~1974)

(1) 의과대학 설립 과정

박병래의 의과대학교 구상은 이미 해방 직후부터 서 있었던 듯하다. 1945년 9월 18일 그는 의학 교육과 의학 연구에 종사하는 의사들을 중심으로 설립된 '조선의학연구회'에 발기 위원으로 참여했다. 성모병원을 기반으로 의학 교육기관을 신설하려는 구상이 이때 이미 서 있었기 때문일 것이다. 1945년 12월 4일 미 군정청 학무국은 의학 교육의 확충과 의과대학의 설립, 의학 교과서의 통일 등을 논의하기 위해 '조선의학교육 평의회'를 개최했는데, 이 위원회에서 그는 학교 소속이 아닌 유일한 의학자였다. 즉 이 위원회는 경성대학 의학부장, 세브란스 의학전문학교장, 서울 · 대구 · 광주의 각 의학전문학교장, 보건후생국장과 성모병원장으로 구성되어 있었다. 그가 다른 의학 교육기관 대표들과 어깨를 나란히 하여 의학 교육 장래를 협의한 것은, 그뿐 아니라 군정청 학무당국과 다른 교육기관 대표들이 성모병원을 기반으로 의학교를 설립할 필요가 있음을 인정한 것이라 할 수 있다.[114]

1954년에 들어서면서 성모병원은 제 위치를 찾기 시작하였고, 주로 무료 환자를 미국 원조기관인 CAC(Civil Assistance Command)에서 원조를 받아 운영하였다. 이렇게 병원 운영이 원만해지자 천주교 재단의 노기남 주교(1902~1984)를 비롯하여 일부 신부들은 의과대학 설립의 필요성을 느꼈다. 이러한 의과대학 설립 계획은 한국전쟁 당시 부산에서 의료활동을 전개하고 있던 유을준(1912~1993)[115]의 계획이었다. '성

114 전우용, 앞의 책.

115 유을준은 연길 사람으로 1950년 프로테스탄트 신학교를 졸업하고 나서 목사로 취임하기를 거절하고, 당시 서울 후암동 본당 신익균(요셉, 1930년 서품) 신부 앞에서 가톨릭으로 개종식(아타나시오)을 한 젊은 의사이다. 1938년 의사검정고시를 통해 의사 자격 취득,

분도자선병원'을 설립하여 전재민의 치료에 노력하던 그가 이 병원이 종합병원으로 확대될 무렵에 '가톨릭의과대학 설립'이라는 포부를 가지고 있었던 것이다. 다만 이러한 계획은 병원에서 함께 일하던 수녀들 사이에서 병원 운영과 수도생활에 대한 의견 차이로 인해 그가 병원을 떠나게 됨으로써 이룰 수 없게 되었다.[116]

노기남 주교는 부산에서 병원을 그만둔 유을준의 진실성과 경영 능력을 높이 사서 1954년 1월에 서울교구의 의료사도직과 교육 사업에 봉사해 줄 것을 제안하였고, 유을준은 이를 수락하였다. 그 후 노기남 주교는 이 제안을 서울교구 평의회에 상정하여 결정하였다. 그는 당시 피난민들로 가득 차 있던 중림동성당 구내의 가명국민학교로 눈을 돌려 피난민들을 중심으로 새로운 병원을 시작하려고 작정했던 것이다. 경성교구와 KCAC(The Korea Civil Assistance Command)의 지원에 힘을 얻어 즉시 1954년 3월 6일 가명초등학교 안에 '성 요셉 자선병원'을 설립하였다. 이러한 상황에서 그는 다시 의과대학 설립을 노기남 주교에게 건의하였다. 하지만 경성교구 천주교 재단 측에서는 재정 문제의 어려움을 내세워 난관에 부딪치자 '교회 측은 유지재단과 건물을 제공하고, 학교의 기초가 잡힐 때까지는 설비와 운영비를 자신이 부담한다.'는 조건을 내세워 의대 설립 계획을 관철시키기에 이르렀다. 비록 시설은 미비했지만 경성교구에선 계속 의대 설립을 추진하여 1954년 4월 8일자로 문교부로부터 '성신대학 의학부'로 인가(문고 제780호)를 받기에 이르렀다.

1954년 성 요셉 자선병원 설립, 1955년 도미하여 1957년 미국 의사 시험 합격, 1960년 일본에서 박사학위 취득.

116 윤형중, 『순교복자수녀원과 순교자현양회와 나』, 한국순교복자수녀회, 1972, 43쪽.

1954년 5월 1일 윤형중 신부가 초대 의학부장, 초대 학감은 유을준이 임명되었다. 1954년 5월 3일 제1회 신입생의 입학식으로 개교했다. 이렇게 성신대학 의학부의 개교 배경을 보면 경성교구 천주교 재단 측에서 많은 관심과 노력을 보여 준 것이 사실이지만, 사실상의 산파역은 유을준이 담당하였다. 그는 공식적으로 12개월(1954년 4월 10일부터 1955년 4월 1일)에 불과하지만 의과대학 설립에 지대한 역할을 수행하였다. 이러한 결과는 유을준의 헌신적이고 사명감 넘치는 노력과 노기남 주교와 최서면 서울 천주교 사무국장, 장면 등을 위시한 후원자들의 성원이 또 다른 원동력이었다. 재정 문제에 있어서는 교구에서 한 푼의 지원조차 쉽지 않았고, 유을준 자신의 사재는 물론 사채를 얻어 써야 했으므로 학교의 유지조차 쉽지 않았다. 이렇듯 학교 운영을 위한 재정 문제로 물질적 고통을 받고 향후 계획에 따른 잡음이 일자 의학부 운영을 교회 당국에 일임하고 미국 텍사스 의과대학으로 유학을 떠나고 말았다. 윤형중 신부도 사임하고 1955년 3월 2일에는 박양운 신부에게 업무를 인계하고 나니, 재정은 점점 어려워졌을 뿐 아니라 고려대학교와의 합병론도 수그러들지 않았다.

박병래는 1956년 3월 20일 대령으로 예편되면서 의무감 자리에서 물러났다. 군 복무 중에는 충무 무공훈장[117]을 수여받은 박병래가 1956년 3월 공군에서 제대하자 천주교 재단 측에서는 6월 6일부터 제3대 의학부장 겸 성모병원장으로 박병래를 임명하였다. 가톨릭 의료사업

117 https://ko.wikipedia.org/wiki/무공훈장. 전시 또는 이에 준하는 비상사태하에서 전투에 참가하여 뚜렷한 무공을 세운 사람에게 수여하는 훈장. 이것은 수훈 자체가 명예이기 때문에 등급에 따른 별도의 혜택은 없다. 다만 무공훈장은 타 훈장과 달리 수훈 시 사후 국립묘지안장, 항공료 30% 할인, 보훈병원 사용료 60% 할인 등의 혜택이 있다. 무공훈장은 1등급 태극, 2등급 을지, 3등급 충무, 4등급 화랑, 5등급 인헌무공훈장 등으로 나뉜다.

에 남다른 관심과 열정을 갖고 있던 그 자신도 재정의 어려움을 어찌할 수는 없었고, 이에 교구 평의원회에서는 마침내 의학부를 고려대학교에 넘겨주기로 결정하였다. 노기남 주교는 이 결정에 따라 경향신문사의 한창우(1910~1978)와 동성고등학교의 전창기에게 인계 준비를 하도록 하였다. 이렇듯 교구재단 측의 이전론과 의학부 측의 존속론이 대립되고 있을 즈음에 미국에 가 있던 양기섭(1905~1982) 신부가 귀국하게 되고, 여기서 의학부 이전 논의는 새로운 방향으로 접어들게 되었다.[118]

박병래는 성신대학 의학부와 고려대 의학부와의 통합을 반대하고 재건하려고 노력한 양기섭 신부에게 성모병원장 자리를 넘겨주고 1957년 1월 8일 사임하였다. 그가 사임한 이유는 첫째, 교사 시설과 교수진의 부족에 겹치는 경영난, 둘째, 의과대학 운영에 대한 고려대학교와의 합병설, 셋째, 재단 측에 주교관 건물을 의과대학에 양도해줄 것을 요청하였으나 거절당한 것 등 복합적인 요인으로 사임할 수밖에 없었다. 가톨릭계에서 그만큼 의료계에서 큰 비중을 점하는 사람도 없었고, 그만큼 신망을 얻은 사람도 없었기에 그의 사직은 의외의 일이었다.[119] 박병래가 사임한 다음 날 1957년 1월 9일에는 양기섭 신부가 제4대 의학부장 겸 성모병원장으로 취임하였고 윤덕선(1921~1996)은 3월에 의학부 교무처장 겸 성모병원 부원장으로 임명되어 학교와 병원 운영을 담당하게 되었다. 그 후 의학부는 새로운 활력을 찾게 되었고 윤덕선은 양기섭 신부와 함께 의과대학 재건에 동참하여 많은 업적을 남겼다.[120]

118 윤형중, 『순교복자수녀원과 순교자현양회와 나』, 한국순교복자수녀회, 1972, 43쪽.
119 전우용, 앞의 책.

(2) 마지막 불꽃 같은 인생을 사회봉사로

성모병원장직을 사임한 박병래는 1957년 2월 종로구 관철동에 '성루가병원'을 개원하였다. 그는 개업한 후에도 자기 병원에서 후배들과 함께 초독회를 갖고 새로운 지식을 흡수하려고 노력하였고 학회지에 논문을 발표하기도 하였다.[121] 그리고 1960년 3월 내과 전문의(1952년부터 내과전문의 제도 도입) 자격을 취득하여 개업의로서 1972년 고혈압으로 쓰러져 성루가병원이 문을 닫을 때까지 활약하였다. 1962년 5월에는 대한내과 학회장[122]에 피선되었고, 1963년 5월에는 대한결핵학회장, 1963년 6월에는 서울대 의대 외래교수, 1964년 3월에는 가톨릭의대 외래교수를 역임하였다.

그는 해방 후 정부 수립 초기까지 노기남 주교의 협조를 얻어 결핵협회를 재건코자 하였으며, 군복무 시절 군의감 업무에 바빴음에도 불구하고 결핵협회를 위하여 노력을 아끼지 않았다. 1963년 5월 대한결핵협회 대의원 총회에서 제6대 회장으로 선출된 박병래는 1962년부터 추진된 전국 시 · 군 보건소를 설치하여 전국적으로 국가 결핵 관리체계를 구축함에 따라 대한결핵협회의 X-선 집단검진사업이 전국 단위로 확대될 수 있는 토대를 마련하였다. 이에 호응하여 크리스마스 씰 외에 극장 고궁 관람객을 대상으로 특별모금을 개척했으며 늘어난 예산으로 각 시도에 결핵 관리 의사를 1명씩 배치하고 9개 시도지부에 결핵균 검사소를 설치했다. 또한 본부에 엑스선필름중앙판독소를 설치하여 전국적으로 통일된 기준과 향상된 기술로 환자 발견과 진단의

120 윤형중, 「순교복자수녀원과 순교자현양회와 나」, 한국순교복자수녀회, 1972, 45쪽.

121 박병래, 「ABO형 오차 및 부적합수혈 빈도에 대한 고찰」, 『대한내과 학회지』 4-10, 1962, 639~645쪽.

122 박병래, 「권두사」, 『대한내과 학회지』 5-1, 1962, 2쪽.

정밀도를 높이고 전국 보건소의 결핵 관리를 효율적으로 지도할 수 있는 인력 배치와 체계를 확립했다. 이러한 공로로 1964년 4월 문화훈장 동백장을 수상하였다. 그러나 1964년 6월 26일 총무과장 등 직원 2명이 경리 부정으로 검찰에 구속되는 불미스러운 사건이 발생하여 도하 각 신문에 대대적으로 보도되었으며 결핵 관계자는 물론 국민에게 큰 충격을 주었다. 이 사건으로 박병래 회장과 전 임원은 긴급 소집된 임시대의원 총회에서 도의적으로 책임을 지고 총사퇴했다.[123]

1965년 대한결핵협회는 보건당국, 세계보건기구, 국제연합아동긴급구호재단 등의 지원을 통해 처음으로 전국결핵실태조사에 착수하였다. 1965년 5월부터 11월까지 28개 도시 지역, 26개 농촌 지역 등 도합 54개 지역에서 결핵 감염률, X-선상 폐결핵 유병률, 결핵균 양성률 등에 대한 광범위한 조사가 이루어졌다. 한국에서 처음으로 결핵 유병률이 통계학적으로 밝혀졌으며, 전 국민 중 약 1,240,000명이 결핵에 감염되어 있는 것을 알 수 있었다. 이후 전국결핵실태조사는 5년마다 이루어져 우리나라의 결핵관리사업의 지표와 방향을 설정하는 데 큰 기여를 하였다.[124]

박병래는 세속 가운데 살면서도 수도생활을 사모했고, 또 그로 말미암아 청빈의 성자 성 프란치스코의 수도정신으로 살고자 오기선(1907~1990) 신부의 지도를 받아 1938년 성 프란치스코 재속 제3회 회원[125]이

123 김대규, 앞의 책.

124 https://www.knta.or.kr(대한결핵협회)

125 천주교혜화동교회사 편찬위원회, 『백동 반세기-혜화동 50년사』, 1977, 130~131쪽. 한국 교회 최초의 「성프란치스코 제3회 형제회」가 1937년 12월 25일 혜화동 본당에 조직되었다. 1937년 40명 회원이 착복식을 거행했고, 일 년 후인 1938년 12월 25일에 앞서 착복한 회원들의 서원식과 제2차 신입 회원들의 착복식이 거행되었다. 이들 중에는 시인 정지용, 장기빈과 황 마리아 부부, 장면과 김옥윤 부부, 장발과 그의 동생, 한창우, 류홍렬, 조종국,

되었다. 혜화동본당은 1964년 3월 유지위원회를 '운영위원회'로 개칭하고 문창준을 총회장으로 임명하였으며, 1965년에는 교우들이 선거로 운영위원 및 상임위원을 선출하였다. 이때 운영위원장으로 장면이 선출되었으나, 이듬해 그의 서거로 박병래가 이를 계승하였다. 1973년 8월 운영위원회를 '사목위원회'로 바꾸고 제10대 총회장에 박병래(1966~1974 재임)를 임명하였다.[126] 1974년 그는 선종하기 전 마지막 수주간은 이 세상 모든 것에 대한 애착을 떠나 오직 하느님만을 사모하고, 하느님에 대한 신앙의 말씀만을 듣기 원했으며 언제나 그리스도와의 일치를 원하며 기도로 보냈다.[127] 그러다 1974년 5월 15일 지병인 폐암으로 선종하였다.

6) 평생 모은 민족문화재를 국민에게 기증

(1) 골동 입문 경위

박병래는 단조로운 병원생활과 환자들의 병적 심리에 시달려서 1929년경부터 도자기에 심취하여 정력을 쏟기 시작하여 의사로서뿐 아니라 문화재 수집가이자 애호가로서 큰 명성을 얻었다. 그가 도자기에 관심을 갖게 된 것은 경성제대 내과 조교수로 있던 일본인 노사카(野坂)의 도자기에 대한 지식과 열성에 자극을 받아 그때부터 도자기 수집에 열을 올리기 시작했다. 일 년에 한 번씩 해부실에서 이름 모를 시체의 영혼을 위로하는 해부제(解剖祭)를 지낸 후 노사카가 접시 하나를 내보이며 "박군, 이것이 무엇이지?" 하고 묻자, 그저 평범한 골동

서정덕, 박병래와 서경이 부부, 김영근, 김석호, 한후남, 김재환, 장효준, 이순이 등과 혜화동 초창기의 회장이었던 이규한의 세 딸(마리아, 방지가, 요세피나) 등이 있었다.

126 천주교혜화동교회사 편찬위원회, 『백동 70년사-천주교 혜화동교회』, 1997, 324쪽.

127 김수환, 앞 추도미사, 1974.

접시가 아니냐고 반문조로 대답했다. 그게 아니라 어느 나라 물건이냐고 다시 묻자 어물어물 조선 것은 아닌 듯하다고 했다. 그러자 "조선인이 조선의 접시를 몰라서야 말이 되는가."라는 말을 듣고 헤어지고 나니 수치심과 분한 생각이 머리끝까지 치밀어 올랐다.[128] 그는 일본인들과 경쟁하다시피 하면서 백자들을 사 모았다. 고려자기에서부터 이조백자에 이르기까지 많은 수집을 하는 동안 그는 병원에서 부수에서 조수로 승진하였고 다시 강사의 위치까지 이르렀다.

1930년대 경성제국대학 의학부에서 최초로 졸업생이 나오고 총독부의원이 경성제국대학 부속병원으로 되는 등 많은 변화가 있었으나 그는 개의치 않고 병원생활에 충실하였고 귀가해서는 도자기에 열중하기만 하였다.[129] 박병래는 경성에 있는 골동품상 12군데(동창상회, 배성관 만물상, 문명상회, 천지, 스즈키(鈴木), 요시다(吉田), 구로다(黑田), 마에다(前田), 도미타(富田), 이께우치(池內), 계룡산) 등을 샅샅이 뒤지고서야 집으로 가곤 했다.[130] 그가 도자기 수집을 시작할 당시는 고려자기는 개성 부근에 있는 고분에서 발견되는 것 외에는 다른 곳에서는 거의 찾아보기가 어려웠다. 이조백자 수집에 열을 올리고 있었던 때였기 때문에 처음에는 주로 접시에 시작하여 연적·필통 등의 문방구를 수집하기 시작하여 화로, 다기 등을 수집하는데 그 묘미가 그를 매혹시켰다. 점점 가경에 접어드니 백자의 진가를 참으로 깨닫게 되고 이 세상에 이와 똑같이 좋은 물건이 있을 수가 없다는 생각이 들었다는 것이 골동 입문 경위이다.[131]

128 박병래, 「골동교유-서문에 붙여」, 『도자여적』, 중앙일보사, 1974, 12쪽.
129 정구충, 「의계의 개척자들-수정 박병래(3)」, 『의협신보』 810, 1975, 12면.
130 박병래, 위의 책, 1974, 34~37쪽.
131 박병래, 위의 책, 1974, 14쪽.

(2) 수정처럼 맑게 살다가 간 선비

그는 의료계에서뿐 아니라 도자기계에서도 많은 교우관계가 있었다. 1930년대 초에 수표교 근처의 장택상(1893~1969)의 사랑방에는 윤치영, 함석태, 한상억, 이한복, 이만규 등과 자주 만나 처음부터 끝까지 골동에 관한 이야기로 세월을 보냈다. 외국인 수집가로는 미국인 조지 · 기포드 중령, 프랑스인 개츠비, 영국인 버너드 · 리치, 일본인 아사카와(淺川) 형제 · 오쿠히라(奧平) · 후지츠카(藤塚) · 오자와(大澤) · 하야노(早野龍三) 교수 등과 교류하게 되었으며 그 외에 전형필(1906~1962) · 김찬영 · 김중엽 등도 골동품 수집 관계로 친밀하게 지냈다.[132] 민족문화의 척도가 될 수 있는 이조 도자기에 대하여 조예가 깊어지자 전문가들로부터 감정을 의뢰받기도 했으며 모든 도자기와 골동품에 대하여 상세히 알게 되었다. 특히 조선백자에 대해서는 컬렉션이 광대할 뿐 아니라 감정에 대한 뛰어난 안목과 이해가 높은 것으로도 유명했다.[133] 이조백자 수집에 관한 방법과 중간상인들에 관한 이야기 중에 그들이 사용하는 언어 중에는 호리다시, 가이다시, 나까마 등이 있었다.[134]

그의 도자기 수집은 개인적 취미이기도 했지만, 다른 한편으로는 간송 전형필 같은 당대의 문화재 수집가가 그랬듯이 민족예술의 정화를 지키려는 정신의 발로이기도 했다.[135] 일본인 수집가 야나기 무네요

132 박병래, 앞의 책, 1974, 106~107쪽.

133 한병삼, 『수정선생 수집 문화재』, 국립중앙박물관, 1988, 1쪽.

134 박병래, 앞의 책, 1974, 42~43쪽. 호리꾼=호리다시(掘出, 아무 데나 땅속을 뒤져서 골동을 파내 오는 자), 매출= 가이다시(買出, 한국인 동자를 거느리고 시골의 가가호호를 뒤져 물건을 사 오는 일본인 골동상), 거간=나까마(居間, 골동에 매우 높은 식견과 안목을 갖추고 있어 감식에 능하고 상당한 신용을 가지고 소개하는 브로커), 장택상과 고급 거간 유용식, 전형필과 온고당의 신보기조(神保喜三)가 그 대표적인 예이다.

135 김치호, 「'지키는 컬렉션'에서 '창작하는 컬렉션'으로」, 『프레시안』, 2011.09.20.

시(柳宗悅, 1889~1961) 등이 설치는 속에서 정신을 차리고 이조 자기의 가작들을 추려내고 그것들을 스스로 거두며 체계적으로 간직함으로써 실질적인 문화적 항일에 기여했다. 이광표[136]는 「근현대 고미술컬렉션의 특성과 한국미 재인식」이라는 논문에서 19세기 말~20세기 초 고려청자가 어떻게 한국미의 대표 문화재로 인식되기 시작했는지, 1920~30년대 평범한 일상용품이었던 백자와 소반을 어떻게 아름다움의 대상으로 바라보게 되었는지, 별로 주목받지 않던 전통 민화와 조각보가 20세기 들어와 어떤 과정을 거쳐 세상 사람들의 주목을 받고 있는 고미술품으로 부상하게 되었는지에 대해서 고찰했다. 박병래는 문화재를 소장하고 지켰을 뿐 소유하려 하지 않았다. 그의 저서 『백자에의 향수』에서 "내가 몇십 년 동안 도자와 함께 지내던 마음을 이제부터 여러 사람에게 나누어 줄 수 있다면 나는 얼마나 더욱 행복하겠는가."라고 기증의 뜻을 밝혔다.[137] 그는 천주교의 가르침을 따라 평생 사랑의 인술을 실천하는 한편, 틈틈이 일본인들의 손에 넘어갈 우리 문화재를 사 모았으며 자신의 생명이 다해 갈 때 그 문화재들을 다시 국민의 품으로 돌려보냈다. 그토록 정열을 기울여 일생을 모은 귀중한 물건이 혹시라도 흩어져 버리고 말면 애써 수집한 사람의 정성에도 미흡할 뿐 아니라 미술품 자체로도 아무런 값어치가 없는 낱개의 골동에 그치고 말 것이 아닌가 하는 생각을 하여, 그는 임종을 앞둔 1974년 4월 13일 평생 수집해 온 백자 중 특히 소장 가치가 높은 362점을 국립중앙박물관에 조건 없이 기증했다.[138] 그중에는 국보급으로 평가받는 청화백자투각

136 이광표, 『근현대 古美術컬렉션의 특성과 韓國美 재인식』, 고려대학교대학원 박사학위 논문, 2014.

137 박병래, 『백자에의 향수』, 심설당, 1984.

138 윤형중, 앞의 책, 1974, 155쪽.

용문필통(青華白磁透刻龍紋筆筒), 백자향(白磁香)꽂이, 청화백자모란문수주(青華白磁牧丹紋硯滴) 등이 포함되어 있었고, 당시 시가로 5억 원어치가 넘는 엄청난 분량이었다. 문화재는 국민 모두가 볼 수 있어야 한다는 평소의 철학을 실천한 것이다. 그는 그 소중한 민족문화재가 간직한 생명력을 국가적 차원으로 환원시켰으며 민족 문화재를 아끼고 거두는 자의 자세를 아울러 밝혀 주었다.

결국 많은 환자를 죽음에서 살려내려고 했던 의사 박병래는 죽었으나, 그가 기증한 미술품으로 다시 태어난 것이다. 정부에서는 그의 공훈에 대하여 1974년 5월 1일 국민훈장 모란장을 수여했고, 같은 해 5월 27일부터 6월 30일까지 국립중앙박물관에서 "박병래 수집 이조도자기 특별전"을 개최했다. 그는 이 특별전을 10여 일 앞둔 1974년 5월 15일 부인 최구 여사가 지켜보는 가운데 조용히 71세의 생을 마감했다. 국립박물관에서는 그의 높은 뜻과 기증품의 가치를 보존하고 널리 알리기 위하여 그이 아호를 딴 수정(水晶) 기념실을 마련하여 상설 전시하고 있다. 후일 김대규(1930~2013)[139]는 그의 일생을 평하여 '수정처럼 맑게 살다가 간 선비'라고 했다.[140]

139 1930년 안동 출생, 14세에 결핵이 발병하여 마산요양원에서 3년간 투병생활, 1953년 자비로 『보건세계』 발간 후 대한결핵협회가 창립되면서 협회에 넘김. 크리스마스 씰을 발행하여 세계 씰 콘테스트에서 4년 연속 1위 입상, 1984년 셔우드 홀을 초청하여 훈장과 서울시민증을 품신하도록 함. 1991년 홀이 타계한 후 유언에 따라 양화진 외국인 묘지에 안장하고 탄생 100주년 공적미비 제작, 1997년에 고조선부터 현재에 이르기까지 결핵의 역사를 집대성한 1,255쪽에 달하는 『한국 결핵사』를 3년간 집필 후 2013년 타계.

140 김대규, 앞의 책.

3. 마치며

박병래는 1903년 5월 27일 충남 논산에서 태어나 부친 박준호를 따라 상경하여 양정고등보통학교를 거쳐 1924년 3월 경성의학전문학교를 졸업하였다. 1925년 5월에는 의사면허를 취득하였으며, 경성제국대학 의학부 부속병원인 '이토(伊藤) 내과'에서 1936년 4월까지 근무하였다. 그는 1936년 5월 성모병원 개원과 함께 초대 병원장으로 취임하여 이후 20여 년 동안 봉직하면서 환자 진료와 병원 경영을 위해 노력하였다. 1947년 4월 그는 전교 및 친목 도모를 목적으로 하는 '방지거 사베리오회'(한국가톨릭의사협회의 전신)를 창설하여 초대 회장을 지냈으며, 1950년 한국전쟁이 발발하자 그해 11월에 공군 군의관으로 입대하여 공군 부산병원, 진해 요양소 겸 마산병원, 제2대 공군 의무감 등을 역임한 후 1956년 3월 제대하였다. 그해 6월 성모병원 제3대 병원장 및 가톨릭대학 의학부장으로 취임하였으나 1957년 1월 8일 성모병원장직을 사임한 후 2월 종로구 관철동에 '성 루가 병원'을 개원하였다.

그는 50여 년 동안 의사로 활동하는 가운데서도 평신도의 본분을 잊지 않았고 1954년에는 혜화동 본당 사목 위원을 맡아 성당 신축을 위해 노력하였으며, 프란치스코 재속형제회에 입회하기도 하였다. 언제나 가난한 환자들을 돌보는 봉사활동을 꾸준히 전개하였던 박병래는 폐암에 걸려 1974년 5월 15일 71세로 선종하였다. 그는 선종하기 직전인 1974년 4월에는 그동안 실질적인 문화적 항일에 기여하고 민족예술의 정화를 지키려고 수집해 두었던 문화재 362점을 국립중앙박물관에 기증한 공로로 국민훈장 모란장을 수여받았다. 그의 호를 딴 수정(水晶) 기념관에는 일제의 손에 넘어갈 뻔했던 귀중한 유물들을 전시하고 있다.

그와 관련된 학회지와 잡지, 신문, 기타 유관한 단행본을 주요 자료로 박병래와 당시 의료 환경과 결핵퇴치운동을 하게 된 경위, 신앙인으로 혜화동성당에서 봉사활동과 교회와의 관계, 민족문화재 보존운동으로 골동품 수집과 기증 동기 등을 연구하였다. 본 논문의 한계와 제한점은 박병래가 살았던 일제강점기 시대와 지금의 상황은 의료 수준의 급격한 발전이나, 제2차 바티칸 공의회 이후로 교회의 변화, 민족문화재를 대하는 국민의 태도 등이 크게 달라졌다는 점을 감안해야 할 것이다.

추후의 연구 과제로 그가 신문과 잡지에 기고했던 건강 칼럼과 질병에 대한 질의응답 등은 따로 체계적인 분석을 통하여 연구한 후에 발표하고자 한다. 일제강점기 때 박병래의 결핵에 관한 연구 방법과 치료 기술을 조사하여 현대적인 최근 치료법과의 차이를 분석 검토하고, 『가톨릭청년』, 『조선일보』 등에 게재된 국민 의료계몽에 대한 기사 내용을 구체적으로 연구 조사할 계획이다. 기대 효과로는 수정(水晶)처럼 영롱한 참된 신앙인으로서 불우한 결핵 환자에게 참된 인술(仁術)을 베풀고자 했던 그의 이웃에 대한 사랑 실천과 신앙인의 자세를 고찰해 봄으로써, 향후 가톨릭의학사적인 관점에서 지속적인 연구가 이루어지기를 기대한다.

참고문헌

1. 사전
·「박병래」, 『한국가톨릭대사전』 5, 한국교회사연구소, 1997, 3131~3132쪽.
·「박준호」, 『한국가톨릭대사전』 5, 한국교회사연구소, 1997, 3147~3148쪽.

2. 단행본
· 가톨릭중앙의료원, 『가톨릭중앙의료원 50년사』, 1988, 51~55쪽.
· 동성중고등학교, 『동성80년사』, 1987, 158~337쪽.
· 박병래, 「골동교유-서문에 붙여」, 『도자여적』, 중앙일보사, 1974, 12쪽.
· ______, 『백자에의 향수』, 심설당, 1984.
· 샬트르성바오로수녀회, 『한국 샬트르성바오로수녀회 100년사』, 1991, 345~346쪽.
· 윤형중, 「박병래 박사를 애도함」, 『도자여적(陶瓷餘滴)』, 중앙일보사, 1974, 147쪽.
· ______, 「복자수녀원과 순교자현양회와 나」, 한국순교복자수녀회, 1972, 14~118쪽.
· 전우용, 「내과-박병래」, 『한국의학인물사』, 태학사, 2009, 267~278쪽.
· 천주교혜화동교회사 편찬위원회, 『백동 70년사 -천주교 혜화동교회』, 1997, 324쪽.
· ______________________________, 『백동 반세게 -혜화동 50년사』, 1977, 150쪽.
· 한병삼, 『수정선생 수집 문화재』, 국립중앙박물관, 1988, 1쪽.

3. 학회지와 잡지
· 김대규, 「수정처럼 맑게 살다 간 선비, 박병래(朴秉來)」, 『보건세계』 48-7, 2001, 8~21쪽.
· 김수환, 「고 요셉 박병래 선생 추도 강론」, 『가톨릭의사협회지』, 1974, 2~3쪽.
· 박병래, 「ABO형 오차 및 부적합수혈 빈도에 대한 고찰」, 『대한내과 학회지』 4-10, 1962, 639~645쪽.

· 박병래, 「결핵 치료의 옛과 지금」, 『대한내과 학회지』 5-1, 1962, 15~18쪽.
· ______, 「결핵화학료법의 최근 동향」, 『대한결핵 및 호흡기학회지』 1-1, 1954, 41~51쪽.
· ______, 「권두사」, 『대한내과 학회지』 5-1, 1962, 2쪽.
· ______, 「연구생활 12년 회고」, 『대한내과 학회지』 2-3, 1959, 69~70쪽.
· ______, 「증례: Acute Intermittent Porphyria의 1례 보고」, 『대한내과 학회지』 7-6, 1964, 377~380쪽.
· 박태봉, 「한국 천주교회와 의료사업의 전개과정」, 『한국교회사논문집 II』, 한국교회사연구소, 1985, 849~902쪽.
· 안홍균, 「〈별〉보(報)에 대한 연구」, 『교회사연구』, 한국교회사연구소, 1988, 391~420쪽.
· 윤선자, 「한국 교회의 인물상-27, 박병래」, 『교회와 역사』 196, 1991, 312~314쪽.
· 최석우, 「한국가톨릭과 의료사업의 전개」, 『한국교회사의 탐구』, 한국교회사연구소, 1982, 416~423쪽.

4. 신문
· 『가톨릭청년』, 1933.06~1936.09
· 『경향잡지』, 1932.02~1941.01
· 『의협신보』, 1974.12.26.~1975.02.06
· 『조선일보』, 1933.08.22.~1940.06.28
· 『후생일보』, 1972.09.13.~1973.02.14.

군종제도 창설을 전후한 군종신부의 활동

- 육군을 중심으로 -

1. 들어가는 글
2. 군종신부의 선발
3. 군종신부의 입대 후 활동
4. 나가는 글

1. 들어가는 글

매년 수많은 젊은이들이 20대 초반의 나이에 국방의 의무를 수행하기 위해 자신들이 생활하던 울타리를 벗어나 새로운 울타리로 싸여 있는 세계로 발을 내디디게 된다. 그 세계는 대부분의 사람들에게 통제된 사회로 인식되고 있다. 그 사회는 '군(軍)'이라는 이름으로 한창 자신의 삶을 즐기려는 젊은이들에게 찾아온다. 그래서 많은 사람들은, 특히 군대에 가기 전의 젊은이들은 "3년 동안 그곳에 있으면 머리가 굳어져"라며, 할 수 있으면 군 입대를 기피하려고 한다. 그래서 "면제되면 신의 아들, 방위는 사람의 아들, 현역은 어둠의 자식"이라는 말이 생기기도 한다. 하지만 군대에 갔다 온 사람들은 "남자라면 한 번쯤은 군에 갔다 와야 사람이 된다."라고 말한다.[1] 의식주가 풍족한 최근에도 그러하거늘 열악한 환경이었던 1950년대에야 말해서 무엇하겠는가? 그래서 입대를 기피하고, 입대했다가도 탈영하는 사례가 많았었다.

6 · 25한국전쟁이 치열했을 때 한 병사가 "전쟁은 바로 천주님의 탓이다. 호랑이는 호랑이 새끼를, 말은 말 새끼를, 소는 소 새끼를 창조했다고 하면서 원죄를 저지를 정도의 불완전한 인간을 만들어내었단 말인가! 이 전쟁이 바로 원죄에서 파생된 악이라면 원죄를 있게 한 것은 천주님의 탓이 아니고 무엇이란 말인가!"[2] 하고 묻는다. 이 병사는 본의에서인지, 전쟁이 원망스러워서 한 말인지는 모르지만 불만을 토로했다. 어쨌거나 전쟁은 슬픈 것이고 발발하지 않아야 하겠지만 종교전쟁, 국경전쟁, 이념전쟁 등 여러 이유로 인해서 동족 간, 이민족 간에 싸움

1 CBCK, 「군인과 군종신부들에게 관심을」 201호, 1995, 1쪽.

2 고 마테오, 『예수 없는 십자가』 11판, 가톨릭출판사, 1991, 251쪽.

을 한다. 그러므로 군종(軍宗)제도(Army Chaplaincy)는 절실히 필요했던 것이다.

예비역 육군 대령인 미 보스턴대학 역사학 교수 로이 J. 하니웰(Roy J. Honeywell)이 그의 저서 『Chaplains of the United States Army』(1958년 간)에서 "전쟁에 참전하는 군인과 군사적인 제 사건에 대처함에 있어서 종교적인 신념으로부터의 영향은 모든 역사를 통하여 뚜렷하게 나타나고 있다."고 주장한 바와 같이 군종제도의 중요성은 어느 시대, 어느 국가를 막론하고, 그리고 종교인(또는 신자)이거나 비종교인을 막론하고 누구에게나 의미 있는 것으로 받아들여지고 있다. 따라서 오늘날 자유 진영의 모든 나라의 군대 내에서는 많은 종교들이 정쟁적으로 활발한 군종활동을 수행하고 있다.[3]

이렇게 중요한 군종제도가 우리나라에 도입은 좀 늦은 감이 있다. 특히 천주교회는 재정적인 뒷받침도 부족하고, 성직자도 수적으로 열세하여 개신교에 비해 많은 어려움을 겪고 있다. 그러나 그 힘든 상황에서도 꿋꿋하게 소명을 다한 군종신부들이 있었기에 지금의 후배들이 편히 사목할 수 있는 것이다.

본 연구에서는 6 · 25한국전쟁[4]을 전후한 군종 장교의 선발 과정 그리고 군종신부의 입대 동기, 입대 후 사목 환경, 의식주 생활, 그리고 활동과 신분에 대해서 알아보고자 한다. 그러나 너무 오랜 시간이 흘러 당시 자료의 부족 및 발굴에 어려움이 있고, 군종제도 창설 당시에 근무했던 성직자의 수적인 열세 및 생존율과 기억력의 저하로 자료

3 한국교회사연구소, 『교회와 역사』 150, 분도출판사, 1987, 4쪽.

4 자료에 따라 '6 · 25전쟁' 또는 '한국전쟁' 등으로 표기돼 있어 본 연구에서는 '6 · 25한국전쟁'으로 통일하여 표기했다.

수집에 제한 사항이 많았다. 그래서 군종 제1기로 임관하여 군 사목활동을 하다가 중령으로 예편한 최익철(베네딕도) 신부[5]와 군종 제14기로 임관하여 군 사목활동을 하다가 대령으로 예편한 김계춘(도미니코) 신부,[6] 그리고 6 · 25한국전쟁에 참전하고 지금은 무공수훈자회 이사인 이응규(84세) 옹 등을 면담하여 녹취한 생생한 증언으로 뒷받침하였다. 따라서 이 분야 연구의 기초 자료 제공에 조금이라도 보탬이 되리라 기대해 본다.

2. 군종신부의 선발

1) 6 · 25한국전쟁 발발과 천주교회의 자세

한국에 있어서 북한의 남침을 경고한 최초의 보고서는 1949년 12월에

5 최익철 신부의 2015년 9월 19일 증언이다. 최 신부는 1923년 3월 16일 태어났다. 1941년 김수환(스테파노) · 최석우(안드레아) · 신종호 · 김종진 신부와 함께 일본 유학을 다녀왔다. 1950년 11월 21일 명동성당에서 사제품을 받고 사리원 본당 보좌로 소임을 받았으나 6 · 25한국전쟁으로 인해 부임하지 못하고 주교 명령에 따라 1951년 2월 28일 입대하였다. 1951년 4월 무보수 촉탁 문관으로 임관(동료 조인원, 임세빈, 박성춘, 이상호, 김이환, 이계중, 김후성, 구전회, 김윤상, 김덕명 신부)한 후 11사단 근무, 1951년 6월 수도사단 근무 중 부대 이동에 따라 주문진-간성-강릉으로 이동, 1952년 1월 부산 제31육군병원에 근무하며 중상으로 전역 대기 중인 환자를 돌봤다. 이때 미국에서 의수와 의족을 제작하여 제공하였다. 1952년 6월 16일 국인명 제58호에 따라 유급 문관으로 전환, 1952년 6월 30일 중령으로 전역하였다.

6 김계춘 신부의 2015년 12월 8일 증언이다. 김 신부는 1931년 12월 16일 함흥에서 출생하여 초등학교 4학년 때 영세를 받았다. 1960년 3월 21일 사제품을 받았다. 1961년 11월 육군보병학교에 입교하여 1962년 1월 27일 군종 제14기(중위, 군번 230768)로 임관(신부 18명)하였다. 1962년 3월 육군군의학교로 배치되어 근무하다 1군사-맹호부대-육본-1군단-국방부 등에서 근무했다. 소령에서 중령으로 특진하였고, 1984년 1월 31일자로 대령으로 전역하였다. 일시 퇴직금 6천만 원을 7군단 성당 건립 기금으로 쾌척하였다. 저서로는 금경축 기념으로 『행복을 만들어 가며』가 8판 인쇄됐다. 1989년 군종교구 설립 시 정관을 작성하기도 했다.

육군 본부에서 작성한 적정판단이었다. 이 보고서는 정부 요로(要路)에 제출됐고, 미국 당국에도 전달됐으나 어떠한 조치도 이루어지지 않았다.

다음 해 1월 육군 참모총장(신태영 소장)[7]은 UN한국위원단에, 북한군의 전투력이 아군에 비해 월등히 우세하며 남침 준비 또한 완료 단계에 있으므로 '전쟁 도발은 시간문제'임을 경고한 바 있다. 한편 미 극동 사령부도 장비(포, 전차, 전투기 등)의 대폭 증가와 1950년 3월에는 38°선 부근 주민이 소개(疏開)되는 것 등을 참작, 북한의 남침이 임박했음을 판단했다.

그러나 육군 본부에서 상신한 38°선 방어지대 축성(築城) 공사비가 국회에서 삭감되고, 미국 당국도 보고서를 묵살했다. 이어서 같은 해 6월 중순에 미 국무성 고문 덜레스(Dulles)가 방한하였을 때 이승만 대통령은 "만일 전쟁이 일어나면 한국군은 미국 측에 가담하여 싸울 용의가 있다. 전략적 요충지인 한반도 남단에 적의 항공기지가 설치된다면, 일본 방위에 대한 큰 위협이 될 것이다."라고 경고하면서, 미측의 대한 군사 지원과 한미방위조약 체결을 요망했다. 이에 미국은 대외 무기 원조비 13억 1,400만 불 중에서 한국에 고작 1,097만 불이 배당되는 정도에 그쳤다.[8]

북한의 무장 공비 준동, 적색분자의 활동, 노동절과 5 · 30선거 등 상황으로 인해 '5~6월 위기설'이 나왔다. 선거는 무사히 마쳤으나 안일한 상태에 있었다. 그런데 군에서는 6월 10일에 전방 부대 지휘관과 주요 참모의 대대적인 인사이동을 단행했다. 또 전방 부대의 예속 변경

7 신태영 소장은 제3대 육군 참모총장(1949.10.1.~1950.4.9.)을 지냈다. 그는 1891년 2월 1일 서울에서 출생하여 1914년 일본 육사를 졸업했고, 1959년 4월에 사망하였다. 육본 홈페이지(http://www.army.mil.kr)에서 발췌함.

8 합동참모본부, 『한국전사』, ㈜교학사, 1984, 311~313쪽.

도 있었다. 이에 앞서 3월에는 노후화된 차량을 정비하기 위하여 총 보유 대수의 35%인 500여 대를 회수하여 정비가 끝나기도 전에 나머지 1,000여 대도 일제 검사에 착수하였으므로, 전후방 각 부대는 기동력이 거의 없는 상태였다. 이 밖에도 6월 중순에는 유사시 중 · 대대에 지급될 지도를 모두 회수했다.[9]

1950년 6월 18일을 전후하여 38°선 부근에는 북한군의 공격 징후가 관측되었다. 그러나 육군 참모총장(채병덕 소장)[10]은 미 고문단이 북한군의 전쟁 도발에 대해 부인하는 말을 과신하였다. 오히려 "북한군의 부대 교대 징후" 정도로 처리하고 말았다. 아울러 6월 23일 24시부로 비상경계 태세를 해제하였다. 따라서 6월 24일(토) 장병들은 외출 · 외박을 나갔다.[11] 군 최고 책임자의 오판으로 비상경계 태세가 해지된 이틀 만인 6월 25일 새벽 4시 6 · 25한국전쟁이 발발했다. 북한군이 1개월 만에 마산 - 다부동 - 포항선까지 진격해 왔다.

당시 부산역 광장에서는 연일 구국결사항쟁(救國決死抗爭)을 부르짖는 대규모의 군중집회가 열리고 있었다. 6 · 25한국전쟁에 대한 천주교회의 분명한 태도와 자세는 여러 가지 형태로 드러나고 있었는데, 그중에서도 가장 두드러진 활동상을 보여 준 곳이 군 병원과 포로수용소 등에서 이루어졌다.

1950년 8월 중순, 범일동성당에서 피난생활을 하고 있던 김동한(가롤로) 신부와 허창덕(치랄로) 신부 외 10여 명의 신부들은 젊은 신부,

9 합동참모본부, 앞의 책, 313~317쪽.

10 채병덕 소장은 제4대 육군 참모총장(1950.4.10~1950.6.29)을 지냈다. 그는 1914년 평양에서 출생하여 1935년 일본 육사를 졸업했다. 육본 홈페이지(http://www.army.mil.kr)에서 발췌.

11 합동참모본부, 앞의 책, 317~318쪽.

신학생, 신자 청년 3천 명을 규합하여 1개 연대 규모의 '가톨릭청년결사대'의 조직을 추진하였으나, 이승만 대통령이 거부했다. 현역 군인에게도 충분한 무기를 공급할 수 없는 형편인데 3천 명이나 되는 인원을 무장시키기는 어렵다는 이유였다. 결국 무산되었다.[12]

1950년 9월 21일 원로 신부들이 당국에 진정하여 53명의 신부는 연령에 관계없이 징병을 면제(육본 고부내발 제120호)[13]하기로 하고, 신학생은 카투사[14]로 입대하게 되었다. 1950년 9월 12일 대신학교 정규만 마르코 학장 신부의 인솔로 지학순(다니엘), 이상훈(리오), 김재만, 김창렬(바오로), 김옥균, 장근실(비도), 윤광제(다윗) 등 30여 명의 신학생들이 육군 본부를 찾아가 자진 입대했다.[15] 이들은 1개월 동안의 훈련을 받고 UN군 산하 미 제2보병사단, 제1기갑사단 등에 카투사 행정요원으로 배속되었다. 노기남(바오로) 주교는 프랑스와 벨기에 등 주교들에게 협조 요청하여 미국 군종신부의 후원으로 30여 명의 대신학생을 외국에 유학 보냈다.

또 신부 15명, 신학생 30여 명, 수녀 70여 명을 제3 · 5 · 31육군병원에 파견하고, 메리놀회 수녀들이 재입국[16]하여 1951년 11월 5일 성 분도 자선병원을 개원하였다. 메리놀회 선교사 길(Patrick Cleary), 기 후고(Hugh Craig), 변 로이(Roy Peterson), 파 야고보(James, Pardy), 고 요한(J, Coffey), 하(Hanter), 설리반(O' Sullivani, 蘇) 신부 등은 유엔군 소속 문관 신분이었다. 특히 클레이어 길 신부는 종군신부로 지원하였다.[17]

12 군종교구사 편찬위원회, 『천주교 군종교구사』, 도서출판 봉명, 2002, 5~6쪽.

13 군종교구사 편찬위원회, 앞의 책, 1011쪽.

14 카투사(katusa)는 우리나라에 주둔하고 있는 미국 육군에 배속된 한국 군인을 말한다.

15 천주교 군종교구 육사교회, 『씨앗이 열매로』, 성모출판사, 1990, 53쪽.

16 1924년 평양교구에 들어와 봉사활동을 시작, 6 · 25한국전쟁 중 모두 추방되었다.

2) 선발 기준 및 방법

6 · 25한국전쟁을 전후하여 장교 선발 기준 및 방법에 대해 알아보자.

각 군 최초 현지 임관자의 선발 기준은 1946년 국방경비대 시절에 군에 입대한 4년의 군 경험자가 대상이었다. 물론 대상자를 선발하는 기준은 지휘력이나 군사 지식이 풍부한 사람의 능력을 인정했다. 6 · 25한국전쟁 초기 전장에서 소위로 임관된 장교는 2,836명이나 됐다. 훗날 이들 창군 · 참전 용사들은 6 · 25한국전쟁 이후 시작된 국군 발전 기간과 자주국방 조성 기간이었던 70년대 중반까지 국군 발전에 적극 이바지하였다.[18]

1946년 1월부터 남조선 국방경비대에 입대한 사람들은 당시 임시정부(미 군정청)에서 알리는 '모병 공고'를 보고 지원하였다. 각 도에 두기로 한 연대별로 군번이 부여되었다.[19] 그러나 대한민국 정부가 수립된 1948년 8월 이전 경비대의 군제는 지금의 국군 병영제도에 많은 영향을 주었다. 모병 과정을 통해 군인이 됐음을 알리는 의식(입대 선서식과 서약식 등)도 있었다.[20] 모집 대상자는 18~20세의 청년기의 사람들이다. 당시에는 1차 필기시험과 2차 체력검사가 있었다. 각 연대별로 약간씩의 차이는 있었지만 대체로 모집 방법은 비슷했다.[21]

군종 장교의 선발 기준은 따로 없었다. 각 교구에서 선발하였으므로 상이하였다. "군에 입대하여 전교하라."는 주교의 명령[22]과 "그때는 대

17 군종교구사 편찬위원회, 앞의 책, 5~10쪽.
18 조병철, 『국군의 뿌리 -창군 · 참전 용사들-』, 삼우사, 1998, 118쪽.
19 조병철, 앞의 책, 116쪽.
20 조병철, 앞의 책, 116쪽.
21 조병철, 앞의 책, 119쪽.
22 최익철 신부의 증언(2015년 9월 19일).

부분 군대를 가지 않으려고 하는 분위기였다. 유학을 가면 군 입대가 면제되지만, 교구장이 지명하면 안 갈 수가 없었다. 군에 대한 어떤 개념이 없고 교구에 있기 싫어서 입대하는 경우도 있었다." 한다.[23]

육군 군종 제14기 군종신부 18명이 임관한 후, 1962년 11월 12일 국방부령 제65호로 「군종 장교 요원 선발 규정」이 제정 공포되었다. 이는 "군종 장교 모집은 국내 신자 10만 명 이상의 교단에 한하며, 군종의 획득 비율은 국내 신자 비율에 의거한다."라는 「육규 10-2」를 폐기하고, '군종 장교 모집 정원은 군내 신자 비율에 의거한다.'는 것으로 대체시킨 것이다. 그 자세한 내용은 아래와 같다.

군종 장교 요원 선발 규정 제2조(요원 추천 의뢰)[24]

① 요원(군종 장교)을 선발하고자 할 때는 국방부 장관이 문교부에 등록된 종교단체 대표자(이하 대표자라 한다)에게 요원의 추천을 의뢰할 수 있다.
② 전 항의 규정에 의한 추천을 의뢰할 때의 요원의 수는 군내 신자수를 기준으로 기독교의 신교와 구교의 인원 비율에 의한다.
③ 불교의 군종 장교 요원 선발에 관해서는 국방부 장관이 따로 정한다.

3) 입대 동기

혈기 왕성한 청년들의 입대 동기는 대체로 조국 광복의 감격과 일제 강점기[25] 학정에 대한 저항감, 그리고 국력이 약하여 열강의 침략을

23 김계춘 신부의 증언(2015년 12월 8일).

24 군종교구사 편찬위원회, 앞의 책, 72쪽.

25 일제강점기는 우리나라가 1910년 8월 28일(경술국치일) 청일전쟁에서 승리한 일본에게 국권을 빼앗겼다가 1945년 8월 15일 광복으로 다시 찾을 때까지를 말한다. 날짜로는 12,770

받은 역사적 자각을 깨우치는 애국지사들의 열망에 감동 감화된 결과였다.[26]

반면 신부들은 주교의 명령에 순명해야 하므로 별로 마음은 내키지 않았지만 따랐다.[27] 조인원(빈첸시오) 신부는 군종 1기로 1951년 2월 28일 11명의 신부가 목사 29명과 함께 입대했다. 43세의 나이였지만 노기남(바오로) 주교로부터 "채플린 제도의 창설로 젊은 신부들이 입대하게 되었으니 함께 군에 들어가서 그들을 돌봐 달라."는 부탁을 받고 군종으로 입대했다.[28]

보조군목 출신인 이상훈(리오) 신부는 "나는 미 제1기갑사단본부에서 카투사로 복무 중 1952년 4월 육본 인사과로 원대복귀 명령을 받았다. 우리 병사 신학생들을 보조군목으로 임명하고자 하는 육본 조인원(1기, 빈첸시오) 신부의 조치였다. 원필호(5기, 1952.5.12. 입대), 박용상(6기, 1952.11.16. 입대) 등 두 신학생과 함께 현역병 군목조에 따른 전역 특명을 받고 예편과 동시에 문관 신분의 군목 발령을 받았다. 우리 셋은 현역 병사 출신이어서 교육(군사훈련)을 면제받고 곧바로 십자가 배지를 달고 부대에 배속되었다."[29]고 회고했다. 또 보조군목 김용훈 전교회장은 "나는 1951년 부산의 육군병원과 서울의 제36육군병원에서 전교회장으로 봉사하다가 1953년 육본 조인원 신부의 권유로 제7기 군목 후보생 선발 때 응모, 합격하여 제297부대에 입대하였

일이고, 햇수로는 34년 11개월 17일이다. 그러므로 35년에도 2주일이 모자라는 것이다. 그런데 보통 36년으로 알고 있어 이를 시정해야겠다.

26 조병철, 앞의 책, 119쪽.

27 최익철 · 김계춘 신부 증언.

28 군종교구사 편찬위원회, 앞의 책, 22쪽.

29 군종교구사 편찬위원회, 앞의 책, 25쪽. 육군 군종 제5기 보조군목 출신 이상훈 신부의 회고」(타자본, 3-6~3-7쪽).

다."[30]고 회고했다.

주로 주교의 명령이나 선배의 권유에 따라 입대한 경우가 주류를 이루었다. 반면에 자원입대한 신부도 있다. 조성옥(요한) 신부는 군종사에서 가장 어려웠던 시기에 남다른 소명을 가지고 자원입대한 동기가 남다르다. 휴전 직후인 1954년부터 1957년까지 약 4년 동안 전역하는 신부는 많은 반면에, 육군에 입대한 신부는 한 명도 없었다. 이 기간에 입대한 4명의 신부는 모두 공군을 지원했기 때문이다. 그만큼 육군의 군종활동은 신부들에게 인기가 없었다. 조 신부는 1958년 사제품을 받고 논산 연무본당에 초대 주임신부로 첫발을 내딛었다.

부임한 지 한 달도 채 안 돼서 부활절 미사 집전을 위해 인근의 논산훈련소를 방문했다. 미사 참례 인원이 병사 20여 명에 불과하여 심한 충격을 받았다. 군종목사는 훈련소에만 10여 명인데 천주교는 신부가 없었다. 1959년 통계에 의하면 육군 목사가 367명인데 비해 신부는 9명에 불과했다. 현실을 직시한 조 신부는 사회에서 어렵게 영세시켜 놓은 신자들이 군에 입대하여 냉담자(冷淡者)[31]가 되어 가는 안타까운 현실을 두고 볼 수 없다는 생각에 군종신부가 되기로 결심하

30 군종교구사 편찬위원회, 앞의 책. 육군 군종 제7기 보조군목 김용훈 전교회장의 회고」(타자본, 3-7~3-8쪽).

31 '냉담'이 국어사전에는 '사물에 흥미나 관심을 보이지 아니함'으로 설명되어 있다. 한편 『한불자전』에서는 '열심 없다, 식다, 느려지다'는 뜻이라 한다. '냉담'이란 낱말이 1880년에 간행된 『한불자전』에 수록된 것으로 보아 그 말이 이미 한국 교회 초창기부터 사용되어 왔거나 늦어도 박해시대 때부터는 사용되었을 것이 확실하다.(『가톨릭대사전』 II권, 1,343쪽) '냉담자'란 세례를 받지 아니한 기독교인을 가리킨다. 가톨릭교회에서는 미사 참석과 성서생활을 중단한 신자로 부활 전과 성탄 전에 하는 두 차례 판공성사(의무적 고해성사)를 3년(6회) 이상 받지 않은 신자를 말한다.('쉬는 교우'로 순화하였다) 성공회에서는 감사성찬례 즉 미사 참석률이 1년에 50% 미만인 자를 말하고, 개신교는 교회를 다니다가 더 이상 나가지 않거나 쉬는 교우를 말한다. 단일 교단이 아니므로 통일된 교적이 없으니 개별 교단 또는 교회 차원에서 '잃은 양' 등의 이름으로 관리하기도 한다. 『위키백과사전』

였다. 그리하여 노기남 주교와 안달원 신부에게 간청하여 때마침 실시된 제12기 군종 장교 모집(모집 인원 50명)에 응시하여 목사 49명과 함께 합격하였다.[32]

입수한 자료에서 정확하게 나타난 신부들의 입대 동기를 분류해 보면 〈표 1〉과 같다.

〈표 1〉 입대 동기별 현황

동기	주교 명령	선배 권유	자원	계
성명(기)	조인원(1) 최익철(1) 김계춘(14)	이상훈 · 원필호(5), 박용상(6), 김용훈(7)	조성옥	
인원(%)	3명(38)	4명(50)	1명(12)	8명(100)

* 필자 주: 군종 1~15기까지 군종신부 중에서 파악된 것만 정리한 것임.

위 〈표 1〉에서 알 수 있듯이 주교의 명령이나 선배의 권유처럼 타의에 따른 지원이 88%이다. 이는 더 많은 인원을 조사한다면 더 높아질 수 있음을 암시하는 부분이다. 따라서 〈표 1〉은 대상 인원이 소수이어서 통계로서 가치는 낮지만 참고할 수는 있겠다.

3. 군종신부의 입대 후 활동

1) 당시 군 상황

1945년 8월 15일 광복으로 일본 세력이 물러가고 한국 정부가 수립되는 과도기의 미군 군정기(군정 기간) 동안 미 군종 장교들 중의 약간

32 군종교구사 편찬위원회, 앞의 책, 37쪽.

은 한국에 머무르고 있었다.[33]

1950년 6월 25일 한국에 대한 북한의 공격이 있기 전까지 738명의 군종 장교들이 한국에서 활동 중이었고, 그들 중 301명은 다시 해외로 발령되었다. 이 숫자는 1945년 9월 2일 현재 활동했던 전체 숫자의 약 9%에 해당하는데, 이 날짜 이래 미군 내 군종 장교들의 숫자 감축의 기준이 되었다.[34] 몇 년 뒤 6 · 25한국전쟁이 발발했다. 미군 군종 장교는 "한국 전선에서의 군대생활은 아주 괴로웠으며, 특히 첫 겨울(1950년)은 그러했다. 군종 장교들은 고난과 위험을 당하면서도 환자와 부상자와 한국 사람들의 근심과 불안에 대해 깊은 공감을 나타냈다."[35]고 술회했다.

미군 군종 장교가 말한 것처럼 열악한 환경 조건에서도 군인은 최선을 다해 전투를 한다. 쏟아지는 포탄 속에서도 목숨을 걸고 한 치의 땅이라도 지키겠다는 필승의 군인정신으로 임하는 군인들 속에서 부상병이 속출했다. 미 군종신부 카폰은 "두 다리가 없어진 전우가 있었고, 머리가 날아가 버린 전우도 있었다. 그는 자기가 무엇에 맞았는지도 알 길이 없었다."[36]고 회고했다.

2) 의식주 생활

국군의 뿌리로 불리는 국방경비대는 패전국 일본이 남기고 간 소총

33 홍순호, 「한국종교사관계 자료」, 『교회와 역사』 150, 분도출판사, 1987, 7쪽.

34 홍순호, 「한국종교사관계 자료」, 『교회와 역사』 150, 분도출판사, 1987, 8쪽-Reports of C of Ch, *The Military Chaplains,* 1950 여름호, p. 29; Far Fast Commander reports, File 314, 70cch.

35 홍순호, 앞의 책, 8쪽.

36 아더 톤, 정진석 추기경 역, 『종군신부 카폰』 개정판, 가톨릭출판사, 2007, 131쪽.

과 주한 미군이 지급하는 일부 장비와 무기 등이 전투 장비의 전부였다. 제복도 일본식과 미국식 혼용으로 엉성했다. 병사들은 보리와 밀 등으로 늘 허기를 달래야 했다. 흙벽돌로 찍어 만든 내무반(內務班)[37]에서 추위를 이기는데 허름한 모포 2장으로는 감당하기 힘들었다.[38]

일본식 정모에 붉은색 띠가 둘러져 있었던 것을 뜯어내고 대신 파란색 띠를 감아 군모로 착용했다. 상의도 일본식 그대로였고, 하의 착용 후에 각반[39]을 둘렀다. 지휘자는 소총이나 일제 지휘도를 소지했다. 모포 2장에 나무판자로 엮은 내무반이나 흙벽돌로 찍어 만든 병사(兵舍)가 고작이었다. 보리나 밀 등이 주식이었고, 소금으로 간을 맞춘 콩나물국이 전부였다. 그나마 하루 3끼는 해결해 주었다. 담배는 백두산 7개비[40]가 지급됐다.[41] 이들은 한국인이 분명했지만 제복을 갖춘 모습은 일본 군인과 흡사했으리라.

지급된 보급품은 일본군 전투모에 별 표시를 떼고 무궁화 모표를 달아 그대로 활용했다. 외출용 군복으로 카키색 상하 한 벌과 신발은 창에 징[42]이 박힌 일본군 군화, 내의 한 벌, 각반(일군용), 모포 2장, 속에 볏짚이 든 매트리스 1매 등이 지급되었다. 후에 공비 토벌에 참가하면서 배낭(미제로 교체), 담요, 군용 삽, 반합, 판초(우의), 삼각형

37 '내무반'은 병영 안에서 사병들이 내무생활을 하는 조직의 단위 또는 그들이 기거하는 방이다. 일본군에서 사용하던 용어로 항공 · 해상자위대는 '내무반'이라고, 육상자위대는 '영내반'이라고 부르고 있다. 우리는 2005년을 기준으로 공간 면적이나 시설이 대폭 개선되면서 명칭도 '생활관'으로 변경하였다.

38 조병철, 『국군의 뿌리 -창군 · 참전 용사들-』, 삼우사, 1998, 115쪽.

39 각반(脚絆)은 걸음을 걸을 때 발목 부분을 가뜬하게 하기 위하여 발목에서부터 무릎 아래까지 돌려 감거나 싸는 띠를 말한다. 요즘은 순화하여 행전이라고 한다.

40 1960년대 말에도 3일에 한 갑씩 지급됐다.

41 조병철, 앞의 책, 119쪽.

42 '징'이란 구두의 뒤 굽이나 말굽 · 쇠 굽 따위에 박는 대가리가 크고 넓으며 길이가 짧은 쇠못을 말한다. 요즘엔 플라스틱 따위로 된 것을 사용하기도 한다.

개인 천막 등이 지급됐다.[43]

주식은 주로 밀과 쌀을 섞은 혼합(쌀 1/3) 밥이었으나 보리와 무, 감자, 콩나물 등이 섞인 혼합 밥도 가끔 먹었다. 부식은 된장국과 호박, 미역, 콩나물국, 가지국, 무짠지 등이었다.[44] 야전에선 보리 주먹밥에 미역국과 멸치 등이 대부분이었다. 숙소에는 목침대가 있었다.[45]

초창기의 군종활동에 가장 큰 장애 요인이 된 것은 군의 군종 업무에 대한 인식 부족이었다. 지휘관들조차 군종신부가 무엇을 하는 사람인지 이해하지 못하였다. 신부가 임지에 부임해 가면 위병소에 장시간 세워 놓고 상관에게 신분을 확인하고 난 뒤에야 통과시켰다. 천주교 신부를 처음 만나는 병사들도 많았다. 그러므로 어쩌다 신자 장교를 보면 그것은 대단한 발견이었다. 왜냐하면 그들의 협조를 받을 수 있기 때문이다. 무보수 촉탁 시대나 문관 시대의 군종들은 미국의 군종처럼 모자에 하얀색의 십자가 배지(badge)를 붙여 자신들의 신분을 나타냈다. 처음 접하는 군인들은 신부나 목사들을 때로는 군마사육자(軍馬飼育者)로 오인하기도 했다. 그러나 시간이 지나면서 인식도 달라져 갔다. 신부들은 초창기부터 목사들과 신분을 구별하기 위해 군복에 로만 칼라를 착용하였다. 그 이유는 신부들이 로만 칼라를 착용하지 않으면 위생병(衛生兵), 비행대원(飛行隊員) 또는 목사로 알고 신자 장병들이 나서지 않기 때문이다.[46]

43 조병철, 앞의 책, 125쪽.
44 조병철, 앞의 책, 125쪽.
45 김계춘 신부 증언.(2015.12.8)
46 군종교구사 편찬위원회, 앞의 책, 30~31쪽.

3) 군종신부의 활동

1951년 2월 7일 육군 본부 인사국에 군승과[47]가 설치되면서 군종제도는 창립되었다. 그런데 창설 직후 군종 업무의 편제나 지침 등이 완전히 준비되지 않은 상황에서 군종 요원을 모집, 훈련시킨 군은 군종 활동에 회의적이었다. 결국 군종 1기생(〈표 2〉 참조) 11명의 신부들은 1951년 2월 28일 목사 29명과 함께 입대하였다. 군이나 종교계에서 향후 군종제도 존속 여부에 대한 시험대로서 군 내외의 관심이 집중되었던 것이다. 이들은 40일간의 교육을 마치고 무보수 촉탁 문관(文官)으로 임관되어 4월 초 전후방 각 부대에 배치되었다. 신부나 목사들 역시 군종에 대한 명확한 개념이 없었고, 성직자이면서도 군인이라는 이중의 신분과 역할을 수행해야 한다는 사실을 깨닫지 못하였다. 1기생들이 전후방 부대에 배치되어 시간이 좀 흐르면서 상황이 달라졌다. 군인들은 신부와 목사들이 군대에 함께 있다는 사실 하나만으로도 위로를 받았다. 그 후 2기생 18명 중 신부 7명(〈표 3〉 참조)이 1951년 5월 1일 입대(5월 27일 임관)하였다. 또 3기생 24명 중 신부 3명(안달원 베드로, 박지환 요한, 조상익 베드로)이 1951년 10월 1일 입대하여 육군의 군종신부 총 21명은 모두 현역 장교로 임관되지 못하고, 무보수 촉탁 신분으로 군종활동을 시작하였다. 무보수 촉탁 신분은 피복과 식량을 제외한 모든 활동 경비를 종단 측에서 부담한다는 창설 당시 결정에 따른 것이었다. 따라서 이들은 교회에서 지급되는 약간의 보조비로 군종활동을 전개하였는데, 그것은 미 8군에서 보조해 주는 미사주와 약간의 보급품, 그리고 캐롤 안 몬시뇰이 지급하는 1달러의 미사

47 육군 본부에 군승과를 설치한 1951년 2월 7일을 기념하여 현재는 매년 이날을 군종병과 창설 기념일로 하고 있다.

예물이 전부였다.[48]

〈표 2〉 육군 군종 제1기 군종신부 현황[49]

이름(세례명)	부임지	소속 교구
조인원(趙仁元, 빈첸시오)	육군 본부	서울
임세빈(林世彬, 요셉)	헌병사령부	
박성춘(朴性春, 레오)	6사단	
김덕명(金德明, 요셉)	2사단	
구전회(具田會, 바르톨로메오)	제3육군병원	
이계중(李啓重, 요한)	11사단	
김윤상(金允相, 베네딕도)	9사단	
최익철(崔益喆, 베네딕도)	제23육군병원	
이상호(李祥浩, 아우구스티노)	제31육군병원	전주
김후성(金厚星, 프란치스코)	1사단	
김이환(金二煥, 스테파노)	8사단	

〈표 3〉 육군 군종 제2기 군종신부 현황[50]

이름(세례명)	부임지	소속 교구
이삼복(李三馥, 요한)	3사단	서울
이계광(李啓光, 요한)	제23육군병원	
박희봉(朴喜奉, 이시도르)	제2육군병원	
윤병희(尹炳熙, 바오로)	제23육군병원	
신상도(辛尙道, 프란치스코)	제36육군병원	대구
김영태(金永泰, 도미니코)	9사단	전주
서정수(徐庭壽, 알렉시오)	1사단	

먼저 외국 신부들의 활동을 알아보자. 카폰 종군신부는 이렇게 회상했다.

48 군종교구사 편찬위원회, 앞의 책, 38~39쪽.
49 군종교구사 편찬위원회, 앞의 책, 22쪽.
50 군종교구사 편찬위원회, 앞의 책, 23쪽.

교전이 끝나고 십자 표지를 한 병원에 들어가니 간호원 2명과 의사 1명이 있었다. 서로 말이 통하지 않아 철모의 십자를 가리키며 가톨릭 신부라는 것을 알려 주었다. 그 다음에 가슴에 성호를 그었더니 그들은 십자 메달과 묵주를 보여 주었다. 이어서 꺼낸 영대에 그들은 경건하게 입술을 갖다 댔다.[51]

한국어를 하는 선교사들에게는 전쟁 포로들을 돌보는 임무를 맡겼다. 이러한 사목활동의 교리 교재들 가운데에는 영어와 한국어 또는 영어와 중국어 등 2개 국어로 된 성가책, 한국어와 중국어로 된 '그리스도의 일생' 그리고 그리스도교의 주요 교리를 설명한 소책자 등이 있었다. 수많은 개인과 단체들이 이들 교재 및 이와 유사한 다른 자료들을 보급하는 데 성금과 노력 지원을 아끼지 않았다.[52]

한국군 군종신부들은 주로 전방 부대, 군 병원과 포로수용소 등에서 근무했다. 전방에서 활동하던 신부들은 수시로 이동하는 소속 부대를 따라 행군하여 길가에서 성사를 주고, 바위나 나무 밑, 그리고 자동차 등에 임시 제대를 마련한 후 야전 미사를 봉헌하는 등 나름대로 최선을 다했다.[53]

박희봉(2기, 이시도르) 신부는 이렇게 회상했다. "강원도 간성에 주둔한 11사단 군종부장으로 근무하면서 1군단 사령부, 5사단, 12사단,

51 아더 톤 저, 정진석 추기경 역, 『종군신부 카폰』 개정판, 가톨릭출판사, 2007, 139쪽. 카폰 신부는 1916년 4월 20일 캔자스주 필센에서 태어났으며, 1940년 사제품을 받았다. 1943년 1월 5일 헤링턴 공군기지의 보조군목, 9월 16일 필센교회 주임으로 사목, 1944년 6월 15일 육군 군목 원서를 제출하여 7월 12일 헤링턴기지 군목이 되었다. 인도, 버마 등 군부대에서 근무하다 1946년 1월 3일 대위로 진급하였다. 1946년 5월 30일 샌프란시스코로 귀환, 본당사목을 하다가 1948년 9월 25일 군에 재입대하여 1950년 7월 11일 한국 전장으로 이동, 1950년 11월 2일 중공군의 포로가 되었다. 1951년 5월 23일 한국 벽동수용소에서 사망하였다.

52 홍순호, 앞의 책, 8쪽.

53 군종교구사 편찬위원회, 앞의 책, 31쪽.

15사단, 26사단, 1101야전공병단, 이동외과병원 등으로 광범위하게 담당했다. 주일에는 평균 6~7회의 미사를 집전하고 고해성사를 주었으며, 예비신자 교리교육도 했다. 미사 참례자는 10여 명이었다. 전용 차량도 없어 발품을 파는 것이 대부분이었다. 무거운 미사 가방을 들고 신부의 군대 봉급을 털어 주보(酒保)[54]에서 구입한 백마 위스키와 오징어 안주 등 위문품은 복사인 선임하사관이 짊어지고 함께 다녔다. 이런 식으로 1주일 내지 10일간 예하 부대 순방을 마치고 돌아오면 병사들에게서 옮아 번식할 대로 번식한 보리알같이 새하얀 이 잡기에 한 시간은 허비하곤 하였다. 그럼에도 보람찬 마음은 그 무엇과도 바꿀 수 없었다."[55]

최익철 신부는 다음과 같이 증언했다.

> 23육군병원 근무 시 캐럴 몬시뇰이 미 사용품 등 미군 지원 물자를 많이 지원해 주어서 상당히 도움이 됐다. 문맹자도 부지기수여서 가르치기도 했다. 미사도 개인적으로 드리고, 찾아오는 신자도 별로 없었다. 왜냐하면 신부가 있다는 사실도 잘 몰랐으니까.

김계춘 신부는 다음과 같이 증언했다.

> 주로 영혼을 구하기 위해 병원에 근무했다. 부상으로 입원하는 병사들을 위로하고, 임종 직전의 병사에게는 용기 부여와 함께 종부성사를 바오로회 수녀들과 함께 주었다.

54 주보는 군대 매점의 옛 이름으로 보통 PX(post exchange)를 이렇게 불렀다.

55 군종교구사 편찬위원회, 앞의 책, 29~30쪽. 박희봉 신부(육군 군종 제2기, 2급 6호 문관으로 임관 후 마산 제2육군병원에서 약 1년간 근무하고 제11사단에서 휴전 때까지 근무)의 회고(타자본 4-8쪽).

또 군종 제7기 서상우 신부도 이렇게 회상했다.

> 전선으로 나가기 위해 역전에서 열차를 기다리고 있는 신병들에게 용기를 북돋아 주는 종교 강연도 하였다. 강연 후에는 묵주와 성모 패를 신자 병사들에게 나누어 주었는데 비 가톨릭 신자들도 받기를 원했다. 묵주나 성모 패를 몸에 지니고 있으면 위험에서 보호될 수 있다고 생각했기 때문이다.[56]

군종 제7기 보조군목 김용훈 전교회장은 이렇게 회고했다.

> 임관되어 12사단 사령부로 부임하고 보니 군종부에 목사는 5명인데 천주교 군종이 나 혼자였다. 나는 주일을 제외하고는 매일 대대, 소대, 포사령부, 의무대를 순회하며 반공정신 훈화를 실시했고, 미 군종신부의 요청으로 인근 제111의무대에도 매주 1회 출장, 카투사들에게 정신 훈화를 실시했다. 주일에는 인근 11사단의 최익철 신부를 초청하여 미사를 봉헌했다. 어느 부대를 가든지 수적으로 우세한 목사들 틈바구니에서 고군분투하던 일은 잊을 수가 없다.[57]

한편 전방 사단에서 군종신부들을 보좌하며 활약한 민간인 전교회장들도 있었다. 유덕천(아벨)은 2군단 예하의 제3 · 6 · 7사단에서, 김용승(라파엘)은 수도사단에 배치되어 반공정신 교육, 인격 지도, 개인 상담 등의 일반 군종 업무를 수행하였다. 이들 이외에도 순수 민간인 신분으로 인근 군부대에서 사목활동을 전개한 신부들도 있었고, 후방 부대(병

56 군종교구사 편찬위원회, 앞의 책, 27쪽. 육군 군종 제7기 보조군목 출신 서상우 신부의 회고(타자본, 3-9~3-10쪽).

57 군종교구사 편찬위원회, 앞의 책, 26쪽. 육군 군종 제7기 보조군목 김용훈 전교회장의 회고(타자본, 3-7~3-8쪽).

원, 학교 등)에는 수녀들과 여성 전교회장들이 봉사하기도 하였다.[58]

군종 장교는 계급으로 호칭되지 않고 소속 교파의 규정대로 호칭한다. 즉 신부, 목사 등으로 말이다. 「군종과 장교의 임무」는 다음과 같다.(6조 1~9항)[59]

1. 예배, 미사, 성례 집행, 성경 강좌, 찬송, 기도를 통한 제반 목회 및 선교 업무
2. 장병의 개인 상담을 통한 신앙 및 인격 지도
3. 전 장병의 인격 지도를 위한 교관으로서의 수양 강좌, 오락 지도, 도덕 향상 및 사기 진작에 관한 임무
4. 결혼식 및 장례식의 집행
5. 장병의 불평불만 선도
6. 신자 증명서 및 군인 결혼식 주례 증명서 교부에 관한 사항
7. 자선사업 및 각종 공공사업의 추진
8. 민간 교회 및 사회단체와 군과의 협조 추진
9. 장병의 가정과의 연락에 관한 사항

그러나 직무상 한계도 있다.(9조 1~6항)[60]

1. 군종 장교는 비전투 요원으로 종군한다는 제네바협정을 준수한다.
2. 군종 장교는 군사적 지휘관이 될 수 없다.
3. 군종 장교는 군법회의의 배심원, 심사관, 변호인 또는 법정의 요인으로 사용될 수 없다.
4. 군종 장교의 통신은 검열을 받지 않고 직접 교환할 수 있다.

58 군종교구사 편찬위원회, 앞의 책, 27쪽.

59 육군 본부, 「군종업무규정(육규 10-2)」, 『육군군종사』, 1975, 45쪽.

60 육군 본부, 위의 책, 45쪽.

5. 장병 중 죄과를 군종 장교에게 고백하였을 때는 그 내용에 대해서 타의 추궁을 받지 않는다.
6. 예배 및 미사 기타 종교 행사로서 획득되는 종교 기금은 소속 부대 교회가 그 성격에 따라 운영하되 군종 장교가 책임을 진다.

전세가 국군에게 불리하게 전개되는 상황에서 피난지인 대구, 부산, 마산, 진해 등 군 병원과 야전병원은 부상자들로 만원이었다. 환자를 돌볼 의료진이 태부족이었다. '가톨릭구국결사대' 조직이 무산되자 부산 지역 신부들은 무보수 봉사를 시작했다. 신부 15명, 신학생 30여 명, 수녀 70여 명을 제3 · 5 · 31육군병원 등에 파견했다.[61]

1951년 4월 이후 6명의 신부가 각 포로수용소에서 활동했다. 1940년에 사제수품된 장대익 신부는 거제도와 광주수용소에서, 1950년부터 1952년 사이에 수품된 윤공희 · 지학순 신부는 부산 거제리수용소에서, 백민관 신부는 논산수용소에서, 그리고 최석우 · 김성환 신부는 부산수용소에서 각각 활동했다. 이들은 반공 교양 강좌를 하는 것과 환자 포로들에게 대세 주는 일, 그리고 예비신자들 교리교육, 신자들에게 성사 주는 일 등이 대부분이었으며, 그 대상은 주로 반공 포로들이다. 1951년부터 1953년 반공 포로 석방 때까지 1,827명의 영세자를 배출했다. 포로 중 김수창(야고보)과 최광연(모세)은 1962년 사제품을 받기도 했다.[62]

1951년 7월 10일부터 개성에서 UN군과 공산군 사이에 휴전회담이 시작되었다. 1953년 4월 11일 병상포로 교환 협정 조인으로 급진전됐다. 포로 인수반의 일원으로 포함된 군종 장교에 안달원(베드로) 신

61 군종교구사 편찬위원회, 앞의 책, 7~8쪽.
62 군종교구사 편찬위원회, 앞의 책, 11쪽.

부[63]가 파견됐다. 인수된 포로들은 곧바로 수도육군병원으로 이송되었으며, 1개월간의 포로 인수 업무가 끝나자 안 신부는 대구 제1육군병원으로 복귀하였다. 안 신부는 해병대의 김창석 신부 후임으로 판문점에 두 번째로 파견되어 국군 포로 교환 인수 업무에 종사했다. 한편 그 무렵 중립국휴전감시위원단(스위스, 스웨덴, 폴란드, 체코슬로바키아)이 남북한에 파견되고, 휴전 지대에는 송환불원포로들을 관리하기 위해 인도군(印度軍)이 주둔하게 되었는데, 이 휴전감시위원단을 따라 9명의 신부가 남한에 들어와 활동했다. 스위스 위원단에는 일찍이 원산 본당에서 보좌신부로 사목하던 이소 심 신부[64]를 비롯하여 5명의 신부가 있었고, 인도군에는 4명의 신부가 있었다.[65]

1950년대에 활동한 두 신부에 대해서 알아보자. 휴전 후 48명 중 대부분의 신부들이 제대하여 소속 교구로 돌아갔다. 단 3명의 신부들만 현역으로 임관하여 열악한 환경에서 군 사목을 재건하기 위해 노력했다. 그 중 한 사람이 바로 군 사목의 개척자 안달원(베드로) 신부이다.

안 신부는 임관 직후 제주 제1훈련소에서 14개월 근무하고, 대구 제1육군병원을 거쳐 국군병상포로 인수본부, 제2군단(제3 · 5 · 8사단까지 담당)에서 13개월 근무하였고, 1954년 7월 10일 유급 문관(2급 6호) 신분으로 군종 차감에 보임 근무했다.

63 안달원 신부는 대구교구 출신으로 1920년 7월 1일 출생하여 경성 천주공교 신학과를 졸업한 후 1947년 4월 12일 사제품을 받았다. 그 후 부산진 본당(현 범일동 본당) 보좌신부 2년, 1949년부터 신설된 창녕 본당 주임신부로 재직 중 1951년 10월 1일 육군 군종 3기로 제297부대에 입대하여 10월 27일 무보수 촉탁 신분의 군종신부로 임관했다.

64 이소 심(쉐이빌러) 신부는 분도출판사 2대(1961~1963) 책임자로 봉직했으며, 구봉성당(1967년 10월 29일 설립)의 초대 신부로 부임하여 불우학생들을 위한 고등공민학교를 개교하였다가 외국인 국제학교로 개명되어 본당에서 분리되었다.

65 군종교구사 편찬위원회, 앞의 책, 12쪽.

유급 문관을 현역 장교로 전환 조치에 따라 소령으로 명령이 났으나, 임관 당일인 1955년 6월 10일 임시 중령으로 임관하였다. 1960년 정·부통령 선거 시 자유당 정부가 천주교를 탄압하자 군종 차감직에서 해임되었으나, 4·19혁명 후 1960년 7월 1일자로 군종 차감직에 재 보직되었다. 1961년 2월 1일 대령으로 진급하였으나 5·16군사혁명으로 7월 30일 강제 예편됐다.

이렇게 볼 때, 안 신부는 사목 환경이 열악할 때 장기 복무한 최초의 신부이며, 개신교와의 갈등 및 정치적 탄압 등을 무릅쓰고 천주교 군사목을 위해 젊음과 정열을 다 바친 군 사목의 개척자라 할 수 있다. 그의 업적으로는 당시 군종신부단의 발전과 육사 성당의 건립을 위한 노력, 1958년 군에서의 천주교가 나아갈 방향과 위치를 주교회의에 보고, 1956년 춘계 주교회의에 군종신부단 강화책과 추계 주교회의에 군인 주일 제정과 육사 성당 건립안 등 7개 항의 건의서를 제출, 개신교 목사(침례교 김현우)와 장교(육사 교수부 영어과 근무 안준호 대위)의 개종이다.[66]

또 한 사람은 침체기를 극복한 조성옥 신부이다. 군종 12기로 임관(소위)한 조 신부는 자진하여 연무 본당에 부임한 지 한 달도 채 되지 않은 1958년 4월 초순에 방문한 논산훈련소 부활절 미사에 참여한 병사 20여 명을 보고 충격을 받았다. 훈련소에는 군종목사가 10여 명에 달하는데, 신부는 한 명도 없었다.[67]

그러나 열심히 군 사목활동에 전념하다가 안달원 신부가 강제 예편당하자 1961년 8월 22일부로 육본 군종감실 행정실 서무 장교로 보직

66 군종교구사 편찬위원회, 앞의 책, 35~36쪽.

67 군종교구사 편찬위원회, 앞의 책, 37쪽.

을 받았다. 낮은 계급인 중위로서 천주교 육군 군종 대표 신부를 겸하게 되니 임무가 막중했다. 1961년 11월 신부 18명을 제14기로 입대시켜 모두 중위로 임관시키는 데 성공, 장기 복무 군종신부 확보, 제21차 전국 추계 주교회의(1961.11.2~3)에서 군종단을 정식으로 인증받는 등 침체기의 군종활동을 다시 일으켜 세우는 데 결정적 역할과 소명을 다했다. 그러나 1960년대 후반 군종 단사 부지 문제에 책임을 지고 자진 전역한 사실이 아쉬웠다.[68]

김계춘 신부[69]는 군종 장교로서 미사 진행에 장애가 되는 열악한 환경을 다음과 같이 증언한다. 첫째로 신분 문제를 들었다.(앞에서 언급했으므로 생략) 두 번째로 복장 문제이다. 문관 신분일 때는 군복에 계급장이 없어도 괜찮지만, 일단 군인 신분이 됐으면 명찰과 병과 배지가 있어야 하지 않는가? 명찰에는 이름은 숨긴 채 「김신부」라고 새겨서 달고 다녔다. '신부'임을 나타내기 위해서였다. 그러다 보니 「김신부」의 '신부'가 이름인지 직명인지 병사들 간에 내기를 하는 해프닝도 있었다. 또 병과 배지는 '✝'로서 목사, 신부, 스님 공히 부착했었다. 그러다가 목사는 '✝'로, 스님은 '卐'로, 신부는 '빨마 십자가'를 부착하도록 복제 규정[70]을 바꿨다. 로만 칼라도 군 정규 보급품에 포함시켰다. 세 번째로 군종신부의 비품 지원에 대한 승인을 받았다. 미사용 가방,

68 군종교구사 편찬위원회, 앞의 책, 38쪽.

69 김계춘 신부(군종 14기, 예 대령)의 증언.(2015.12.8)

70 군종병과 휘장이 최근에는 아래와 같이 바뀌었다.

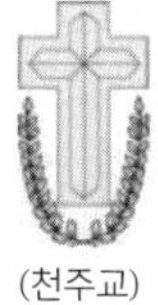
(천주교)

(개신교)

(불교)

(원불교)

미사주, 제병, 제의 등은 물론 성탄절과 부활절의 행사 비용도 예산에 반영시켰다.

4) 군종신부의 신분

1950년 12월 21일 "군종목사가 다 군에 들어가서 일하고 있는 줄 알고 있었는데 아직도 들어가지 못하고 있다면 하루속히 사람을 택해 들어가서 일하도록 하라."는 대통령 비서실 지시 제29호가 국방부에 하달되어 각 부대에 군종의 영입이 실현되었다. 이에 1951년 2월 7일 육본 일반명령 제31호로 육군 본부 인사국에 군승과가 설치됨으로써 국군의 군종제도가 창설되었다. 각 종단에 군종 요원 모집을 통보하였다. 그리고 1951년 2월 28일 제1기로 11명의 신부와 목사 29명이 함께 입대하였다. 40일간의 훈련을 마치고 무보수 촉탁 문관으로 임관하여 4월 초 전후방 부대에 배치되었다.[71] '군승과'라는 명칭은 가톨릭 측의 반대에도 불구하고 1951년 4월 14일 '군목과'로 개칭되었다.

1952년 6월 16일[72] 국인명(國人命) 제58호로 육군 군종신부들의 '무보수 촉탁 신분'이 '유급 문관 신분'으로 전환되었다. 육군 군종들은 민간교회 경력에 따라 2급 4호(현역 중령 대우)부터 3급 8호(보조군목)의 대우를 받게 되었다. 21명의 군종신부 중 조인원 신부는 2급 4호, 나머지 20명은 2급 6호를 각각 부여받았다. 그리고 1952년 5월 12일에 군종 제5기(강영철, 원필호, 김창수, 이창훈, 유재영, 이환수, 조병식 등) 7명의 보조군목들은 3급 8호를 부여받았다. 이어서 군종 6기(11월 16일

71 군종교구사 편찬위원회, 앞의 책, 21쪽.

72 『군종교구사』 23쪽에는 13일로, 1012쪽에는 16일로 표기돼 있다. 또 『가톨릭 대사전』 Ⅱ권 12쪽과 913쪽에는 16일로 표기돼 있다. 따라서 『군종교구사』 23쪽은 오기로 판단하여 16일로 표기했다.(필자 주)

입대) 3명의 보조군목은 3급 8호를, 군종 7기(1953년 4월 8일 입대) 중 6명의 군종신부는 2급 8호로, 11명의 보조군목은 3급 8호의 유급 문관 신분을 각각 부여받았다. 이들은 전후방에서 열심히 군종활동을 수행한 결과 많은 군인들이 천주교에 입문하였다. 육군의 종파별 신자 수는 〈표 4〉와 같다.[73]

〈표 4〉 육군의 종교별 신자 현황[74]

(1953.4.29. 현재)

구 분	천주교	개신교	불교	유교	기타	계
세례자	3,076	9,856				
예비자	2,618	18,796				
계	5,694	28,652	5,055	8,908	6,842	55,151

개신교와 비교해 보면 천주교는 세례자가 예비자보다 많은 반면, 개신교는 예비자가 세례자보다 2배 가까이 많다. 세례자보다 예비자 수에서 개신교가 훨씬 많은 것은 사실이다. 그러나 당시의 전국적인 종교별 신자 분포와 비교할 때는 군에서의 천주교 신자 비율이 훨씬 높았던 것이다.[75]

'보조군목'이란 성직자가 아니면서 군종으로 입대한 이들을 말한다. 보조군목들은 현역 병사를 제외하고는 군종 요원 선발 시험을 통하여 입대, 소정의 교육과정을 마친 후 3급 8호 문관으로 임관되었다. 육군에서 보조군목을 채용한 이유는 부대 창설 등으로 인해 군종 요원이 절대적으로 부족하였기 때문이다.

대상은 병사로 복무 중인 신학생들, 병역의 의무를 마쳐야 하는 신학

73 군종교구사 편찬위원회, 앞의 책, 23~24쪽.

74 군종교구사 편찬위원회, 앞의 책, 40쪽.

75 군종교구사 편찬위원회, 앞의 책, 23~25쪽.

생들(4품 및 부제반), 그리고 민간인 전교회장(초급대학 이상의 학력 소지자)들을 보조군목으로 임명하였다. 그리하여 1952년 신학생 6명과 전교회장 4명 등 10명이 임명되었는데, 당시 이들은 모두 병사로 복무 중이었다. 이들은 병역법 군목조에 의거한 전역 특명을 받고 예편과 동시에 문관 신분의 군목으로 발령을 받았다. 보조군목의 활동도 일반 군종과 마찬가지였다. 전후방 각 부대에 배치되어 반공정신 교육, 인격 지도, 개인 상담 등의 일반 군종 업무를 수행하였고, 미사와 각종 성사는 인근 부대 신부의 도움을 받았다.[76]

1952년 5월 12일 입대한 군종 5기와 11월 16일 입대한 군종 6기 등 보조군목 현황은 〈표 5〉와 같다.[77]

〈표 5〉 제5기 및 제6기 군종(보조군목) 현황[78]

<table>
<tr><th>이름</th><th>소속 교구</th><th>신분</th><th>비고</th><th>임관 기수</th></tr>
<tr><td>강영철</td><td rowspan="2">대구</td><td rowspan="7">문관 3급 8호</td><td>공군으로 전군(1953.4.1)</td><td rowspan="7">5기</td></tr>
<tr><td>원필호</td><td rowspan="2">카투사</td></tr>
<tr><td>이상훈</td><td rowspan="5">서울</td></tr>
<tr><td>김창수</td><td rowspan="4">전교회장 출신</td></tr>
<tr><td>유재영</td></tr>
<tr><td>이완수</td></tr>
<tr><td>조병식</td></tr>
<tr><td>박춘택</td><td rowspan="3">대구</td><td rowspan="3"></td><td></td><td rowspan="3">6기</td></tr>
<tr><td>이길준</td><td></td></tr>
<tr><td>박용상</td><td>카투사</td></tr>
</table>

1953년 7월 27일 승자도 패자도 없이 전쟁이 막을 내리고 휴전에

76 군종교구사 편찬위원회, 앞의 책, 25쪽.

77 군종교구사 편찬위원회, 앞의 책, 26쪽.

78 군종교구사 편찬위원회, 앞의 책, 26쪽.

들어가자 입대했던 신부들은 하나 둘 군을 떠나기 시작했다. 다음 해인 1954년 12월 13일에 육군은 군종 요원들에게 현역 계급을 수여하게 되었다. 그때 육군에서 신부는 3명만이 임관된 데 비해 개신교 목사는 무려 44배에 달하는 132명이 임관하였다. 따라서 군종활동 초창기부터 개신교에 비해, 천주교는 수적으로나 계급적으로 열세에 놓였다. 1954년 1월 21일 육본 일반명령 제9호에 따라 육본 인사국에 속해 있던 군목과는 군종감실로 개칭, 승격되어 참모총장의 특별참모로서 종교에 관한 제반 업무를 수행하게 되었다.[79] 아울러 이때는 인사국 소속이었던 군목과가 군종감실로 승격한 직후였기 때문에 군종감실의 주도권도 완전히 개신교에서 가지게 되었다.

또한 설상가상으로 한국 천주교회는 1954년부터 1957년까지 육군에 단 한 명의 신부도 입대시키지 않아, 아이러니컬하게도 군종의 신분이 문관에서 현역으로 전환되는 시점에 천주교의 활동은 침체의 늪에 빠지는 현상을 초래하였다.[80]

4. 나가는 글

한국가톨릭군종신부단(Catholic Military Caplains)이 6 · 25한국전쟁 중에 발족됐다. 당시 미8군 군종이며 평양교구장 서리였던 조지 캐롤(George Carrol, Mary Knoll 선교회) 몬시뇰과 감리교 선교 목사인 윌리암 B. 쇼(William B. Show)는 전쟁 중인 1950년 9월 한국군 군종제도의

79 군종교구사 편찬위원회, 앞의 책, 15쪽.
80 군종교구사 편찬위원회, 앞의 책, 33~34쪽.

창설을 이승만 대통령에게 건의, 이해 12월에 정부의 특별 훈령으로 군종제도가 마련되었다. 한국군에서 최초의 군종제도는 1951년 2월 7일 육군 본부 인사국에 '군승과'가 설치되고, 동년 3월 10일 '군목과'로 개칭, 1954년 1월 22일 군종감실로 승격되었다. 군승과가 설치되면서 휴전까지를 '군종제도의 개척기'(1951.2~1953.7)라 할 수 있다.[81] 천주교회는 1951년 2월 최익철 신부 등 11명(군종 1기)을 군종신부로 입대시켰다. 전쟁 중 군종신부들의 활동의 중요성을 인식한 주교회의는 1961년 11월 군종신부단을 정식으로 인준하고 초대 총재로 노기남 대주교[82]가 취임하였다.[83]

6 · 25한국전쟁은 한국 천주교회와 국군과의 관계를 밀접하게 맺어주는 계기가 되었다. 신학생들의 참전, 의료봉사 활동, 포로수용소에서의 활동 등 전쟁 중 군에서 보여 준 천주교의 활동상은, 봉사자는 그 자체로서 충분한 의의를 지니고 있을 뿐 아니라, 군 신자들의 영성활동 지도, 희생정신의 발휘와 교리교육을 통한 선교 등 특수 사목으로서의 의의를 지닌 것이다. 나아가 군은 천주교회에 대한 인식을 새롭게 하고, 교회 측에서는 군대가 빼 놓을 수 없는 사목의 대상이라는 점들을 깊이 인식하는 계기가 되었다고 할 수 있다.[84]

군종신부들의 입대 동기를 보면 초창기에는 주교의 명령이나 선배의 권유처럼 타의에 따른 지원이 86%이다. 이는 더 많은 인원을 조사한다면 더 높아질 수 있음을 암시하는 부분이다. 따라서 〈표 1〉은 대상

81 홍순호, 앞의 책, 5쪽.

82 『군종교구사』 역대총재주교(화보), 1011 · 1013쪽을 보면 초대 총재로 최덕홍(요한) 주교(1951~1954)이며, 노기남(바로로) 주교는 2대(1954~1967)이다. 따라서 '최덕홍 주교'의 오기이다.

83 홍순호, 앞의 책, 4쪽.

84 홍순호, 앞의 책, 12쪽.

인원이 소수이어서 통계로서 가치는 낮지만 참고할 수는 있겠다. 그러나 지금은 대부분이 주교의 명령에 의해 입대하게 된다. 좀 더 지원자가 늘었으면 하는 바람이다.

앞에서 살펴본 것처럼 군종신부는 비전투원으로서 너무나 열악한 환경에서 생활했다. 제복은 일본식과 미국식의 혼용이었다. 일본식 정모에 붉은색 띠 대신 파란색 띠를 감아 사용했다. 일본식 전투모에 별을 떼고 무궁화 모표를 달았으며, 외출용 군복으로 카키색 상하 한 벌이 지급됐다. 상의도 일본식 그대로이고, 하의는 착용 후에 각반을 둘렀다. 내의 한 벌, 모포 2장, 속에 볏짚이 든 매트리스 1매 등이었다. 신발은 징이 박힌 일본식 군화였다.

주식은 보리와 밀 등이며, 간혹 밀과 쌀이 섞인 혼합 밥도 있었고, 야전에선 주먹밥을 먹는 경우도 많았다. 부식이라고는 소금으로 간을 맞춘 콩나물국, 가지국, 미역국과 멸치, 무짠지 등이었다. 기호품으로 담배가 하루에 7개비가 지급됐다. 흙벽돌로 만든 내무반에서 허름한 모포 2장에 목침대에서 잠을 청해야 했다.

교육훈련 때 적당히 붙여지는 구령을 우리말로 직접 번역해 맞추기도 했다. 게다가 각종 군사교육은 미국식을 따라야 하던 실정이고 보면 군이 지닌 역사에는 분명히 지울 수 없는 외세라는 '얼룩의 교훈'이 자리하고 있었다.[85] 교육훈련은 정신교육을 비롯한 제식훈련, 전투훈련으로 구분하였다. 정신교육은 군인의 사명감, 국가관, 효도 등을 주제로 중·소대장이 직접 실시하였다. 제식훈련은 병 기본 동작과 단체동작을 반복하여 약 1주일간 실시한다. 소대 제식훈련 중 가장 흥미가 있었던 것은 36개 방향으로 전개하는 동작과 다시 모이게 하는 매우

85 조병철, 앞의 책, 115쪽.

복잡한 집단 제식동작 훈련이었다.[86] 기간은 보통 30~40일이었다.

군종활동은 평시에는 '군의 정신교육의 장'으로, 또한 '전교의 장'으로 활용한다. 그러나 전시에는 그보다 '위로의 장', '구령(救靈)의 장'으로 활용한다. 이렇게 전평시를 막론하고 중요하고 필요한 군종활동이지만, 군종사 연구에 있어서 야기되는 문제점을 도출하는 것으로 이 글을 맺는다.

① 초기 군종제도 창설에 관한 공문서 · 군 관계 문서 · 사문서 현황, ② 초기 군종신부들의 수기 · 증언 · 사진, ③ 6 · 25전쟁 시 수녀회 봉사활동에 관한 수기 · 증언 · 사진, ④ 외국 군종과의 관계 문헌, ⑤ 예비역 군종신부 · 제대자 간의 관계, ⑥ 군종 발전에 공헌한 인사들(장교, 사병, 민간인), ⑦ '장군보다 신부가 더 귀하다'는 상황하에서 군 사목의 문제점이라 하겠다.[87]

좀 늦은 감이 없지 않지만 더 늦기 전에 즉, 당시 성직자 · 수도자 · 참전자 등의 증언록을 녹취해서 보존함은 물론 관련 자료를 발굴하여 연구해야 한다.

86 조병철, 앞의 책, 127쪽.

87 홍순호, 앞의 책, 6쪽.

참고문헌

1. 단행본

·『가톨릭 대사전』Ⅱ, 한국교회사연구소, 2003.

· 고 마테오, 『예수 없는 십자가』 11판, 가톨릭출판사, 1991.

· 국방군사연구소, 『한국의 군복식발달사』Ⅱ(현대판), 1998.

· 군종교구사편찬위, 『천주교 군종교구사』, 경희정보인쇄(주), 2002.

· 아더 톤 저, 정진석 추기경 역, 『종군신부 카폰』, 가톨릭출판사, 2007.

· 육군 본부, 『육군군종사』, 1975.

· 조병철, 『국군의 뿌리 -창군 · 참전 용사들-』, 삼우사, 1998.

· 천주교 군종교구 육사교회, 『씨앗이 열매로』, 성모출판사, 1990.

· 천주교용어위원회, 『천주교 용어집』 개정판, 한국천주교중앙협의회, 2015.

· 한국교회사연구소, 『교회와 역사』 150, 분도출판사, 1987.

· 합동참모본부, 『한국전사』, ㈜교학사, 1984.11.1.

2. 논문

· CBCK, 「군인과 군종신부들에게 관심을」, 1995.

3. 증언

· 김계춘(도미니코, 80세, 군종 14기) 원로 신부.

· 이응규(미카엘, 84세, 예 대령) 6 · 25한국전쟁 참전 용사, 현 무공수훈자회 이사.

· 최익철(베네딕도, 92세, 군종 1기) 원로 신부.

4. 인터넷 검색

· 육군 본부 홈페이지(http://www.army.mil.kr)

· 네이버 검색

한국순교복자빨마수녀회 창설의 의미

1. 머리말
2. '빨마회' 창설의 준비 과정
3. 방유룡 신부의 정신과 '빨마회' 창설
4. '빨마회' 초창기 회원들의 삶과 역할
5. '빨마회' 성장과 변화
6. 나가는 말

1. 머리말

1950년대 한국 사회는 한국전쟁과 이승만 독재정권을 거치면서 전통사회가 해체되고 현대사회로 넘어가는 과도기였다. 특히 1950년에 발발한 한국전쟁은 한국을 남북으로 분단시켰고, 남한의 경우 100만 명에 이르는 사상자[1]와 50만 명 이상으로 추정되는 미망인을 발생시켰다. 이때 대거 발생된 전쟁미망인들은 한국사의 피해자임에도 불구하고, 사회적으로 '보호의 대상'이자 '규제의 대상'으로 치부[2]되며 편견과 냉대에 맞서야 했다. 그 중 일부 천주교 신자 미망인들은 세속적 삶에서 벗어나 신앙에 전념할 수 있는 공동체 생활을 지향하기도 하였다. 한국전쟁은 또 전후 황폐해진 현실에 직면한 인간에게 소외와 절망, 좌절감을 가져다주며, 친미 · 반공 이데올로기의 확산을 고조시켰다. 한국 교회는 고조된 반공 이데올로기를 '고통의 신정론(神正論, the theodicy of suffering)과 연결시켜 신앙적으로 승화시키기 위해 노력했다.[3] 이 노력의 일환으로 교회는 전쟁 직후 '순교자현양대회'를 여러 차례 개최하였고, 이는 순교영성과 결합되어 순교신심을 강화시키는 계기가 되었다.

또한, 한국전쟁으로 인하여 한국 천주교회는 급속히 성장하게 되었다. 교회가 전개한 평신도 사도직 단체들의 결성과 활동의 활성화 및 다양한 형태의 사회복지 활동은 신자 증가에 크게 기여하였다.[4] 특히

1 박찬승, 『한국 근현대사를 읽는다』, 경인문화사, 2010, 354쪽.

2 이임하, 「한국전쟁이 여성생활에 미친 영향-1950년대 '전쟁미망인'의 삶을 중심으로」, 『역사학연구소』, 2000, 10~11쪽.

3 노길명, 『민족사와 천주교회』, 한국교회사연구소, 2005, 242~243쪽.

4 노길명, 위의 책, 2005, 262 · 212쪽.

전쟁 당시 부산 지역 교회는 신자 수의 증가와 피난 교회의 중심지 역할을 하며 크게 발전하게 되었다. 전쟁 당시 임시수도였던 부산에는 50만 명의 피난민과 한국 교회 전체의 성직자, 수도자, 신자, 그리고 각종 단체 등이 모여들었다. 아울러 여러 수도회들은 부산에 진출하여 의료활동, 구제활동, 전교활동 등을 전개하는 동시에, 부산에 정식으로 수도회를 진출시키는 등 부산 교회는 새로운 변화를 맞게 되었다.[5]

이어 우리나라는 1962년부터 제1차 경제개발 5개년 계획을 실시한 이래, 1970년대에 이르러서는 경제가 크게 발전하였다.[6] 1960년대 이후 한국 사회의 지배 이데올로기 중에 하나는 '발전주의'였다. 그러나 '발전주의 이데올로기'는 부락이나 친족과 같은 기존의 전통적인 공동체들을 약화시키는 동시에, 물질주의 · 물량주의 · 경쟁주의 · 업적주의 · 개인주의 등과 같은 가치들을 사회에 확산시키는 결과를 가져왔다.[7] 또한, 이 시기 한국 천주교회는 1962년 교계제도가 설정되는가 하면, 교황청에서는 시대적 요청에 귀 기울일 것을 촉구하는 제2차 바티칸 공의회를 개최하였다. 한국 교회는 제2차 바티칸 공의회의 영향 아래 교회 쇄신과 사회 참여를 위해 노력하였으며, 그리스도교 신앙의 토착화에 대한 관심을 기울이기 시작하였다.

당대 무아(無我) 방유룡(方有龍) 레오 신부(1900~1986, 수도명: 대건 안드레아)는 한국 교회가 실질적 성장을 이루기 위해서는 한민족의 내면에 흐르고 있는 전통적 정서를 계승해야 한다고 믿었다. 그는 민족의 구원을 염두에 둔 한국인 사제로서 한국인에 맞는 참된 구도의 길을

5 천주교 부산교구, 『부산교구 30년사』, 1990, 267~279쪽.

6 서경돈 · 이인숙 · 남인숙, 『해방이후 가톨릭 여자 수도회의 사회복지 활동』, 한국가톨릭신학학회, 2005, 52쪽.

7 노길명, 앞의 책, 275쪽.

개척하는 것이 마땅하다고 생각한 것이다. 그래서 그는 늘 한국인에 의한, 한국인을 위한, 한국인의 수도회 창설을 꿈꿨다.[8] 이에 그는 성화 사업'[9]을 선포하며 '형제애로 뭉친 대가족 수도 공동체' 창설에 전면 도전한다. 그는 더 나아가 '하느님을 위해 살겠다는 사람은 누구나 수도생활을 할 수 있다'는 진보적인 정신[10]으로 완덕을 지향하는 많은 이들을 초대한다. 그리고 그는 1946년 '한국순교복자수녀회'(이하, '복자수녀회'로 칭함)와 1953년 '한국순교복자성직수도회'(이하, '성직수도회'로 칭함), 1962년 결혼 경험이 있는 여성들의 수도 공동체, '한국순교복자빨마수녀회'(이하, '빨마회'로 칭함)를 창설하기에 이른다. 그는 자신의 정신을 따르는 이들에게 '순교자들을 현양하고 순교정신과 형제애로 복음을 전파하라'고 권고하며, 점성(點性), 침묵(沈黙), 대월(對越), 면형무아(麵形無我)의 영성으로 오늘날 일상 안에서의 순교적 삶을 구체적으로 제시하였다. 특히, '빨마회'는 한국전쟁으로 대거 발생된 미망인들의 수도심을 간파하고 착안된 공동체였다. 그러나 오늘날 '누구나 수도생활할 수 있다'는 방유룡 신부의 정신이 가장 뚜렷이 드러나는 공동체로 성장되었다는 점이 주목된다.

이 공동체는 1962년 9월 4일[11] '한국순교복자수녀회 외부회(이하, '외

8 『가톨릭 신문』 제2683호, 2010.01.31.

9 1959.1.9. 강론, 방유룡 신부는 "하느님의 최종 사업[聖意]은 성화(聖化)사업이며, 우리는 이 사업의 완성품인 성화·성인이 되기 위한 생활을 해야 한다."고 하였다. 한국순교복자수녀회, 『영혼의 빛』, 2012, 308쪽.

10 한국순교복자수녀회, 『순교의 맥』 196호, 2000, 봄, 46쪽; 2015년 11월 14일, 우인숙 수녀 인터뷰 참조.

11 오늘날 '빨마회'의 창설 기념일은 10월 1일이다. 그러나 당초에는 입주식이 거행된 9월 4일이었다. 이는 「안영옥 수녀 수기2」와 '복자수녀회'에서 발간한 『옥잠화』를 통해서도 확인이 가능하다. 그러나 부곡동으로 이주한 뒤 어느 시점에서 '복자수녀회'의 윤병현 수녀가 '선교 사업의 수호자인 소화 데레사 축일'인 10월 1일로 창설 기념일을 규정하여 현재에 이르게 되었다고 한다. 창설 기념일이 바뀐 시점을 알 수 있는 자료가 아직 발견되

부회'로 칭함)' 회원이었던 안영옥과 하복순이 부산 청학동에서 공동생활을 시작하면서 창설되었다.[12] 창설 당시, '빨마회'는 '빨마원[13]'이라는 명칭과 '성직자를 도우며 하느님 사랑을 증거' 하라는 사명을 받았다.[14] 이어 1963년 김복수와 1964년 이영자가 '빨마회'에 입회하였다. 1970년대 이전까지는 주로 이 4명의 회원이 구성원으로 조직되었다. 이들은 모두 결혼 경험이 있는 여성들이었고 전쟁미망인을 포함한 미망인과 이혼녀였다. 당시 한국 사회는 '수도자는 미혼자여야 한다'라는 고정관념이 짙었고, 전쟁미망인에 대한 사회적 인식은 부정적이었다. 이런 까닭에 '빨마회'는 창설됨과 동시에 '사회적 편견'과 '한국 교회의 냉대'[15]라는 과제가 주어졌다. 그런 반면에 이 공동체가 성장하고 발전될 수 있도록 사회나 교회 등 각 단체나 기관의 협조도 있었다. 그리하여 창설 이후 줄곧 '복자수녀회' 소속 공동체였던 '빨마회'는 1992년 1월 31일 '부산교구 소속 수도 공동체'로 정식 인가를 받았다.

당대 천주교 부산교구 제2대 교구장 이갑수 주교는 '교회 쇄신과

지는 않았으나, 1974년 즉, 12주년까지는 창설 기념일이 9월 4일이었다는 사실은 1974년 9~10월에 발간된 『옥잠화』를 통해서 확인할 수 있다. 「안영옥 수녀 수기2」; 『옥잠화』 제30호, 3쪽; 172호, 35쪽.

12 「안영옥 수녀 수기2」 참조.

13 '복자수녀회' 윤병현 · 홍은순 · 조연이 수녀 등 당시 참사위원은 '복자수녀회' 청학동 분원에서 공동체 공식 명칭 문제에 관련된 회의를 하였다. 이때 조연이 수녀가 '십자가의 승리'라는 의미가 담겨 있는 '빨마'를 언급하게 되면서 공동체의 공식 명칭으로 규정되었다. 2015년 8월 30일자 조연이 수녀 인터뷰; 2015년 11월 14일, 우인숙 · 박순일 수녀 인터뷰 참조.

14 '빨마회'의 소명은 1977년 방유룡 신부가 '한국순교복자 창설 이념'에서 '빨마회'를 '봉사부'로 규정지음으로써 더욱 확실해졌다. 각주20 참조.

15 청학동 본당 소유 주택에서 공동생활을 시작한 '빨마회'는 새로 부임한 본당 주임신부에게 '과부 떼가 무슨 수도생활이냐며 방을 비우라'고 독촉하는가 하면, 정식 수도회로 인가를 받은 후, 한복을 입던 회원들이 수도복으로 바꿔 입게 되자 타 수도회 수녀들의 빈정거림을 받기도 하였다. 「안영옥 수기1」; 2015년 1월 25일자 김복수 안나 수녀 세 번째 인터뷰 참조.

일치, 사제 양성'에 열정을 기울였다. 특히 그는 성직자 양성에 관심이 컸다. 1984년 개최한 신앙대회와 교구 공의회에서 우선적으로 성직자의 쇄신을 강조하였고, 1991년 개교한 부산가톨릭대에서 첫 사제가 배출되자, 이를 가장 큰 보람으로 여기기도 하였다.[16] 이와 같은 이갑수 주교의 사목 방침은 '빨마회'의 정식 인가에도 적잖은 영향을 미쳤으리라 여겨진다. '빨마회'는 성직자를 위해 창설된 공동체라고 해도 과언이 아니기 때문이다. 부산교구 이갑수 주교는 결혼 경험이 있는 여성들이 수도생활할 수 있는 여건을 마련해 주었고, 이는 한국 교회에 큰 획을 긋는 역사적 사건이었다. 그리고 그 출발은 오늘날까지도 지속되고 있다.

본고에서 '빨마회' 창설에 큰 의미를 두는 이유는 방유룡 신부의 정신, 즉 '누구나 수도생활할 수 있다'는 정신적 특성이 이 공동체를 통해서 뚜렷이 드러나고 있기 때문이다. '빨마회'는 창설 당시 한국 사회의 몰이해로 인하여 시대적 약자인 공동체로 출발하였다. 그러나 오늘날 결혼 경험의 유 · 무와는 상관없이 독신 여성이면 누구나 수도생활을 할 수 있는 수도 공동체로 성장하였다. 그리고 수도생활을 지향하는 많은 여성들에게 '열린 수도회'로 다가가고 있다. 따라서 독신 여성들이 증가하고 있는 오늘날, 현대사회에 필요한 수도 공동체로 발전되었다는 점이 주목된다.

또한, 조선시대 강완숙 골롬바(姜完淑, 1760~1801)의 집을 중심으로 형성된 신앙 공동체의 맥을 현시대 '빨마회'에서 찾아볼 수 있다는 점도 주목된다. 강완숙은 가톨릭교회가 처음 조선에 뿌리를 내릴 시기 조선 교회의 운영에 크게 참여했던 인물이다. 그는 주문모(周文謨,

16 『평화신문』 804호, 2005.01.01.

1752~1801) 신부를 자신의 집에 모시고, 교회와 신자의 중간 역할을 하며 교회 일에 열정을 기울였다. 주문모 신부는 강완숙에게 '회장'의 직책을 맡겼고, 이로써 강완숙의 활동은 공식적으로 전개되었다. 강완숙의 집은 교회의 중심지가 되었고, 여성 신자들은 교회 일에 전념하기 위해 강완숙의 집으로 모여들었다. 그의 집은 부모, 남편 없는 여성들과 동정녀로 살고자 하는 여성들이 함께 생활하면서 새로운 여성 신앙 공동체가 형성되었다. 조선의 전통적 가족제도에서 이렇게 여성들이 개개인의 독립된 구성원으로서 한 가지 사업을 수행하기 위해 공동생활을 했던 사례는 없었다.[17] 이는 자생적 여성 조직으로 한국 천주교회사에서는 물론 한국 여성사에 있어서도 큰 의미를 갖는데, 그 중심에 강완숙이 자리하고 있다.[18]

'강완숙의 家를 중심으로 형성된 여성 신앙 공동체'와 '빨마회', '조선'과 '현대'라는 각기 다른 시대에서 형성된 공동체이지만, 이 두 공동체의 특성은 매우 비슷했다. 또한, 강완숙은 2016년 '빨마회'의 주보로 탄생되기도 하였다. 이에 논자는 위의 두 가지 내용을 본 연구에서 다뤄 보고자 한다. 이를 위하여 '빨마회'의 창설과 성장 과정, 방유룡 신부의 정신, 그리고 초창기 회원들의 삶과 역할 등을 살펴볼 것이다. 또한, '빨마회'에 계시된 하느님의 구원 사업과 시대적 소명을 살펴봄으로써 '빨마회' 창설의 의미를 고찰해 보는 것이 본 연구의 목적이라 하겠다.

본 연구의 전개는 주로 구술 자료로 작업될 것이며, '빨마회' 초창기

17 박주 · 김정숙, 「천주교와 조선여성의 만남(1784~1831)」, 『여성 천주교와 만나다』, 한국가톨릭여성연구원, 2008, 72~75쪽.

18 장정란, 「조선여성 강완숙이 받아들인 천주교」, 『순교자 강완숙 역사를 위해 일어서다』, 가톨릭출판사, 2007, 139쪽.

회원들과 초창기 공동체 생활을 중심으로 다룰 것이다. 즉, 안영옥, 하복순, 김복수, 이영자 회원과 1992년 '빨마회'가 정식 수도 공동체로 인가받기 이전까지의 내용이다. 지금까지 '빨마회'에 관한 연구 논문은 없었다. 연구 과제가 다른 논문이나 수도회 역사 편찬물에 '빨마회'가 잠시 언급되었을 뿐이다. 구체적으로 방유룡 신부의 영성 연구[19]와 『한국순교복자수녀회 면형무아의 여정 60년』, 『한국 순교복자 성직수도회 50년사』를 들 수 있다. '빨마회' 측도 「한국 순교복자 빨마수도원 창립 30주년 기념 화보」, 『30년의 메아리』와 『본회역사 40년』 등 자체 기록물이 있을 뿐이다. 이에 논자는 '빨마회' 자료실에서 방유룡 신부가 직접 작성한 '복자회 창설 이념'이라는 기록물[20]과 안영옥 수녀의 수기 노트 2권과 초창기 회원들 인터뷰 자료, '빨마회 연혁', '빨마회 월례 공문'[21](1987.11~2016.6), '빨마회 30주년 예식서', '1992, 1996, 2012

19 최현식, 「복자회 창설자 방유룡 안드레아 신부의 면형무아안에서의 성체신비」, 1994; 이진숙, 「무아 방유룡 신부의 토착화 영성사상」, 1999; 정성훈, 「완덕의 길에서 복자회 창설자 무아 방유룡 안드레아 신부의 침묵대월과 십자가의 성 요한의 밤의 비교」, 2002; 이유남, 「한국인의 종교심성과 면형무아」, 2002: 「방유룡 신부의 한국적 영성」, 2002; 최영희, 「방유룡 신부의 영성과 점성정신」, 2004; 최현식, 「방유룡 안드레아 신부의 영성에 있어서의 기초와 내용」, 2005; 이숙자, 「면형무아의 길」, 2006; 최영희, 「방유룡 신부의 인간교육과 규범」, 2007; 최영희, 「방유룡 신부의 수덕교육」, 2008; 김복순, 「자아초월적 가치 내면화의 관점에서 본 방유룡 신부의 면형무아 영정」, 2011; 김춘희, 「무아의 빛 : 무아 방유룡 안드레아 신부의 해석적 생애사」, 2011; 김춘희, 「보랏빛 영성 : 무아 방유룡 신부 영성의 심리학적 함의」, 2012 등.

20 방유룡 신부가 1977년 12월 25일에 수기로 작성한 기록물이다. '빨마회'에서 소장하고 있는 이 기록물은 복사본이며, 총 5장으로 되어 있었다. 방유룡 신부는 수기로 작성하면서 상단에 '福者會創設理念'이라고 제목을 달았다. 그중 4쪽에 '修道生活의 구성', '봉사부(빨마원)'이라고 수기로 작성하였다.

21 '복자수녀회'는 윤병현 수녀의 지도에 따라 1957년 11월부터 한 달에 한 번씩 '공문'을 발송하여 각 사도직 수행을 하고 있는 회원들에게 지침과 계획, 주의 사항, 통지 사항, 한 해 생활목표 등을 제시하였다. 한국순교복자수녀회, 『한국순교복자수녀회 면형무아의 여정 60년』, 2009, 139쪽; '빨마회'에서는 이 전통을 이어받아 1987년 11월부터 월 공문을 발행하고 한 달에 한 번씩 월례회를 하고 있다.

년도 회헌', 복자수녀회의 '초기 회헌'과 복자수녀회의 기도서 중에 '신공절요'와 '통경기구'[22]를 참조했다.

'빨마회'에서 협조받은 자료를 본 연구를 위해 사용하되, 그 중 안영옥 수녀의 수기 노트 2권을 「안영옥 수녀 수기1」,[23]과 「안영옥 수녀 수기 2」[24]라고 소제목을 달겠다. 또한, '빨마회'는 2002년 1월 26일 '빨마회' 윤영순 수녀가 안영옥 · 김복수 · 이영자 수녀와 '빨마회' 양산 분원, '무아의 집'에서 인터뷰를 했었다. 이 인터뷰 자료는 「청학동1」, 「청학동2」, 「초장동 생활1」, 「초장동2」, 「무아골 땅 매입」, 「1대, 2대 원장」, 「3대 원장」, 「김 안나, 이 마리아 수녀」라고 소제목을 달아서 보관되고 있었다. 논자는 '빨마회'에서 소제목으로 단 것을 그대로 본 논문에 적용시킬 것이다.

논자는 부족한 자료를 보충하기 위하여 '빨마회' 소속 회원인 김복수[25] · 이영자[26] · 손정숙[27] · 최금희 수녀[28]와 인터뷰했고, '빨마회' 사망 회원인 하복순의 동생 하복근의 자녀들[29]과 인터뷰하였다. 또한 '복자

22 한국순교복자수녀회, 『순교의 맥』 제187호, 1991, 가을, 81~84쪽.

23 「안영옥 수녀 수기1」은 가로 17㎝, 세로 21.8㎝ 크기의 노트이며 총 114매 분량이다. 안영옥 수녀는 1978년에 기록을 시작한 것으로 추정된다. 이 노트는 '빨마회' 연혁과 개인 일기 위주로 2010년까지의 기록이 끝이다.

24 「안영옥 수녀 수기2」는 가로 15.5㎝, 세로 22.3㎝ 크기의 노트이며 총 77매 분량이다. 안영옥 수녀는 1987년 3월 20일 한 달 피정을 준비하며 기록을 시작하였다. 따라서 주로 피정 중의 묵상 내용을 서술하였고, 본인의 출생부터 '빨마회' 창립 10주년까지의 기록도 있다. 제일 마지막 기록은 1988년 3월 21일이다.

25 2015년 1월 25일 양산 '서울 요양 병원에서 총 4번의 인터뷰; 2015년 2월 4일에 같은 장소에서 한 번 인터뷰; 2015년 8월 20일 양산 '무아의 집', 김복수 수녀의 방에서 한 번 인터뷰.

26 2015년 1월 25일과 같은 해 8월 20일 '무아의 집', '빨마회', 이영자 수녀의 방에서 총 2번의 인터뷰; 2016년 6월 18일 양산 '무아의 집', 이영자 수녀의 방에서 김복수 수녀와 이영자 수녀, 총 2번의 인터뷰.

27 2015년 1월 25일에는 '무아의 집', '빨마회' 손정숙 수녀의 방에서 한 번 인터뷰.

28 2015년 8월 22일 '빨마회' 본원에서 최금희 수녀와 한 번 인터뷰.

수녀회' 우인숙 · 박순일[30] · 조연이[31] · 황우경[32] · 이숙자 수녀[33]와 인터뷰하였다. 이 인터뷰들을 자료로 사용하겠다. 그 외에 '복자수녀회'의 협조 자료인, '복자수녀회 외부회' 초기 회칙과 '복자수녀회' 부산지부 '외부회' 회원 명단 기록물, '복자수녀회'의 '월례 공문', 『옥잠화』를 참조하겠다.

그러나 본 연구는 방유룡 신부의 '빨마회' 창설 관련 자료가 부족하였다. 또한, 초창기 회원들과 초창기 공동체 생활의 자료 부족으로 인하여 연구에 한계를 드러냈다. 특히, 공동체 생활에서 '복자회' 영성과 관련된 공동생활이나 '순교자 현양 활동' 등에 관한 자료를 많이 확보하지 못하여 본고에서 세밀히 다루지 못했다. 그러므로 본고에서 드러낸 한계점이 시급히 보충, 확보되어 '빨마회'에 관한 세밀한 연구가 진행되기를 바란다.

2. '빨마회' 창설의 준비 과정

1) 한국전쟁과 전쟁미망인에 대한 사회적 인식

1950년 발발한 한국전쟁은 한국 역사상 유례가 없을 만큼 치열했다. 특히 인명 손실이 집중된 연령층은 10대 후반에서 30대까지의 청장년

29 2015년 8월 22일 부산 서면 e편한 세상 아파트 103동 803호에서 하복순 수녀의 남동생 하복근의 자녀인 하정숙, 하영환, 하영환의 처 김진옥과 한 번 인터뷰.

30 2015년 11월 14일 '복자수녀회 수원 관구' 유소사 체칠리아 수도원 응접실에서 '복자수녀회' 우인숙, 박순일 수녀와 한 번 인터뷰.

31 2015년 8월 30일 '복자수녀회 총원' 본원장 수녀의 방에서 조연이 수녀와 한 번 인터뷰.

32 2016년 3월 13일 '복자수녀회 부산 오륜대 분원'에서 황우경 수녀와 한 번 인터뷰.

33 2016년 3월 28일 '복자수녀회 대월수도원'에서 이숙자 수녀와 한 번 인터뷰.

층 남성이었다. 그리고 이 연령층의 손실은 전쟁미망인의 양산과 결혼 적령기 남성의 절대 부족 현상으로 나타났다. 1950년대 남한 사회에서는 전쟁미망인을 포함하여 50만 명 이상으로 추산되는 미망인들과 그에 따른 100여 만 명의 부양가족이 하루하루 생계유지를 위해 거리를 헤매고 있었다.[34] 그들은 남편과 아버지를 대신하여 자녀들의 교육을 담당해야 했고, 가족의 대표자가 되어 사회와 접촉해야만 했다. 새롭게 주어진 이러한 역할은 계층에 관계없이 여성들에게 혹독한 시련이기도 했지만, 여성의 지위를 향상시킬 수 있는 새로운 가능성의 계기이기도 하였다.[35]

'미망인(未亡人)'이라는 용어는 전쟁 혹은 다른 원인으로 말미암아 남편을 잃은 여성을 가리키는 호칭으로서 일반적으로 남편을 잃은 여성을 '과부(寡婦)' 혹은 '미망인'이라 부른다. 과부는 (자식의) 홀어미라는 의미를, 미망인은 '남편과 함께 죽어야 하는데 아직 죽지 아니한 아내'라는 뜻을 지니고 있다.[36] 특히 미망인이라는 호칭은 죽은 남편을 기준으로 살아 있는 아내를 규정하는 호칭으로 '남편을 뒤따라 죽어야 하는 자신의 도덕적 책무를 다하지 못한 아내'라는 윤리적 의미와 독립된 개체로서의 여성의 존재를 부정하고, '남자에 의해서 보호되고 규정되는 여성'이라는 존재적 의미를 동시에 지니고 있으며, 1950년대 전쟁미망인이라는 호칭 역시 이러한 의미를 함축한 채 사용되어졌다.[37]

한편 한국전쟁은 여성의 사회적 인식을 전환시키는 계기가 되었다. '남편 혹은 아버지의 부재'로 여성들은 생계에 도움이 된다면 어떤 일

34 이임하, 앞의 책, 2000, 10쪽.
35 이임하, 「한국전쟁과 여성노동의 확대」, 『한국사학보』 제14호, 2003, 252쪽.
36 정병욱, 「미망인, 그들에게 환희를」, 『여상』 1월호, 1965, 175쪽.
37 이임하, 앞의 책, 2000, 12~13쪽.

이든지 해야만 하는 처지에 있었다. 그러나 이들을 위한 생활 대책이 제대로 강구되지 않고 있어 한때는 생계유지를 위한 매춘이 성행되어 성윤리를 무너뜨리고 기약할 수 없는 삶에서 비롯된 향락주의로 빠질 수 있는 함정이 많았다.[38] 한국전쟁 이후, 전쟁미망인에 관한 문제가 제기되었지만 그들의 생계 문제, 구호 대책 등 생존적인 측면이나 그들의 욕구를 사회가 어떻게 해결할 것인가? 그들을 어떻게 통제해야 하는가라는 윤리적이고 규범적 문제에 치우쳐 있었다. 이는 이러한 변화에 대해 사회가 가지는 불안감의 반영이었다. 즉, 여성의 생존을 위한 경제적, 사회적 활동에 대해 사회는 전통적인 여성상(보호받고 순종적이며 정숙한 아내와 딸)을 파괴할 것이라는 근거 없는 두려움과 여성에 대한 혐오감을 드러냈고, 전쟁미망인은 그러한 두려움과 혐오의 우선적 대상이 되었다. 그리하여 한국전쟁 이후 전쟁미망인에 대한 사회적 규정은 '보호의 대상'이자 '사회적 규제의 대상'이었다.[39]

2) 전쟁미망인을 위한 여자 수도회의 복지활동

앞서 살펴본 바와 같이 전쟁미망인에 대한 정부의 구호 대책은 적절하게 실행되지 못했을 뿐 아니라 복지활동 역시 전사자나 장애인, 고아 및 혼혈아 등 긴급한 복지 대상자들로 인하여 소홀할 수밖에 없었다. 그 가운데서도 젊은 미망인들은 어린 자녀들과 함께 생계를 꾸려 나가야 한다는 어려움에 직면하였다. 이에 여자 수도회는 미망인들이 어려움을 극복하고 각자의 생계를 이끌어 나갈 수 있도록 기술 교육을 실시하는 등 복지활동에 나섰다.[40]

38 심흥보, 「한국 천주교 사회복지사 연구」, 석사학위논문, 1998, 156쪽.
39 이임하, 앞의 책, 2000, 10~11쪽.

부산의 메리놀 병원에서는 전쟁미망인들을 위한 나자렛 워크숍(Nazareth Work Shop)을 운영하였다. '메리놀 수녀회' 메리 가브리엘라 뮬헤린(Mary Gabriella Mulherin) 수녀가 병원의 한 건물을 '나자렛 집'이라고 칭하고, 이곳에서 전쟁미망인과 피난민 여성들을 위하여 기술 교육을 실시하였다. 교육 내용은 바느질, 자수, 편물, 재봉 등 수공예 중심의 기술 훈련을 시켜 생산 능력을 갖추고, 생산품의 판로는 수녀들이 개척하여 여성들에게 자활의 길을 열어 주었다. 생산품은 카드나 인형, 털스웨터, 수예품 등으로 주요 판매처는 부산에 주둔한 외국 군인이었다. 수녀와 평신도 여성 신자들은 보이지 않는 곳에서 전쟁미망인과 피난민 여성들의 자활을 위해 봉사하였다. 또한, 성가소비녀회는 1964~1980년까지 미망인을 비롯한 여성들에게 양재를 가르치는 양재소를 운영하기도 하였다.[41]

미망인이나 일반 여성들에게 사회활동의 폭을 넓혀 주기 위해 기술을 연마할 수 있는 기회를 제공한 수녀회도 있었다. '아시시의 작은 꽃' 자매들인 '마리아의 전교자 프란치스코 수녀회'는 수예부를 마련하기 위해 20여 명의 여성들에게 미리 기술 연마를 시켰다.[42] 영원한 도움의 성모수녀회에서는 부산 영도에 '영도 세탁소'를 개설하고 주부, 전쟁미망인들과 함께 빨랫감을 가지고 가까운 냇물에 가서 빨래를 하였다. 1951년부터는 세탁일 뿐 아니라 미망인을 위한 양재소도 함께 운영하였다.[43]

40 서경돈 · 이인숙 · 남인숙, 앞의 책, 2005, 40쪽.

41 금경숙, 「격변속의 교회여성 (1945~1962)」, 『여성 천주교와 만나다』, 한국교회사연구소, 2008, 258~261쪽.

42 『가톨릭 시보』, 1960년 6월 19일; 서경돈 · 이인숙 · 남인숙, 앞의 책, 2005, 41쪽.

43 서경돈 · 이인숙 · 성명숙 · 박태범 · 남인숙, 『해방이후 한국 사회와 가톨릭교회 여성운동』, 한국가톨릭신학학회, 2005, 19쪽.

이와 같이 여자 수도회는 한국전쟁이 발발하자 전쟁미망인들을 위한 사업을 전개하였다. 수녀들은 전쟁으로 인해 가족을 잃은 미망인들에게 슬픔을 극복하고 생계를 유지할 수 있는 자립 의지를 심어 주었다. 여자 수도회의 이러한 활동은 단순히 '선교를 목적으로 하는 차원'에서 이루어졌다고만 볼 수 없다. 가난하고 불쌍한 사람들을 통해서 하느님의 현존을 깨닫는 '가톨릭 정신'에 입각한 '인간 존중', 즉 수혜자 중심에서 이루어진 '인권적 차원'에서 행해졌음을 알 수 있다.[44]

3) 평신도 단체 '외부회'와 '빨마회'와의 관계

한국전쟁으로 인하여 여성들의 사회활동이 활발해지자 교회 안에서는 '가정의 중요성'을 강조하는 행사를 주최하기도 하였다. 교회에서는 여성들의 참여를 고조시키고자 하였고, 평신도 여성들은 소외 계층을 돌보는 등 선교활동에 주도적 역할을 담당하였다.[45] '외부회'도 이 시기에 창설되었다. '외부회'가 창설된 이후에 '빨마회' 창설 계획이 진행되었다. 분명 이 두 공동체는 서로 연결되어 있다. 지금부터 이 두 공동체가 어떻게 연결되어 있다는 것인지 살펴보도록 하겠다. 그러기 위해서는 '외부회'라는 단체에 대해서 먼저 알아봐야 한다.

'외부회'는 1957년 3월 6일 방유룡 신부와 윤병현 수녀에 의해 '가정에서 수덕의 삶을 통하여 자신을 성화하고 복음적 완덕을 지향하는 것'을 목적으로 창설된 평신도 단체이다. 그리고 그해 10월 6일 부산 청학동 '복자수녀회' 자치분원이 신설되면서 부산에서도 '외부회'가 시작되었다. 윤병현 수녀는 '복자수녀회'에 '제3회'를 창립하기 위해 가르

44 서경돈 · 이인숙 · 남인숙, 앞의 책, 2005, 40~51쪽.

45 금경숙, 앞의 책, 2008, 248~253쪽.

멜 수도회 회칙을 참고하여 회칙을 작성하였다. 이 과정에서 방유룡 신부는 '외부회'로 명칭을 정하였다. 이 '외부회'는 1962년 5월 1일 노기남 대주교로부터 회칙을 승인받았다. 이때 승인받은 '외부회 회칙 제4장 · 제9조, 복장 편'에는 다음과 같은 내용이 제시되어 있었다. '본원 장상과 지도 신부님의 허락으로 2인 이상 자치 공동생활하는 경우에는 본 복장을 항시 착용할 수 있으나, 그 외에는 특별한 단체행동 본회 예전 식에 참례할 시만 착용함.' 윤병현 수녀는 이 회칙을 직접 작성하였을 뿐만 아니라, 홍은순 수녀와 함께 '외부회' 지도를 맡고 있었다.[46] 또한 그는 방유룡 신부의 정신을 잘 알고 있었으며, '방유룡 신부의 정신은 곧 하느님의 뜻이며 계획'으로 여겼다.[47]

여기서 언급된 방유룡 신부의 정신이란 다음과 같다. 첫째, 과거 신분과 상관없이 그의 가르침대로 살겠다는 원의만 있다면 누구든 수도생활을 할 수 있다는 것이다. 그리하여 '성직수도회' 창설 직후에는 이북에서 월남한 결혼 경험이 있는 남성들이나[48] 불교 승려였던 사람의 입회를 허락하기도 했었다. 둘째, "복자회'는 대가족 수도 공동체'로 구성될 것이며, 가족수도회는 형제애로 뭉쳐 복음 전파에 힘써야 한다는 것이다. 셋째, 방유룡 신부는 '성직자'를 최우선시하였다. '성직수도회' 창설 역시, '성직자 양성'을 위해 방유룡 신부가 가장 먼저 구상했었다. 따라서 '성직수도회'의 사제가 파견되는 곳에는 '복자수녀회'의 수녀가 함께 파견되어 사제의 사목활동에 적극 협조해야 할 것이며, 사제관의 가사를 돕는 사람도 일반인이 아닌 같은 영성으로 양성된 회원이

46 한국순교복자수녀회, 앞의 책, 2009, 146쪽.

47 한국순교복자수녀회, 『윤병현 안드레아 수녀 어록집』, 2007, 59 · 326쪽.

48 한국순교복자성직수도회, 『한국순교복자성직수도회 50년사』, 2003, 95쪽.

파견되어 사제의 뒷바라지에 헌신해야 한다는 것이다. 그러나 사제관 주방 봉사를 위한 회원 양성은 당시 구상에만 그쳐 있었다.

마침, 한국전쟁 이후 전쟁미망인이 대거 발생되었고, '외부회'의 회원들 가운데에도 미망인들이 많았다. 그 중 일부 회원들은 공동체 생활을 지향하기도 하였다. 윤병현 수녀는 방유룡 신부의 정신과 일부 회원들의 수도심을 간파하고, 방유룡 신부에게 미망인 및 결혼 경험이 있는 여성들을 위한 수도 공동체 창설을 제안하였다. 즉, 이들을 위한 수도 공동체를 창설하여 사제관의 가사를 돕는 역할을 담당하게 하자는 것이었다. 이 역할은 다시 말하자면 어머니의 역할과 같다. 방유룡 신부는 결혼 경험이 있는 여성들이야말로 누구보다 그 역할에 적합하며, 또 충실히 수행할 수 있을 것이라고 판단하였다. 그는 윤병현 수녀의 제안을 받아들이고, '빨마회' 창설 계획을 추진하였다. 그리고 윤병현 수녀를 이 계획의 책임자로 지명하여 이를 실행해 나가도록 하였다.[49]

이 공동체의 계획에 참여하며 첫 회원이 되겠다고 나선 이가 바로 '안영옥'이다. 안영옥은 1957년부터 이 계획에 동참하여 1962년 '빨마회'가 창설되기까지 5년이라는 세월을 인내하며 기다렸다. 따라서 안영옥은 '빨마회' 창설, 성장 과정의 중심부에 있던 인물이다. 그렇다면 방유룡 신부, 윤병현 수녀와 안영옥의 만남은 어떻게 시작되었는가? 지금부터 이들의 만남을 구체적으로 살펴보겠다. 아울러 '빨마회' 창설 과정도 살펴보도록 하겠다.

1954년 1월 24일부터 후암동 본당(서울 용산구 후암동 38-3) 제4대 주임사제로 방유룡 신부가 부임하였다. 이에 따라 '복자수녀회'는 1955년 1월 24일 후암동 본당에 분원을 설립하여 방유룡 신부의 본당 사목

49 2015년 11월 14일, 우인숙 · 박순일 수녀 인터뷰 참조.

을 도왔다. 1955년 10월 7일, 방유룡 신부는 본당 사제를 그만두고 수도 사제로서 청파동 '복자수녀회' 본원에 상주하기 시작하였으나, '복자수녀회'는 본당에 계속 남아 활동하다가 1963년 4월 1일에 후암동 본당 분원을 철수하였다.[50] 당시 안영옥은 후암동 본당 신자였고, 세 자녀는 본당 주일학교에 다니고 있었다. 따라서 방유룡 신부와 복자수녀회는 자연스럽게 안영옥의 집안 사정을 알게 되었다.[51]

[52]1956년 안영옥의 남편이 병고로 죽게 되자, 다음 해 장남 최영철은 방유룡 신부가 창설한 '성직수도회'에 입회[53]하였다. 당시 안영옥은 자녀의 부양 등으로 힘든 상황이었다.[54] 이 사실을 알게 된 윤병현 수녀는 방유룡 신부의 허락하에 '결혼 경험이 있는 여성들을 위한 수도 공동체' 계획을 안영옥에게 알리고 이 계획을 준비하기 위해 '복자수녀회'에서 함께 생활할 것을 제안하였다. 그러나 안영옥은 부양해야 하는 두 명의 딸이 있었으므로 쉽게 제안을 받아들일 수 없었다. 이에 윤병현 수녀는 안영옥에게 먼저 '외부회' 입회를 권하고 대책에 나섰다. 윤병현 수녀의 권유대로 1957년 안영옥은 '외부회'에 입회하였다. 그리고 안영옥의 두 딸은 '복자수녀회'에서 돌보기로 결정되었다.[55] 상황이 그렇게 되자 안영옥은 1957년 10월 2일부터 공동체 창설을 염원하며

50 한국순교복자수녀회, 앞의 책, 2009, 122~124쪽.

51 2015년 11월 14일, 우인숙 · 박순일 수녀 인터뷰 참조.

52 「안영옥 수녀 수기2」 참조.

53 최영철은 '한국순교복자성직수도회'를 퇴회한 뒤, 광주신학교에 입학하여 부산교구 소속 사제가 되었다. 최영철이 1973년 사제서품을 받은 후 초량 본당에 부임하게 되자, '빨마회'는 1973년 12월 최영철 신부의 사제관에 파견되어 처음으로 주요 사도직인 '사제 돕는 일'을 수행하기 시작하였다. 「안영옥 수녀 수기1」 참조.

54 안영옥에게는 세 자녀가 있었다. 홀로 부양을 책임져야 하는 것도 걱정이 태산이었는데, 계(契)를 들어 활용하던 돈마저 사기를 당하게 된 것이었다. 이후 살길이 막막하였던 안영옥은 죽음까지도 생각했었다. 「안영옥 수녀 수기2」 참조.

55 2015년 11월 14일, 우인숙 수녀 인터뷰; 「안영옥 수녀 수기2」 참조.

'복자수녀회' 수녀들과 생활하기 시작하였다.

그러나 그 계획은 5년이 흐른 뒤에도 구체화되지 않았다. 이에 답답해진 안영옥은 병이 나고 말았다. 당시 부산의 청학동 본당주임 김유재 신부[56]는 이러한 사정을 알고 안영옥을 돕기에 나섰다. 공동체 생활을 시작할 수 있도록 청학동 본당 소유의 주택을 빌려 주기로 한 것이다. 그러나 '외부회, 회칙 제9조'에 의거하여 안영옥 혼자는 공동체 생활이 이루어질 수 없었다. 이때 부산지부 외부회 회원 하복순이 있었다. 당시 미망인이었던 하복순 역시 공동체 생활을 원하고 있었다. 안영옥과 하복순은 1962년 5월부터 청학동 본당 소유 주택에서 공동생활을 하며 입주식을 준비하였다.[57]

드디어 1962년 9월 4일 '결혼 경험이 있는 여성들의 수도 공동체', '빨마회'가 창설되었다. 안영옥과 하복순, 두 사람 모두 '외부회' 회원이었으므로, '빨마회' 창설 과정에는 외부회 회원들의 협조가 이어졌다. 안영옥은 '빨마회' 창설 전, 5년의 세월 동안 생활비를 직접 해결하였는데, 그 경비를 '외부회' 회원이 직접 관리해 주었다.[58] 또 입주식을 준비하는 동안 '외부회'에서는 그들의 공동 자금으로 필요한 살림살이를

56 김유재(金有宰 1925.12.17~1984.7.13) 그레고리오 신부, 청학성당 제9대 주임신부(재임기간 : 1955.1.10~1963.2.11). 안영옥 수녀는 김 신부를 "빨마원'을 시작해 주시다시피 하신 은인 신부님'이라고 하였다. 또한, 이러한 인연이 계기가 되어 안영옥 수녀는 김유재 신부가 선종하기 전 몇 차례 병문안을 가서 병간호도 해 주었다. 안영옥 수녀는 김유재 신부가 선종하자 그를 '아름다운 영혼'이라고 칭하기도 하였다. 「안영옥 수녀 수기1」, 1984년 6월 5일, 7월 10일, 7월 16일 참조.

57 안영옥은 당시의 심정을 다음과 같이 기록하고 있다. "이 성대한 입주식, 기다리고 기다리던 미망인 공동체. 너무 감격하고 기뻐서, 몇 날을 먹지 않아도 배고픈 줄도 모르고, 몇 년씩 비워 놨던 쥐들만 살던 집을 힘든 줄도 모르고 매일매일 청소를 하고, 때우고, 바쁠 때는 시멘트를 개서 손으로 바르고, 얼마나 애를 썼던지, 손이 다 부르터서 무슨 물건을 잡을 수도 없이 피가 나고 있었지만, 예수님의 상처보다는 아무것도 아니라 생각하고, 만반의 준비를 하고 서둘렀다.", 「안영옥 수녀 수기2」 참조.

58 2002년 1월 26일, 안영옥 수녀 인터뷰, 「청학동2」 참조.

장만해 주기도 하였다.[59] 창설 직후, 1963년 김복수와 1964년 이영자가 '빨마회'에 입회하였다. 그러나 그들은 '외부회' 회원이 아니었다. 안영옥과 하복순의 입회 과정에는 '외부회'라는 단체가 견인차 역할을 한 것은 사실이나, 반드시 '외부회' 회원이어야만 했다는 것은 아니었다. 이러한 사실은 차후에 입회한 회원들을 살펴봐도 알 수 있다. 현재 '빨마회' 회원 중, '외부회' 회원이었던 수녀는 안영옥과 하복순을 제외하고 대략 3명에 불과하다.[60] 그러나 '빨마회' 창설의 이면에는 '외부회'가 있었고, '외부회' 회원들은 '빨마회' 창설 과정에 많은 도움을 주었다. 따라서 이 단체와 회원들이 보여 준 협조정신을 간과해서는 안 될 것이다.

윤병현 수녀를 비롯한 '복자수녀회'의 역할도 중요했다. 안영옥은 곤란한 상황에 처해 있었고, 이에 대한 대책을 '복자수녀회'에서 마련해 줌으로써 '빨마회' 창설은 가능했다. '빨마회'는 1992년 정식 수도 공동체로 인가를 받기 전까지 '복자수녀회' 소속 단체였다. '복자수녀회'는 '빨마회' 회원들에게 창립 정신에 기초한 내면화의 양성을 위해 노력했다. '빨마회' 회원들이 수도생활을 통하여 '증거자의 삶'으로 살아갈 수 있도록 새로운 지평을 열어 준 것이다.

59 2002년 1월 26일, 안영옥 · 김복수 · 이영자 수녀 인터뷰, 「초장동2」 참조.

60 서울지부 '외부회' 회원을 제외한, 부산지부 '외부회' 회원 명단 기록을 기준으로 하였다. 부산지부 '외부회' 소속 회원은 1977년에 2명, 1983년에 1명이 '빨마회'에 입회했다. 그 외 기록에 남아 있지 않더라도 '외부회' 소속이었던 회원은 소수에 불과할 것이라고 추정한다.

3. 방유룡 신부의 정신과 '빨마회' 창설

1) 면형무아

방유룡 신부는 수도생활의 근본정신은 점성(點性), 침묵(沈黙), 대월(對越), 면형무아(麵形無我)이며 우리가 갈 곳은 면형이라고 하였다. 즉, 깨어 있음으로써 일상의 모든 순간을 완전케 하는 점성과 자신을 비우고 정화하여 하느님 안에 사랑으로 몰입되는 침묵과 대월, 그리고 하느님과 합일하는 면형무아가 그의 영성이다.[61] 그는 "우리가 세상에 난 목적이 하느님께로 가는 것이고, 면형이 하느님이니 면형으로 가야 한다."[62]며 하느님과의 일치를 이루는 완덕의 절정을 '면형무아'라고 하였다. 그는 교회의 모든 성사(聖事)의 중심인 성체성사(聖體聖事) 안에서 무아로 오시는 하느님을 만나고, 일치를 이루는 면형무아를 알아본 것이다.[63]

[64]즉, 방유룡 신부는 성체 축성으로 밀떡의 실체는 없어지고 그 형상만 남은 무(無)인 면형에 그리스도께서 오시어 면형이 성체가 되는 신비의 현장을 목격하게 된다. 여기서 그는 인간에 대한 사랑 때문에 당신을 극도로 비우시는 하느님의 사랑에 깊이 감동된다. 그리고 성체성사의 실체 변화와 성체 현존의 신비체험에서 하느님과 일치하려면 인간도 무가 되어야 함을 알아들었던 것이다. 이에 방유룡 신부는 『사랑이 사랑을 위하여』[65] 작품 전체를 통하여 인간의 근본인 '사랑'을

61 한국순교복자수녀회, 앞의 책, 2009, 61쪽.

62 1968.8.20. 강론, 한국순교복자수녀회, 앞의 책, 2012, 569쪽.

63 이진숙, 「무아 방유룡 신부의 토착화 영성사상」, 석사학위논문, 1999, 54~55쪽.

64 김복순, 「자아초월적 가치 내면화의 관점에서 본 방유룡 신부의 면형무아 여정」, 문학박사 학위논문, 2011, 16~42쪽.

노래하면서 인간의 목적과 사명 역시 '사랑'임을 드러낸다. 또한 그는 "사랑에서 태어나고 사랑 위해 생겼으니 우리의 본은 사랑이요 목적도 사명도 사랑일세."[66]라며 '사랑'이 인간의 궁극적 목표임을 총체적으로 집약시켜 친필로 남겼다. 그리고 그는 "인사물과 삼라만상 그 모두가 사랑이니, 사람 위해 봉사하러 사랑께서 보내셨다."[67]라며, '사랑의 봉사'를 함에 있어서 면형무아적 삶의 중요성을 다시금 일깨운다. 즉, 하느님과 일치된 사랑의 봉사는 복음을 실현하는 증거자의 삶이 될 수 있기 때문이다.

아울러 방유룡 신부는 하느님과 일치에 이르는 면형무아의 길에 있어서 유독 형제애를 강조하였다. 그는 "형제애로 뭉치는 이가 천주와 일치하는 이"라며, "전교는 지식과 호변(好辯)에 있지 않고 형제애에 있으며, 형제애가 있는 곳에 만사가 성취된다."[68]고 노래한다. 따라서 "애주(愛主)의 보람이 애인(愛人)"[69]이므로 하느님을 사랑하는 사람은 필연적으로 사람을 사랑해야 한다는 것이다. 이처럼 방유룡 신부는 형제애의 중요성을 강조하고 면형무아의 궁극적 목적을 세상에 하느님을 알리는 복음 전파에 두었다.

2) 순교자 현양

방유룡 신부는 수덕의 모델을 한국의 순교자들에게서 찾고,[70] 수도

65 한국순교복자성직수도회, 『사랑이 사랑을 위하여』, 형제애, 2003.
66 김복순, 위의 논문, 2011, 19쪽 각주45 참조.
67 한국순교복자성직수도회, 위의 책, 2003, 18쪽.
68 한국순교복자성직수도회, 위의 책, 2003, 34쪽.
69 한국순교복자성직수도회, 위의 책, 2003, 36쪽.
70 이진숙, 앞의 글, 1999, 38쪽.

회를 창설하면서 한국 순교자들을 주보로 하였다. 한국 수도생활의 맥은 당연히 한국 천주교회 창립자이며 신앙 선조인 한국 순교자의 얼을 이어 가는 것이라고 생각했기 때문이다. 그러므로 그는 순교자를 현양하며 순교정신을 본받아 복음 전파에 헌신하는 수도자를 양성코자 하였다.[71] 방유룡 신부는 "순교자를 현양하려면 순교정신을 가져야 하며 순교자를 닮아야 한다고 가르친다. 그가 말하는 순교정신이란 죽는 것을 좋아해야 한다는 것으로 '죽음의 죽음'을 좋아하는 것"[72]이며, "복자 가문은 순교자들의 피를 이어받은 만큼 순교정신으로 무장되어야 한다."[73]는 것이다. 즉, '순교'란 신앙 안에 확인된 하느님께 자기 자신을 자유로이 내어드리는 봉헌의 행위이며, 하느님께 대한 치열한 사랑과 하느님을 향한 희망에서 비롯된 행위이다. 그러므로 순교는 신앙과 사랑과 희망의 완성이라고 볼 수 있다.[74]

따라서 방유룡 신부는 "생명을 희생하는 사랑이면 예서 더 큰 사랑이 어디 있으리오. 치열한 사랑은 애덕에 애착하여 그는 무아가 되었네."[75]라고 표현하며, 순교자들의 신비적 죽음을 무아로 본다. 아울러 "무아가 되면 면형이 된다."[76]며 매일 죽음의 죽음을 연습하고, 면형을 향하여 행진해야 한다고 가르친다. 그러므로 방유룡 신부는 창설 수도회마다 '면형무아'의 증거자인 한국 순교자들의 신앙과 삶을 본받고 순교정신으로 매일의 삶을 살아낼 것을 당부한다. '복자회'는 방유룡

71 한국순교복자수녀회, 앞의 책, 2009, 74쪽.

72 1962.4.13. 강론, 한국순교복자수녀회, 위의 책, 2012, 465쪽.

73 1970.8.13.,8.14. 강론, 한국순교복자수녀회, 위의 책, 2012, 614~616쪽.

74 이진숙, 앞의 글, 1999, 106쪽.

75 영가 77편, 한국순교복자수녀회, 앞의 책, 2012, 187쪽.

76 1959.12.31. 강론, 한국순교복자수녀회, 위의 책, 2012, 360쪽.

신부의 정신을 염두하고, 수도생활의 특수 목적을 '순교자 현양'으로 삼았다. 그리하여 순교자들의 얼과 뜻을 온 세상에 전파하며 사명을 완수하는 데 심혈을 기울이고 있다.

3) 형제애(兄弟愛): '복자회'는 형제애로 뭉친 대가족 수도 공동체

방유룡 신부는 수도회를 창설하면서부터 '형제애로 뭉친 대가족 수도 공동체'를 목표로 삼았다. 한국 전통에 자긍심이 강했던 그는 "복자회'는 대가족'이라며, 누구나 수도생활을 할 수 있도록 수도 공동체를 구상하였고, 자신이 창설한 수도회마다 '형제애 실천'을 강조하였다. 그리하여 여자 수도회인 '복자수녀회'와 남자 수도회인 '성직수도회', 결혼 경험이 있는 여성들을 위한 '빨마회'를 창설하고,[77] 각자의 역할을 뚜렷이 구분지어 사명을 부여하였다. 즉 '성직수도회'는 사제로서 사목에 힘쓸 것이며, '복자수녀회'는 파견된 본당에서 사제들의 사목에 협조하고, '빨마회'는 사제관의 가사를 도와 사제들의 사목에 협조해야 한다는 것이었다. 그래서 '성직수도회'와 '복자수녀회'는 형제애로 전교할 것을 약속시키는가 하면, '빨마회'는 형제애로 사랑의 봉사를 약속하게 하였다. 그는 각 수도회가 이러한 약속을 지키고 각각의 역할을 충실히 수행한다면 효과적인 복음 전파가 될 것이라고 전망했다.

방유룡 신부가 "복자회'는 형제애로 뭉친 대가족 수도 공동체'라고 강조하게 된 계기는 시대적 배경의 영향이 크다. 당시 그는 수도회를 창설하면서 한국전쟁으로 인하여 야기된 '사회적 혼란기'를 직접 겪어

77 한국순교복자수녀회, 『순교의 맥』 192호, 1996, 겨울, 11쪽.

야 했다. 그리고 당대 세상에서 메말라 가는 사랑도 지켜봐야 했다. 발전주의 이데올로기는 물질주의, 성장주의, 개인주의 등의 가치들을 사회에 확산시키며 기존의 한국의 전통적 가치인 가족 중심 사회, 마을 공동체를 약화시켰다. 이에 방유룡 신부는 한국 전통 가족 개념을 살린 대가족 수도 공동체를 구상하고 창설하면서 '복자회'의 가풍을 '형제애'로 정하게 된 것이다. 그리고 '복자회'는 형제애로 일치, 단결하여 사랑을 실천해야 한다고 강조한다. 초창기 '복자회'는 방유룡 신부의 정신을 토대로 연중행사를 합동으로 하는가 하면, 월 1회 모임을 갖고 창설자의 정신과 형제애 실천을 논하고 매월 실천 사항을 정하기도 하였다. 또한 '복자수녀회'의 『옥잠화』에 투고를 함께 하는 등 유대를 강화했었다.[78]

방유룡 신부는 이에 그치지 않고 자신이 창설한 수도 공동체가 함께 모여 살면서 '복자 마을'이라는 큰 동네가 형성되기를 염원하기도 하였다. 그는 "'복자수녀회', '성직수도회', '빨마회'가 모두 같이 모여 살면서 큰 공동체를 이룰 수 있다면 얼마나 좋을까? 그래서 '복자 마을'이라는 큰 동네를 만들어서 살았으면 좋겠다."고 말하곤 하였다.[79] "몸의 지체는 많지만 모두 한 몸인 것처럼, 그리스도께서도 그러하십니다."(1코린 12,12)라는 성경 말씀과 같이 방유룡 신부는 다양한 수도 공동체를 창설하였고 수도 공동체마다 각각의 역할을 부여하였다. 그리고 그는 더 나아가 '복자 마을'이라는 큰 공동체를 구상하기까지 하였다. 이와 같이 방유룡 신부는 '복자회'가 형제애로 그리스도 안에서 한 몸을 이

78 한국순교복자수녀회, 「쁘로마뗄(홍은순 라우렌시오 수녀)의 복자수녀회 회고기」, 1996.9, 38쪽.

79 한국순교복자수녀회, 『순교의 맥』 196호, 2000, 봄, 31쪽.

루고 온 세상 복음 전파에 심혈을 기울이길 당부하고 있다. 오늘날 '복자회'는 창설자의 정신을 고수하며 가족수도회의 유대를 강화하고 있다. 그리고 이러한 '복자회'의 노력은 공동체의 성장이라는 결실을 맺었을 뿐만 아니라 효과적인 복음 전파가 되고 있다.

4) 수덕자의 전형, 성모 마리아와 '복자회' 여자 수도자들의 사명

방유룡 신부는 성모님을 수덕생활의 전형으로 제시하였다. 그는 "세상의 모든 성총은 성모님을 통해서 내게로 온 것이니, 내가 만일 성인이 되었다면 온전히 성모님을 통해서 이루어진 것"[80]이라며 자신의 체험으로 인한 깊은 성모신심을 드러냈다. 때문에 방유룡 신부는 그가 창설한 수도회의 수도자들이나 완덕의 길을 걷고자 하는 이들에게[81] "면형무아로 낳으시는 분은 성모님"[82]이며 "성모님을 사랑하는 마음이 있으면 성녀가 된다."[83]고 가르친다. 또한, 방유룡 신부는 수도생활의 목적이 "하느님 사람이 되는 것"[84]이기 때문에 "점성, 침묵, 대월의 삶을 사신 성모님을 닮아야 한다."[85]고 강조한다.

그는 또 성모님을 '사제'로 진술하며, 수덕적 맥락에서 성모님을 수도자의 전형으로 제시하였다. 여기서 그가 사용한 '사제'라는 용어의 의미를 살펴보면 다음과 같다. 즉, 면형무아가 된 사람은 자신이 완전

80 1959.8.28. 강론, 한국순교복자수녀회, 앞의 책, 2012, 355쪽.
81 이진숙, 앞의 책, 1999, 77쪽.
82 1971.6.13. 강론, 한국순교복자수녀회, 2012, 앞의 책, 629쪽.
83 1963.12.7. 강론, 한국순교복자수녀회, 2012, 위의 책, 522쪽.
84 1970.2.15. 강론, 한국순교복자수녀회, 2012, 위의 책, 595쪽.
85 한국순교복자수녀회, 『순교의 맥』 196호, 2000, 봄, 18쪽.

히 없어지고 자신 안에 그리스도가 오시어 면형이 되었으니 자기 자신을 산 제물로 하느님께 바치는 '면형사제(麵形司祭)'가 된다는 것이다.[86] 그는 성모님을 면형사제의 원형으로 보았다. 이는 "성모님을 천신(天神)들의 왕후(王后)로 삼으시고, 성사제(聖司祭)들의 대성사제(大聖司祭)로 만드셨네."[87]와, "성모님은 사제 중 사제시요 하느님의 대사제(大司祭)시니, 하자 없으신 소병(素餅)으로서 하늘서 오신 제물을 낳으신 분이시요, 그지없는 제(祭)를 드리시는 면형사제시네."[88]라는 영가에서 확인할 수 있다. 또한 그는 수도자는 성모님의 자녀들[89]이라고 하였다. 그러므로 수도자는 면형사제인 성모님을 본받아 면형사제가 되어야 한다는 것이다.[90]

그러나 이러한 방유룡 신부의 가르침은 수도자들에게만 국한된 것이 아니다. 그는 "수도생활은 하느님 성화사업에 전문적으로 협조하는 생활"이므로[91] "독신자는 누구든지 이 생활을 할 수 있다."[92]고 하였다. 그는 또 "모든 성인들이 수도원에서 난 것은 아니며 성인들은 누구나 내적으로 수도생활한 수도자"[93]라며 많은 사람들을 그리스도와 가까운 삶을 살 수 있도록 초대하고 있다.[94] 그러므로 그는 완덕의 길을 걷는 모든 이들에게 면형사제가 되어야 한다고 가르치며 성모 마리아

86 이진숙, 앞의 글, 1999, 60쪽.

87 영가 84편, 한국순교복자수녀회, 앞의 책, 2012, 207쪽.

88 영가 88편, 한국순교복자수녀회, 위의 책, 2012, 217~218쪽.

89 1962.10.20. 강론, 한국순교복자수녀회, 위의 책, 2012, 485쪽.

90 최현식, 「복자회 창설자 방유룡 신부의 영가(靈歌)에 나타난 면형무아(聖體神秘)에 대한 고찰」, 석사학위논문, 1994, 151~153쪽.

91 1959.2.8. 강론, 한국순교복자수녀회, 앞의 책, 2012, 313쪽.

92 1959.5.25. 강론, 한국순교복자수녀회, 위의 책, 2012, 332쪽.

93 1959.4.20. 강론, 한국순교복자수녀회, 위의 책, 2012, 324쪽.

94 이진숙, 앞의 글, 1999, 78쪽.

를 수덕자의 전형으로 제시한 것이다.

아울러 그는 자신의 정신을 따르는 모든 여성들에게 '한국에서 태어난 한국 여성'임을 상기해야 한다고 가르친다. 따라서 한국의 고유한 역사, 미풍양속, 예절, 세시 풍습, 민속, 종교, 문화 등을 공부하고, 한국 여성들의 인내, 관용, 솜씨, 모성애, 희생, 멋 등 한국 여성의 미덕을 이어 가야 한다고 당부하였다.[95] 즉 한국에서 창설된 '회'인 만큼 한국 여성의 미덕을 온 세상에 증거 하라는 것이다. 그리고 그는 이를 '복자회' 여자 수도자들의 사명으로 권고하였다.

5) '빨마회'의 순교자 현양 실천 과정 및 주보 탄생, '복녀 강완숙 골롬바'

(1) '빨마회' 초창기 회원들의 순교적 삶

방유룡 신부는 순교자의 원형이신 예수 그리스도와 일치된 삶을 추구할 것과 순교자들의 순교정신을 본받을 것을 강조하였다. 그러기 위해서 '시시때때로 참아야 한다'는 것이다. 즉, 본성을 억제하고 침묵, 대월의 삶이 되라는 가르침이다. 초창기 회원들은 이와 같은 가르침대로 살아가기 위해 노력했다. 특히 이들의 삶은 험난했다. 결혼 경험이 있는 여성들이 모여 수도생활을 한다는 것 자체가 한국 사회의 전통 관념에서 벗어나 이해받기 힘들었을 뿐만 아니라 초창기 공동체는 열악한 환경이었다. 그러나 그들에겐 믿음과 희망이 있었다. '이 공동체가 언젠가는 정식 수도 공동체가 될 수 있을 것'이라는 믿음과 희망은 그들을 형제애로 단결시켰고, '투신의 삶'으로 이끌었다.

95 한국순교복자수녀회, 「쁘로마뗄(홍은순 라우렌시오 수녀)의 복자수녀회 회고기」, 1996.9, 39쪽.

사실 공동체가 형성되고 창설되었다는 것 자체가 그들에겐 기쁜 소식이자 복음이었다. 그들은 세속을 떠나 봉헌의 삶으로 살아가길 희망했고, 그것은 현실로 이어졌다. 그러한 까닭에 주변의 시선도 물질적 가난도 그들에겐 걸림돌이 될 수 없었다.[96] 그들은 공동체의 살림살이 등을 하나씩 장만해 나갔고, 공동체는 서서히 틀을 갖추어 갔다. 이러한 공동체의 변화는 그들에게 기쁨과 감사함의 원천이었다. 그리고 이 과정에서 형제애가 싹트게 되었다. 형제애로 뭉친 그들은 공동체의 발전을 위해 서로 협력하였고, 매순간 투신하였다. 그들은 교통비를 아끼기 위하여 몇 시간씩 걷기도 하였고,[97] 서로의 몸에 있는 온기로 추위를 달래 가며 밤잠을 청하기도 하였다.[98] 초창기 회원들은 잠이 부족해서 잠이 그리울 만큼 빠듯한 하루 일과를 보내야만 했다.[99] 이미 그들의 삶은 '나'를 위한 삶이 아닌 공동체의 미래, 즉 하느님 사업에 동참하며 투신의 삶으로 나아간 것이었다. 이 여정에서 방유룡 신부의 가르침은 든든한 길잡이가 되어 주었다. 그들은 방유룡 신부의 가르침을 되씹으며 일상생활 안에서 예수 그리스도의 십자가 상 죽음과 순교자들의 삶을 본받아 순교적 삶으로 살고자 노력했다.[100] 오히려 그들이 겪는 시련과 난관은 방유룡 신부의 가르침을 이해하고 내면화하는 데 도움이 되기도 하였다. 그리고 이와 같은 그들의 삶은 공동체 성장에 중요한 밑거름이 되었다.

96 2002년 1월 26일, 안영옥 · 김복수 · 이영자 수녀 인터뷰, 「청학동2」 참조.

97 2002년 1월 26일, 안영옥 · 김복수 · 이영자 수녀 인터뷰, 「김 안나, 이 마리아 수녀」 참조.

98 2015년 8월 22일, 최금희 수녀 인터뷰 참조.

99 2002년 1월 26일, 안영옥 · 김복수 · 이영자 수녀 인터뷰, 「청학동1」 참조.

100 2016년 6월 15일, 김복수 · 이영자 수녀의 두 번째 인터뷰 참조.

(2) 순교자 현양 실천 과정[101]

'빨마회'는 '순교자 현양'이라는 특수 목적을 가지고 있다. 초창기 회원들은 바쁜 하루 일과 중에도 자신들이 할 수 있는 한 최선을 다해 순교자 현양 행사에 참여하였다. 특히, 매달 26일이면 하 안토니오 몬시뇰에 의해 주최된 순교자 현양 행사에 참여하곤 하였는데, 행사가 끝나면 밤 10시가 넘었다. 초창기에는 일손이 부족할 만큼 하루 일과가 바빴으나, 그들은 한국 순교자들의 정신을 본받고자 순교자를 현양하는 모든 행사에 참여하였다. 이는 그들에게 일상 안에서의 순교적 삶을 살아낼 수 있는 힘이 되었고, 그들은 열정적으로 참여하였다.[102]

그리고 1985년 "빨마회', '회칙"에 '순교자 현양 사업 참여'(제2조, 3항)라는 구체적 권고가 명시되기 시작했다. 이 회칙을 시작으로 2012년 개정된 회헌에 이르기까지 '순교자 현양 사업 참여'는 계속해서 권고되었다. 또한, '빨마회'는 각 회원들에게 '월례공문'을 발송하여 순교자들과 관련된 독서와 공부할 것을 당부하였다. 이는 순교자들의 삶을 본받고 일상생활에서 순교적 삶으로 살아가면서 순교자들을 현양하자는 것이다. 특히 매해, 한국 성직자들의 수호자 성 김대건 안드레아 사제 순교자 대축일이 있는 7월과 순교자 성월인 9월은 순교 성인전뿐만 아니라 '103위 한국 성인 호칭 기도'와 '순교자 성월 기도문' 등 영적 기도에 전념케 하여 "우리는 순교자를 현양하는 복자 가문"임을 각 회원들이 상기할 수 있도록 하였다.

또한, '빨마회'는 순교자 시복 시성에도 관심을 기울였다. 2008년 8월부터 천주교 부산교구는 '부산교구 평신도 사도직 협의회'와 '부산교회

101 「'빨마회, 연혁', '빨마회, 월례공문'」, 참조.

102 2016년 6월 15일, 김복수 수녀, 이영자 수녀의 인터뷰2 참조.

사연구소'의 공동 주관으로 '시복 시성을 위한 도보 순례'를 실시하였다. '빨마회'는 1주년이 되는 2009년 8월, '시복 시성을 위한 도보 순례'에 동참하였다. 2014년 한국 순교복자 124위가 시복되고, 부산 지역에서는 순교자인 이정식 요한과 양재현 마르티노가 복자품에 올랐다. 부산교구는 그해 9월, 시복 감사 기념행사를 열었다. 빨마회는 이 행사에 참여하여 '시복 감사 미사'를 봉헌하며 기쁨을 나눴다. '빨마회'는 여성 순교자 강완숙 골롬바에 대해서도 특별한 관심을 두고 있었다. '빨마회'는 '강완숙 골롬바 순교자 시복 시성 기도문'을 자체적으로 작성하고, 1997년 9월부터 기도를 시작하였다. 2014년 강완숙이 시복되자, 2016년부터 강완숙은 '빨마회'의 주보가 되었다. 그러나 강완숙 골롬바는 이미 '빨마회' 창설 때부터 '빨마회'의 구심점에 있었다. 이에 대해서는 상세히 다룰 필요가 있기에 다음 장에서 좀 더 살펴보도록 하겠다.

한편, '빨마회'는 2005년도부터 한국 교회사에 더욱 관심을 두고 한국 교회사와 관련된 학술 심포지엄이나 강의에 참석하여 학문적 견해를 넓혀 가기 시작했다. '빨마회'는 2005년 서울대교구 가톨릭여성연합회의 주최로 개최된 '조선 여인 강완숙, 역사를 위해 일어서다'라는 주제의 심포지엄에 참석하였고, 2006년과 2008년에는 전문 강사를 초청해 강완숙 골롬바와 한국 여성사에 관한 강의를 들었다. 또한 2012년부터 현재까지 '성직수도회'에서 주최하는 '순교 학술 심포지엄'에 꾸준히 참석하고 있다. 여기에는 '가족수도회 연대'라는 또 다른 목적도 있다. 창설자는 '복자회'를 창립하면서 '가족수도회가 일치되어 널리 전교활동이 이루어지기'를 염원하였다.[103]

103 2015년 11월 14일, 우인숙 수녀 인터뷰 참조.

이러한 창설자의 뜻을 염두하고, 2013년부터 복자 가족의 세 수도회의 장상들이 모였다. 즉 '복자수녀회'와 '성직수도회', 그리고 '빨마회', 이 세 수도회의 장상들은 '가족수도회 모임'이라는 명칭으로 모임을 시작했다. 오늘날까지 지속되고 있는 이 모임은 형제애 나눔과 실천이라는 목적과 한국 교회의 발전을 위하여 서로 합심하자는 결의가 내포되어 있다. 이에 각 수도회의 관계자들은 순교자 연구 및 현양 현황을 나누고 향후 순교자 현양 연대 방안을 모색하기도 하였다. 이에 2014년에는 '한국 순교복자 124위'가 시복되자, '124위 시복 축하 복자가족 한마당' 행사를 거행하였고, 2015년에는 '한국 순교복자 가족수도회 순교영성 제1차 모임'이라는 명칭으로 모임을 갖고, 순교영성의 연구 방향을 모색하기 시작했다. 또한 2016년에는 '병인박해 150주년'을 기념하며 '한국 순교복자 가족수도회 도보 성지순례' 행사를 가졌다. 이 행사는 병인박해 순교자를 현양하고 그들의 삶과 오늘날 순교적 삶을 재확인하는 것과 창설자의 정신을 고취시키고 심화하자는 것이 그 목적이었다.

이와 같이 세 수도회는 형제애로 일치를 이루고 한국 교회 발전을 위하여 단결하였다. 그러면서 '한국 순교복자 가족수도회'라는 하나의 공동체가 탄생되었다. 이 공동체는 각종 행사를 개최하며 한국 교회의 발전에 힘쓰기 시작했다. 이와 같은 사실은 주목해 볼 필요가 있다. 조선 초대 교회에서 형성된 신앙 공동체의 가장 큰 특징은 '형제애(兄弟愛)의 실천적 삶'이다. 이 가족수도회는 한국 순교자들을 주보로 모시고 그들을 현양하며 복음을 전파하는 사명을 가지고 있다. 이에 '한국 순교복자 가족수도회'는 조선 초대 교회에서와 같이 형제애로 일치를 이루면서 한국 순교자들을 현양하고 있다. 이는 당대 '형제애 실천적 삶'으로서 혈업(血業)의 상속자임을 세상에 증거 하는 또 하나의 계기가 되었다. 아울러 순교자 현양과 복음 전파에 큰 영향을 미쳤다는 사실에서 '한국 순교복자 가족수도회'라는 공동체의 탄생은 의미가 깊다고 할 수 있다.

이상에서 살펴본 바와 같이 '빨마회'는 창설 이후 현재까지 '순교자 현양'이라는 특수 목적을 수행하기 위해 노력을 기울여 왔다. 그러나 현재 '빨마회'는 가족수도회와 각 교회 단체가 주최하는 순교자 현양 행사에 참여하는 정도로 '순교자 현양'에 대한 사도직 수행은 아직 미비하다고 말할 수 있다. 즉 '빨마회' 자체적으로 연구, 개발한 '순교자 현양 사업'은 아직 없다. 따라서 '빨마회'는 현 사도직 안에서 순교자 현양에 대한 방안을 모색하거나 순교자 현양에 관한 새로운 사도직 개발에 힘써야 할 것이다. 그럼으로써 '빨마회'는 신앙 선조들의 혈업(血業)을 기리고 온 세상의 복음 전파에 노력을 기울여야 한다. '빨마회'는 '순교자 현양'이라는 특수 목적을 가지고 창설되었고, 이는 '빨마회'의 사명인 것이다.

(3) 주보 탄생, '복녀 강완숙 골롬바'

오늘날 '빨마회'는 강완숙 골롬바와 한국 순교자들을 주보로 삼고 있다. 한국 순교자들은 '빨마회' 창설 이래부터 '빨마회'의 주보가 되었고, 강완숙 골롬바는 1984년 '빨마회'의 임시 회칙과 1996년 회헌에 이르기까지 주보로 명시되어 있었다. 이에 '빨마회'는 강완숙 골롬바를 주보로 삼고 '강완숙 골롬바 시복 시성을 위한 기도'를 바쳤다. 그러나 2010년경 '빨마회'는 '교회법, 제1187조'[104]에 위배된다는 사실을 알았

104 '교회 권위가 성인들이나 복자들의 명부에 올린 하느님의 종들만을 공적 경배로 공경할 수 있다.' 한국천주교중앙협의회, 『교회법전』 제1187조, 1990, 605쪽.

고, 2012년에 회헌을 개정하면서 강완숙을 주보로 명시하지 않았다. 그러나 이미 강완숙은 '빨마회'의 주보가 되어 있었다. 즉 '빨마회'는 2012년, '창립 50주년 기념행사'에서 '강완숙 골롬바의 생애'를 다룬 순교극을 선보였다. 또한, 앞서 언급된 2014년에 거행된 '복자 가족 한마당 잔치 행사'에서 '빨마회'는 강완숙 골롬바를 주제로 하여 만든 창작곡을 선보였다.[105]

방유룡 신부는 '빨마회' 창설 때부터 이미 강완숙 골롬바의 삶과 '빨마회'의 특성을 같게 보고 있었다. 그는 '성직수도회'에서 미사를 집전하며 미사 강론 중에 '강완숙 골롬바'의 생애를 언급하곤 하였는데 강완숙을 '여걸'이라고 표현하며, 강완숙의 생애와 업적이 '빨마회' 공동체 특성과 흡사하다고 하였다. 그리고 강완숙 골롬바는 '빨마회'의 모델이라고까지 하였다.[106] 뿐만 아니라 방유룡 신부는 '빨마회' 초창기 회원들에게도 강완숙 골롬바를 언급하며 그의 순교적 삶을 본받고 사명을 완수할 것을 강조하였다. 즉, 강완숙 골롬바는 사제에게 적극 협조하였으며, 목숨을 걸고 사제를 보호하였으니 사제를 위해 창설된 '빨마회'는 강완숙의 삶을 본받으라는 것이었다. 아울러 방유룡 신부는 '빨마회'는 순교적 삶으로 사제에게 적극 협조해야 함'을 거듭 강조하였다.

이와 같이 방유룡 신부는 '빨마회'를 창설하면서 이미 강완숙 골롬바와 '빨마회'를 같이 연관시키고 있었다. '빨마회' 초창기 회원들은 이후 강완숙 골롬바의 삶과 신앙을 복자수녀회의 수녀들에게도 재차 교육

105 「'빨마회, 연혁', '빨마회, 월례공문'」 참조.

106 2016년 6월 9일 방학길 신부의 증언; 방학길(方學吉 마르첼리노, 1937.5.1~) 신부는 1957년 8월 21일 '성직수도회'에 입회하였다. 입회 후 그는 성직수도회의 본원(현, '성직수도회'의 복자사랑 피정의 집)에서 트렁크 만드는 일을 주로 하였다. 이처럼 그는 본원에서 소임을 하고 있었기 때문에 방유룡 신부의 미사 강론을 가장 근접하게 들을 수 있었다고 한다.

을 받았다. 특히 강완숙이 기혼자였다는 사실은 '빨마회' 초창기 회원들에게 공감대를 형성시켜 주었다. '빨마회'의 초창기 회원들은 모두 결혼 경험이 있었기 때문이다. 즉, 결혼생활이 아닌 신앙생활을 선택한 강완숙의 삶과 예수 그리스도의 대리자인 성직자를 위해 목숨을 내놓은 강완숙의 삶에 탄복하며, '그 힘이 도대체 어디서 나왔을까?'라는 의문이 들 정도였다고 한다. 그러면서도 '기혼자', '성직자 보호'라는 신분과 사도직의 동일한 특성은 수도생활과 사도직 활동에 방향을 제시해 주며 많은 도움이 되었다고 한다. 오늘날 그들은 자신들의 삶을 회고하며 다음과 같이 증언한다. "우리는 예수 그리스도를 위해 모든 것을 봉헌한 삶인 만큼, 예수 그리스도의 대리자인 성직자를 위해 모든 삶을 봉헌하는 것이 우리의 사명이라 여긴다. 때문에 후배 수녀들은 '성직자 역할'의 중요성을 재상기해야 할 것이며, 사도직 활동에 최선을 다해야 할 것이다."[107]

이상에서 살펴본 바와 같이 '빨마회'는 이미 초창기부터 강완숙 골롬바를 수도생활의 모델로 삼고 있었다. 이후 2014년 강완숙 골롬바가 시복되자, 2016년 강완숙은 '빨마회'의 주보로 탄생되었다.

4. '빨마회' 초창기 회원들의 삶과 역할

본장에서는 '빨마회' 초창기 회원들 중에 안영옥, 하복순, 김복수, 이영자 수녀를 중심으로 살펴볼 것이다. 왜 이들인가? ① 한국전쟁 직후 입회한 이들은 전쟁미망인을 포함한 결혼 경험이 있는 여성들로서

107 2016년 6월 15일, 김복수 수녀와 이영자 수녀의 인터뷰 참조.

'빨마회' 창설 계기와 밀접히 연관되어 있다. ② 1970년대 초까지는 이들 4명의 회원이 공동체 구성원이었다. 물론, 이들 외에도 많은 결혼경험이 있는 여성들이 수도생활을 원하며 '빨마회'에 입회하였으나, 불모지와 같았던 '빨마회'의 모습에 어려움을 토로하며 퇴회하였다. 그러나 이들만은 공동체의 희로애락을 함께하며 공동체가 성장할 수 있도록 '뿌리내림'의 역할을 하였다. ③ '빨마회'는 창설 당시 '복자수녀회' 소속 공동체였다. '복자수녀회'의 윤병현 수녀는 주로 1년에 한 번씩 방문하여 지도하였고, '복자수녀회'에서 '빨마회'의 지도를 위해 파견된 수녀는 1주일에 한 번씩 방문하여 회원들을 교육시켰다.[108] 그러나 '빨마회'에 상주하며 공동체를 이끌어 주는 지도자는 없었다. 열악한 환경과 지도자의 결여는 공동체의 분열과 해산을 초래할 수 있는 가능성이 다분하였다. 이때 '빨마회'의 첫 회원이자, 창설 과정의 중심에 있던 안영옥이 핵심 인물로 두각되었다. 그리고 하복순, 김복수, 이영자는 안영옥의 말을 전적으로 믿고 따랐으며 협조해 나갔다. 이들은 공동체의 성장이라는 염원으로 단결했으며, 공동체의 '뿌리내림'과 '성장'의 이면에는 이들이 존재하고 있었다. 이에 본 장에서는 이들의 '빨마회' 입회 전 생애와 입회 이후의 활동과 역할에 대해서 구체적으로 살펴보도록 하겠다.

1) 안영옥[109]

안영옥(安英玉, 수도명: 루시아, 1922.12.25.~2011.05.22.)은 '빨마회'

108 2002년 1월 26일, 안영옥 · 김복수 · 이영자 수녀 인터뷰, 「김 안나, 이 마리아 수녀」 참조.

109 이하 글은 「안영옥 수녀 수기2」를 참조하여 내용을 전개하였다.

창설 이전과 이후에도 독보적인 인물이었다. 초창기 '빨마회'에 필요한 일감이며 주요한 결정은 모두 안영옥에 의해서 이루어졌고, 이후에도 공동체가 기반을 잡을 수 있도록 중추적 역할을 하였다. 안영옥은 현재에도 '빨마회' 회원들에게서 '강한 정신력의 소유자'[110]로 칭송을 받고 있다. 그러므로 안영옥의 입회 이전의 삶과 입회 이후의 활동을 살펴보고, 그녀의 역할에 대해서 알아보도록 하겠다.

(1) 입회 전 생애

안영옥은 경기도 인천에서 사업을 하던 안영진과 박순이의 11남매 중 둘째로 태어났다. 1939년 9월 20일, 최봉환과 혼인하여 삼 남매를 둔 안영옥은 1950년 4월 8일 후암동성당에서 '비비안나'라는 세례명으로 세례성사를 받았다. 1950년 한국전쟁이 발발했다. 안영옥의 남편 최봉환은 북한군의 폭행으로 인하여 병을 얻게 되었다. 그럴수록 안영옥은 신앙생활에 전념하였고 1954년에는 견진성사를 받았다.[111] 그러나 최봉환은 1956년 1월 3일 '바오로'라는 세례명으로 대세를 받은 후, 같은 달 17일 죽음을 맞이했다. 그리고 미망인이 된 안영옥에게 윤병현 수녀가 공동체 생활을 제안한 것이었다. 그 이후 5년간의 삶은 '평신도 단체 '외부회'와 기혼자 수도 공동체 '빨마회'와의 관계'에서 미리 살펴보았다.

110 2015년 1월 25일 손정숙 수녀 인터뷰; 2015년 8월 20일자 김복수 수녀 인터뷰; 2015년 8월 20일 이영자 수녀 인터뷰 참조.

111 현재 후암동성당에서 안영옥의 견진성사 증명서를 발급받으려고 하였으나, 안영옥의 견진성사 기록을 찾을 수는 없었다. 그러나 안영옥이 입회 때 제출한 교적에 상세한 날짜가 기록되어 있지는 않으나, '견진', '1954년'이라고 기록되어 있다.

(2) 입회 이후 활동과 역할

안영옥은 '빨마회' 창설 과정에서의 역할도 중요했으나, '빨마회' 창설 이후의 활동도 간과할 수 없다. 현재 '빨마회'의 분원 중, '성직수도회', '무아(無我)의 집', '중앙 성물점', '남천 성물점'은 모두 안영옥이 중심부 위치에 있을 때였거나, 직접 주도하여 일궈낸 분원이다. 특히, '무아의 집'은 '순교자 현양'의 취지로 터를 매입하고 건립하였다. 다시 말하자면 안영옥은 1984년부터 제찬규 신부의 도움을 받아, 옛 '공소 터' 매입을 추진하였다. 그리하여 양산에 위치한 옛 '범실공소 터'를 조금씩 매입하기 시작하였다.[112] 그리고 이곳에 '무아의 집'을 건립하였다.

또한, 1985년 3월에 '한국순교복자성직수도회'의 서울 진출은 '가족수도회 연대'를 목적으로 하여 안영옥이 추진한 일이었다.[113] 안영옥의 이러한 추진력은 '빨마회'에 창설자의 정신을 고취시키고, 각인시키는 계기가 되었다. 이후에도 '복자회의 맥(脈)'을 보전하겠다는 안영옥의 항구한 정신에는 변함이 없었다. 한때 '빨마회'는 '복자수녀회'로부터 오랫동안 독립이 이루어지지 않자, 내부에서 분열이 일기도 하였다. 그때마다 안영옥은 "'빨마회'는 '복자회' 가족수도회의 일원"임을 강조하고, 공동체 회원들의 불만을 잠재웠다.[114] 이러한 그의 내적 · 외적 활동은 공동체 회원들에게 든든한 버팀목이 되어 주었다. 결국 안영옥은 공동체가 정식 인가를 받은 직후, 총원장으로 선출되기에 이른다.

이상에서 살펴본 바와 같이 안영옥은 공동체를 성장시키는 데 중추적 역할을 하였다. '빨마회'가 창설되기까지 5년이라는 세월을 견뎌낸

112 2002년 1월 26일, 안영옥 수녀 인터뷰, 「무아골 땅 매입」 참조.

113 2002년 1월 26일, 안영옥 · 김복수 · 이영자 수녀 인터뷰, 「3대 원장」 참조.

114 2015년 1월 25일, 손정숙 수녀 인터뷰 참조.

정신력과 초창기 불모지와 같은 공동체를 성장시키기 위한 활동 역시 간과할 수 없다. 특히, '순교자 현양', '가족수도회 연대감 조성'은 그녀가 일궈낸 내적 · 외적 활동 중 가장 주목된다고 볼 수 있다. 이런 까닭에 '빨마회' 회원들은 이구동성으로 그녀의 강한 정신력을 높이 평가한 것이었다.

2) 하복순[115]

하복순(夏福順, 수도명: 발바라, 1922.03.23.~2003.04.18.)은 안영옥이 주로 외부 활동을 하는 동안 공동체 살림을 맡아서 했다.[116] 늘 안영옥의 그늘에 가려져 있었지만, 부지런하고 희생심이 많았던[117] 하복순은 공동체의 숨은 일꾼이었다. 특히, '깊은 신앙심'과 '사제를 위한 봉사정신'은 같은 공동체 후배들에게 모범이 되었다. 여기서 언급된 '모범적 삶', 두 가지를 주목할 필요가 있다. 입회 전 하복순의 삶은 아주 험난했고, 입회 후에는 그것이 '신앙 증거적 삶'으로 이어졌기 때문이다.

(1) 입회 전 생애

하복순은 하규해와 임연이 요안나의 1남 1녀 중 장녀로 경남 밀양군 상동면 안인리 144번지에서 태어났다. 구교 집안에서 태어난 하복순은 부산 범일동성당에서 1924년 4월 3일 '마리아'라는 세례명으로 세례성사를 받았다. 그리고 1933년 9월 10일 견진성사를 받았다.[118] 하복순과

115 이하 글은 2015년 8월 22일, 하정숙 · 하영환 · 김진옥 · 최금희 수녀 인터뷰를 참조하여 내용을 전개하였다.

116 2002년 1월 26일, 안영옥 · 김복수 · 이영자 수녀 인터뷰, 「초장동2」; 2015년 8월 22일, 최금희 수녀 인터뷰 참조.

117 2015년 1월 25일, 손정숙 수녀 인터뷰; 2015년 8월 22일, 최금희 수녀 인터뷰 참조.

그녀의 남동생 하복근(夏福根, 1927.12.08.~)은 어릴 적부터 가장 노릇을 해야 하는 가난한 환경에서 자랐으나, 부모의 깊은 신앙심은 두 남매에게 큰 영향을 주었다. 하복순은 어릴 적 주일학교를 다니면서 유독 신부를 따랐고, 그녀의 남동생 하복근은 복사활동뿐만 아니라 제병을 만들기도 하였다. 신앙으로 자란 하복순은 같은 신앙을 가진 신자와 혼인하였다.

하복순은 1943년 1월 23일 김용호(金龍浩) 가브리엘과 부산 범일동성당에서 혼인성사를 받았다. 그러나 그녀의 남편 김용호는 혼인 후 얼마 되지 않아 일본으로 강제징용되었다. 그리고 그는 그곳에서 사망했다.[119] 김용호가 일본으로 강제징용되었을 당시 하복순은 임신한 상태였고, 이후 딸 김명자 수산나를 낳았다. 그러나 하복순의 딸은 1959년 2월 13일 주사제 약화 사고로 갑작스런 죽음을 맞이했다. 정신적 충격이 컸던 하복순이 견뎌낼 수 있는 힘은 오로지 '신앙'이었다. 점점 더 그는 신앙에 의존하면서 '복자수녀회' 부산지부 '외부회'에 입회하였다.[120] 그러나 아쉽게도 '외부회'에 기록이 남아 있지 않아 입회 연도 등 자세한 내용을 확인할 수는 없었다. 딸의 죽음 뒤, 하복순은 평일에는 콩나물 장사, 주일에는 같은 '외부회' 회원이었던 '박 마리아'라는 회원과 함께 범일동성당에서 성물을 판매하며 생활하였다. 그리고 안영옥의 제안으로 공동체 생활을 시작하였다.[121]

118 필자는 2015년 8월 19일 부산교구 범일동성당에서 하복순의 세례성사 증명서와 견진성사 증명서를 요청하여 발급받았고, 같은 해 8월 25일 범일동성당에서 하복순과 김용호의 혼인증명서를 발급받아 성사에 관한 정확한 연도와 날짜를 확인할 수 있었다.

119 김용호의 생몰년도는 확인하지 못하였다. 김용호의 가족들은 일제시대 강제징용으로 일본에 끌려간 그가, 이후 아무 소식이 없자 일본에서 사망한 것으로 단정지었다고 한다.

120 2002년 1월 26일, 안영옥 수녀 인터뷰, 「청학동2」 참조.

(2) 입회 이후 활동과 역할

하복순은 '빨마회'에 입회한 후, 특히 사제관에 식복사로 근무하며 '사제를 위해 봉사하는 일'에 앞장섰다. 이에 대한 '빨마회' 회원들의 이야기를 들어 보자. "방유룡 신부가 우리 집에 오시면 발바라 수녀님(하복순)이 소골! 소머리에 들은 골 … (방유룡 신부님이) 그걸 좋아하셨어 … 골 사러 시장을 돌아다니는 거야.",[122] "제(제찬규) 신부님 남천본당 계실 때 발바라 수녀님이 계시는데…. 이제 식사를 해 드리는데, 매일 시장 가서 생선을 샀대요. 싱싱한 걸 해 드리려고, 그러니까 얼마나 부지런하게 다니셨겠어요. 그렇게 그만큼 정성을 쏟으시는 분이시더라고요. 사제에 대한 그런 어떤 정성…"[123]

하복순은 입회 전 남편과 외동딸의 죽음에 직면하였다. 특히, 딸이 죽었을 때는 실성한 사람처럼 전국을 돌아다녔다. 그럼에도 불구하고 '신앙의 힘'으로 고통을 이겨낸 그녀는 하느님께 감사해하였고, 주변인들에게도 "하느님께 감사해야 한다."라며 자주 말하곤 하였다. 그 감사의 마음을 예수 그리스도의 대리자인 '사제들을 위한 봉사'로 드러낸 것이라고 볼 수 있다.

3) 김복수[124]

김복수(金福洙, 수도명: 안나, 1929.12.2~)는 '빨마회' 창설 당시 시대

121 2002년 1월 26일, 안영옥 · 김복수 · 이영자 수녀 인터뷰, 「초장동2」; 2015년 8월 20일 이영자 수녀 인터뷰 참조.

122 2015년 1월 25일, 김복수 수녀 세 번째 인터뷰 참조.

123 2015년 8월 22일, 최금희 수녀 인터뷰 참조.

124 이하 글은 2015년 1월 25일, 2015년 2월 4일, 2015년 8월 20일 김복수 수녀 인터뷰를 참조하여 내용을 전개하였다.

상을 대표하는 전쟁미망인이다. 이 사실은 중요하게 다뤄질 만하다. 왜냐하면 '빨마회' 창설 배경과 밀접하게 연결되어 있기 때문이다. 또한, 순교정신이 강한 구교 집안에서 태어난 그녀는 어릴 적부터 부모에게서 '조상들의 순교정신'을 들으며 성장했다. 그 '들음'에서 이루어진 신앙 교육은 차후 그녀의 삶과 일치되어, 순교적 삶을 살아갈 수 있도록 밑거름이 되어 주었다. 따라서 '전쟁미망인', '순교정신' 이 두 가지를 주목하여 그녀의 삶을 살펴보기로 하자.

(1) 입회 전 생애

김복수는 김종화(金鍾化) 요셉과 김 모니카의 3남 3녀 중 다섯째로 태어났다. 천주교 집안에서 태어난 김복수는 1930년 2월 24일 홍천성당에서 '요안나'로 세례성사를 받았다. 그리고 1943년 2월 15일 평창대화성당에서 견진성사를 받았다. 구교 집안에서 태어난 그녀는 어릴 적부터 신앙심이 몸에 배어 있었다. 그녀의 부모는 조상 중에 박해시대 순교를 원했던 할머니가 계셨다는 이야기를 자주 들려 주곤 하였다. 즉, 그 할머니는 순교를 원하였으나 임신한 상태였으므로 포졸들이 순교를 시키지 않았다고 한다. 부친의 친척 중에는 샬트르 수녀회 수녀도 있었다. 김복수는 이런 구술에 의한 신앙 교육으로 인하여 어릴 적부터 수도생활에 대한 갈망을 갖게 되었다. 그러나 그녀는 부모의 반대와 학력 부족으로 인하여 수도자의 길을 접게 되었다.

1947년 1월 28일, 김복수는 신경열(辛慶列 1927.5.1~1950.12.28)과 혼인하였다. 그리고 그해 2월 11일 풍수원성당에서 혼인성사를 받았다.[125] 그러나 신경열은 한국전쟁에 참전하였다가, 그해 12월 28일에

125 필자는 2015년 8월 14일 원주교구 풍수원성당에서 김복수와 신경열의 혼인증명서를

전사했다. 1954년경 남편의 전사 소식을 들은 김복수는 같은 해 친구를 따라 서울로 상경하여 가톨릭대학 기숙사 식당에서 봉사생활을 시작하였다. 그곳은 당시 전쟁의 여파로 직업을 구하기 어려운 여성들과 결혼을 원하지 않는 여성들이 모여 생활하였다. 그 중 수녀회에 입회한 여성도 많았다. 그러나 결혼 경험이 있는 여성들이 갈 수 있는 공동체는 없었다. 그러던 중 1962년경, 이질녀이자 '복자수녀회' 회원인 이냐시오 수녀는 이모인 김복수를 찾아와 '빨마회'를 소개하였다. 다음으로 윤병현 수녀와 홍은순 수녀가 가톨릭대학으로 김복수를 찾아왔다. 어릴 적부터 수도생활을 갈망했던 그녀는 1963년 1월 23일 '빨마회'에 입회하였다.

(2) 입회 이후 활동과 역할

김복수는 '빨마회'에 입회하자마자 많은 일을 감당해야 했고 잠도 부족했다. 그것은 김복수를 가장 힘들게 했다. 즉, 아침에 밥 먹고 졸면서 버스를 타고 새로 취업한 부산 대양학교 매점에 도착하면 점심식사 준비와 장사를 하고 귀가했다. 또 집에 오면 봉제 일 도와주고, 그렇게 하루 종일 일을 하다 보면 몇 시에 잠을 자는 줄도 몰랐다.[126] 그렇게 눈코 뜰 새 없이 바쁜 생활 중에도 김복수는 "정식 수도원이 되든 안 되든, 비가 오나 바람이 부나 태풍이 일어도 그냥 무조건 참고 견뎠다."[127]라고 회고한다. 이는 "순교에 대해 보고, 듣고, 느껴 지식이 되어 정신으로 간다."[128]고 하였듯이, '조상들의 순교정신'은 김복수에

발급받아 혼인성사에 관한 정확한 연도와 날짜를 확인할 수 있었다.

126 여기서 언급된 '대양학교 매점' 이하 내용들은 본 논문 384~385쪽에 상세히 설명되어 있다.

127 2002년 1월 26일, 안영옥 · 김복수 · 이영자 수녀 인터뷰, 「청학동2」 참조.

게도 큰 영향을 미쳤다고 할 수 있다.

특히 그는 어릴 적부터 수도생활에 대한 갈망이 컸던 만큼, 공동체가 정식 수도 공동체로 인가받는 것에 대한 갈망도 컸다. 따라서 "이 공동체가 언젠가는 정식 수도회로 될 것이다."라는 믿음과 희망이 강했다. 그러면서도 그는 하느님의 섭리에 온전히 내맡기는 '비움'과 '낮춤'의 자세를 취했다. 즉, 스스로 '가난한 자'가 되어 온전히 하느님께 의탁했던 것이다. 오늘날 그는 후배 수녀들에게 "초창기 무시와 천대를 많이 받은 공동체였던 만큼 우리는 잘 살아야 한다."며, "비우고, 낮추고 사는 것이 잘 사는 비결!"이라고 재차 당부하였다.

4) 이영자[129]

이영자(李英子, 수도명: 마리아, 1935.1.22~)[130]의 삶을 다루며 주목되는 사실은 하느님 구원의 역사다. 비그리스도인이 그리스도인으로, 이혼녀에서 수도자의 삶으로 변화되어 가는 과정에서 놀라운 구원의 역사를 관찰할 수 있었다. 또한, 그리스도인의 참된 사도직 수행이 한 개인의 삶을 어떻게 변화시키게 되었는지도 주목할 만하다. 왜냐하면 이영자가 수도자의 삶으로 거듭나기까지는 자신의 사도직을 충실히 수행한 그리스도인들의 역할이 컸기 때문이다. 이 사실을 주목하여 이영자의 삶을 다뤄 보겠다.

128 1970.8.13. 강론, 한국순교복자수녀회, 앞의 책, 2012, 615쪽.

129 이하 글은 2015년 1월 25일과 2015년 8월 20일, 이영자 수녀 인터뷰를 참조하여 내용을 전개하였다.

130 이영자는 호적상으로 1937년 10월 13일생으로 등록이 되어 있으나, 실제로는 1935년 1월 22일생이다.

(1) 입회 전 생애

이영자는 이순봉(李順奉)과 배재학(裵在學)의 1남 4녀 중 넷째로 경기도 안성에서 태어났다. 1951년경 이영자는 안성군 대동면에 거주하는 남자와 서둘러 혼인하였다. 이는 한국전쟁이 가져온 비참한 현실 때문이었다. 전쟁이 발발하자 여성들은 또 다른 문제에 직면하게 되었는데, 미군들에게 성폭행당하는 일이 주변에서 빈번하게 벌어졌기 때문이다. 이영자에게도 이런 불미스런 일이 벌어질 수 있었기에, 가족들은 이영자를 서둘러 혼인시킨 것이었다. 그러나 그의 결혼생활은 '남편의 이중생활'과 '자신의 건강 문제'로 인하여 결혼한 지 2년 만인 1953년경 이혼했다.[131]

이혼 후, 이영자는 평소 알고 지내던 할머니를 찾아 서울로 상경하였다. 할머니는 독실한 천주교 신앙인이었다. 이영자는 할머니의 인도로 약현성당에 다니기 시작하여 1955년 12월 24일 '엘리사벳'이라는 세례명으로 세례성사를 받았다. 그리고 같은 곳에서 1956년 8월 19일 견진성사를 받았다. 할머니의 도움은 계속되었다. 이영자에게 불미스런 일이 생기지 않도록 지켜 주는가 하면, 스웨터 짜는 기술을 배우도록 주선해 자립의 기회를 열어 주기도 하였다. 이렇게 배운 기술로 취직까지 하였던 이영자는, 어느 날 가족들의 입교를 위해 안성으로 내려와 그들을 천주교로 입교시켰다. 열심히 신앙생활을 하던 이영자를 눈여겨본 본당신부는 이영자에게 가톨릭대학에서 봉사 생활할 것을 권하였다. 이에 1960년부터 이영자는 가톨릭대학 기숙사에서 봉사생활을

131 이영자의 남편에게는 또 다른 여자가 있었다. 그런데다 집 울타리에 불이 나서 집까지 탈 수 있었던 사건을 겪은 후 이영자는 몸에 병이 생겼다. 이를 계기로 이영자는 별거에 들어갔다. 두 사람은 혼인신고도 되어 있지 않았고, 다만 사실혼 관계였다. 이영자는 결혼 후 얼마 되지 않아 별거에 들어갔으므로 혼인신고할 겨를조차 없었다고 하였다.

시작하였다.

그는 그곳에서 '프란치스코 제3회(현 재속 프란치스코회)'에 가입하여 열심히 신앙생활을 하는 여성들을 만났다. 1960년경 이영자는 그들을 따라 '프란치스코 제3회'에 입회하였다. 당시 국무총리였던 장면(張勉)과 그의 부인도 이 '회'의 회원이었다. 장면 부부의 성실한 신앙생활은 이영자에게 큰 감명을 주었다. 그녀는 "가난하고 자기가 없어야 된다."라는 강의를 들으면서, 그렇게 살고 싶은 마음이 싹트기 시작했다. 1963년경 가톨릭대학 기숙사에서 함께 생활했던 김복수가 '빨마회'에서 휴가를 받아 가톨릭대학을 방문하였다. 이때 이영자는 김복수에게 '빨마회'에 관한 이야기를 상세히 듣게 되었다. 이영자는 자신도 '빨마회'에 입회하기로 결심하고, 1963년 '복자수녀회 본원'으로 윤병현 수녀를 찾아갔다. 드디어 1964년 10월 3일 이영자는 '빨마회'에 입회하였다.

(2) 입회 이후 활동과 역할

몸이 건강하지 않았던 그녀는 입회 후 좌판에 성물을 놓고 파는 등 가벼운 일만 하였다. 그녀는 병고를 자주 겪었는데, 특히 사순 시기가 되면 병이 심했다. 그는 장질부사(腸窒扶斯)를 앓거나, 자궁 내 혹이 있어 수술을 하기도 하였다.[132] 몇 안 되는 회원인 상황에 자신마저 건강하지 못하자, 이영자의 근심과 염려는 컸다. "공동체의 회원이 열 사람만, 아니 다섯 사람만이라도 된다면 얼마나 좋을까? 앞으로 공동체는 어떻게 될까?" 이러한 그의 염려는 '공동체 성장'이라는 염원을 심화시켰다. 이후 공동체는 인가를 받을 만큼 성장되었다. 이에 이영자는

132 2002년 1월 26일, 안영옥 · 김복수 · 이영자 수녀 인터뷰, 「초장동1」 참조.

"오늘날의 '빨마회'는 잘 살았든, 못 살았든, 그래도 적은 회원이 협력하고 살았던 결과"[133]이며, 가난한 공동체에 드러내신 하느님 사랑의 표지라고 하였다.[134]

이러한 까닭에 이영자는 '빨마회'의 역사, 즉 '빨마회'를 통해서 드러내신 하느님의 역사를 소중하게 여겼다. 그리고 그의 증언은 본 연구에도 많은 도움을 주었다. 이와 같이 그가 오늘날 수도자의 삶, 또 증거자의 삶으로 거듭나기까지는 천주교 신자들의 모범적 신앙생활이 있었다. 이는 그를 그리스도인으로 이끌었고, 그의 가족들조차 천주교로 입교시키는 전교로 이어졌으며, 이영자는 '봉헌의 삶'을 걷게 되는 계기가 되었다. 이 모든 과정에는 참된 그리스도인들의 협조가 있었기에 가능했다. 독실한 신자들의 삶은 그녀가 신앙생활을 할 수 있도록 인도자의 역할을 해 주었기 때문이다. 이는 그리스도인들에게 '참된 사도직 수행'에 대한 '방향 제시'라고 할 수 있겠다.

5. '빨마회' 성장과 변화

1) '빨마회' 초창기 회원들의 수덕생활

'빨마회' 초창기 회원들의 하루 일과는 주로 노동이었다. 경제적으로 가난했고, 일손도 부족하여 바쁜 하루를 보내야만 했다. 그래서 통경기도는 아침 기도와 저녁 기도만 함께 할 수 있었다. 또 저녁까지 일을

133 2002년 1월 26일, 안영옥 · 김복수 · 이영자 수녀 인터뷰, 「김 안나, 이 마리아 수녀」 참조.

134 2016년 6월 15일, 김복수 · 이영자 수녀의 두 번째 인터뷰 참조.

해야 하는 날도 잦았다. 그럴 때는 저녁 기도마저 개인으로 하였다. 윤병현 수녀는 주로 1년에 한 번씩 '빨마회'를 방문하여 복자회 창설, 복자회의 정신 등 영적 지도를 하였고, '빨마회'에 지도 수녀를 파견하였다. 파견된 수녀는 1주일에 한 번씩 방문하여 새벽 묵상 지도를 해 주었고, '복자회'의 월 공문을 가져와 '월례회'를 하였다.[135] 그러나 '빨마회'에 상주하면서 그들을 영적으로 이끌어 주는 지도자도 없었고, 체계적인 양성 교육도 이루어지지 못하고 있었다. 이러한 공동체의 현실은 그들에게 숱한 인고의 삶을 걷게 하였고, '수도 공동체'라는 본질이 흐려질 수 있는 위험도 있었다. 그러나 그들은 이러한 유혹들을 이겨내고자, 규칙을 정하고 실천하며 공동체 생활에 열정을 기울였다.[136] 특히 창설자의 가르침인 영적 일기를 비롯하여 성찰표, 공중고백, 충고회[137] 등을 철저히 실천했다.[138]

135 2002년 1월 26일, 안영옥 · 김복수 · 이영자 수녀 인터뷰, 「김 안나, 이 마리아 수녀」 참조.

136 이에 대한 상세한 내용은 다음과 같다. "우리가 그런 소릴 했어요. 우리가 규칙을 정해 놓고 규칙생활을 할까? 아니면 그냥 우리가 모여 살까? 그래서, '아니!'라고 … 우리가 하다가 못하면 떨어지더라도 규칙대로 살자 … 하다가, 떨어지면 또 일어나고 … 또 일어나고 … 어떤 식으로라도 규칙생활을 하자." 2002년 1월 26일, 안영옥 · 김복수 · 이영자 수녀 인터뷰, 「김 안나, 이 마리아 수녀」 참조.

137 여기서 언급된 일기(영적일기), 성찰표, 공중고백, 충고(충고회)라고 하는 것은 방 신부의 가르침 중 향주칠법(성인의 고해, 뉘우침, 자원충고, 특별지도, 성모사슬(이는 성모님의 전적으로 공경하고 자유까지 바쳐 드리고 자원(自願)으로 하는 것)), 성의노력((영원한 기도), 미소한 데 충실)에 해당된다고 볼 수 있다. 방 신부는 "수도정신의 근본 원칙을 침묵대월(沈黙對越), 이것을 간단히 꾸민 것이 완덕오계(完德五誡)요, 부칙(附則)을 향주칠법(向主七法)이다."라고 하였다. 한국순교복자수녀회, 2012, 앞의 책, 389~390쪽.

138 이에 대한 상세한 내용은 다음과 같다. "아무리 바빠도 아침 묵상기도하고, 저녁에 묵상기도하고 … 토요일마다 우리가 공중고백을 해요. 저녁 먹은 다음 조그만 상 펴 놓고 성찰표와 일기 쓰고 … 하여튼 늦게 들어와도 그거는 꼭 하고 주무셨지. 참! 그때 너무나 못 살은 거 같아도, 돌이켜 보면 참 잘 살은 거 같아 … 지금 생각하니까 … 규칙대로 살려고 노력했지 … 기도하고 … 일주일 한 번씩 서로 충고해 주고…" 2002년 1월 26일, 안영옥 · 김복수 · 이영자 수녀 인터뷰, 「김 안나, 이 마리아 수녀」 참조.

공중고백은 창립자가 직접 가르쳐 준 실천 덕목이다. 매주 1회 공동체 회원이 한자리에 모여 공동체적 삶을 반성하고, 회개하며 자신의 결점과 과실을 고백하였다. 또 장상과 하느님께 용서를 청하고 한 주간의 삶을 다짐하며 기도하는 시간이었다. 이는 수도 공동체 질서 유지에 중요한 자리를 차지했으나, 그 진정한 의미는 내적인 가치에 있었다.[139] 이처럼 그들은 매주 토요일이면 공중고백의 시간을 가졌고, 이에 대하여 서로 충고를 해 주면서 수덕생활에 정성을 기울였다. 뿐만 아니라 그들은 작은 것 하나라도 소홀히 여기지 않고 실천하고자 노력했다.

예를 들자면, 그들은 미사전례에 참례 시에도 초등학교 1학년 소풍갈 때처럼 순번대로 줄을 서서 갔다. 이는 길가 사람들뿐만 아니라 당시 구봉성당[140]의 모든 사람들의 웃음거리가 되기도 했다. 그러나 이를 수도자들의 규칙으로 여기고 철저히 실천하고자 노력했다. 오늘날 그들은 그러한 노력이 공동체 성장에 많은 영향을 미쳤을 것이라고 회고한다.[141] 또한, "(교회) 행사가 있으면 얼마나 쫓아다녔어. 우리가…",[142] 안영옥의 증언처럼 그들은 자신들의 나약함을 깨달았고, 예수님께 매달리듯 여러 신부들에게 도움을 청하거나 교회의 일에 적극 봉사함으로써 하느님께 구원의 은총을 갈망했다.[143] 따라서 오늘날 '빨마회'의 성장은 초창기 회원들의 이러한 간절함에 대한 하느님의 응답

139 한국순교복자수녀회, 앞의 책, 2009, 315쪽.

140 이 시기는 수정동에 위치한 '구 미 대사관'에서 공동체 생활을 하던 시기이며, 당시 그들은 구봉성당으로 미사를 다녔다. 2002년 1월 26일, 안영옥 · 김복수 · 이영자 수녀 인터뷰, 「김 안나, 이 마리아 수녀」 참조.

141 2002년 1월 26일, 안영옥 · 김복수 · 이영자 수녀 인터뷰, 「초장동2」 참조.

142 2002년 1월 26일, 안영옥 · 김복수 · 이영자 수녀 인터뷰, 「초장동1」 참조.

143 2002년 1월 26일, 안영옥 · 김복수 · 이영자 수녀 인터뷰, 「김 안나, 이 마리아 수녀」 참조.

이라고도 볼 수 있겠다.

이후 1986년 10월에 '복자수녀회'는 황우경 수녀[144]를 '빨마회'의 책임자로 파견하였다. '빨마회'의 본격적인 양성 교육은 이때부터 시작되었다고 볼 수 있다. 황우경 수녀는 1987년 1월부터 그해 4월까지 '빨마회' 전 회원들을 대상으로 한 달 피정을 실시하는 등 내적 강화에 초점을 둔 양성 교육에 들어갔다. 그리고 회헌, 소기도서, 생활 지침서, 월례 공문 등을 '빨마회' 고유의 것으로 재편집하기 시작하였다.[145] 즉 '빨마회'의 정신적 중심축이 제대로 형성되기 시작한 것이다. 1987년 10월에 시안을 잡은 '생활 지침서'는 1992년 '빨마회' 고유의 「전례 · 생활 지침서」로 발간되었다. 이어 황우경 수녀는 1988년 9월 '빨마회' 고유의 「소기도서」를 임시로 출간하여 '빨마회' 회원들이 사용할 수 있도록 하였다.[146] 재편집된 「빨마회 소기도서」는 기존의 「복자수녀회 기도서」를 많이 인용하였으나, 확연히 다른 부분이 있다. 그것은 '수도자의 서약, 제2항'에서 찾아볼 수 있다. '복자수녀회' 기도문은 '우리 순교자들을 현양하고 수도자의 보람 형제애로 전교를 약속합니다'로 편집되어 있다. 반면 '빨마회' 기도문은 '우리 순교자 … 형제애로 사랑의 봉사를 약속합니다'로 재편집되었다. 이는 '빨마회' 고유의 사도직 특성을 잘 드러낸 부분이라고 할 수 있다.

144 '복자수녀회' 소속 회원이며, 제3대(1978.1.21~1981.10.23) · 제4대(1981.10.23~1986.1.21) · 제6대(1990.1.18~1994.1.20) 총원장 역임, 제2대(1974.1.21.~1978.1.21) · 제8대(1997.10.24~2001.10.24) 참사위원 역임, '빨마회' 책임자(1986.10~1989.2)를 역임하였다. 한국순교복자수녀회, 2009, 726~727쪽; 2016년 3월 13일, 황우경 수녀 인터뷰 참조.

145 한국순교복자수녀회, 『순교의 맥』 제181호, 1987년 9월 참조.

146 '빨마회 연혁' 참조.

2) 공동체 이전 과정과 활동

(1) 1962~1969년[147]

1962년 '빨마회'는 부산 청학동성당 소유 주택에서 공동생활을 시작하였다. 이 주택은 성당 대문 입구에 있었으며, 복자회 수녀들이 거처했던 곳이었다. '빨마회' 창설 이전, 안영옥은 복자수녀회 수녀들과 함께 이곳에서 생활하였다. 집 내부 구조는 손님방과 수녀들 방, 식당, 그리고 다락방이 있었다. 그때 안영옥은 다락방을 사용하였다. 대문 입구에 위치한 수녀원은 외부인들이 찾아오기 일쑤였고, 이런 불편함이 뒤따르게 되자 수녀원은 사제관 위쪽으로 집을 새로 지어 이전했다. 그리고 그 집은 비어 있게 되었다.[148]

청학동 본당주임 김유재 신부는 공동체 생활을 할 수 있도록 안영옥에게 그 집을 빌려 주었고, 1962년 9월 4일 '빨마회'는 창설되었다. '빨마회'는 1962년 10월 부산 대양중 · 고등학교(현, 대양전자통신고등학교, 이하 '대양학교'로 칭함) 매점을 '복자수녀회'에서 인수받았다. 인수받은 매점은 1973년 12월까지 운영되었었다. 매점에서는 학용품뿐만 아니라 빵도 만들어 팔았는데, 대양학교장 겸 서면 본당주임으로 있던 김남수 안젤로 신부[149]는 서면 본당에 나오는 원조 물자 밀가루를 학교에 보내주었다. 그것으로 '빨마회' 회원과 '복자수녀회' 수녀들은 빵을 만들어 팔았고, 그 판매금을 나눴다. 당시 매점 일은 늘 바빴다. 점심시간에는 학생들이 빵을 사려고 몰려들어 북새통을 이뤘고,[150] 학교 서무

147 「안영옥 수기1」, '빨마회 연혁' 참조.

148 2015년 11월 14일, 우인숙 · 박순일 수녀 인터뷰 참조.

149 김남수 안젤로 주교(1922.6.4~2002.6.1): 부산교구 천주교 서면교회 주임(1960~1966), 부산 대양중 · 고등학교장(1960~1967), 1974년 10월 교황 바오로 6세로부터 수원교구장에 임명된 김 주교는 그해 11월 21일 주교수품과 함께 제2대 수원교구장으로 착좌했다.

과에서 일하는 수녀들의 밥도 해 줘야 했다.[151]

1963년 데레사 여자 중 · 고등학교[152] 정재석 교장은 학교 교복을 '빨마회'에 위탁하였다. '빨마회'는 그해 3월부터 교복을 맡기는 하였으나, 당시 회원들은 봉제 기술도 없었다. 그래서 국제시장 상인에게 하청을 주어 교복 납품을 하였다. 1964년 4월에는 대양학교에서 체육복 위탁이 들어왔다. 그러자 '빨마회'는 양재 기술자 8명을 고용하였다. 이렇게 공동체 안에 공장을 차리다시피 하며 교복과 체육복 봉제를 본격적으로 하였다. 그러나 서서히 사회업체들이 몰려들기 시작하면서 '빨마회'는 경쟁에서 밀리게 되었다. 결국, 1965년 12월에 데레사 학교 교복 납품을 그만두었고, 이어 1967년 3월에는 같은 이유로 대양학교 체육복 납품마저 그만두게 되었다. 그러나 '빨마회'는 그동안 모은 돈에 청학성당 주임 신윤우(申允雨) 신부가 돈을 보태어 1965년 10월에 청학동의 임야 200평을 사게 되었다.

그러던 중 1966년 12월 말 청학성당에 배봉룡 신부[153]가 새로 부임하였다. 그는 부임하자마자 '빨마회' 회원들에게 그 소유권이 교구에 있음을 주장하면서 집을 비우라고 독촉하였다. 안영옥은 전해에 매입했던 땅을 팔아 집을 구하려 했으나 생각처럼 쉽지가 않았다. 급기야 집을 비우라는 독촉은 점차 거세졌다. 막막해진 안영옥은 친분이 있던 제찬규[154] 신부에게 도움을 청했다. 그때 제찬규 신부는 은행에서 200

150 2015년 11월 14일, 우인숙 · 박순일 수녀 인터뷰 참조.

151 2002년 1월 26일, 안영옥 · 김복수 · 이영자 수녀 인터뷰, 「청학동1」 참조.

152 중 · 고교 분리(69.9.1), 데레사 여자중학교 1999.2.28. 폐교. 『부산=연합뉴스』, 1999. 2.20. 참조.

153 배봉룡(裵鳳龍, 1919.12.8~1981.3.11) 바오로 신부: 청학성당 제12대 주임신부(재임기간: 1966.12.27~1971.11.5)

154 제찬규(諸燦奎, 1923.8.10~2016.5.14) 시메온 신부: 당시 중앙성당 제4대 주임신부를

만 원을 대출받아 주었다. '빨마회'는 그 돈으로 초장동에 위치한 일본식 목조건물을 매입해 이사하게 되었다.

(2) 1969~1972년

1969년 5월 3일 '빨마회'는 초장동성당 근처, 2층짜리 집에 입주하였다. 1층에는 큰방 하나와 주방, 주방 옆 골방(이후 목욕탕으로 꾸밈), 2층에는 방 두 개가 있었는데, 그중 방 하나를 경당으로 만들었다. 그리고 4일 후인 5월 7일, '성직수도회' 이존복 신부의 집전으로 축성식이 이루어졌다.[155] 그러나 일제시대 가난한 일본인들이 지은 건물 중 하나였던 이곳은 골목도, 주방도 비좁아 그들이 살기에는 불편했다. 더욱이 당시에는 공부시키던 아이들의 숫자도 늘었고,[156] 공동체 생활을 희망하며 들어온 여성들과 불우한 모녀도 들어와 생활하였다. 인원에 비해 집은 비좁았다. 잠을 잘 때는 서로 포개서 잘 지경이었다. 시설도 열악했다. 그들은 목욕탕으로 사용하기 위해 방을 하나 꾸며 놓았다. 그러나 기술이 없던 여성들이 만들어 놓은 목욕탕은 늘 화재의 위험에 노출되어 있었다.[157]

1962년 10월부터 '빨마회'는 범일성당에서 성물을 판매하기 시작했

역임하고 있었다.(재임기간: 1968.11.5~1972.1.28)

155 2002년 1월 26일, 안영옥 · 김복수 · 이영자 수녀 인터뷰, 「초장동1」, 「초장동2」 참조.

156 안영옥은 '빨마회'가 창설되기 이전, '복자수녀회'에서 운영하던 '대양학교 중 · 고등학교' 매점에서 일을 하였다. 이때부터 안영옥은 불우한 가정의 아이를 데려와 낮에는 같이 일을 하고, 밤에는 공부할 수 있도록 '자선사업'을 시작하였다. 이 자선사업은 '부곡동'으로 공동체가 이전된 직후까지 지속되었으나, 서서히 중단되어 현재에는 '초창기' 기록에서만 찾아볼 수 있다. 총 16명 남짓 되는 아이들이 초창기 '빨마회'를 거쳐 갔으며, 그중에는 타 수녀회에 입회하여 수도자의 길을 걷고 있는 이들도 있다. 2002년 1월 26일, 안영옥, 김복수, 이영자 수녀 인터뷰, 「초장동2」 참조.

157 2002년 1월 26일, 안영옥 · 김복수 · 이영자 수녀 인터뷰, 「초장동1」 참조.

다. 당시에는 성당 마당에서 성물 판매를 하였다. 1967년경 범일성당 김경우 주임신부는 빈 방 하나를 성물 판매소 자리로 빌려 주었다. 이로써 '빨마회'는 성물점 운영을 본격적으로 전개해 나갔다.[158] 그러나 1981년 범일성당에 부임한 장병용 신부는 성물점 운영을 장애자에게 넘겼다. 상황이 그렇게 되자 1981~1982년경 '빨마회'는 범일성당 성물점에서 철수할 수밖에 없었다.[159]

제찬규 신부는 '빨마회' 초창기부터 현재에 이르기까지 '빨마회'에 많은 도움을 주었을 뿐더러 사망 전까지 '빨마회' 자체 분원인 '무아의 집', 상주 신부이기도 했다. 제찬규 신부가 수정성당 주임신부로 부임되자, 1963년 9월에는 '빨마회'가 수정성당 성물점에 진출하게 되었다. 이때 '빨마회' 회원들은 새벽 4시부터 일어나 도시락을 들고 걸어갔다고 한다. 아침 미사에 참례하는 신자들에게 성물을 팔기 위해서였다. 그러나 1968년 제찬규 신부의 소임이 이동되면서 '빨마회'도 철수하게 되었다.[160]

제찬규 신부가 중앙성당 주임신부로 부임되자, 1969년 8월부터 '빨마회'가 중앙성당 성물점에 진출하였다. 당초에는 중앙성당 성물점을 차 시몬이라는 신자가 운영하고 있었다. 그러나 차 시몬은 부채가 많이 있어 운영을 중단하려고 하였다. 제찬규 신부는 성물 보급이 전교의 비중을 크게 차지한다는 점을 감안하여 성물점을 확장시키고자 하였다. 그리하여 차 시몬으로부터 성물점의 양도를 허락받은 제찬규 신부

158 「안영옥 수녀 수기1」 참조.

159 '빨마회'에 남겨진 기록에는 '범일성당' 성물점에서 언제 철수되었는지 확인이 어려웠다. 다만 이영자 수녀 인터뷰에서 장병용 신부가 부임하면서 '빨마회'는 성물점에서 철수하였다고 하였다. 장병용 신부는 1981년 '범일성당' 주임신부로 부임하였으므로, 1981~1982년 사이에 철수하였다고 추측해 본다. 2015년 8월 20일 이영자 수녀 인터뷰 참조.

160 2002년 1월 26일, 안영옥 · 김복수 · 이영자 수녀 인터뷰, 「초장동1」 참조.

는 '빨마회'에게 진출할 것을 권하였다.[161] 이런 이유로 중앙성당 성물점에 '빨마회' 회원이 파견되었다. 이렇게 파견된 '빨마회' 초창기 회원은 기도용 컵초나 성작수건, 성작덮개, 성체포 등 전례 용품들을 손수 만들어 팔기도 하였다.[162] 중앙성당 성물점에는 현재에도 '빨마회' 수녀가 파견, 운영하고 있다.

1972년 최재선 요한 주교의 배려로 '복자수녀회'와 '빨마회'는 집을 지을 수 있는 땅을 배당받았다.[163] 건축 자금이 없었던 빨마원은 초장동 집을 250만 원에 매각 처리하고, 전셋집을 알아보러 다녔으나 마땅한 곳이 없었다. 그때 제찬규 신부는 비어 있던 부산교구청 소유의 '구(舊) 미국 대사관'을 임시 거처로 주선해 주었다. '빨마회'는 그해 1972년 4월, 초장동을 떠나 수정동으로 이전했다.[164]

(3) 1972~1973년

'빨마회'는 1972년 4월 수정동에 위치한 '구 미국 대사관'[165]에 임시 입주하였다. '구 미국 대사관'은 마치 대궐 같았다고 초창기 회원들은 회고한다. 그곳은 다다미방으로 꾸며진 일본식 가옥으로, 넓은 마당과 땅속 깊게 파 놓은 반공호도 있었다. 그 반공호는 여름에 시원하여 수박을 넣어 놓는 등 냉장고로도 사용되었다. 집 뒤쪽에는 대나무, 도

161 중앙성당 50년사 편찬위원회, 『중앙성당 오십년사(1948~1998)』, 세명기획, 1999, 230쪽.

162 2002년 1월 26일, 안영옥 · 김복수 · 이영자 수녀 인터뷰, 「초장동2」 참조.

163 이때 배당받은 땅은, 현재 부산가톨릭대학교 간호대학이 위치하고 있다.

164 「안영옥 수녀 수기1」 참조.

165 빨마회가 이전한 수정동의 위치, 환경과 생활에 대해서는 당시 '빨마회'에서 자선사업으로 교육시키며 함께 생활했던 '벨라뎃다'라는 학생이 1972년 5월에 발행된 『옥잠화』에 올린 글에서 조금이나마 엿볼 수 있다. 『옥잠화』 제146호, 85~89쪽.

토리나무, 단풍나무 등 울창한 나무들이 즐비하였다. 그 중 철쭉나무와 대나무는 훗날 부곡동으로 이전하면서 회원들이 가져다 심기도 했다. 창설자 방유룡 신부는 '빨마회' 회원들의 영적 지도를 위해 이곳을 방문하였고, 윤병현, 홍은순 수녀도 봄가을로 방문했다. 기차역과 가까운 위치에 있던 이곳은 많은 사람이 머물러 가기도 했다.[166] 그러나 임시로 빌려 쓰고 있었으므로 언제든 비워 달라고 하면 바로 비워 줘야만 했다. 그들에게는 '마음 놓고 기도하며 일할 수 있는 집 장만'이 시급했다.[167]

이때 '빨마회'는 1972년 최재선 주교의 배려로 현재 부산가톨릭대학교 간호대학이 위치한 땅을 배당받았다. '빨마회'는 배당받은 땅에 수도회 건립 공사를 시작하였다. 그러나 기초 공사를 하던 중 새로 부임한 교구 경리 책임자 김옥균 신부의 반대에 부딪혔다. 복자회에서 땅을 많이 차지한다는 이유였다. 곤란한 상황에 처한 안영옥은 최재선 주교와 '복자수녀회'와의 의논 끝에, 현재 본원이 위치한 터를 사용하게 되었다. 이로써 '빨마회'는 1973년 5월부터 수도회 건립 공사를 본격 추진하였다. 그러나 건축 자금의 부족으로 인하여 일부 34평만 완공시킨 뒤, 그해 11월에 입주하였다.[168]

(4) 1973~1992년

1973년 11월 부곡동으로 이전한 빨마회는 1978년 5월, 72평 공사를 다시 추진하여 1978년 12월에 완공하였다.[169] '빨마회'는 회원의 증가로

166 2002년 1월 26일, 안영옥 · 김복수 · 이영자 수녀 인터뷰, 「초장동2」 참조.
167 『경향잡지』 1973년 7월호, 단행본 1264호, 62~63쪽.
168 한국순교복자빨마수녀회, 『본회역사 40년』, 28쪽.
169 「안영옥 수녀 수기1」 참조.

방이 부족해지자, 1985년 9월에 1층 건물을 2층으로 증축하기로 하였다. 이 공사는 그해 12월에 완공되었다.[170] 그리하여 현재 '빨마회 본원'의 모습을 갖추게 되었다.[171] 드디어 '마음 놓고 기도하며 일할 수 있는 집 장만' 과제가 해결됐다.

이 시기에 주목되는 주요 활동 두 가지가 있다. 즉, '사제를 돕는 일'이 본격적으로 전개되었다는 것과 '부산교구 소속 수도 공동체'로 정식 인가를 받았다는 것이다. '빨마회'는 사제들을 도와 사제관의 가사에 참여하는 등 직접적인 활동을 위해 창설된 공동체였다. 그러나 초창기에는 열악한 환경으로 인해 주요 사도직 소명에 투신하지 못하였다. 1973년 12월, 최영철 신부가 초량 본당에 파견되자 최초로 사제관 소임을 시작했다.[172] 그러자 일부 사제들은 '빨마회'에 직접 방문하여 도움을 요청하기도 했다. 그러나 모든 요청을 수락하기에는 '빨마회' 회원수가 부족한 시기였다. 결국 파견이 어렵다는 답을 들은 사제들은 실망하여 돌아가기 일쑤였고, 그런 상황이 안타까웠던 초창기 회원들은 회원 증가와 공동체 발전을 더욱 염원하였다.[173]

'빨마회'는 '성직자들의 성화'라는 기도모임을 주최하는 등 사도직 활동을 확대시키기 시작했다. 이 기도모임은 1981년 11월[174]부터 '빨마회' 경당에서 시작되었고, 성직자들의 가족들이 참여하면서 점차 활성화됐다. 그러나 기도모임 주최 장소가 '복자수녀회'의 '오륜대 기념 성

170 2002년 1월 26일, 안영옥 수녀 인터뷰, 「무아골 땅 매입」; 1985년 9월 2일, "빨마회', 제6차 임원회의' 참조.

171 2002년 1월 26일, 안영옥 · 김복수 · 이영자 수녀 인터뷰, 「1대 원장, 2대 원장」 참조.

172 2002년 1월 26일, 안영옥 · 김복수 · 이영자 수녀 인터뷰, 「초장동2」; 「안영옥 수녀 수기1」; "빨마회' 연혁' 참조.

173 「안영옥 수녀 수기2」 참조.

174 「안영옥 수녀 수기1」 참조.

당'으로 바뀌게 되자, '빨마회'에서는 이 모임이 사라지게 되었다.[175]

이 시기에 가장 큰 변화는 정식 수도 공동체로 인가받았다는 사실이다. '빨마회'는 1992년 1월 31일 천주교 부산교구 교구장 이갑수 주교의 승인에 의해 '부산교구 소속 수도 공동체'로 정식 인가를 받았다. 그동안 '빨마회'는 '복자수녀회' 소속 공동체로서 '복자수녀회'의 지도를 받고 있었다. 그러나 '빨마회'의 성장이 계속되자 '복자수녀회'는 더 큰 발전을 위하여 독립시킬 것을 결의하게 되었다. 그리하여 1984년 3월 10일 '빨마회' 제1차 임시총회를 개최하였고, 임시회칙과 임원 4명을 선출했었다.[176] 이후 '복자수녀회'는 '빨마회'에 지도수녀를 계속해서 파견하다가 마지막으로 1986년 황우경 수녀를 파견했다.[177] 이때 파견된 황우경 수녀는 소위 "마지막 손질을 하기 위해 파견됐었다."라고 당시를 회고하였다.[178] 이런 까닭에 그녀는 1989년 2월 '빨마회'에서 철수하기 이전까지 본격적인 독립 수순을 밟기 시작했다.

황우경 수녀는 그동안 사용해 오던 '복자수녀회'의 「전례 기도서」 및 「생활 지침서」를 '빨마회' 고유의 것으로 개편하고, 전 회원을 대상으로 한 한 달 피정과 수련자 양성 교육에 투신하였다. 또한 그동안 사용해 오던 임시회칙을 수정, 보완하여 1989년 2월에 완성시켰다.[179] '복자수녀회'에서 파견된 지도수녀는 '빨마회'에서 완전히 철수하였고, '빨마회'는 임시 회헌에 따라 3년간 독립적 생활을 했다. 이후 '빨마회'

175 2002년 1월 26일, 안영옥 · 김복수 · 이영자 수녀 인터뷰, 「3대 원장」 참조.

176 한국순교복자수녀회, 앞의 책, 2009, 234쪽.

177 2002년 1월 26일, 안영옥 수녀 인터뷰, 「무아골 땅 매입」; '빨마회 연혁' 참조.

178 2016년 3월 13일, 황우경 수녀 인터뷰 참조.

179 한국순교복자빨마수녀회, 『본회역사 40년』, 121쪽; 2016년 3월 13일, 황우경 수녀 인터뷰 참조.

가 독립해도 무리가 없을 것이라고 판단한 '복자수녀회'는 1992년 '빨마회'의 독립을 결정하였다.[180] '빨마회'는 1992년 '한국순교복자빨마수도회'라는 명칭으로 정식 인가를 받았고, 1996년 '한국순교복자빨마수녀회'로 명칭이 변경되어 오늘에 이르고 있다. 인가 후 '빨마회'의 성장은 계속되었다. 1962년 두 명의 회원으로 시작된 '빨마회'는 인가 당시인 1992년 21명(서원자 이상),[181] 2016년 현재 총 회원이 55명(서원자 이상)으로 증가하였다.

또한 '빨마회'는 정식 수도 공동체로 인가받게 되면서 '결혼 경험이 있던 여성들의 공동체'라는 고정관념의 틀을 깨고 독신 여성이면 누구나 입회할 수 있는 조건이 공식화되었다. '빨마회'는 그동안 결혼 경험이 있던 여성뿐만 아니라 미혼 여성들의 입회가 심심찮게 있었다. 최초로 입회하였던 미혼 여성은 손정숙(孫貞淑, 1941.12.10.~)이다. 손정숙은 "수녀 엄마와 살겠다."고 고집하여 1971년 '빨마회'에 입회하였다.[182] 반면에 "결혼 경험자여야 한다."는 조건에 부딪혀 공동생활하던 도중에 나가야 했던 미혼 여성들도 있었다.[183] 이후에도 미혼 여성들의 입회는 잇따랐으나 정식 인가를 받은 시점부터 크게 증가하였다. "결혼 경험자들의 수도 공동체'라는 고유의 본질이 흐려질 수 있다.'라는 견해[184]와 '결혼 경험자였던 여성과 미혼 여성과의 갈등', '가사 일에 경험이 없는 미혼자가 과연 주방 소임을 받아들일 수 있을 것인가?'[185]라는

180 한국순교복자수녀회, 앞의 책, 2009, 234쪽.

181 한국순교복자빨마수녀회, 『본회역사 40주년』, 112 · 119쪽.

182 '수녀 엄마'라는 말은 당시 '빨마회' 초창기 회원들이 기혼자인 데다 연령대가 높았기 때문에 비롯된 말이다. 특히, 안영옥의 딸들은 수녀였다. 손정숙은 "엄마들과 가족처럼 살고 싶어서 입회했다."며 당시를 회고하였다. 2015년 1월 25일, 손정숙 수녀 인터뷰 참조.

183 2002년 1월 26일, 안영옥 · 김복수 · 이영자 수녀 인터뷰, 「1대 원장 · 2대 원장」 참조.

184 2016년 3월 13일, 황우경 수녀 인터뷰 참조.

등 우려의 목소리도 있다. 그러나 조선시대 교회는 과거 신분과는 상관없이 수덕생활을 원하는 여성들끼리 모여 공동체 생활을 하였고, 이는 신앙 공동체 형성에 단초를 제공하였다. 또한, '하느님을 위해 살겠다는 사람은 누구나 수도생활을 할 수 있다'는 창설자의 정신에 비추어 볼 때 결혼 경험이 있던 여성과 미혼 여성 모두가 수도생활할 수 있는 공동체, '빨마회'의 탄생은 깊은 의미를 지니고 있다고 볼 수 있겠다.

3) 회헌[186]

앞에서 언급한 바와 같이 1984년 최초로 작성된 '빨마회'의 임시회칙은 그동안 수정, 보완을 거듭하다가, 1987년 황우경 수녀에 의해서 대거 재편집되었다. 그렇게 재편집된 회헌은 다시 일부만 수정, 보완되어 1992년 정식 수도 공동체 인가와 함께 승인이 이루어졌다. 이후 '빨마회'의 회헌은 1996년과 2012년 두 차례에 걸쳐 개정되었다. 그 중 본 단락에서는 1992년도 회헌(이하, '초기 회헌'이라 칭함)을 중심으로 살펴보겠다. 그 이유는 '초기 회헌'을 통하여 초창기 공동체의 모습을 엿볼 수 있다는 점과 초창기 공동체의 모습이 미래 방향 설정에 도움이 된다고 여기기 때문이다. 이를 위하여 필자는 초기 회헌을 직접 작업했던 황우경 수녀와 인터뷰하였고, 그 인터뷰 내용을 토대로 초기 회헌을 살펴보았다.

황우경 수녀는 1986년 '빨마회'에 파견되자마자 공동체에 내재되어 있던 저력(底力)을 느낄 수 있었다고 당시를 회고하였다. "다양한 세상

185 2016년 3월 28일, 이숙자 수녀 인터뷰 참조.

186 2016년 3월 13일, 황우경 수녀 인터뷰; '1992년 '빨마회' 회헌'; '복자수녀회 '초기 회헌'' 참조.

경험을 했던 회원들은 과감하였고, 용기가 있었다."며 이러한 힘을 황우경 수녀는 '저력'이라고 보았고, 그렇게 내재되어 있는 힘은 교회에 큰 도움을 줄 수 있다고 확신했다. 그러나 '빨마회'는 타 수녀회와 다른, '결혼 경험자였던 여성들의 수도 공동체'라는 특성을 지니고 있었고, 이런 사실은 '빨마회' 회원들을 위축시켰다. 또한 각 회원들은 '배우자와 이별'이라는 아픔이 있었다. 이런 아픔도 치유가 이루어져야만 했다. 황우경 수녀는 공동체 성장을 위해서 이런 장애 요소들을 먼저 해결하는 것이 급선무라고 여겼다. 그리하여 '초기 회헌'에서는 무엇보다 기도생활을 우선시하였다. 즉, 기도생활을 통하여 장애 요소들을 극복하고 각 회원들이 당당한 삶을 살아갈 때 내재되어 있는 힘, '저력'이 교회에 제대로 활용되어질 수 있다고 판단하였다.

'초기 회헌'은 같은 창설자와 같은 영성으로 살고 있는 '복자수녀회'의 회헌을 참고로 하여 작성되었다. 그러나 무엇보다 '빨마회' 회원들의 내적 강화에 초점을 두어,[187] "하느님의 사랑을 추구함에 있어 순교자의 원형이신 예수 그리스도를 따르고, 한국 순교자들의 정신을 본받아 순교적 형제애로 자신의 성화를 최우선으로 한다."(초기 회헌, 제1장, 제1조)라며 '개인의 성화'를 강조하였다. '복자수녀회' '회헌'에는 제4장에 제시된 기도생활을 '빨마회' '회헌'에서는 제2장으로 끌어올리며 우선적으로 제시한 것이다. 이는 기도생활의 중요성을 강조함과 동시에 당시 기도생활의 부족을 보여 주는 사례이기도 하다. 회원들의 이러한 영적 결핍이 양성 교육의 부족에 있다고 본 황우경 수녀는 '초기 회헌, 제6장'에서 '회원의 양성'을 크게 다루었다. '복자수녀회'의 '회헌 · 회칙'이 총 10개 항(수련기까지만 적용)인데 비해, '빨마회'는 무려

187 한국순교복자수녀회, 『순교의 맥』 제181호, 1987년 9월 참조.

24개 항(수련기까지만 적용)으로 대폭 늘렸다. 그중에서 14개 항을 수련기에 적용시켰다. 역시, '내면화 작업'과 '내적 성장'에 중점을 둔 것이었다.

또한, '초기 회헌'에서는 "하느님 사랑을 증거 함에 있어 사제들을 위하여 기도와 가사로서 직 · 간접적으로 협력하고, 그 외에도 불우한 여성들과 무의탁 노인들과 불우한 이웃들에게 하느님 사랑의 손길을 펴는 것",(초기 회헌, 제1장, 제4조) 이것을 소명으로 제시하였다. 이에 관하여 황우경 수녀는 '빨마회' 회원들의 다양한 인생 경험은 사도직 활동에 큰 도움이 될 수 있다고 전망했다. 즉, '빨마회' 회원들에게 있는 대담성, 결단력, 추진력, 넓은 관점, 포용력이라는 긍정적인 힘을 잘 활용하면 사제들의 가사뿐만 아니라 휴식처 및 상담 역할 등 사도직을 활성화시킬 수 있다고 했다. 그리하여 사제들의 쉼터가 될 수 있는 공동체로 발전되길 희망했다.

'초기 회헌, 제4조'에 제시된 '불우한 여성'이라는 문구는 1996년 회헌과 2012년 회헌에는 없다. 다만 '초기 회헌'에만 남아 있을 뿐이다. 당시 황우경 수녀는 '빨마회' 회원들의 다양한 인생 경험은 불우한 여성들과의 만남에 유리한 조건이라고 보았다. 즉 타 수녀회 회원들은 공감할 수 없는 부분까지도 '빨마회'에서는 쉽게 공감할 수 있다는 것이었다. 그리하여 '초기 회헌'에서는 '불우한 여성들을 돌보는 일'에 관한 언급을 '제5장, 제62조'에서도 재차 제시하였다. 이 권고는 결혼 경험이 있던 여성들이 모여 형성된 '빨마회' 창설 배경과 초창기 회원들의 삶, 그리고 초창기 공동체 생활과 무관하지 않다. 그리하여 황우경 수녀는 어려운 상황에 있는 여성들을 '빨마회'에서 도와주길 재차 당부하며, 이 활동은 성소자 확보에도 영향을 줄 것이라고 전망했다. 따라서 '빨마회'는 '불우한 여성들에게 하느님 사랑을 증거 하라'는 '초기 회원'의 권고를 간과하지 말아야 한다. 오히려 이 권고를 되살려 적극적이고 구체적인 사도직으로 소명을 완수해야 한다고 본다. 이는 '빨마회'의 역사를 대변하는 소명이기 때문이다.

4) '빨마회'의 사도직과 사도직 변천 과정

'빨마회'는 창설 직후, 공동체의 터를 마련하기 위해 학교 매점 운영, 성물점 운영, 학교 체육복과 교복 납품 등 다양한 활동을 하였다. '빨마회'는 이 외에도 불우한 가정의 아이들을 돕거나 사제를 위한 봉사, 무의탁 노인들을 돌보는 일에 힘썼다. 이 세 가지 활동은 주목할 만하다. 이는 앞서 언급된 '초기 회헌', '제1장, 제4조'의 권고와 '사랑의 봉사'라는 '빨마회' 사도직 특성과 소명을 잘 드러낸 활동이기 때문이다. 따라서 본 장에서는 불우한 가정의 아이들을 돕거나 사제를 위한 봉사, 무의탁 노인들을 돌보는 일에 대한 사도직 활동을 중심으로 간략히 살펴보도록 하겠다.

(1) 사회복지사업

'빨마회'가 창설되기 이전, 안영옥은 복자수녀회 수녀들과 함께 생활을 하고 있었다. '복자수녀회'는 대양학교 서무과에 파견되어 소임을 하고 있었고, 더불어 학교 매점까지 운영하게 되었다. 이때 학교 매점 일을 안영옥이 맡게 되었다. 그러나 안영옥 혼자서는 벅찬 일이었다. 그때부터 안영옥은 사회복지사업의 일환으로 불우한 가정의 여아를 데리고 와서 일을 돕게 하였다. 안영옥은 아이에게 낮에는 자신의 일을 도와주게 하고, 저녁에는 야학에 보내어 공부할 수 있는 기회를 마련해 주었다.[188] 이것이 사회복지사업을 시작하게 된 계기이다.

이후에도 '빨마회'는 불우한 가정의 아이들을 데려와 기거하게 하였다. 이들은 성장하여 수녀회에 입회하거나 혼인하여 출가할 때까지 '빨마회' 회원들과 가족처럼 지냈다.[189] 이 사회복지사업은 1980년대 중반까지 지속되었다. 다시 말하자면 '빨마회'는 1980년 5월, 중앙성당 사제관에 파견되었고 1985년 11월에 철수하였다. 이때 파견되었던 김복수는 아이와 함께 사제관 소임을 하였다.[190] 따라서 이때까지만 해도 아이들과 함께 생활하였던 것으로 확인된다. 그러나 그 이후의 기록에는 찾아볼 수가 없었다. 이는 시대가 변화되면서 '빨마회'나 아이들의 생활 여건도 함께 변화되어 서서히 사라진 것이라고 해석된다. 안영옥의 수기에 의하면 이렇게 '빨마회'를 거쳐 간 아이들은 대략 16명 정도인 것으로 확인된다. 이들 중에는 타 수녀회에 입회하여 현재 수도자로 살아가는 경우도 있다.[191]

(2) 사제를 위한 봉사

'빨마회'는 '사제들의 사목에 기도와 가사로 협조한다.'[192]는 이 사도직을 으뜸으로 하고 있다. 따라서 빨마회는 사제들을 위해 창설된 공동체라고 해도 과언이 아닐 것이다. 방유룡 신부는 초창기 '복자수녀회' 회칙 초안에 '본회는 우리 조선 복자를 현양하며 특히 성직 계급의 성화와 죄인들의 회두를 위하여 희생함을 목적함'이라고 기록한 바 있다. 물론 교황청에 수도회 창립 승인을 추진하며 '수도회 창립 취지

188 2002년 1월 26일, 안영옥 수녀 인터뷰, 「청학동2」 참조.
189 2002년 1월 26일, 안영옥 · 김복수 · 이영자 수녀 인터뷰, 「초장동1」; 「초장동2」 참조.
190 2002년 1월 26일, 안영옥 · 김복수 · 이영자 수녀 인터뷰, 「1대, 2대 원장」 참조.
191 「안영옥 수녀 수기2」 참조.
192 「2012년 '빨마회' 회헌」, '제1장, 6조' 참조.

서'의 내용이 변경되기는 하였다.[193] 그러나 여기서 우리는 방유룡 신부의 성직자에 대한 각별한 애정을 엿볼 수 있을 것이다.

방유룡 신부의 이 각별함은 한국 교회 역사 안에서 성직자의 박해와 궁핍을 실감했었기 때문이다. 따라서 방유룡 신부는 교회의 발전을 위해 성직자들의 역할을 중요시 여겼던 것이다.[194] 이러한 창설자의 뜻은 1973년도부터 본격적으로 실행될 수 있었다. 초창기 '빨마회'는 불모지와 같은 열악한 환경이었고, 회원수도 부족했다. 창설 직후 '빨마회'는 이러한 환경적 여건들 때문에 그동안 기도로만 사제들을 돕고 있었다. 그러나 1973년 '빨마회'의 자체 건물이 건립되고 회원이 늘게 되자, 사제관 파견을 본격적으로 전개하였다. 방유룡 신부에 대하여 이영자 수녀는 이렇게 회고한다. "창설 신부님이 가끔씩 이렇게 오시면 들어오셔서, 그래 잘 살어. 특성 있게 내가 창설할 때 성직자를 위해서 한 거지. 지금 신부님들한테 하는거 마냥 잘 해. 앞으로 다 이루어질 거야."[195]

이러한 방유룡 신부의 뜻을 염두하고 '빨마회' 회원들은 사제들을 위해 기도와 가사로서 협력하기 시작하였다. 즉, 초량 본당을 시작으로 언양 · 갈전리 · 중앙 · 남천성당 등 2000년 2월까지 대략 21곳의 사제관에 파견되었다. 그러나 사제관 파견은 시대 변화와 '빨마회'의 여건이 변화되면서 2000년 범일성당을 끝으로 종료되었다. 반면에 1985년 파견되었던 성직수도회와 1998년 대전가톨릭대학, 2001년 한국외방선교

193 '복자수녀회' 초창기 회칙 초안, '제1장 총칙', 한국순교복자수녀회, 앞의 책, 2009, 75 · 106~111쪽.

194 2016년 3월 28일, 이숙자 수녀 인터뷰 참조.

195 2002년 1월 26일, 안영옥 · 김복수 · 이영자 수녀 인터뷰, 「김 안나, 이 마리아 수녀」 참조.

회(철수), 2003년 인천가톨릭대학, 2006년 대전교구 지방리 특수사목 사제관, 2015년 안동교구 주교관 등 대규모의 단체나 기관에서 봉사활동을 하고 있다. 아울러 '빨마회'는 현재 해당 기관의 주방뿐 아니라 전례, 세탁, 재정 관리를 담당하는 등 활동 영역이 세분화되고 확산되었다.[196]

(3) 양로사업

'빨마회'는 1984년부터 옛 범실공소 터를 매입하기 시작하였다. 그리고 1987년 3월 '장막의 집'(현, 무아의 집)이라는 명칭으로 분원 파견이 시작되었다. '장막의 집'은 그해 10월, 임시로 건물을 짓고 축성식을 하였다. 이후 1988년 8월, 불교 신자 한 명의 부탁으로 무의탁 노인 여성 한 명을 '장막의 집'에 거처하게 하였다. 이 노인 여성은 친인척이 없어 자신을 의탁할 곳이 없었다. '빨마회' 회원들과 함께 기거하던 노인은 이후 '아가다'라는 세례명으로 세례성사를 받으며 천주교 신자로 거듭났다. 이것이 계기가 되어 '빨마회'는 무의탁 노인들을 모시는 양로사업을 시작하게 되었다.[197] 현재 '무아의 집'은 무의탁 여성 노인들의 쉼터가 되었다. 2008년 1월에는 부산교구 사회복지법인에서 운영하는 '초원의 집'에 파견되기도 하였다.[198]

이상에서 살펴본 바와 같이 '빨마회'는 다양한 사도직 활동을 전개하였으나, 위의 세 가지 사도직 활동은 빨마회 고유의 특성을 잘 드러냈다는 점에서 특히 주목되었다. 즉, '빨마회'는 '자선사업'을 시작으로

196 "'빨마회' 연혁' 참조.

197 '한국순교복자빨마수녀회', 『본회 역사 40년』, 92쪽.

198 "'빨마회' 연혁' 참조.

'사제를 위한 봉사', '양로사업'으로 사도직이 변천되고 확대되었다. 초창기에는 부족한 인력이 자선사업을 통하여 보충되기도 하였다. 1973년 '빨마회'의 자체 건물이 건립되고 회원이 증가되면서 '빨마회'는 주요 사도직인 '사제를 위한 봉사' 활동을 본격 추진하였다. 그 결과 오늘날에는 대규모 기관이나 단체에서 봉사활동을 하고 있으며 활동 영역도 세분화되고 확대되었다. '빨마회'는 성장이 거듭되자 양로사업으로 사도직을 확대시켜 봉사활동을 하고 있다.

이 밖에도 '빨마회'는 성물점 운영과 '빨마 북 카페' 운영을 통해 전교에 열중하고 있다. 1968년에 중앙성당 성물점에 파견되었고, 1980년에는 남천성당 성물점에 파견되어 오늘날까지 사도직 활동을 하고 있다. 물론 초창기에는 경제난 타개의 목적도 있었다. 그러나 가난하고 성실한 수도자의 모습은 일반인들에게 신뢰감을 주었다. 이는 전교로 이어지기도 했다. 앞서 언급된 무의탁 노인 '아가다'를 그 예로 들 수 있겠다. 2006년 4월에는 '빨마 북 카페'라는 새로운 사도직에 전면 도전하였다. 이 사도직은 본격적인 전교를 목적으로 하여 추진되었다. '빨마 북 카페'는 오늘날 신자들에게는 휴식처가 되어 주고 있으며, 비신자들에게는 이와 더불어 전교의 역할을 해 오고 있다. 이곳에서는 독서토론회나 다양한 종류의 작은 음악회가 열리고 있어 문화 전교로까지 이어지고 있다.[199]

199 『가톨릭 신문』 제2717호, 11면 참조.

6. 나가는 말

1950년에 발발한 한국전쟁은 엄청난 물적 · 인적 피해를 남겼다. 이 전쟁으로 50만 명 이상으로 추정되는 미망인들이 대거 발생되었고, 국토는 초토화되었다. 전후 황폐해진 현실에 직면한 한국 사회는 친미 · 반공 이데올로기를 고조시켰다. 한국 교회는 이를 고통의 신정론과 연결시켜 신앙적으로 승화시키기 위해 노력했다. 이 노력의 일환으로 교회는 전쟁 직후 '순교자 현양 대회'를 여러 번 개최하였고, 이는 순교 신심을 강화시키는 결과를 가져왔다. 1960년대 이후 한국 사회의 지배 이데올로기 중 하나는 '발전주의'였다. '발전주의 이데올로기'는 물질주의 · 경쟁주의 · 개인주의 등과 같은 가치를 사회에 확산시키며 전통적인 가족 개념을 약화시키는 결과를 초래했다. 한편, 교회는 1962년에 개최된 '제2차 바티칸 공의회'의 영향으로 쇄신과 신앙의 토착화에 관심을 기울이기 시작했다.

무아 방유룡 신부는 한민족의 내면에 흐르고 있는 전통적 정서를 계승하고, 한국인에 맞는 수도회 창설에 전념하였다. 그는 '성화사업'을 선포하며 '형제애로 뭉친 대가족 수도 공동체' 창설을 염원하였다. 또한, '하느님을 위해 살겠다는 사람은 누구나 수도생활을 할 수 있다'는 진보적인 정신으로 완덕을 지향하는 많은 이들을 초대하고 있다. 이에 1962년 9월 4일, 결혼 경험이 있는 여성들의 수도 공동체 '빨마회'가 창설되었다. '수도자는 미혼자여야 한다'라는 한국 사회의 전통적 개념에서 벗어나 초창기 '빨마회'는 결혼 경험이 있는 여성들로 회원이 구성되었다. 이후 그들은 사회적 편견 때문에 혹독한 시련을 겪기도 했다. 그럼에도 불구하고 그들은 강한 믿음과 희망으로 공동체의 미래, 즉 하느님 사업에 동참하였다. 그들은 '이 공동체가 언젠가는 정식 수도 공동체가 될 수 있다'는 확고한 믿음과 희망이 있었다. 이 믿음과 희망은 그들을 단결시켰고, 형제애와 순교적 삶으로 살아낼 수 있는 원동력이 되어 주었다.

또한, 방유룡 신부의 가르침은 든든한 길잡이가 되어 주었다. 방유룡 신부는 자신이 창설한 수도회마다 '순교자들을 현양하고 순교정신과 형제애로 복음을 전파하라'는 사명을 권고하였다. 특히, 그는 '빨마회' 초창기 회원들에게 강완숙 골롬바를 '빨마회'의 모델이라고 언급하며 그의 삶을 본받아 사도직 사명을 완수할 것을 권고하였다. 초창기 '빨마회' 회원들은 자신들과 동일한 특성을 지닌 강완숙 골롬바의 삶에 크게 공감하였고, 그를 수덕생활의 모델로 삼고 생활했다. 이후 2016년, 강완숙 골롬바는 '빨마회'의 주보로 탄생되었다.

조선시대 강완숙의 집은 전통사회의 관습에서 벗어나 동정녀로 살고자 하는 여성들과 불우한 여성 등이 모여 새로운 신앙 공동체가 형성되었다. 강완숙은 이 신앙 공동체의 핵심적 인물이었고, 그 공동체를 관할했다. 당대뿐만 아니라 오늘날 여성 신앙 공동체의 선구자로 자리매김할 수 있었던 강완숙의 역할을 간략히 살펴보면 다음과 같다. 그는 무엇보다 성직자 보호와 협력을 가장 중요하게 여겼다. 그는 목숨을 걸고 주문모 신부를 보호했으며, 주문모 신부가 사목에 열중할 수 있도록 헌신적으로 뒷바라지를 하였다. 그는 또 가난하고 소외된 이들에게 관심을 기울이며 애덕을 실천하였고, 열정적으로 전교활동을 하며 교세 확장에도 큰 영향을 미쳤다. 이와 같이 매일의 삶을 순교적 삶으로 살았던 강완숙은 마침내 하느님께 대한 완전한 봉헌의 행위인 순교로서 자신의 신앙을 고백하였다.

'빨마회'는 창설됨과 동시에 '봉사'라는 사도직 특성이 주어졌고 일차적으로 '사제들을 위하여 기도와 가사로서 직 · 간접으로 협력하라'

는 사명이 주어졌다. 오늘날까지 '빨마회'는 사도직 활동 중에서도 이것을 최우선으로 하고 있다. 이 밖에도 '빨마회'는 다양한 사도직 활동을 전개하였다. 그중 사제를 위한 봉사와 불우한 가정의 아이들을 도와주었던 사회복지사업, 무의탁 노인을 돕기 위해 시작된 양로사업은 '사랑의 봉사'라는 사도직 특성을 잘 드러낸 활동이다. 이 활동 중 사회복지 사업은 중단되었으나, 그 외의 활동들은 변화되고 확대되었다. '빨마회'는 거듭된 성장으로 1992년 1월 31일 정식 수도 공동체로 부산교구의 인가를 받았고, 과거 결혼 유무와는 상관없이 독신자이면 누구나 수도생활을 할 수 있는 공동체로 변화되었다.

이상에서 살펴본 바와 같이 조선시대 강완숙 골롬바의 집에서 형성된 신앙 공동체와 결혼 경험이 있는 여성들의 수도 공동체 '빨마회'는 각기 다른 시대에서 한국 전통사회 개념의 틀을 깨는 데 한몫을 했다. 이 두 공동체의 출현은 한국 사회뿐만 아니라 교회 안에서도 혁신적 변화였음에 틀림없다. '조선'과 '현대'라는 시대가 다른 두 공동체지만, 이 두 공동체는 특성을 같이하고 있다. 간단히 요약하자면 다음과 같다. ① 동정녀와 미망인의 구별 없이 수덕생활과 교회봉사에 원의를 둔 여성 신자들로 공동체는 형성되었다. ② 공동체는 사제 협력을 최우선으로 했다. ③ 공동체의 구성원은 사회적으로 규제의 대상이었다. ④ 공동체는 불우한 여성들의 거주처가 되었을 뿐만 아니라 공동체의 구성원들은 다시 불우한 여성들을 돕기 위해 노력을 기울였다.

본고는 지금까지 '빨마회' 창설의 의미를 조명해 보기 위하여 '빨마회' 창설 과정과 방유룡 신부의 정신, 아울러 '빨마회' 초창기 회원들의 생애와 사도직 변천 과정을 통해서 공동체의 성장 과정을 살펴보았다. 그 결과 초대 교회의 맥이 '빨마회'를 통해서 이어져 오고 있었다는 사실과 '누구나 수도생활할 수 있다'는 방유룡 신부의 정신적 특성을 뚜렷이 드러내는 공동체로 발전되었다는 사실을 발견할 수 있었다. 오늘날 '빨마회'는 수도생활을 지향하는 많은 여성들에게 '열린 수도회'로서 다가가고 있을 뿐 아니라, 현대사회에 필요한 수도 공동체로 자리매김하고 있다. 이는 분명 한국 교회 역사에 새로운 지평을 여는 계기가 되었다고 볼 수 있겠으며, 이런 까닭에 본 연구에서는 '빨마회'의 창설에 의미를 부여하는 것이다.

또한, '빨마회'는 '불우한 여성들에게 하느님 사랑을 증거 하라'는 '초기 회헌'의 권고를 간과해서는 안 된다고 본다. 이는 조선 초대 교회에서 형성된 여성 신앙 공동체와 '빨마회'의 역사를 대변하는 소명이기 때문이다. 그러므로 이에 대한 구체적 사도직을 연구, 개발하여 활동을 전개해 나가야 할 것이다. 아울러 '빨마회'는 '혈업(血業)의 상속자'임을 재상기해야 할 것이다. 그러므로 '순교자 현양' 사도직을 연구, 개발하여 신앙 선조들의 혈업을 기리고 복음 전파에 노력을 기울여야 할 것이다.

오늘날 '빨마회'는 많은 수도회가 그렇듯이 성소자 감소와 회원의 고령화 문제에 직면하였다. 이 문제를 타개하기 위해 '빨마회'는 철저한 자기 쇄신과 함께 새로운 미래 방향을 모색해야 한다. 그러기 위해서 '빨마회'는 창설자의 정신 등, 창설과 관련된 연구를 계속 진행해야 할 것이다. 이에 대한 문제 해결은 모두 차후의 연구 과제로 남겨 두고자 한다.

한국교회사아카데미 휘보(2014.3.1~2017.2.28)

Ⅰ. 한국교회사아카데미 소개

1. 한국교회사아카데미의 운영

- 한국순교복자성직수도회 순교영성연구소가 운영하는 한국 교회사 교육 전문기관이다.
- 2년 4학기 대학원 과정에 준하는 교육 프로그램을 제공하며, 국내 최고의 강사진이 강의를 진행한다.
- 수업은 강의와 세미나 방식으로 구성되며, 희망자에게는 논문 작성의 기회를 제공한다.
- 졸업 후 교회 내 교회사 관련 교육 프로그램의 강의를 맡을 수 있으며, 가톨릭 문화유산 해설사 자격증을 수여한다.
- 입학 대상은 한국 교회사에 관심을 가진 성직자, 수도자, 평신도 및 일반인이다.

2. 한국교회사아카데미 강의 소개

- 매학기 15주 설강을 원칙으로 한다.
- 매주 화요일 80분 단위 두 강좌로 진행한다.
- 오후 6:30에 시작하여 9:20에 마친다.
- 제1교시 6:30~7:50 / 제2교시 8:00~9:20
- 수업은 강의 및 세미나 토론 발표 등의 다양한 형식으로 진행된다.
- 수업은 용산구 이촌동 새남터 성당 내 한국교회사아카데미 강의실에서 진행된다.

3. 졸업논문 관계

- 2년 과정을 수료할 때 졸업논문이나 정리된 교회사 사료의 제출을 권장한다.
- 졸업논문은 석사학위에 준하는 수준의 교회사적 주제에 대한 독창적 논문

이어야 한다.

- 특정 주제와 관련된 문헌 사료의 정리 내지 교회 활동가를 대상으로 한 구술 자료의 정리도 졸업논문으로 인정된다.
- 수강자의 원의에 따라서는 논문이나 사료 정리본의 제출 없이 지도교수가 요구하는 주제에 대한 보고서로 졸업논문을 갈음할 수 있다.

4. 개설 강좌 소개: 본 아카데미에서 개설하는 강좌는 다음과 같다.

1) 한국 천주교회사 통사

·강의 목적: 한국 천주교회의 성립에서 오늘에 이르기까지의 교회사를 검토한다.
·강의 주기: 매년 설강한다.
·강의 과목: ① 박해시대 한국 교회사 ② 한국 근현대 교회사

① 박해시대 한국 교회사: 교회 설립을 전후한 시기부터 신앙의 자유가 주어지기 직전까지 세계사 속에서 한국 천주교회사 전반을 다룰 것이며, 당시 조선 후기 사회와 교회의 관계에 주목하며 강의를 진행한다.

② 한국 근현대 교회사: 신앙의 자유를 획득 이후 식민지 시대와 해방 이후 오늘에 이르기까지 한국 교회의 성숙과 성장 과정을 체계적으로 제시하고자 한다. 이 강의도 한국 근현대사의 전개 과정과 유기적 연결 아래 진행된다.

2) 한국 교회사 연구방법론

·강의 목적: 한국 천주교회사 이해와 연구의 기초적 방법론을 익힌다.
·강의 주기: 매년 설강한다.
·강의 과목: ① 한국 교회사 연구 입문 ② 한국 현대 교회사 연구론

① 한국 교회사 연구 입문: 한국 교회사의 연구에 필수적으로 전제되는 기초적 주제들을 다룬다. 한국 교회사 연구의 이론과 방법, 한국 교회사 사료론, 한국 교회사 시대 구분론, 한국 교회사 연구사 등을 다룬다.

② 한국 현대 교회사 연구론: 현대 교회사의 구술 자료를 수집, 정리하는

방법과, 현대 교회에 관한 사료를 분석 이해하는 방법 및 교회 사적지의 유래 및 특성 등을 다룬다.

3) 한국 교회사 사료 강독

·강의 목적: 한국 교회사 관계 일차 사료를 직접 검토 분석하여 연구자로서의 자질을 강화시킨다. ·강의 주기: 매년 설강하되 팀티칭으로 진행한다. ·강의 과목: ① 한국 교회사 한글 사료 강독 ② 한문 사료 강독 ③ 서양어 사료 강독

① 한국 교회사 한글 사료 강독: 한글로 작성된 순교자의 서한이나 증언록, 박해시대 한글 교리서 등을 교재로 하여 박해시대 신자들이 남긴 목소리를 직접 확인한다.

② 한국 교회사 한문 사료 강독: 천주교 사건과 관련된 정부의 공문서 내지 양반 관료들의 대응에 관한 한문 사료를 검토한다.

③ 한국 교회사 서양어 사료 강독: 조선 교회와 로마 교황청, 또는 서양의 선교사들이 라틴어 프랑스어 등으로 작성한 한국 교회 관계 서한 및 문헌들을 강독한다.

4) 한국 교회사 세미나

·강의 목적: 한국 교회사와 관련된 특정 주제를 선정하여 세미나를 함으로써 그 분야의 이해를 높인다. 수강자는 이 연습 과목을 통해서 특정 주제의 내용뿐만 아니라 논문 작성법 등을 익히는 기회를 갖는다. ·강의 주기: 격년으로 설강한다. ·강의 과목: ①박해시대 교회사 세미나 ②근현대 교회사 세미나

① 박해시대 교회사 세미나: 박해시대 주요 문제를 선정해서 집중적으로 토론하여 결론에 이른다.

② 근현대 교회사 세미나: 신앙자유가 주어진 이후 오늘에 이르기까지의 주요 문제들을 선정해서 결론을 낸다.

5) 한국 가톨릭 영성의 역사

·강의 목적: 한국 천주교회 신앙 공동체 설립 이후 오늘날까지 이어져 오는 주요 신심 내용을 살핀다. 가톨릭 신앙이 한국 문화와 만나서 이룩한 영성적 특성을 밝힌다.
·강의 주기: 격년 설강을 원칙으로 한다. 아래의 4과목 중 2개 내외의 과목을 선정하여 팀티칭을 한다.
·강의 과목: ①한국 가톨릭 순교영성사 ②한국 가톨릭 수도생활사
③한국 가톨릭 교리교육사 ④한국 가톨릭 신학사상사

① 한국 가톨릭 순교영성사: 한국 교회의 주요 특성인 순교자에 대한 신심과 순교영성을 밝힌다.

② 한국 가톨릭 수도생활사: 가톨릭교회의 수도생활 전통과 관련하여 한국 가톨릭 수도생활의 전개과정을 정리하여 제시한다.

③ 한국 가톨릭 교리교육사: 한국 교회에서 이해했던 교리 및 교리서의 특성을 이해시킨다.

④ 한국 가톨릭 신학사상사: 한국 교회의 창설이래 드러내었던 가톨릭신학의 특성을 밝힌다.

6) 한국가톨릭 사회의 역사

·강의 목적: 한국 천주교회가 한국 사회 안에서 전개한 사회운동 내지 사회활동을 정리하여 한국 교회와 한국 사회의 관계를 밝힌다.
·강의 주기: 격년 설강을 원칙으로 한다. 아래의 4과목 중 2개 내외의 과목을 선정하여 팀티칭을 한다.
·강의 과목: ①한국 가톨릭 여성사 ②한국 가톨릭 복지사
③한국 가톨릭 사회운동사 ④한국 가톨릭 민속사

① 한국 가톨릭 여성사: 한국 교회 창설 이래 현재까지 전개되어 온 여성들의 활동과 그 특성을 정리하여 제시한다.

② 한국 가톨릭 복지사: 한국 교회에서 교육, 의료, 복지사업이 전개되어 온 과정을 정리하고, 가톨릭복지활동이 한국사회에 미친 영향을 밝힌다.

③ 한국 가톨릭 사회운동사: 한국 교회에서 전개한 농민운동, 노동운동, 지역

개발운동, 민족운동, 정의구현운동 등 각종 사회 운동의 흐름을 정리하여 제시한다.

④ 한국 가톨릭 민속사: 교회 창설 이래 현재에 이르기까지 한국 교회에서 주로 드러나는 관혼상제 및 준성사 등 각종 관행과 의례를 검토함으로써 그 종교적 특성을 이해한다.

7) 한국 가톨릭 예술의 역사

·강의 목적:
·강의 주기: 격년 설강을 원칙으로 한다. 아래의 4과목 중 2개 내외의 과목을 선정하여 팀티칭을 한다.
·강의 과목: ①한국 가톨릭 건축사 ②한국 가톨릭 미술사
③한국 가톨릭 음악사 ④한국 가톨릭 문학사

① 한국 가톨릭 건축사: 한국 교회 건축의 전개 과정에서 드러난 구조물과 건축가의 특성을 밝힌다.

② 한국 가톨릭 미술: 한국 교회 미술의 전개 과정에서 활동한 미술가 및 그 작품과 제작정신을 탐구한다.

③ 한국 가톨릭 음악사: 한국 교회음악의 형성 과정에서 창작된 음악 및 그 음악가들의 예술정신에 대해서 탐구한다.

④ 한국 가톨릭 문학사: 한국 교회를 주제로 하거나 대상으로 한 문학작품들의 특성과 그 성격을 밝힌다.

5. 개설과목

<table>
<tr><th rowspan="2">학년도</th><th rowspan="2">학기</th><th rowspan="2">기수</th><th rowspan="2">학기</th><th colspan="3">1교시</th><th colspan="2">2교시</th></tr>
<tr><th colspan="2">교과명</th><th>교수명</th><th>교과명</th><th>교수명</th></tr>
<tr><td rowspan="4">2014</td><td>봄</td><td>1</td><td>1</td><td colspan="2">한국 교회사 개설</td><td>조광</td><td>한국 교회사 연구 입문</td><td>조현범</td></tr>
<tr><td rowspan="3">가을</td><td rowspan="3">1</td><td rowspan="3">2</td><td rowspan="3">한국 교회사 사료 강독</td><td>한글</td><td>김영수</td><td rowspan="3">박해시대 한국 교회사</td><td rowspan="3">조광</td></tr>
<tr><td>한문</td><td>원재연</td></tr>
<tr><td>서양어</td><td>조현범</td></tr>
</table>

학년도	학기	기수	학기	1교시			2교시		
				교과명		교수명	교과명		교수명
2015	봄	1	3	한국 가톨릭 예술사	건축사	김정신	한국 근현대 교회사		조광
					미술사	정수경			
					음악사	강영애			
					문학사	김영수			
		2	1	한국 교회사 개설		조광	한국 교회사 연구 입문		조현범
	가을	1	4	한국가톨릭 교리교육사		조한건	사회역사분석방법론		박문수
				한국가톨릭 사회복지사		최선혜			
		2	2	한국 교회사 사료 강독	한글	김영수	박해시대 교회사		조광
					한문	원재연			
					서양어	조현범			
2016	봄	2	3	박해시대 교회사 세미나		서종태	역사사회분석방법론		박문수
		3	1	한국 교회사 연구 입문		조한건	박해시대 한국 교회사		조광
	가을	2	4	한국 근대 교회사		노길명	한국 현대 교회사		조광
		3	2						
2017	봄	3	3	박해시대 교회사 세미나		원재연	한국 구술사 연구(이론)		박경하
							역사사회분석방법론		박문수
		4	1	박해시대 한국 교회사		조광	한국 교회사 연구 입문		조현범
	가을	3	4	한국 가톨릭 영성의 역사	순교 영성		한국 현대 교회사 연구론		
		3	4		수도 생활			구술사 (실습)	박경하
		4	2		교리 교육사			사적 지론	
				한국 근현대 교회사		노길명		사회분석 방법론	
2018	봄	4	3	현대 교회사 세미나			가톨릭 예술사		
			4	한국 현대 교회사 연구론			가톨릭 사회사		
	가을	5	1	박해시대 교회사			한국 교회사 연구 입문		
			2	한국 근현대 교회사			가톨릭 영성사		
2019	2017년에 준함(단 봄 학기 2교시는 한국 교회사 사료 강독으로 함)								
2020	2018년에 준함								

Ⅱ. 한국교회사아카데미 연보(2014.2~2017.3)

2014년 2월 15일(토): 한국교회사아카데미 제1기 지원자 면접 於 성북동 한국순교복자성직수도원

2월 22일(토): 합격자 발표 – 총 32명 합격

3월 3일(월): 2014년도 1학기 개강미사, 특강, 오리엔테이션

6월 6일(금)~7일(토): 전반기 성지순례, 대전교구 신리, 전주교구 천호성지

6월 7일(토): 호남교회사연구소 소장 김진소 신부 특강 및 미사

6월 23일(월): 2014년도 1학기 종강

6월 30일(월): 성적표 발송

9월 1일(월): 2014년도 2학기 개강

9월 15일(월): "순교" 국제 학술 심포지엄, 대체 휴강

12월 22일(월): 2014년도 2학기 종강

12월 29일(월): 성적표 발송

2015년 1월 27일(화)~30일(금): 제주도, 추자도 교회사 사적지 답사(지도: 강석진 신부, 조광 · 조현범 교수)

3월 2일(월): 제2기 입학식 및 2015년도 1학기 개강미사

3월 9일(월): 2015년도 1학기 개강

6월 6일(토)~7일(일): 정기 답사 – 알빈 신부님의 건축물을 찾아서(지도: 강석진 신부, 김정신 · 김정숙 · 조광 교수)

6월 22일(월): 2015년도 1학기 종강

6월 29일(월): 성적표 발송

8월 31일(월): 2015년도 2학기 개강

12월 7일(월): 논문 제목 제출 마감, 지도교수 배정

12월 14일(월): 종강

12월 21일(월): 성적표 발송

2016년 2월 20일(土): 졸업논문 발표회 및 졸업미사, 사은회 졸업 미사, 사은회
2월 20일(土): 中國 上川島 프란치스코 하비에르 유적지 답사를 사정상 포기함
2월 27일(土): 한국교회사아카데미 제3기 지원자 면접
3월 7일(월): 제3기 입학식 및 개강미사
3월 8일(화): 1기 수료생 대상 특수사 강좌 개강(매주 화요일 15주)
6월 20일(월): 2016학년도 1학기 종강
7월 23일(土): '한국교회사아카데미 논총' 편집회의
9월 5일(월): 2016학년도 2학기 개강
10월 21(금): 프랑스주교단 새남터 성지 및 연구소 방문
11월 28(월): 초대 학장 강석진 신부 안식년 및 백남일 제2대 학장 부임
12월 19(월): 2016학년도 2학기 종강
12월 31(土): 『한국교회사아카데미 논총』 제1집 발행

2017년 1월 15일(일): '한국교회사아카데미 논총' 편집회의
1월 16일(월): 서울시립대학교 정재정 도서 수증(1,000여 권)
2월 1일(수): 아카데미 교무회의(졸업 사정 및 2017년 1학기 개강과목 확정)
2월 8일(수): 아카데미 제1기 원우회 임원회의 및 편집회의
2월 17일(금)~18일(土): 제10회 교회사 연구자 모임 9명 참석(於 대전 대철회관)
2월 21일(화): 제1기 및 제2기 종업식
3월 4일(土): 제4기 지원자 면접(예정)
3월 6일(월): 제4기 합격자 발표(예정)
3월 14일(화): 제4기 입학식 및 개강미사(예정)
3월 14일(화): 『한국교회사아카데미 논총』 간행 기념 모임(예정)

Ⅲ. 졸업생 명단 및 학술활동

1. 졸업생 명단

1) 제1기 수료자(2016.2/ 21명)

no	이름	세례명	기존 학위: 졸업논문 제목
1	강은혜	그라시아	
2	김수진	안나	논문: 헤롤드 헨리 대주교의 선교활동과 광주대교구
3	김영익	토마스 아퀴나스	MA: 유관검의 천주교 신앙과 그 특성
4	김용준	바실리오	MA: 군종제도 창설을 전후한 군종신부의 활동
5	김인순	가밀라	논문: 제2차 바티칸공의회 이후 한국 교회의 빈민운동
6	김정희	크리스티나	논문: 베네딕토회의 서울 진출과 덕원 이전의 원인 검토
7	문제옥	안나	논문: 조선 후기 부부순교자의 삶과 영성
8	배명부	요셉	MS: 윤형중 신부의 선교영성에 대한 고찰
9	송명근	바오로	논문: 천주가사 자탄가(自歎歌) 일고
10	오덕수	아우구스티노	논문: 황사영 백서의 연구사적 특성
11	유영홍	울리아노	논문: 수원성당 복원을 위한 건축사적 고찰
12	윤정란	사비나	
13	이권형	바오로	MA: 황사영 처자 유배설화의 문화사적 가치와 의미
14	이성학	요셉	MA:
15	이예승	레지나	Ph.D.: 일제강점기 천주교의 체육활동과 그 의미
16	이정화	릴리안	MA: 한국 순교 기록화에서 이콘의 토착화 과정
17	조증래	마르티나	논문: 뮈텔일기를 통해서 본 조선 신자들의 삶
18	최근식	보나	
19	홍성언	아우구스티노	Ph.D.: 가톨릭 의료인 水晶 朴秉來의 봉사정신과 활동
20	홍화선	쟌다르크	논문: 병인박해 전후 정의배의 삶과 신앙
21	홍현자	안토니아 (수녀)	논문: '한국순교복자빨마수녀회' 창설의 의미

2) 제2기 졸업생 명단(2017.2.21/ 8명)

no	성명	세례명	비고
1	고상선	스테파노(신부)	
2	권계순	레지나	
3	김영숙	안나(수녀)	
4	박해광	요안나	
5	이현주	젬마	
6	장호성	미카엘	
7	조봉환	아우구스티노	
8	최경하	바오로	

2. 졸업생 공로상 수상자(2016~2017/8명)

no	성명	세례명	비고
1	문제옥	안나	1기
2	배명부	요셉	1기
3	송명근	바오로	1기
4	유영흥	율리아노	1기
5	이예승	레지나	1기
6	이현주	젬마	2기
7	조봉환	아우구스티노	2기
8	최경하	바오로	2기

3. 졸업생 학술활동

1) 연구 발표회

① 홍성언(제1기), 2017.2.25. 15:00 於 한국 교회사연구소 회의실, 한국 교회사연구동인회 제1차 특강, 「가톨릭 의료인 수정 박병래의 활동과 봉사정신」발표.

② 홍화선(제1기), 2017.2.25. 15:00 於 한국 교회사연구소 회의실, 한국 교회사연구동인회 제1차 특강, 「정의배 마르코 성인의 신앙과 삶」 발표.

2) 연구 봉사활동

① 문제옥(제1기), 전 개포동성당 현양분과장(브뤼기에르주교 현양사업) 현 개포동성당 교회사 학교 부학장

② 송명근(제1기), 한국고서연구회 고문 취임

③ 유영홍(제1기), 천주교 수원교구 舊 수원성당 복원추진위원장 겸 수원성지위원회 위원장

④ 조증례(제1기), 천주교 서울대교구 잠원동성당 교회사학교 부교장 취임

3) 졸업생 논문발표

① 송명근(제1기), 「천주가사 자탄가(自歎歌) 일고」, 『古書硏究』 34, 韓國古書硏究會, 2016.12, 109~135쪽.

② 송명근(제1기), 「資料 自歎歌」, 『古書硏究』 34, 2016.12, 347~376쪽.

③ 김영익(제1기), 「柳觀儉(1768~1801)의 천주교 신앙과 그 특성」, 『한국교회사아카데미 논총』 1, 한국교회사아카데미, 2016.12.

④ 김용준(제1기), 「군종제도 창설을 전후한 군종신부의 활동: 육군을 중심으로」, 『한국교회사아카데미 논총』 1, 한국교회사아카데미, 2016.12.

⑤ 유영홍(제1기), 「수원성당 복원을 위한 건축사적 고찰」, 『한국교회사아카데미 논총』 1, 한국교회사아카데미, 2016.12.

⑥ 이권형(제1기), 「황사영 처자 유배설화의 문화사적 가치와 의미」, 『한국교회사아카데미 논총』 1, 한국교회사아카데미, 2016.12.

⑦ 홍성언(제1기), 「가톨릭 의료인 水晶 朴秉來의 활동과 봉사정신」, 『한국교회사아카데미 논총』 1, 한국교회사아카데미, 2016.12.

⑧ 홍화선(제1기), 「병인박해 전후 丁義培(1795~1866)의 삶과 신앙」, 『한국교회사아카데미 논총』 1, 한국교회사아카데미, 2016.12.

⑨ 홍현자(제1기), 「한국순교복자빨마수녀회 창설의 의미」, 『한국교회사아카데미 논총』 1, 한국교회사아카데미, 2016.12.